教育部哲学社会科学研究后期资助项目

"道德自觉：乡村文化的变迁与重构"（17JHQ043）

道 德

自 觉

乡村文化的变迁与重构

申端锋 ◎ 著

上海三联书店

前　言

本书以乡村文化的变迁与重构为主要研究内容,全面呈现了乡村私人生活与公共生活的变迁,在研究内容上有一定的特色和创新度。学界关于乡村文化建设的研究,大部分都是关于乡村文化建设的政策、制度和治理的研究,而对农民的精神文化需求和道德体系则缺乏深入的实地考察,导致公共文化服务体系与农民的文化需求脱节。本研究将乡村道德作为乡村文化的核心内容,对乡村文化中的私人道德和公共道德进行全面的考察,并讨论了二者的关系,从而对乡村文化变迁有了更加全面的理解和把握,在这个基础上提供道德重建的文化建设方案。

本课题主要采用了以下四种研究进路,一是道德社会学的研究进路,将乡村道德作为一种社会事实来考察,并寻找道德现象与其他社会事实之间的关系,道德社会学是关于道德问题的经验研究,不同于道德哲学研究;二是代际比较分析法,代际比较实际上是道德社会化的代际比较,通过代际比较,发现了代际之间的文化传承,也就是家本位文化的再生产;三是村落文化的三层分析,本研究从村落社会整合的角度,将村落文化分为三个层次:核心家庭、村落共同体以及集体,通过三层分析,分别讨论了家庭道德、共同体道德以及集体道德,从而全面立体呈现了乡村文化的变迁;四是情感分析,乡村文化和道德涉及人心和情感,还必须要采用情感社会学的进路来进行分析,将农民的情感作为一种社会现象来看待,探讨情感变迁与其他社会现象之间的关系。

本研究的主要建树如下:一是运用城市化框架对乡村文化变迁进

行了分析,城市化深刻地影响着乡村文化的变迁,其影响途径主要有两个,一个是劳动力商品化,一个是日常消费商品化,前者是以生产为中心的考察,后者是以消费为中心的考察,通过这个框架,成功地将城市化对乡村文化的影响操作化了。

二是提出了单向度家本位文化的概念,家本位文化是理解乡村文化的一个基础视角,在城市化的进程中,家本位文化非但没有消解,反而通过家庭再生产进一步强化,表现出了超稳定性。但这种家本位文化也有局限性,在家庭之上只能发育出共同体文化,无法发育出公共文化,共同体文化是家庭文化的扩大化,仍然属于私性文化,虽然私性文化可以为农民提供安身立命的意义系统,但却没有办法发育出公共性和主体性,这样的家本位文化就容易成为弱者的文化,乡村社会就会形成靠私人道德维系的秩序,这就是所谓单向度的家本位文化。

三是本研究在费孝通先生文化自觉的基础上提出了道德自觉的核心概念。中国乡村道德是义务本位的道德,义务分为家庭义务、共同体义务和集体义务;家庭义务是强义务,共同体义务是弱义务,集体义务更弱;家庭义务是无条件的义务,而共同体义务和集体义务都是有条件的义务;家庭义务是情感主导,共同体义务和集体义务则是利益主导。家庭义务根据情感来配置,共同体义务和集体义务则根据契约来配置,当前公共生活和公共文化建设的困境,就是共同体义务和集体义务的契约性受到了冲击,导致村落共同体解体和公共生活的衰落。家本位文化之所以具有较强的生命力,就在于家庭义务的强大,这就是道德义务,村落共同体生活之所以还能够在一定程度上得以维系,就在于共同体的义务自觉也在发挥作用,但共同体的义务自觉比较弱,这也导致了村落共同体的弱整合。公共生活衰落,乃是因为集体义务的自觉几乎没有,村民对集体的义务也就是所谓的集体主义,这种集体主义在市场经济的冲击下消失殆尽,其结果就是集体义务解体,乡村文化的公共性缺失。所以,乡村文化建设就是要建设农民的道德义务,具体而言就是保持家庭义务自觉,强化共同体义务自觉,重建集体义务自觉,从而重建乡村文化的公共性和主体性,这正是乡村文化建设要解决的核心问题。

四是提出了乡村文化建设的整体方案,即乡村德治。义务自觉基础上的文化治理必然是德治,义务是道德的核心,义务之治就是德治,乡村文化具有整体性,必须嵌入到作为整体的乡村生活中去。本课题从乡村文化建设的整体性出发,提出了乡村文化建设的德治方案,包括三个层面,一是建设以家庭义务为核心的家庭文化,二是建设以共同体义务为核心的共同体文化,三是建设以集体义务为核心的公共文化。

在资料收集和数据采集方面。本课题主要采用田野调查法搜集第一手资料,综合运用人类学、扎根理论以及案例研究等质性研究方法开展田野调查,进行多点调查,并进行多案例比较。在调查中不带任何理论预设,先进行整体调查,再进行专题研究,保证所搜集的资料具有客观性和真实性。避免强制数据,真正做到从资料和数据中提炼概念并建构理论。这样才能保证得出的结论符合农村实际,满足农民的精神文化生活需求,提升农民的文化获得感和幸福感。

本课题通过对乡村文化变迁与重建的实证研究,对乡村社会的私人生活和公共生活进行了整体考察,在费孝通先生文化自觉概念的基础上提出了道德自觉的概念,并提供了乡村文化建设的整体方案,为学界研究乡村文化提供了一个新的框架,也为乡村文化建设提供了一个新的思路,具有一定的学术价值和应用价值。由于本课题是一项关于乡村文化建设的探索性研究,关于道德自觉的实现机制还有待于进一步挖掘,关于乡村德治的整体性文化建设方案还有待于进一步具体化,这都需要在今后的研究中进一步深化和拓展。

目 录

一、导论 …………………………………………………… / 1
 （一）乡村文化研究评述 / 1
 （二）乡村文化研究的进路 / 3
 （三）田野调查与资料分析 / 11
 （四）本书的结构安排 / 14

二、城市化与乡村文化变迁 …………………………… / 18
 （一）劳动力商品化与乡村文化 / 18
 （二）消费主义与乡村文化 / 34
 （三）城市化进程中的乡村文化建设 / 52

三、青年农民的城市梦与家庭义务 …………………… / 60
 （一）青年农民的梦想 / 60
 （二）青年农民的劳动力商品化 / 71
 （三）没有城市化的劳动力商品化 / 83
 （四）青年农民的婚姻恋爱 / 92
 （五）成家：青年农民的家庭义务 / 103

四、中年农民与家庭义务 / 113

（一）中年农民务工与家庭再生产 / 113
（二）中年农民务农与家庭再生产 / 119
（三）中年留守妇女的情感与义务 / 128
（四）子女教育与家庭义务 / 135
（五）家庭再生产与家庭义务 / 142
（六）家庭再生产与家本位文化的稳定性 / 148

五、老人自立与代际义务 / 149

（一）老人农业与低成本生活 / 149
（二）老人自立与代际关系 / 160
（三）老人带孙子与代际义务 / 167
（四）老人自立与社会保障 / 176
（五）老人创造价值 / 184

六、人情与共同体义务 / 187

（一）共同体人情 / 187
（二）人情与共同体建构 / 196
（三）人情关系中的共同体义务 / 200
（四）人情管理：通过人情的纠纷解决 / 204
（五）人情中断：共同体的脆弱性 / 209
（六）"大和小不和"：共同体的弱整合 / 216
（七）私人义务维系的共同体 / 223

七、集体经济与公共生活 / 228

（一）从集体经济到三元经济 / 228
（二）小户退出经济作物种植 / 235

（三）没有参与的发展项目 / 240
　（四）政府主导的乡村发展困境 / 250
　（五）重新集体化的需求与悖论 / 258
　（六）集体经济与公共生活 / 263

八、社会治理与集体义务 / 266
　（一）社会管制弱化 / 266
　（二）从维稳式管制到回应性管制 / 271
　（三）资源下乡与回应性管制 / 276
　（四）社会治理创新：从行政任务到集体义务 / 282
　（五）集体义务与乡村德治 / 290

九、村民自治与公共参与 / 293
　（一）村庄治理的行政化 / 293
　（二）村庄治理的私人化 / 303
　（三）村民自治中的村民参与 / 316
　（四）以文化建设促进村民参与 / 323

十、高成本生活与生存伦理 / 331
　（一）高成本生活 / 331
　（二）低成本生活 / 338
　（三）务工与生存伦理 / 342
　（四）务农与生存伦理 / 350
　（五）劳动与生存伦理 / 356
　（六）生存伦理的异化 / 361
　（七）家本位的生存理性 / 366

十一、代际传承与家本位文化 / 376
  （一）代际分化中有传承 / 376
  （二）价值链与家庭圆满 / 379
  （三）家本位文化 / 384
  （四）单向度的家本位文化 / 395

十二、结论 / 403
  （一）单向度家本位与公共文化建设 / 403
  （二）道德义务与公共文化建设 / 407
  （三）集体义务与公共治理 / 416
  （四）精神家园：乡村文化建设的价值追求 / 421
  （五）乡村德治：乡村文化建设的整体方案 / 424

参考文献 / 428

一、导论

在城市化和消费主义的背景下,农民对美好生活的渴望较之于过去更为强烈,乡村文化建设要回应农民对美好生活的向往,为农民提供安身立命的意义系统。文化是一个内涵非常广泛的概念,乡村文化是一种生活方式,是农民所追求的美好生活,这个美好生活包括私人生活和公共生活。乡村生活的内核是道德,乡村文化是以道德义务为本位的文化。乡村文化建设的核心是道德建设,乡村文化的理想状态是道德自觉。

(一) 乡村文化研究评述

近年来,乡村文化建设引起了学界的广泛关注。从已有研究来看,有两个方面的成果较为有代表性,一是关于乡村文化建设的政策和治理研究,二是关于乡村文化建设的实证研究。从第一个方面来看,文化宣传部门对乡村文化建设的政策和制度进行了细致研究,如中共中央宣传部编写的《改进创新服务"三农":全国农村精神文明建设工作座谈会材料汇编》(2005)、中国文化报社编写的《新农村文化手册》(2006)等。此外,比较典型的著作有周赢(2006)的《新农村文化服务》,吴馨军等(2006)的《新农村文化知识手册》,徐学庆(2011)的《社会主义新农村文化建设研究》等,以及发表在各类期刊上的新农村文化建设和乡村文化振兴研究论文。

吴理财、夏国锋(2007)提出,在新农村文化建设中,要从根本上改变过去那种以外部单向输入为主的农村文化发展方式,注重社会主义先进文化与我国农村优秀民间文化相结合、相对接、相融合,创新农村文化体制和机制,从而建构一种新型的具有中国特色的内源式农村文化发展模式。吴理财(2008)还深入探讨了农村文化服务的三种典型模式及其运行机制,即部门供给模式、"以钱养事"模式和"以县为主"的模式,研究了农村文化服务中不同层级政府的责任与分摊机制,并提出了农村公共文化服务的多元生产模式和民主决策机制。

近年来,一些学者提出了文化治理研究,胡惠林(2012)认为中国经历了从政治治理到经济治理再到文化治理的转换,国家文化治理的核心在于完善国家治理,而不单纯是为了经济;吴理财(2016)从公共性消解出发,指出公共文化服务的实质是建构公共性,主张从文化治理的角度重构公共文化服务体系;陈野(2017)认为文化治理是社会治理体系的重要组成部分,她从文化治理的角度分析了浙江的农村文化礼堂建设,揭示了文化治理的功能。

从第二个方面来看,一些学者主持了乡村文化建设试验,并基于试验和调查对乡村文化建设的主体和机制进行了实证研究,如贺雪峰(2007)的著作《乡村的前途》,以及何慧丽(2005)、刘老石(2006)等人的一些文章。陈立旭等(2009)以浙江新农村建设中农村文化建设的实践经验为基础,从中提炼了一些具有普遍性意义的农村文化建设规律。朱启臻(2019)提出乡村价值体系理论,论述了乡村价值与乡村振兴的关系。

王铭铭(1997)基于闽台三村的调研,探讨了村落文化与权力秩序之间的关系。阎云翔(2006)在东北一个村落进行了深入的田野调查,呈现了乡村社会私人生活的变迁,随着个体的崛起,公共生活却衰败了,出现了"无功德的个人"。王露璐(2008)运用道德社会学方法,梳理了苏南乡村经济伦理的传统与变迁,探讨了苏南模式的伦理之维,其研究方法具有启发性。符晓波等(2012)通过实证调查,考察了改革开放30多年来乡村道德的变迁与现状,并提出了重建农村道德秩序的建议。孙秋云(2014)通过实证调查,呈现了电视下乡与乡村日常生活变革之间的关系,对理解大众传播与农民观念变迁提供了启发。

从总体上来看,学界关于乡村文化建设的研究取得了较为丰硕的成果,有的偏重于制度和治理的研究,有的偏重于乡村道德和伦理的研究,有的偏重于公共生活的研究,有的偏重于私人生活的研究。这些研究成果为我们进行乡村文化建设研究提供了理论和方法基础。

已有研究也存在明显的局限与不足,大多数研究仍偏重于文化建设的具体做法、政策以及制度等技术性问题,而对农民的精神文化需求和道德体系缺乏深入的实地考察,导致公共文化服务体系与农民文化需求两个视角相互脱节。而关于农民道德和精神需求的研究还比较薄弱,已有的研究过于追求学理解释,而对道德重建的干预缺乏自觉。从这个意义上来讲,以实地调查为基础的乡村文化建设研究才刚刚起步,需要进一步完善研究方法,深化研究议题,总结文化建设规律,为提升中国农民的文化获得感和幸福感提供理论支持。

(二) 乡村文化研究的进路

本课题将乡村文化操作为乡村道德,采用道德社会学的研究方法,在田野调查的基础上,对乡村社会的私人道德和公共道德变迁进行考察,并提供了以道德重建为核心的乡村文化建设方案。

1. 道德社会学的研究进路

本课题的核心是对乡村道德的经验研究,我们做的调查就是乡村道德调查,课题报告围绕乡村道德与其他社会事实的关系展开,乡村文化建设就是乡村道德建设。首先对乡村文化进行界定,就是乡村道德,乡村文化建设就是乡村道德建设,用乡村道德把乡村文化课题操作化。很显然,乡村道德是核心概念。道德是一种社会事实,对道德的研究遵从涂尔干社会学研究方法的进路[1],遵从道德社会学的进路,从而实现道德研究的专业化。

"了解一个民族传统的消费价值观,有两种方法,一是从源头上考察价值立法者的文献;二是对现有的研究对象直接进行调查。"[2] 所谓价值立法者也就是道德立法者,主要是经典的思想家的思想。本研究

---

[1] [法]迪尔凯姆:《社会学方法的准则》,狄玉明译,北京:商务印书馆1995年版。
[2] 刘光明:《经济活动伦理研究》,北京:中国人民大学出版社1999年版,第138—146页。

主要采用第二种方法,不是对历史进行研究,而是对当下的事实进行研究。

伦理学是以道德现象本身作为研究对象的,而道德社会学则是以道德现象与社会整体以及整体各组成部分之间的关系为研究对象。① 我们不是研究道德观念本身,不是研究文化体系本身,而是研究道德行为事实与其他社会事实之间的关系,这是道德社会学的进路。

马克思主义伦理学是从最基本方面、最主要方面研究社会诸要素与道德的相互作用状况的,指出社会经济关系对道德的决定作用。道德社会学则是对影响道德的各种社会因素进行逐一的具体考察,而且要通过实际调查,具体测量社会诸要素的变动对道德影响的过程。这种研究往往是综合研究的过程,即综合多种社会因素来考察道德与社会的关系。②

伦理学感兴趣的是一定社会结构中的道德现象,如职业道德、家庭道德、企业文化等,而道德社会学感兴趣的则是社会结构与道德的关系,它要研究各种群体组织与其中的道德现象的相互影响与作用。③

道德社会学研究道德现象与其他现象之间的关系,这为研究乡村道德提供了路径和方法。道德社会学是关于道德问题的经验研究,不同于抽象的伦理学研究,国内伦理学界的研究以道德哲学研究为主流,相反,西方的伦理学研究则以经验研究为主,也就是以道德生活研究为主。

伦理学的重点是关注道德体系本身,而道德社会学则关注道德事实与其他社会事实之间的关系。研究的是具体道德,而非抽象道德,对具体道德的研究采取了社会学的方法,探寻道德与社会相互作用的条件与机制,对影响道德的各种社会因素进行实地考察。在这个过程中,伦理学提供了关于道德的一般性理论。

---

① 宣兆凯:《道德社会学理论、方法和应用研究》,北京:北京师范大学出版社1994年版,第4页。
② 宣兆凯:《道德社会学理论、方法和应用研究》,北京:北京师范大学出版社1994年版,第5—6页。
③ 宣兆凯:《道德社会学理论、方法和应用研究》,北京:北京师范大学出版社1994年版,第6页。

本研究遵从道德社会学的进路，提升研究精度和专业化水平。调研乡村社会变迁中的乡村道德生活，将乡村道德作为一种社会事实来观察，观察的是道德行为事实，并寻找其与其他社会事实之间的关系，比如外出务工、种植结构、社会结构等因素。

本研究主要关注道德与经济的关系，道德与经济的关系也很复杂，包括很多方面，比如道德生活与外出务工的关系，道德生活与种植结构的关系，不同的经济形态对应着不同风格的道德生活。就外出务工而言，其实质是劳动力商品化，劳动力商品化与道德生活的关系，是乡村道德研究的一个主题。道德与经济的关系，也是伦理学关于道德研究的一个重点领域。本书主要关注的是市场经济背景下中国乡村道德生活的变迁，经济与道德的关系是重点。

借鉴道德社会学的道德分析方法，研究中国乡村的道德事实，这是本书的乡村道德研究进路。西方伦理学关心的问题也是本研究关心的问题。研究对象是道德现象和道德行动，研究进路是道德社会学的进路。本书的核心概念就是道德，重点研究的是道德行为的过程与后果，而非德性。

2. 代际比较分析

本研究关于道德变迁的研究有两个分析工具，一个是经济因素分析，一个是代际比较分析，一个是横向分析，一个是纵向分析。通过这两个分析工具，就将道德变迁分析操作化了。

道德社会化的纵向分析，也就是代际比较分析，从社会化的各个阶段上分析个体社会性发展的特点和规律。对社会化的研究主要是道德社会化，此前学界注意到了留守儿童的道德社会化，青年农民工的道德社会化，但没有关注到老年农民的社会化，以及中年农民的社会化，实际上，中老年农民也有一个再社会化的问题，尤其在社会剧烈变迁期，中老年农民的社会化问题可能比青少年的社会化问题更突出，我们在调研中发现的，老年人对今天代际关系和社会变迁的适应，实际上是再社会化的结果。

也就是说，道德社会化具有阶段性，不只是儿童和青少年要道德社会化，成年人也要道德社会化，老年人也要道德社会化，老年人的自立就是老年人道德社会化的一个结果。这就将分析具体化了。

社会化就是文化变迁、传承和适应的一个渠道,是道德变迁的一个载体。通过道德社会化的纵向分析,将此前关于代际分析的探索操作化,所谓代际分析,并不是静止的,而是动态的,不同年龄群体的农民在道德变迁中,都面临着道德社会化的问题,不只是年轻人。关于道德的代际分析,实际上是关于道德社会化的代际比较分析,是道德社会化的纵向分析。

代际比较分析,不同于代际分析,不是代际传承抑或代际分化的问题,道德社会化的代际比较,不同年龄群体都面临着道德社会化的问题,这是关于代际分析的一个创新。因而不能说年轻人要道德社会化,中老年人不需要道德社会化,中老年人就活在过去,就不需要适应时代了,这肯定是不成立的。

学界看到了代际分化,将代际之间的差异放大。[1] 不同年代的农民工面临的环境不同,但他们的道德和文化可能并没有差别,他们都生活在这个社会中,都要面对社会文化的变迁,只看到代际分化很显然是不合适的,不能假设老年人永远活在过去。有些学者注意到了代际传承,也就是相似性,但这种相似性不一定就是代际传承所致,这种相似性是他们对社会的适应造成的,也就是道德社会化造成的。有些老年人比年轻人适应形势还快。

所以,代际分析既不是代际分化,也不是代际传承,而是道德社会化的代际比较分析,通过代际比较分析,就将道德社会化研究操作化了。不同年龄阶段的代际比较,是本书的主体内容。

乡村文化研究是关于人的研究,对农民生活意义的比较以年龄为线索,这几个群体的形象还是比较清晰的。老年人追求老人自立,包括老人农业、老人抚养孙子等道德现象,老人创造价值;中年人养家,包括外出打工、务农、打零工等现象;青年农民则好玩,一天一个梦,成家之后则回归家庭义务。把老人自立、中年人养家、年轻人好玩的代际特征初步揭示出来了。

通过代际比较分析,发现了代际之间的传承,也就是价值统,从而提炼出了单向度的家本位,也发现了留守社会,从而找到了乡村文化建

---

[1] 廖小平:《伦理的代际之维》,北京:人民出版社 2004 年版。

设的重点,即公共文化建设的进路。

代际比较分析是本书的分析框架,运用这一分析框架考察了农民的家庭生活,同时,也要运用代际分析框架来考察村民的公共生活。不同年龄阶段的农民有不同的家庭生活,同样,不同年龄阶段的村民也有不同的公共生活。

年轻村民对村庄公共生活参与有限,基本上脱离村庄公共生活,他们与村庄联系的唯一渠道就是家庭;中老年农民长期生活在村里,他们村庄公共生活的介入较深;老年农民不仅退出高成本生活,基本上也退出了公共生活。

通过比较分析发现,中年农民较多地参与村庄公共生活,中年农民才具有公共性,老年人退出公共生活,年轻人在外打工不关心村庄公共生活。这一点我们2003年在山东农村调查时就发现了,中年农民是村庄生活的主体。

老年人协会实际上是老年人的公共生活,而不仅仅是福利,不是老人福利,而是老年人的公共空间和公共生活,老年人协会是一条可行的公共文化建设进路。中年人的公共生活也有体现,主要是中年妇女的文艺活动。

这样一来,就从代际比较的角度分析了乡村社会的公共生活,以及公共文化的建设进路,这个分析是有价值的,可以将关于公共文化建设的分析精细化。为什么不同年龄群体的农民有着不同的公共生活呢,公共文化建设如何回应不同年龄群体村民的需求,进行有针对性的公共文化建设。本课题的一个特色,就是通过代际比较分析来研究乡村文化变迁及重建。

3. 村落文化的三层分析

人类学家斯图尔德认为,核心家庭、社区、国家为三种不同层次的社会整合形式,亲属、经济与宗教、官僚机构分别是这三种整合层次的整合力量。[①] 斯图尔德以社会文化整合层次的概念来划分不同的文化类型,这种对文化的操作化对本研究有启发。在此基础上,本课题提出

---

① [美]朱利安·斯图尔德:《文化变迁论》,谭卫华等译,贵阳:贵州人民出版社2013年版,第32—50页。

了村落文化的三层分析。

村落社会的三个整合层次包括核心家庭、共同体和集体,这三个层次的整合力量分别是家庭义务、共同体义务和集体义务,村落文化也就分为三个层次,即家庭文化、共同体文化和集体文化。

人情是私人关系,人情社会是私人社会,不是公共关系,也不是公共社会。家本位往外推,并没有推出一个公共社会,而是推出了一个私人社会,这就形成了一个三重社会,家庭、私人社会、公共社会,这对进行乡村文化建设有帮助。

乡村社会是三重社会,不是原来所讲的双重社会,过去至多发现双重社会,这次发现了三重社会,这一发现具有重要意义。所谓三重社会,即社会是如何可能的,根据什么样的原则来组织社会,根据什么样的道德来组织社会。

从农民生活的这样一个三重社会中,可以分析农民的生活意义和道德系统,三重社会遵循两个逻辑,即私人社会与公共社会的逻辑。这是分析乡村文化的一个框架。

乡村文化建设的核心是建设公共生活、建设公共文化,为什么公共文化建设的效果不彰,乃是由于公共生活的不足,而公共文化建设又无法对接家庭生活和人情关系,从而脱离人们的生活需求。

乡村文化建设要想取得成效,一是要满足农民私人生活的需要,二是要建设公共文化,满足公共生活的需要。过去农民自发的乡村文化建设,比如红白喜事放电影、请戏班子、请道士,这些文化活动就满足了农民私人生活的需求,因而是有效的。

乡村文化建设一定要能满足私人生活需求,同时也要满足公共生活的需求。板桥村文化成功的关键,是满足了公共生活的需求,满足了公共治理的需要,但没有满足私人生活的需要。

人情是家本位文化的外推,家庭内部的义务关系外推,形成了家庭之间的义务关系,即人情,家庭内部的义务主要是代际之间和夫妻之间,而家庭之间的就是人情。二者遵循了共同的私人义务的逻辑,就是积极地承担义务,但义务的内容明显不同,家庭内部的义务更多,主要是家庭的再生产,而家庭之间的义务则少了许多,主要体现在社会整合上。

从家庭往外推,只能推到私人社会,这也是差序格局的边界,差序格局并不能无限推下去。私人社会也是有意义的,比如人情,但这个人情一旦到了公共领域就带来了麻烦,就会使得公共治理失去公平正义,所以当前乡村文化建设最重要的是要建设公共文化和公共社会。

乡村文化建设分为三块内容,一块是家庭文化建设,一块是共同体文化建设,一块是公共文化建设。包括家庭内部成员之间的关系,家庭之间的关系,农民与国家关系。都值得研究。代际关系和家际关系是私人关系,农民与国家关系是公共关系。

本研究将乡村道德分为三个维度,一是家庭义务,主要是代际义务;二是共同体义务,主要是家庭之间的义务;三是集体义务,由于人民公社制度遗产仍在发挥作用,集体义务可能比公共义务更为合适。

那么乡村道德受到了哪些变量的影响呢,一是劳动力商品化,这是劳务经济,家本位强化,共同体并没有受到影响,但集体伦理受到冲击较大,农民工去伦理化;二是农业经济,包括小农经济和集体经济,集体经济不足,集体义务缺乏载体。

如何在市场经济和城市化的背景下,重建乡村道德,重建乡村文化,重点是重建集体义务,建设集体文化。如何重建集体义务,这是乡村文化建设的核心。

4. 情感分析

我们在农村调查时发现,有大量的情感的内容,农民的讲述不只是事实,更多的是他们对事实的看法、理解和评价。过去调查只是去获得事实,而忽视了访谈对象在访谈中所表现出来的情感,甚至有意去淡化这种情感,因为追求的是客观的理解,是价值中立,这样就遮蔽了情感。

乡村调查应该去捕捉情感,去发掘情感,发现情感的学术意义,情感不只是怨恨,还有感恩,还有认同;乡村研究应该有一个情感转向,不是从心理学的角度来研究情感,而是从社会学的角度研究情感,将情感视为一种社会现象来对待,去解释,对情感的研究遵循情感社会学的进路。怨恨、感恩、认同等都是情感,情感分析是本研究的分析工具之一,情感分析和道德分析都是分析工具,都属于乡村文化研究的工具,属于软分析。

为什么学界会发现乡村社会在失衡,孝道在衰落,感情在异化,人情在异化,因为只有理性化的视角,包括阎云翔关于私人生活变革的研究,都是无限放大了理性化的视角,这与市场化有关。

乡村研究缺少了情感的视角,乡村社会在转型中是失衡的,分析框架本身就是失衡的。所以,乡村研究就是失衡的研究,整个社会变迁就是失衡的研究,城市化也是失衡的研究。

没有了情感的视角,这个世界就注定是一个失衡的世界,不完整的世界。必须要去发现情感,去发现情感行动,才能建立对乡村社会变迁的均衡分析。

乡村研究在全面代入经济人假设和经济分析的同时,也要代入情感人和情感分析,这个视角是不可或缺的。情感分析也是个体主义方法论,也是对行动和行动者的研究,韦伯也没有进入到情感的层面。

情感人和经济人都是方法论个体主义①,但分析路径不同。情感人和经济人都是制度分析的重要元素,情感行动和经济行动都是行动,行动分析不能只分析经济行动,还要分析情感行动。制度分析只是理性人吗?非也,只有引入情感人和情感行动,才能解释更多的事实,比如家庭制度和人情制度。

贝克尔对家庭的经济分析,可以借鉴其方法论的个人主义,但同样可以对家庭进行情感分析,找出情感行动。有没有一种行动叫情感行动,当然有,我们此前在家庭中也发现了情感行动,以对话理性行动,而刘少杰教授和成伯清教授也都论述过情感社会学的议题。② 不是孤立地分析情感人和情感行动,而是将情感人和情感行动纳入文化分析中。

情感的制度化与社会的理性化是一个过程的两个方面。情感的制度化也就是情感控制和情感管理,情感制度指的是情感规范、情感的规训,个体的情感也受到了规训,这种规训是道德化的,情感一定是社会化的,这种社会化就是道德化。人们根据社会规范对自己的情感进行管理和控制,使自己的情感得到同情、理解和尊重。③

情感不仅具有私人性,而且具有社会性,情感是有社会规范的,学

---

① [美]加里·斯坦利·贝克尔:《家庭论》,王献生等译,北京:商务印书馆2010年版。
② 刘少杰:《社会学理性选择理论研究》,北京:中国人民大学出版社2012年版;成伯清:《情感、叙事与修辞》,北京:中国社会科学出版社2012年版。
③ 王宁:《家庭消费行为的制度嵌入性》,北京:社会科学文献出版社2014年版,第202页。

界注意到了情感的自主性与个体性,而忽视了情感的社会性与规范性,阎云翔先生也是这个视角。而我们对农民情感的考察,则是从情感制度化也就是情感规范的角度展开的,情感的个体化并不代表情感表达不必在乎周围人的认同,情感的个体化同样需要情感的制度化。

本研究关注农民的情感制度化,农民的情感制度化是以义务为核心的,而不是以权利为核心的。只有以义务为核心的情感表达才是被接受的,没有义务的情感是不被接受的。情感表达能否得到认同,是否符合道德,就在于是否满足了义务。情感规范的最大规范是家本位文化,这种情感制度属于情感动员。

在乡村社会中,情感和义务往往捆绑在一起,可以说,没有义务,就没有情感,有义务才有情感,这就是中国式情感,也是中国式义务。人们按照情感强度和情感距离履行义务,人们通过履行义务进行情感表达和情感管理。学界忽略了情感与义务的联系,甚至认为二者是对立的,过于关注情感的自主性与个体性,忽视了情感的义务性,忽视了情感与义务的内在联系。本课题的情感分析重建了情感与义务的联系。

(三) 田野调查与资料分析

1. 田野调查

本研究综合运用人类学、扎根理论、案例研究等质性研究方法展开田野调查,田野调查点是湖北省咸丰县忠堡镇板桥村。2011 年 7 月 5 日至 25 日,笔者和研究团队在板桥村进行了为期 20 余天的田野调查,对板桥村的私人生活和公共生活进行了全面的考察,获得了鲜活的问题意识和丰富的访谈资料。在调研中,我们得到了板桥村干部群众的大力支持,尤其是时任村支书丁勇刚同志,为调研的顺利进行提供了组织保障,并多次接受我们的深度访谈。

板桥村是一个普通的农业型村庄,在笔者调研时,板桥村有 460 户,1509 人,分为 5 个村民小组。全村有耕地 1703 亩,林地 7766 亩,粮食作物主要为玉米和土豆,村民曾经以烟叶种植为主要收入来源。进入新世纪以来,村民大部分以外出务工为谋生手段,村庄留守现象突出。本研究通过对村民的生命史进行深度访谈,获得了改革开放至2011年30多年间的乡村生活变迁资料,本书关于乡村文化变迁与重构的研究也就有了一个纵向的历史视野。当然,党的十八大以来,尤其是实施精准扶贫和乡村振兴战略以来,板桥村的乡村生活又有了新的变化,这些新变化也是过去历史的延续。今后,我们可以在已有田野调查研究的基础上,对板桥村文化生活变迁进行新的跟踪研究。

本研究遵循人类学的整体观和田野调查方法[①],在调查中主张不带任何预设进入现场,先进行整体调查,作一个整体的观照,通过整体调查来寻找问题,寻找专题,以及变量之间的关系。

在吸收了扎根理论方法后,笔者将调查总结为整体调查＋专题研究。这种调查方法实际上是将扎根理论方法前置,在寻找专题时就保持了足够的开放性和生成性,而不是做命题作文。西方扎根理论方法的开放性和生成性主要在题目确定之后。[②] 而我们通过整体调查来确定具体的题目,把人类学的整体观整合到扎根理论方法中,通过扎根理论方法选题。同时,借用人类学的方法,将多点调查和多次调查结合起来,这比西方的扎根理论方法更具开放性和生成性。

案例研究一直是质性研究的一种重要方法[③],近年来以其科学的研究流程和分析技术受到国内学界关注。本项研究吸收了案例研究方法的优点,用到案例分析上。

单案例调查以村庄调查为基础,深入挖掘地方性知识,挖掘隐性知识,并进行编码,生成解释进行理论对话。多案例调查在单案例的基础上进行再编码,这种编码不是基于地域,不是特指哪个地方,而是指一种类型,这种类型可能会分布在很多个区域。

这样一来,笔者就以多案例比较取代了多点比较,解决了方法论上的困境,以逻辑上的比较替代了实体的比较,实体的比较面临着操作上

[①] 庄孔韶:《人类学通论》,北京:中国人民大学出版社2016年版;[美]沃尔科特:《田野工作的艺术》,马近远译,重庆:重庆大学出版社2011年版。
[②] [英]凯西·卡麦兹:《建构扎根理论:质性研究实践指南》,边国英译,重庆:重庆大学出版社2009年版。
[③] [美]罗伯特·K.殷:《案例研究:设计与方法》,周海涛等译,重庆:重庆大学出版社2010年版。

的困境。自从费孝通先生的村庄研究的代表性问题之后,这种实体论意义上的代表性问题就一直困扰着中国乡村研究。[1] 很多学者都在探索研究单位的问题,一个探索是研究单位的扩大,从村到乡,到县;另一个探索是扩展个案法,即延长个案的解释链,增加历史和宏观解释。[2] 这些探索取得了一定的成效,但并没有真正解决个案研究的困境。

多案例研究技术可以解决上述方法论困境,有一套成熟的研究技术。笔者用这一套成熟的案例研究技术来丰富农村研究技术。从研究方法上来讲,认识中国并不是从实体上认识中国,任何一种研究技术都不可能从实体上完全把握,这是不可能的。海量的数据分析也并不代表就能认识事物的全部和真相。对世界的认识最终都是从逻辑上去认识,提供认识的框架。定量研究发展出抽样技术,就是为了从逻辑上解决研究对象的代表性问题,而不是研究所有的样本,研究所有的样本是不可能的。

村庄是中国社会的基本单元,但也不能说认识了所有的村庄就认识了中国,况且,并没有任何一种研究方法能够穷尽所有的村庄。但我们可以运用费孝通先生所谓的类型比较法,以及案例研究的多案例比较法,来对乡村文化展开研究,对所搜集的资料进行比较分析,并在此基础上建构理论解释。

在田野调查中,本课题综合运用质性研究的研究技术,搜集了丰富的第一手资料,呈现了乡村文化变迁的最新态势以及存在的问题,为资料分析提供了扎实的资料基础。

2. 资料分析

在前述田野调查和深度访谈的基础上,根据搜集到的数据和经验材料,运用扎根理论方法和多案例比较研究方法,将获得的资料建立文本,按照质性研究方法的规范,进行三级编码,找出核心类属,并生成解释。[3] 通过多案例比较,找出主要变量之间的关系,建构乡村文化变迁的解释框架,并提出相应的对策。

---

[1] 赵旭东:《乡村成为问题与成为问题的中国乡村研究》,《中国社会科学》2008年第3期。
[2] 卢晖临等:《如何走出个案:从个案研究到扩展个案研究》,《中国社会科学》2007年第1期。
[3] [英]凯西·卡麦兹:《建构扎根理论:质性研究实践指南》,边国英译,重庆:重庆大学出版社2009年版。

在质性研究中,强制数据是最常见的现象。所谓强制数据,就是把搜集来的资料强塞进已有的理论框架里。这种过于强调理论框架的做法,大大限制了质性研究者的思路。

扎根理论方法的好处是能够充分打开思路,让代码和类属自然生成。质性研究者在调查的时候,一般都能从经验出发,尊重访谈人。但在分析资料时,往往又受到主流量化思路的影响,强调框架和结构化理论,强调已有共识,把资料强塞进已有理论框架。这是典型的强制资料,并没有真正做到从资料出发,没有处理好资料的开放性与已有理论范式的关系。这是缺乏科学的资料编码技术使然,质性资料分析应该对之有充分的自觉。

在资料分析技术方面,扎根理论和案例研究的方法较为完善,比人类学方法更具操作性。人类学的长处在于田野调查,而对资料分析则缺乏可操作化的流程,其方法更具原则性,人类学者个人的悟性占有较大比重。

在资料分析中,对资料进行编码,把材料操作化,找到理论生长点,给出解释,并进行检验,这是质性资料分析的一般流程。[①] 质性资料分析一开始具有开放性,追求自然生成,从经验中提炼理论,建构并检验理论。一旦生成理论,就要用理论和概念来统率资料,而不是由资料统率理论,也就是用核心代码来统率资料,最后的理论解释实际上是核心代码之间的关系。这样,质性研究就由起初的开放走向了闭合,只有实现了闭合的质性研究才是成功的。

本课题的乡村文化研究是基于隐性知识挖掘的建构性研究,以理论建构为研究旨趣。所谓的建构,不是强制建构,而是自然生成,这也是质性研究的特点。本课题对资料的分析遵循建构性研究的进路,也就是费孝通先生所谓的社会学调查,而非纯粹的社会调查。[②]

(四) 本书的结构安排

本书的结构参考林德夫妇的《米德尔顿:美国当代文化研究》,分

---

① 陈向明:《质的研究方法与社会科学研究》,北京:教育科学出版社2000年版。
② 费孝通:《社会调查自白》,上海:上海人民出版社2009年版。

专题组织,这部经典著作通过谋生手段、建立家庭、教育子女、利用闲暇、参加宗教仪式、参与社区活动等六个专题,对中镇居民的道德观念和精神状况进行研究。[1]

这些议题也是我们在进行乡村文化研究时所关注的议题,如外出务工、农业生产、成家、子女教育、闲暇、共同体、集体经济、社会治理等,通过对这些专题的考察,本课题呈现了乡村社会私人生活和公共生活的变迁。

本书共分为十个专题,一是城市化与乡村文化变迁,二是青年农民的城市梦与家庭义务,三是中年农民与家庭义务,四是老人自立与代际义务,五是人情与共同体义务,六是集体经济与公共生活,七是社会治理与集体义务,八是村民自治与公共参与,九是高成本生活与生存伦理,十是代际传承与家本位文化。加上导论和结论,本书共十二章。

十个专题可以分为三大部分。第一部分,家庭义务与家本位文化的再生产。家庭义务在市场经济中表现出了较强的韧性,农民的生产和消费活动均围绕着家庭再生产展开。外出务工是农村经济的主要影响变量,本书以务工经济为中心,通过呈现不同年龄群体在外出务工上的表现,分析了代际传承与家本位文化的再生产。家本位文化通过家庭再生产得以延续,家本位文化背后是家庭义务。家庭义务是无条件的,充分体现了农民的义务自觉。家本位文化是义务文化,而非权利文化,亦非个体主义文化。

第二部分,共同体义务与弱整合的村落共同体。在家庭之上,存在着一个共同体,农民就生活在村落共同体之中。本书以人情与纠纷为中心,呈现了村落共同体的建构机制。村落共同体是义务共同体,通过人情义务得以建构。同时,人情又是建构性的,属于私人义务,而非公共义务。共同体义务是有条件的,虽然农民对其所在的村落有一定的义务自觉,但这种义务自觉随时可以中断,这就导致村落共同体的弱整合特征,具有脆弱性和动态平衡性。

---

[1] [美]罗伯特·S.林德、[美]海伦·梅里尔·林德:《米德尔顿:美国当代文化研究》,盛学文等译,北京:商务印书馆1999年版。

第三部分,集体义务与公共生活。在家庭和村落共同体之上,还有一个集体,也就是所谓的公共生活。传统社会,官不下县,农民大部分时间都生活在家庭和村落共同体之中。进入现代社会之后,农民要更多地与国家打交道,国家成功地在农村建构了公共生活,这个公共生活以村落共同体为基础,但又不同于村落共同体生活。公共生活表现为集体经济、村民自治与社会治理三个方面,随着集体经济的解体、管制权的弱化以及村民参与的不足,公共生活呈现衰败之势。公共生活背后是集体义务,集体义务不是强制性义务,体现为农民对国家权力的认同,是在认同基础上的集体共识和一致行动。重建农村公共生活,就必须要重建集体义务,这是当前农村公共文化建设面临的难题。

本研究不同于道德哲学研究,重点关注的不是道德思想,而是道德生活,是道德现象和道德行为,采取的是道德社会学的研究进路。[①] 这一研究进路对乡村文化建设而言更有意义,因为道德思想只有落实到每一个人的道德行为上才有意义,乡村道德不能只体现在道德思想体系上,更要落实在乡村日常生活中。同时,道德思想的基础也应该是道德生活。

我们在费孝通先生"文化自觉"[②]思想的基础上提出了道德自觉的概念,所谓道德自觉,就是农民对自己的义务非常清楚,他们在义务担当中找到了生活的意义。本书通过义务本位的文化,将乡村道德研究操作化。道德自觉体现为义务自觉,包括家庭义务、共同体义务、集体义务三个层面,全书的逻辑和结构就按照这三个层面展开。

道德自觉是文化自觉的重要组成部分,道德自觉与农民的日常生活密切地联系在一起。乡村文化的内核是道德自觉,乡村文化建设就是道德建设,通过道德建设激发出农民的道德自觉。因而,道德建设的最终方案是乡村德治。

在城市化的进程中,农民的道德自觉受到了冲击,尤其是集体义务明显弱化,导致公共生活衰落。乡村文化建设的重点是重建公共生活,

[①] 宣兆凯:《道德社会学理论、方法和应用研究》,北京:北京师范大学出版社1994年版。
[②] 费孝通:《文化与文化自觉》,北京:群言出版社2016年版。

这也是文化研究的重点。当然,乡村文化建设研究并不是要回归过去,而是要更好地回应当下和未来。

　　本课题是关于乡村文化变迁与重建的一项探索性研究,在前人研究的基础上,希望能够探索出一条乡村文化建设的新路。也正因为如此,这项研究可能在有些方面还比较粗糙,需要在今后的研究中进一步完善。

二、城市化与乡村文化变迁

城市化是这个时代的最大事件,正深刻地改变着人们的生活。不管是乡村治理,还是乡村建设,都受到了城市化的影响。城市化对乡村文化的影响途径主要有两个,一个是劳动力商品化,一个是日常消费商品化。本章就从这两个方面考察城市化对乡村文化变迁的影响,劳动力商品化是经济因素,消费主义则是一种观念体系。这是两种分析路径,前者是以生产为中心的考察,后者则是以消费为中心的考察,通过这两个视角,得以较为全面地理解乡村文化变迁及其重建的逻辑。

(一) 劳动力商品化与乡村文化

1. 分析框架

劳动力商品化是乡村道德和乡村文化变迁的主要动力,也是分析乡村文化变迁的主要视角,因而,劳动力商品化是一个核心概念。劳动力商品化引起道德行为事实的变化,从而带来乡村文化的变化,这里的乡村文化主要是家本位文化。

我们的文化研究正是在这个维度上展开的,过去主要关注到了农民进城打工对乡村文化的影响,所谓劳动力商品化,背后就是城乡关系,应该放到城乡关系下来定位。所谓经济对文化的影响,主要是城市对乡村的影响,因为这个经济不是小农经济,而是务工经济,务工经济背后就是劳资关系,就是城乡关系。务工经济同时也是城市化的一种具体形式,劳动力商品化,进城打工,这是城市化的一种形式,在一个城市打工半年以上就登记为城市人口了。所以,对劳动力商品化的分析,最终不是落脚在劳资关系上,而是落脚在城乡关系上。劳动力商品化就是城市化的一个途径、一种形式。对于农民来讲,如何实现城市化,就是通过劳动力商品化,就是通过人力资源开发。

所以,本课题的文化分析不是导向资本主义生产关系,不是导向劳资矛盾,而是导向城市化,劳动力商品化不仅服务于资本的需要,而且是城市化的动力,从农民工进城买房就可见一斑。为什么我国的城市化速度进城加快,这与劳动力商品化是分不开的,劳动力商品化才是城市化的动力,土地资本化只是一个方面,劳动力商品化是城市化的一个方面,也要放到城乡关系中来定位。城市化对乡村文化的影响,如何操作化,通过劳动力商品化来操作化,劳动力商品化就是城市化的操作化。关于劳动力商品化,我们早就发现了,农民如何参与市场经济,只能凭自己的劳动力。其实,这就是劳动力商品化。劳动力商品化是城市化的具体形式,所以,本书呈现的就是城市化之下乡村文化的变迁,即劳动力商品化之下乡村文化的变迁与重建。劳动力商品化对家庭文化的影响,对共同体文化的影响,对公共文化的影响。

本研究集中分析了城市化对家庭文化的影响,以及对共同体文化的影响,城市化并没有削弱这两种文化,反而强化了这两种文化。如何分析城市化对集体文化的影响呢?也就是劳动力商品化对公共文化的影响,对村民自治的影响,对村民自治的影响尤其大,受冲击最大的就是村民自治,村民外出打工,导致村民自治和公共生活无法维系,村民成为没有政治性的农民。此前已发现,农民工成为没有政治性的群体,返乡之后,也很难在短期内修复公共生活;而对留守在家的部队来讲,他们也没有公共生活,分散在一个一个的家庭之中,失去了公共性,村民自治失去了实质性内容。

这样,本研究就把城市化对乡村文化的影响,通过劳动力商品化操作化了,这是一个有效的操作方案,也是一个有力量的分析框架。

乡村问题的实质根本不是国家与社会关系,而是劳资关系。因而,在劳资关系的背景下研究乡村文化建设,而不是在国家与社会关系的背景下研究乡村文化建设,也不是在国家与农民关系框架下进行研究。本章的分析框架是劳资关系。

过去的城乡关系是国家建构的,实质是国家与农民关系,改革开放后,国家退出,市场和资本重新塑造了城乡关系,城乡关系的实质是劳资关系。劳资关系替代国家与农民关系,成为乡村研究的主流分析框架,在乡村社会研究中引入市场视角,市场与乡村社会的关系就是劳资关系。本章研究的不是劳资矛盾,而是将劳资关系作为城市化的分析框架。

对乡村建设而言,今天的分析框架就是城市化,而民国时期的乡建具有非常强烈的民族和国家关怀,基本上没有城市化关怀,这是由近代中国社会的性质和任务决定的。新乡村建设也承接了乡建先贤的民族国家关怀,因而一开始也具有强烈的国家关怀,将乡村建设视为中国道路的重要组成部分。

很显然,今天的乡村建设思想已经突破了国家主义的框架,开始有了城市化和全球化的视野。城市化和全球化是真正的中国化,是文化自信的表现,而过去的中国化反而过多地受到外部视角的影响,恰恰是海外中国的视角,缺乏文化自信。并且国家主义视角越来越脱离了人们的生活,失去了理论的解释力。

2. 劳动力的视角

学界对政治经济学的研究,关注的多是西方资本主义的过去与现在,而没有研究中国实践,研究西方的劳工,而没有研究中国的劳工。当然,对中国劳工的研究近年来多了起来,马克思主义中国化,就是要研究中国的实践。

农民最关心的问题就是找活干,到城里找活干,不管工资高低,都是出卖劳动力。打工收入太低了,就会去种菜,做小生意,事实上还是劳动力的投入,而不是资本的收益,自己给自己打工,事实上还是靠劳动力来获得收入。所以,不管是做小生意,还是在城郊种菜,都需要长时间的劳动力投入,直白地说就是很辛苦,从早忙到晚,挣个辛苦钱。在城市里做小商小贩,或者做代耕农,要比在农村做生意或者种植经济作物,赚钱要多,市场销路也好,但实质是一样的,仍没有摆脱靠劳动力吃饭的本质。

县城里新开办了很多电脑培训班、很多职业技术培训班,其实就是为劳动力市场培养合格的劳动力。家长让子女去学电脑,应该说是顺应了这一趋势的,结果也是如此,就是培养了合格的劳动力,从而能够找到一份工作;农民工去学电脑,学打字,也是如此;蓝翔技校之所以很火,北大青鸟之所以很火,都是顺应了劳动力市场的需求。

有农民家长说,高中毕业考不上大学也没有关系,出去打工也好找工作,好找活,现在看来,在1999年左右,农村普遍已经有了劳动力的视角。笔者的调查发现,1980年代就开始有打工了,但大规模的外出务工是1990年代中期以后的事情了。今天,劳动力视角已经成熟了,就是出去打工,随着劳动力的短缺,连中年妇女都加入到了外出打工的行列中。从劳动力视角出发,农民的选择也就可以理解了,他们接受过教育,可以成为劳动力市场所需要的合格劳动力,他们可以获得工资收入。不过,这与他们选择什么样的生活有关,是选择城市生活,还是选择农村生活,如果选择城市生活,他们的收入还不足以支撑城市的高成本生活,如果选择农村,他们的工资收入应该还是可以支撑农村的高成本生活。

1990年代中期以来,外出务工普遍之后,农村便有了劳动力视角,有了劳动力观念,农民也开始重视教育,重视教育不是为了找媳妇,而是为了外出打工,为了成为合格的劳动力,适应工商社会的劳动力,而非农业社会的劳动力。今天的教育培训的是现代工商社会所需要的劳动力,而不是农业社会所需要的劳动力,正如农业局的一位副局长所讲,农口的一些培训项目实际上是为城市培养劳动力,加剧了农村的衰落,这是他感到不理解的地方。不光是农口,各个口的农民培训项目,都是将农民培养成工商社会的劳动力,因为劳动力市场是工商社会的劳动力市场,而不是农业社会的劳动力市场。

乡村研究也要具备劳动力视角,现在已经不是乡土中国的问题,不是乡村社会自身的问题,而是工商社会的劳动力市场问题,是市场化和资本化,而不是国家化,这是一个全新的时代。笔者重新发现了市场和资本的作用,笔者对社会问题的研究,已经摆脱了人类学的传统视角,摆脱了国家和历史的视角,引入了市场化和资本化的视角,从而实现视角转换,刷新了研究议题,并且提升了研究方法。

本研究不只从生产的角度切入中国的劳动力市场,而是从生活的角度切入劳动力商品化,这是一个具有创新性的研究路径,可操作性强。乡村社会发生的一切变化,乡村研究的所有议题,都与劳动力市场和高成本生活有关,包括宗教信仰、伦理危机。这样一来,就把市场经济对乡村社会变迁的影响真正操作化了。

当然,很多人想办法与资本发生关系,比如美貌,比如青春,比如暴力,这当然是另外一个问题了。这些问题更加吸引人的眼球,比如二奶、小姐、黑社会现象,所谓的好吃懒做、好逸恶劳,就是不在劳动力市场上找工作,而是想办法与资本发生关系,从而获得足够过上高成本生活所需的货币。虽然这些现象更加吸引人的眼球,但这并不是普遍性的问题,更为基础性的问题是,农民工通过出卖劳动力获得货币收入,劳动力市场成为乡村社会与文化变迁的关键变量。

还有另外一个维度,即农民合作与国家的关系,农民之所以合作,乃是因为被国家权力组织起来,甚至动员起来,即组织起来的命题,这是毛泽东时代农民合作的主要方式。也有人从此出发,认为农民不合作,乃是国家权力的退出,农民不再被组织起来。今天,国家权力不再动员农民,原来的组织解体,集体空壳,所以,也会有人提出来重建农民组织。实际上也是不可能的,国家权力以及公共项目根本无法动员群众。

劳动力的国家化是毛泽东时代的特点[①],对劳动力的组织是前30年的国家主导,合作社、人民公社,就是将劳动力组织起来,将分散的劳动力组织起来,是这个时代的命题。组织的主体当然是国家,组织起来实现了劳动力国家化,因为国家搞计划经济,资本稀缺,从而用劳动力替代资本,走出了中国的发展模式,也就是所谓的人海战术。为什么人海战术能够管用,在大型工程建设中,前提是农村劳动力国家化,国家通过一系列制度实现了劳动力国家化,比如人民公社体制、户籍制度、单位制等等。国家与乡村社会的变迁均围绕着劳动力国家化而展开。市场经济之后,劳动力的国家化就无法维系了,劳动力商品化启动。

笔者此前对农民合作问题的思考,其实就是在劳动力国家化的框架下展开的,国家如何把农民组织起来,进行公共事务的治理。

[①] 张乐天:《告别理想:人民公社制度研究》,上海:上海人民出版社2005年版。

国家政权建设是围绕着劳动力问题展开的,国家治理也是围绕着劳动力问题展开的,劳动力的国家化和商品化本身都是国家治理的重要议题,典型如毛泽东时代对劳动力的组织化,进行各种类型的工程建设;还有今天流动人口的管理,流动人口管理这种说法并不合适,实质是对劳动力商品化的管理,农民工权益、劳资关系,这些都是劳动力管理的重要议题,同时也是国家治理的重要议题。

同时,这一视角对社会治理也有启发,毛泽东时代的社会治理,也是在劳动力国家化的框架里进行的。这一时期的社会治理,也就是对劳动力国家化的管理,比如单位制,比如人民公社体制,都是劳动力国家化的具体形式和载体。今天的社会治理,是在劳动力商品化的背景下展开的,农村的留守人群就是对劳动力商品化的治理,而城市里的流动人口管理,更是对劳动力商品化的直接治理,不管是人口流出地的留守现象,还是人口流入地的流动人口管理,都是社会治理的主要内容,而社会治理的指导思想实际上是社会治安治理,这是非常简单的,也是非常粗暴的、非常表面的一种管理,背后仍然是控制的思想。其指导思想应该是劳动力商品化,劳动力商品化才是框架,而不是社会治安。

3. 劳动力商品化

劳动力的视角,准确地来讲,是劳动力商品化。劳动力商品化启动之初,学界首先看到是人口流动,往往从人口流动和人口迁徙的角度,对农民工问题进行研究,所以会关注到户籍问题,会关注到融入问题,以及返乡问题。这就是一个表面的问题,最核心的问题,即农村劳动力商品化,并没有引起关注,一直到现在。

本研究直接从劳动力商品化的角度思考农民工问题,这是一个突破,是一个非常明确的突破。这源自笔者长期以来对农民工问题的关注,虽然此前并没有明确对农民工问题进行研究,但农村调查的焦点却是外出务工,当下农村和农民的生活都是围绕着打工展开的,虽然在做其他问题的研究,但对农民工问题也是非常熟悉的,并且积累了大量的农民工资料。

笔者的长期关注总算有了突破,即劳动力的商品化,笔者先是意识到了劳动力市场是市场经济对乡村社会影响的载体,从而将劳动力代

二、城市化与乡村文化变迁　**23**

入了对乡村社会的分析,但劳动力市场是个很大的分析单位,有启发性,但没有操作性。提出新的解释变量,或者概念,首先要有启发性,也就是解释力,同时更要有操作性,可以操作化,否则,一个看起来很好的概念,根本没有办法实现操作化。

今天,笔者意识到,笔者关心的实际上是农民工的商品化,是劳动力的商品化,将单个农民工和农民工家庭作为分析单位,这就可以实现操作化了。

劳动力商品化是理解乡村社会的一个切口,也是理解乡村建设和乡村治理的一个切口。在改革开放以来的乡村社会变迁中,劳动力商品化是最关键的,不是传统的复兴,不是阎云翔所谓的个体化,也不是笔者此前所谓的新家庭主义,而是农村劳动力的商品化,这样才可以与已有研究形成真正的对话,从而也找到了自己真正要做的题。笔者关心的不是个体化/集体化,亦不是家庭主义的问题,这些议题都不是笔者的长处,也不是笔者真正关心的最终话题,而只是话题之一。劳动力的商品化,甚至是身体的商品化,才是当下这个时代的主题。

笔者关心的最核心的议题是劳动力商品化,这种商品化不只是个体化,更是家庭化的,包括代际关系,比如所谓三代一体。在讨论农村劳动力商品化的过程中,要注意个体化、家庭化与劳动力商品化的关系,商品化才是一个最核心的概念,完全可以把家庭化、个体化整合到劳动力商品化这一框架中来。

农民工如何看待自己的商品属性,农民工如何认可并建构自己的身份,洗脚妹如何理解自己的身份和工作,保安如何理解自己的身份。这都是劳动力商品化的内容,从劳动力商品化这一视角出发,这些议题可以重新研究。原来关注的议题,其实是可以在劳动力商品化框架下得到理解,而不是在伦理危机的框架下得到理解,伦理解释是没有力量的,而劳动力商品化的解释是非常有力的。

劳动力的商品化,对乡村社会产生了根本性的影响。马克思关注了劳动力的商品化,他从劳动力成为商品出发,探讨了劳动力与资本家的关系,劳动的异化,马克思关注的主要是劳工与资本的矛盾,也就是劳资矛盾。马克思的视角,对理解农民工的商品化,具有启发性,目前学界也有人重试马克思的视角,也就是所谓农民工的阶级形成,关注的是劳资矛盾,是农民工的抗争,农民工阶级性的问题。但是,这一关注忽略了前提,即农民工的商品化、农民劳动力的商品化,离开了劳动力的商品化,直接进入了劳资矛盾的研究,并不能得出更好的分析。所以,本研究要做的,并不是劳资矛盾,以及农民工的抗争,而是农民工的商品化,关注的是农民工劳动力商品化的过程,这是一个基础性问题,学界应该对这一基础性问题进行研究。

从劳动力商品化出发,可以进入到劳资矛盾的研究,这是经典的马克思主义路径;也可以进入到乡村社会的研究,进入到农民问题的研究,劳动力商品化对乡村社会和乡村建设以及乡村治理,都产生了根本性的影响,这是市场经济影响农村的一个实现路径。也就是说,市场经济对农村社会的影响,最大的不是消费,不是观念,不是村落共同体的解体,而是农村劳动力的商品化。农村劳动力的商品化是市场经济对乡村社会影响的一个具体路径,也是一个核心概念。

国内学界对农民工的研究,或者是社会学的路径,或者是经济学的路径,或者是公共政策的路径,而根本没有劳动力商品化的视角,没有马克思的视角,只是最近才有学者主张将阶级带回分析的中心,将阶级形成带回劳工政治研究的中心。[1] 这种重新政治化的路径,是值得商榷的,工人政治的逻辑并没有出现,学者只是将西方工人政治的逻辑映射到中国工人身上,将抗争的逻辑映射到中国工人身上,笔者觉得这种路径有问题。前几年,学者试图将农民重新政治化,比如农民上访、群体性事件、农民抗争等等,但这一效果并不明显。或者说,这种将农民重新政治化的努力并没有成功。现在,一部分学者又试图将工人重新政治化,这种重新政治化的努力真是无处不在。但是,在笔者看来,不管是将抗争代入分析的中心,还是将阶级带回分析的中心,都不会成功,都掩盖了这个时代真正的问题,因而,我们不会遵循这种重新政治化的努力,而是给出新的解释。从劳动力商品化的视角,不管是对劳资矛盾,还是乡村社会,都将给出新的解释。

笔者将重拾马克思主义的视角,将劳动力商品化带回分析的中心,对农村劳动力商品化这一历史现象进行深入的研究,将当前中国语境

---

[1] 沈原:《社会转型与工人阶级的再形成》,《社会学研究》2006年第2期。

里的劳动力商品化的问题说清楚,不是人力资本的视角,不是人口红利的视角,而是劳动力商品化的视角,这是一项基础性的理论研究。

改革开放以来,中国经济发展的秘诀就是劳动力商品化,也是乡村社会变迁的最大动力,劳动力商品化非人口红利,非廉价劳动力,非农民的创造,非社会化小农,这些都不是最重要的和最直接的,劳动力商品化不是笼统的人口红利和人力资源开发。笔者此前提出,农民工的人力资源开发是在劳动力市场中完成的,这实际上指的是劳动力的商品化,如何成为合格的劳动力商品,这一过程也是人力资源开发的过程。

首要问题是劳动力商品化,其次才有人力资源开发的问题,人力资源开发是一个技术问题,是劳动力商品化之后面临的一个具体的技术问题,首先需要回答劳动力商品化的问题。

劳动力商品化已经摆脱了小农的逻辑,也不是大农的逻辑,不是社会化小农的问题,不是理性小农的问题,最核心的问题是劳动力商品化,而非什么小农理性,劳动力商品化是我们分析的起点。

劳动力商品化是一个分析性概念,是研究农民工的工具,也是研究乡村社会和乡村治理的工具,本研究将劳动力商品化作为一个核心类属和核心概念。

4. 劳动力的不完全商品化

> 案例:出去打工挣点钱,做生意,打工不可能一辈子,最多打个10年左右。我再有钱也回到农村,我喜欢清静优雅的地方,现在农村的交通可以,交通不行我会选择城里。我们是比较会享受的那一种,好多人存钱。男女平等,有事商量。[1]

这一对年轻人有自己的想法,读书多,见识广,对生活有自己的主见。打工不可能打一辈子,一旦不能打工了,也就在城里没有办法立足了,也就只能返乡。

中国农民的劳动力商品化,又不完全同于西方历史上的劳动力商

---

[1] 来自访谈资料编码 WMS20110709。

品化过程,他们并没有完全从土地上走出来,并没有完全与土地隔断关系,是否要与土地隔断关系,取决于他们能否在城市里立足,这是一个非常现实的选择,而不是价值的好恶。

农民工还与土地和家乡保持着联系,他们的家人还在农村,他们当中的很多人还要回到家乡,他们的人口再生产还要靠家乡社会网络的支持,甚至要完全在家乡完成人口再生产。也就是说,农民工劳动力商品化并不彻底,并不是一个彻底的商品化过程,这个商品化具有阶段性,并且具有不完全性,资本对劳动力的压榨更彻底,更残酷,也就是所说的劳动力优势,人口红利,这种劳动力商品化是一种不完全商品化。

前面我们论述了劳动力商品化的逻辑,进一步的研究发现,实际上是一种不完全商品化,是半商品化,这是从农村观察得出来的一个初步结论。是理解当前乡村社会文化变迁的一个点。

关于农民工的两个话语,一个是城市化,一个是阶级化,学界在研究农民工城市化时,提出了半城市化的解释框架;在研究农民工阶级化时,提出了未完成的阶级化。

城市化的解释主要是在制度和权利,将半城市化出现的原因归因于制度,归因于权利不足。关注城市化的学者很快转向了权利话语,认为是国家制度和政策妨碍了农民工的城市化,要求放开户籍制度,要求农村土地可以自由买卖,要求农民工的社会保障,享受所谓同等国民待遇。但是,国家为什么要限制城市化呢,这是不合乎逻辑的,国家正在推进城镇化,甚至在造城,很显然,国家不是造成半城市化的原因。

关于阶级化,不少学者重返马克思的视角,重返阶级分析,经验研究并不支持这一分析,学者们据此提出了未完成的阶级化的解释,并转向生活政治的解释。[①]

城市化和阶级化是两种不同的解释视角,阶级分析强调劳资矛盾,研究劳动关系,马克思的视角是他们分析的起点;而城市化则强调国家与社会的矛盾,权利的视角是他们分析的起点。一个更为综合的观点是,国家和资本共同妨碍了农民工的城市化和阶级化。

---

① 汪建华:《生活的政治:世界工厂劳资关系转型的新视角》,北京:社会科学文献出版社2015年版。

以上两个路径都是不彻底的,都是外部视角,都是外在原因,而没有真正从农民工自身出发,没有找到农民工自身城市化的动力机制,也没有找到农民工自身无产阶级化的动力机制。

从农民工自身来看,城市化是人的城市化,是市民化,动力何在,是劳动力商品化,政府可以通过资本和市场撬动城市化,而农民工只能以自己的劳动力参与到城市化中去,参与到市场经济中去。他们唯一的资本就是劳动力,就是人力资本。人力资本在市场经济中如何发挥作用,就是通过劳动力商品化,也就是说,农民工只有有钱了才能买房,才能在城市里完成劳动力再生产,才能实现城市化。这才是最根本的问题,也是最现实的问题。比如,县城里的房子很多是农民工买的,农民工只有通过出卖劳动力才能赚钱,才能买房,才能实现城市化。也就是说,在市场经济背景下,农民工只有通过劳动力商品化才能实现城市化,这是他们实现城市化的唯一道路。

也有人说还有其他路径,就是农民的资产资本化,农民的资产也就是耕地和宅基地,土地和宅基地流转,能够实现城市化吗?不足以支撑。关键是流转给谁,有市场吗?只有城郊村可行,但也不持续。失地农民的就业问题,失地农民能得到一笔补偿,但他们还是没有工作,还是需要出卖劳动力。失地农民一夜致贫的现象也是经常发生的,也就是说,对大部分农民来讲,农村资产资本化并不足以支撑城市化的成本,就算是城郊村,也不足以支撑城市化的成本。有学者测算出每位农民工城市化的成本是 10 万元,其实这是不科学的。城市化无法一次性用金钱买断,农民工的可持续城市化必须以劳动力商品化为前提。

也就是说,对农民工而言,要真正完成城市化,必须以劳动力商品化为前提,也就是必须以出卖劳动力为前提。当然,劳动力商品化是否就能够支撑城市化呢,也未必,这是由更为宏观的经济和劳资关系所决定的。

阶级化也是如此,阶级化的前提是劳动力商品化,劳动力商品化是一个更为基础性的问题,马克思将重点放到了资本上,我们将重点放到劳动力上,放到人力资本上,马克思对人力资本的关注不够,他将劳动力商品化作为逻辑的起点,而没有细细研究。本书将对劳动力商品化进行仔细研究,其中包含着阶级化和城市化的奥秘,也包含着中国乡村社会变迁的奥秘,也就是说,劳动力是观察的视角,是基本单元,中国社会研究的基本单元不是村庄,不是区域,不是农户,不是家庭,不是事件,而是劳动力。本书将劳动力作为基本的研究单元,作为基本的分析单位。

本书将劳动力作为分析单位,来对劳动力以及城市化、阶级化、乡村社会等进行深入的研究,其中,劳动力商品化是田野调查开始的地方。

目前的中国研究包括农民工研究,都忽视了劳动力商品化这一根本问题,劳动力商品化将取代小农以及大农的研究,农民工将取代并统率农业、农村和农民的研究,并将城乡整合,超越了城乡二分,是一个更加基础性和综合性的研究对象。

不理解劳动力商品化,就无法理解城市化、阶级化,只能是一种想象,受到了外在概念框架的过度影响,属典型的强制数据。

劳动力商品化不是突然提出来的,是可以与既有的研究进行对话的。而笔者对劳动力商品化的进一步观察,发现中国农民工的劳动力商品化具有自己的特点。他们在农村有土地,有生产资料,有宅基地,有亲人,有社会关系,他们的家还在农村,他们还可以回去,而不必在打工地终老一生,农民工自己对这一问题也认识的非常清楚,他们说,打工又不可能打一辈子。农民工的劳动力商品化,不是完全意义上的商品化,他们还可以自雇经营,这种半商品化,决定了劳动力商品化带来的影响。

劳动力商品化将带来生产和生活方式的深刻变化,带来社会关系的变化,带来价值观念的变化,带来时间观念的变化,带来集体行动的变化。

笔者此前受西美尔的影响,发现了货币对生活的影响,货币下乡,很多人也注意到了货币经济对农村的影响,也就是农民的生活需要货币支出,货币支出压力增大,这就是笔者所谓的高成本生活,高成本生活就是以货币为支撑的生活。

为了过上高成本生活,农民就必须要出卖自己的劳动力,靠农业劳动不足以支撑高成本生活的需要,也就是必须要劳动力商品化。所以,最大影响是劳动力商品化,而不是货币化,货币化并不是一个分析概念,

二、城市化与乡村文化变迁　　**29**

劳动力商品化的解释力最强。我们分析的核心是劳动力商品化,只有劳动力商品化才有可能实现货币化,即高成本生活,而高成本生活的压力又推动了劳动力商品化。劳动力商品化导致农村社会文化的深刻变革。

5. 劳动力的商品化与去商品化

打工实际上是打工者的自我修炼,很多劳动力在外出打工之前并没有经过职业培训,初中甚至小学一毕业就出去打工了,他们的成长是在打工的过程中完成的,是劳动力市场培训了他们。当然,也有人在这一过程中走上邪路,甚至走上了犯罪道路,或者被淘汰,只能回到村里。所以,打工的过程也是劳动力的自我修炼、自我救赎的过程,打工者通过这一过程,有了不一样的人生风景,有的成为合格的工商社会所需要的劳动力,有的则成为失败者,成为伤残人士,回到他们的老家。农民工的自我修炼用板桥一位青年农民的话来说就是"混",即实践,有混得好的,有混得差的,有混不下去的,农村成了避难所,成了收容所,何谈发展经济。

笔者关注的是农民工如何成为一个合格的劳动力,从而通过出卖劳动力来获得货币收入,来支付高成本生活。对农民工而言,能够通过打工挣钱,能够过上高成本生活,这就是他们打工的意义所在,这是农民工最关心的问题,也是笔者最关心的问题。也就是说,农民工的自我修炼是以生活为中心的,而不是以职业为中心的,也不是以阶级为中心的。

所以,劳动力是笔者关心的关键变量,也是关键词,而非劳工,劳工这个概念具有政治性,工人阶级也具有政治性,笔者使用劳动力这一概念,劳动力是个中性词,更加关注生活,突出的是生活视角,而非政治视角。

目前,社会学和政治学关于农民工的研究,是在劳工政治的框架下展开的,关注农民工的政治性,诸如罢工、维权、抗争、阶级、劳资矛盾等议题,如沈原、潘毅等人的研究,实际上是将阶级带回分析的中心,核心矛盾是劳资矛盾。[①] 这一视角对农民工的生活缺乏应有的关注,农民工通过出卖劳动力过上高成本生活,这才是他们关心的问题,也应该是

[①] 沈原:《社会转型与工人阶级的再形成》,《社会学研究》2006 年第 2 期;潘毅:《阶级的失语与发声:中国打工妹研究的一种理论视角》,《开放时代》2005 年第 2 期。

学者关心的问题。农民工身上不能承受如此之重。应该将生活代入分析的中心,而不是将阶级带回分析的中心,现在还不到关心阶级形成的时候,应该更多地关心农民工的生活。

主流的研究进路是政治的进路,笔者就是要回到生活本身,回到农民工的日常生活本身,通过关注劳动力与高成本生活,将生活带回分析的中心,从而开创农民工研究的另一个进路,即生活的进路。将生活带回分析的中心,就是将家庭带回分析的中心,将家庭作为分析单位,以家庭为中心的解释,就是实现了日常生活视角的操作化,因为中国人的日常生活,是以家庭为中心展开的。

所以,与主流进路不同的是,笔者关心的不是农民工的阶级形成,阶级形成是一种修炼,笔者关心的是劳动力的炼成,是劳动力市场的形成,劳动力市场比阶级可能更有现实针对性。劳动力市场的形成是一个事实,我们不是从职业的角度来研究劳动力市场,而是从农民工家庭和生活的角度来研究劳动力市场。

学界一般指望农民工返乡创业,农民工在外面学到了技术,有了资金,回老家就可以创业了,这只是一种想象而已,虽然也能找到农民工返乡创业的例子。对大部分农民工而言,返乡只能种田,很难创业,农民工在外面打工,只能出卖劳动力,在外打工把自己培养成了一名合格的劳动力,但不是创业者,打工者不是创业者。

> 案例:张主任是一个典型的返乡农民工,他在工厂里打过工,还在传销组织里做过管理,返乡之后,担任了村主任,种了6亩田,虽然心有不甘,也只能如此,虽然也想创业,搞一个致富项目,但很难,没有资金,不可能冒这样的风险。还是想出去打工。作为一个村干部,还要带领群众致富,那就更加不可能了,主要是缺乏资金。[①]

农民工返乡创业,只能选择那些资金投入少的项目,或者在外面学到了技术,再就是劳动密集型产业,主要靠劳动力投入,以劳动投入代

---

① 来自访谈资料编码 ZZR20110707。

替资本投入,这是农村创业的规律。

正如马克思所言,对大部分农民工而言,除了劳动力,他们什么都没有,除了继续出卖劳动力,他们别无选择。马克思看到了一个基本事实,具有深刻的洞察力。

农民工有哪些出路可以选择?一是外出务工,出卖劳动力;二是返乡创业,需要资本和技术,农民工务工所得一般只能维系高成本生活,很难进行投资,这种创业也是劳动力所得;三是做农场主,种植大宗粮食作物或者经济作物,实际上并非真正意义上的农作物,所得依然是工资收入。对大部分人来讲,只能选择出卖劳动力,差别在于是向资本出卖劳动力,还是向自己出卖劳动力,自我雇佣就业。也就是说,出卖劳动力,不管是受雇,还是自雇,是今天农民的宿命。

虽然农民工在家里有土地,但是土地只能解决温饱问题,土地所得收入无法支撑高成本生活的需要,对农民而言,土地只是一个最低生存保障,也就是低保,如果说每一个农民都有一份低保,那就是土地。但是,土地无法满足高成本生活的需要,要想支付高成本生活,农民必须出卖自己的劳动力。

西方"羊吃人的圈地运动"把农民赶到了城市,变成了产业工人,使得农民别无选择,只能出卖自己的劳动力,甚至身体。中国的农民工虽然在家里有一份土地,但和马克思笔下的产业工人并没有什么两样,他们也必须要去城市出卖自己的劳动力,驱赶他们的不是资本,不是失地,不是土地制度,而是生活,是高成本生活,他们虽然在农村有家,但他们必须背井离乡去外地打工,才能支付现代生活的高成本。所以,农民除了出卖自己的劳动力,也是别无选择。也就是说,虽然中国农民在老家有一份土地作为保障,但他们的命运和马克思笔下的西欧工人并没有什么两样。

也就是说,中国农民成为产业工人,不是土地制度逼出去的,而是高成本生活逼出去的。当然,中国也有失地农民,即土地被征用之后的农民,失地农民只是农民群体的一小部分,可以比较失地农民和有地农民在外出务工上的差别,在成为劳动力上的差别,这样一个比较是非常有意义的。

6. 劳动力商品化：农村发展的动力

农民与市场经济打交道最主要的是劳动力市场，农民是参与到劳动力市场中去，市场经济通过劳动力市场来影响农村的发展。农民组织起来闯市场，并没有太大的现实意义，合作社的发展并没有给农民带来多大的好处，利润终究是被资本拿去了，农民反过来成为农业工人，实际上还是靠出卖劳动力获得自己的那份收入。这对资本是一件非常划得来的事，既获得了农民的土地，又获得了农民的劳动力，这就是资本下乡的实质。

学界很多时候没有看到这一点，在地方政府官员的讲述中，农民可以把土地流转出去，获得租金，同时又可以去资本家那里上班，从而获得两份收入。两种讲述都有事实依据，不过，这种模式如果能够成立，必须依托于市场化和资本化，这种模式在江浙一带较为常见。

即使农民自己种植经济作物，或者一定规模的粮食作物，农民所能获得的收入也只是自己的工资收入、劳动收入，而非资本收入，并没有改变农户经营的逻辑，只不过是为自己打工而已。由此，市场经济对中西部地区农村的影响，主要的不是资本和商品，而是劳动力，是劳动力的商品化。经济作物种植是劳动力商品化的另一种形式，属自雇经营，收入并没有高到足够的程度，主要是没有雇工经营，依然是家庭种植。为什么没有雇工，一是资本有限，二是土地规模有限，只能走家庭经营的道路。

所以，理解中国农村发展的主线是劳动力商品化，核心变量也是劳动力商品化，在劳动力商品化这一共同变量下，不同类型的村庄呈现出了不同的变迁图景。从国家与社会的框架中走出来，在市场与社会的框架里，发现了劳动力商品化。不管是外出务工，还是做小本买卖，还是种植经济作物，都是劳动力商品化的不同形式，而粮食作物的种植，则受国家补贴政策和劳动力的调节。

由此，劳动力市场是解决中国农村发展的最为关键的要素，这一判断主要是从中西部地区的农村得出来的，包括沿海地区的欠发达地区，比如广东的河源地区，在这些地区，资本化只是个别现象，是孤岛。

即使在沿海发达地区，对大部分人来讲，也只是出卖劳动力而已，其出路依然是劳动力商品化，比如在浙江农村，经营资本的农民毕竟是少数，大部分人都是出卖劳动力。只不过发达地区的农民，劳动力商品化开始得最早,并且就业机会最多,劳动素质也较高而已。

在工商社会受过锻炼的返乡农民工,将成为农村发展的新动力,他们重返乡土社会,中国农村注定不会衰落,从而在城镇化的进程中获得新生,这就是独特的中国经验,以劳动力为核心对中国农村重新进行研究。城乡之间的最大互动是劳动力,而不是其他要素,这是乡村建设的最大着眼点,尤其对广大中西部地区的农村而言,事实上,他们正在依靠他们的劳动力参与到市场经济中去,并从市场经济中受益,当然,也可能面临风险。同样,他们以劳动力参与到农村发展中去,今天的农村应该给他们提供这样的机会,从而将农村的生产要素重新组合,为农村的发展注入了新的活力,这些都是设想,需要经验的支撑。

(二) 消费主义与乡村文化

1. 分析框架

中国农村的消费革命正在发生,乡村社会的最大变化不是生产,而是消费。本研究关注的不是生产,不是在哪里生产,田野调查是在农村进行的,而不是在工厂进行的,关注的是在哪里消费,是如何消费。

本课题研究乡村文化,不是从生产的角度,不是从乡村发展的角度,不是从集体经济和乡镇企业的角度,而是从消费的角度,从生活的角度。消费为研究乡村文化提供了一个有力的视角,这是乡村文化研究的进路。

对今天的中国社会研究而言,消费社会的视角越来越重要,今天的乡村就是一个消费社会,从消费观察中国社会,变得可行。在过去的中国社会研究尤其农村社会研究中,一直是以生产为中心的,典型如费孝通的"志在富民",基本上没有关注到消费。导致中国社会研究中消费视角严重缺失,一直到今天,消费社会的研究都处于边缘状态。

本研究是以消费为中心,而不是以生产为中心,不是对小农生产的研究,也不是对工厂的研究,而是对农村家庭生活的调查。本书的逻辑是消费压力导致劳动变化,导致家庭道德的变化,消费压力是最根本的,为了生存,为了养家,就要劳动,劳动是为了消费,是为了过上幸福生活。为什么劳动?为了消费。消费压力促使了劳动力商品化,促使了劳动结构的变化,并且为消费付出了代价,不管什么劳动方式,都是为了高消费。

消费主义还带来了其他伦理观念的转变,不只是消费理念本身,还有其他观念,比如孝道,消费本身在变化,消费还带来了其他观念和行为的变化。城市化的实质是消费转型,是消费革命,应该从消费转型的视角来理解城市化,没有消费的视角,就无法真正理解城市生活,无法理解城市化。①

高成本生活这个压力在东部发达地区农村更为明显,他们的生活压力更大,生活成本更高。所以,笔者找到了理解农民行为和家庭变迁的一个解释框架,就是消费主义和高成本生活,这是当前乡村变迁的一个主要动力,即消费主义带来的高成本生活。

生产中心范式,对农民来讲,就是劳动,就是工作;消费中心范式对农民来讲,就是生活,就是过日子。我们明确提出了生产中心范式和消费中心范式,考察的重点就是劳动与生活。

过去的乡村建设都是以生产为中心的,以经济合作社为标配,而现在,乡村社会进入了消费社会,乡村建设进入了以消费为中心的阶段,笔者此前提出了幸福是乡村建设的最大价值,实际上也是从消费的角度来讲的,而非从生产的角度来讲的。

这样来看,乡村建设进入了以消费为中心的阶段,乡村建设迎来了最好的时期,今日乡村社会面临的主要问题乃是消费主义的问题,必须从消费入手,而不是从生产入手。因为乡村已经从匮乏经济进入了丰腴经济,今日的问题不再是生产问题,而是消费问题,而消费问题则是这个时代最为迫切的问题,即消费社会的乡村建设,文化建设自然便是乡村建设的主要内容。

2. 中国农村的消费主义

消费主义在中国农村,新型城镇化也必将进一步推动消费社会的到来,汽车消费,手机消费,住房消费,电视机消费。② 汽车下乡也是消费,汽车是一个新的消费品。中国农村的消费主义已经到来,笔者此前

---

① 戴慧思、卢汉龙:《中国城市的消费革命》,上海:上海社会科学院出版社 2003 年版。
② 王宁:《消费的欲望》,广州:南方日报出版社 2005 年版。

提出农村社会的劣质现代化,农村的假货下乡,农村的消费攀比,实际上是在消费社会。今日农村社会的根本问题,乃是消费社会的问题。所谓环境问题,也是消费社会带来的问题,从消费的角度来看环境,而不是从生产的角度看环境。

食物消费,杀年猪是食物消费的内容,自给自足,也是为了减少生活开支,降低生活成本。食物消费,红白喜事的宴席消费,都在发生变化,农村采取了市场化的办法,这是典型的消费社会的特征。

假货下乡的前提是消费社会,过去农民的食物以自给自足为主,都是自己种的粮食,自己做的食物,而现在,工业化生产的食物大规模进入村庄。笔者在一个村庄里看到了3家超市,超市下乡成为一个普遍现象,这意味着消费社会的到来,并且农村超市的货物以食物为主,这表明食物消费的重大变化,农村食物的变化,这同时也关系到食品安全。

连恩施农村的农民都是买米吃,消费社会首先体现在食物消费上,农民的食物消费非常值得研究,农民在吃什么?这是一个重大问题。食物消费,调查发现了食物的商品化,比如牛奶,比如方便面,这是一个非常值得关注的现象。

今日乡村社会的最大特征就是消费社会,这个消费社会也就是所谓的高成本生活,我们研究的是消费社会的乡村文化建设。今天的乡村社会就是消费社会,货币下乡的直接后果就是消费社会的形成,乡村社会变迁的动力就是消费。市场经济对乡村社会的影响并不只是在生产方面,生产方面的影响包括劳动力商品化,土地商品化,资源的资本化,等等,而生活方面则是消费社会的形成,以生活为中心的考察,发现了高成本生活,也就是消费社会。

所以,今天的社会建设也好,乡村建设也好,面临的是一个消费社会,乡村社会和城市社会都是消费社会,并不存在一个不同于城市社会的乡村社会。富裕起来的社会就是一个消费社会,城乡一体化的社会也是消费社会。

乡村建设同样也要面对这个消费社会,以家庭消费为主的消费社会,家本位的消费文化。如何建设乡村文化呢,就是要在家本位消费文化之外,建设公共消费,而这个公共消费就是费孝通先生所谓的消遣经济。今日农村正在发展公共消费,公共消费面临两个问题,一是公共消费不足,二是公共消费缺乏相应的公共道德,公共消费引发了社会矛盾。

笔者此前认为,贫困山区农村的农民对货币的追求,对幸福生活的追求尤甚,比东部地区农村表达的还要极端,这个以货币为基础的幸福生活是一种什么样的生活方式呢,称之为高成本生活,实际上就是消费社会。西美尔的货币哲学再往前走一步,就是消费社会,今天的社会就是消费社会。本研究不是将消费视为观念,而是将消费视为行为,视为一种现象,对之进行解释。不是要关注奢侈品的消费,而是关注普通人的消费行为。

乡村文化的最大特点就是消费文化,本书考察的是消费行为和消费方式。如何理解市场经济,笔者在2007年的一次文化研究会议上就听一位台湾的文学学者讲,学界对市场经济的理解远远不够,这个说法非常有道理。本课题对市场经济的研究不是从生产的角度,而是以生活为中心的考察,就是消费社会学的命题。学界的研究仍然以宏大叙事为主,比如国家与社会、国家与市场,任何一项研究都离不开这些因素,而本课题要做真正的生活研究,消费社会的微观研究。

本研究的路径是以生活为中心,对日常生活进行研究,日常消费是日常生活的一个重要方面。文化建设就是以生活为中心的,从日常生活的角度对乡村文化建设展开研究,不是生产中心,也不是制度中心,而是生活中心,生活中心的文化建设研究,这是本课题的研究进路。

淘宝、快递也是研究农村消费的切入点,"双11"让人们切实感受到了消费主义的力量,淘宝下乡,快递下乡,这都表明,乡村社会和城市社会,进入了消费社会。人的价值如何体现,不是以赚钱能力体现,而是以消费能力体现,消费能力,消费观念,消费品位,消费行为。为什么农民生活压力很大,都是消费社会造成的,消费支出的压力非常大。

本书的乡村研究,从以生产为中心到以消费为中心。家庭消费包括能源消费、食物消费、教育消费、医疗消费、人情消费、住房消费等,家庭消费服务于劳动力的再生产,也就是家庭再生产,家庭再生产的核心是劳动力再生产。

中国乡村社会的消费是家庭消费主导,而公共消费不足,公共消费实际上是公共品的消费，满足社会化劳动力再生产的需要，农村的公共消费在消费中所占的比重还不够多。公共消费由国家和集体供给，而不是由私人供给，村庄是一个公共消费单位，农村公共消费的规模不断增加。农村公共消费包括：医疗、教育、文化娱乐、交通、养老服务体系、水利等。

今天的贫困主要是消费者的贫困，而不是作为生产者的贫困，作为生产者的贫困主要是就业问题，作为消费者的贫困主要是消费能力的问题。今天的穷人是新穷人，是作为消费者的穷人，比如教育致贫，比如因病致贫，都是典型的消费致贫，所以，公共消费才是脱贫的有效途径。

公共消费实际上是国家承担劳动力再生产的成本，而不是全部由家庭来承担劳动力再生产的成本。所谓的公共项目下乡，笔者主张从农民的角度来研究公共项目，也就是从消费者的角度来看待公共项目，公共项目是公共消费。

小农消费包括三种类型：自给自足式消费，市场化消费，公共消费。这是农民面临的三种消费方式。农民的消费主要是市场化消费，低收入与高消费之间的矛盾，这是当前乡村社会的一个主要矛盾，也是乡村社会发展的动力所在，这是消费社会的矛盾。解决这一矛盾有两个路径，一是增加农民收入，二是降低私人消费成本，即通过增加公共消费来降低私人消费的成本。

中国能否采用西方的个体主义的高消费模式，很显然不能，中国农村的消费模式是家庭主义的混合消费模式，既有高消费模式，也有低消费模式。这是中国农村特别有意思的地方，是一种混合消费模式，并且这种混合消费模式的存在，是由于代际关系，以及弱势群体的存在。

本书考察的农民，不是作为生产者的农民，而是作为消费者的农民。消费包括私人消费与公共消费，过去只考察私人消费，而忽视了公共消费，实际上，公共消费也是考察的重点，公共消费就是公共项目，包括公共文化项目。公共文化建设本身就是公共消费。

小农家庭既是生产单位，也是消费单位，本书考察的重点是作为消费单位的小农，是劳动力的再生产，而不是生产本身，对生产的考察是农业经济学的领域，本书的考察是对作为消费者的小农的考察，当然，消费并不是与生产割裂开来的。

今天小农的压力主要是生存压力,而不是生产压力,这是在调查中听到最多的一句话。农民最关心的不是生产,而是消费,这也表明进入了消费社会,消费取代生产成为社会的中心,消费范式必将取代乡村研究中的生产范式。

农民的压力和焦虑是消费压力,乡村社会由生产者社会进入了消费社会,学术研究也应该从生产中心范式向消费中心范式转型。当前社会科学研究依然是生产中心范式,比如土地研究依然是重点,比如阶级,比如合作社,应转向消费中心。

3. 从低成本生活到高成本生活

笔者在中国农村发现了两种生活类型,一是低成本生活,一是高成本生活,低成本生活就是低消费,比如老年人自给自足的消费;高成本生活就是高消费,比如中年人的家庭消费。文化建设就是要针对当前中国农村的混合消费模式来进行。

所谓高成本生活实际上是消费社会的生活,今天的社会是消费社会,笔者在乡村深刻感受到了消费社会的特征。不是现代社会,而是消费社会,消费成为这个社会发展的驱动力,因而成为理解乡村社会变迁的一个切口。

笔者比较早关注到消费社会,没有想到今天的乡村社会也成了消费社会,如果非要描述当前乡村社会的典型特征,那就是消费社会,不是什么现代性的问题,不是什么幸福的问题,也不是什么留守社会,而是消费社会,消费社会是城乡社会的最大公约数。快递业的发展和双11狂欢节,是消费社会在这个时代的集中表达,实际上是消费社会的狂欢。

本课题研究的乡村文化,其实就是进入消费时代以后的乡村文化,所观察的乡村文化与道德的所有问题,都是在消费社会的背景下发生的,离开了消费社会这个视角,就无法理解今天的乡村社会。今天的乡村社会早已进入了消费社会,消费社会是中国乡村社会变迁的主要动力。

乡村文化是消费社会的文化,消费社会表现为生活成本的增加,也就是高成本生活的出现,资本越来越替代劳动,这就意味着进入了消费社会。通过低成本生活与高成本生活,揭示了当前乡村消费社会的特征,今天的乡村文化也就是消费社会的文化。

在农业生产中,老百姓种的品种很多,但每个品种的量都很少,主要是自给自足,不花钱买。少花钱是一种过日子的思路,一种生活方式,这种生活方式在恩施山区特别盛行,居主导地位。通过减少生活成本而维系生活,这也是一种低成本的生活方式,这种低成本的生活方式对应的必然是生态农业的生产方式,低成本生活,这是恩施山区农民所信奉的一种生活方式,这种生活方式与生产方式相一致,并且有一系列因果条件。

当地的生活是一种低成本生活,生活在一种自给自足的状态,尽量减少货币支出和商品消费,这种低成本生活还在延续,主要由老年人在实践这一生活形态。低成本生活向一种高成本的生活方式转换,不是幸福生活,而是高成本生活。当前各地农民的生活压力主要来自这种高成本生活,高成本生活是以货币为基础的生活,需要足够多的货币才能支撑,因而,农民必须追逐货币财富。

从低成本生活到高成本生活,这是农民生活方式的转变,高成本生活就一定是幸福生活吗?高成本生活的维系,高成本生活的实质是以货币为基础的生活,而非城市生活抑或乡村生活,以货币为基础的生活,这才抓住了问题的本质。很显然,农民过的是以货币为基础的高成本生活,并且有足够多的货币来支撑这种生活。

此前,恩施农村是这种低成本生活的典型,现在,这种低成本生活依然由老人在实践,低成本生活以食物和劳动为基础,而高成本生活则以货币为基础;低成本生活对应的是兼业化的小农,副业高度发达,副业不仅可以收入,而且能够有效减少支出,农民的生活技能全面,高成本生活对应分化的小农,副业消失;低成本生活之下,合作发达,高成本生活之下,花钱买服务。现在看来,所谓高成本生活乃是资本+生活,低成本生活乃是劳动+生活。

进一步来讲,低成本生活就是村庄生活的经典形态,乡村社会有其存在的意义,就是能够提供这种以劳动为基础的低成本生活,如果低成本生活没有了,乡村也就失去了意义,变得和城市没有什么两样,城市生活一定是以货币为基础的高成本生活。因而乡村建设就是要建设一种以劳动和合作为基础的低成本生活。

这种低成本生活一定是一种生态、有机的生活方式,但目前的有机生活并不一定是低成本生活,有机生活反而是一种高成本生活,一种富人和中产阶级的生活方式。从乡村建设的意义上来讲,这种有机农业不是乡村建设的方向,生态社区农业则是一种高成本生活,是中产阶级群体的生活方式,迎合的是富人群体的需要。

所以,农民需要的并不是有机生活,不是古村落,不是"慢生活",而是一种低成本生活,在市场经济背景下,建设一种低成本生活,这才是问题的根本,这才是有着巨大需求的生活方式。高成本生活由资本驱动,低成本生活才是劳动人民的真正需要,才是农民想要的生活,才是适合农民的生活,才能在生活与生态之间保持平衡。

农村社会出现各种问题,这些问题产生的根源乃是低成本生活的解体,高成本生活导致的压力,使得农村内部出现各种不适应,这是市场经济背景下特有的问题。

农民为什么要疯狂地不顾一切地追逐货币,甚至不惜为此付出伦理代价,乃是因为高成本生活的到来。如何去适应这种高成本生活呢,各地农民各显神通。

农民想过什么样的生活呢,此前笔者一直在讲,是有钱的生活,并不准确,准确地来讲,是高成本生活,这种高成本生活不完全等同于高消费的生活。人们在上海的大商场里确切地看到并感受到了消费社会的存在,尤其是以奢侈品消费为特征的消费社会,个人消费品。但是,这种奢侈品消费在乡村社会还看不到,乡村社会的高消费还主要集中在大件消费上,而非个人日常用品的消费上,消费社会的基本特征是个人日常用品的奢侈化,从而彰显所谓个人的生活品质和品位。大件消费是基本消费,比如住房、家电、汽车、教育等,现在乡村社会的消费开支还集中在大件消费上,这就是高成本生活的消费特征,而不是高消费社会的特征。

与都市社会的高消费不同,高成本才是当前农村社会生活的特征,乡村社会进入了高成本生活,而非高消费生活,乡村社会并不是一个消费社会,并且高成本是全方位的,凸显的不只是个人日常用品消费方面。低成本生活和高成本生活既是描述性概念,同时也是富有潜力的解释性概念。

二、城市化与乡村文化变迁　　**41**

家庭的变迁一定是在从低成本生活向高成本生活的转型中来得到理解的,生活本身发生了根本性变化,生产和发展模式也都要随之发生变化。高成本生活对应的是一种高污染的生活,城市生活方式进入农村,各种商品进入农村,现代商业形式进入乡村,互联网进入农村,产生生活垃圾,低成本生活之下不曾有的垃圾问题凸显;低成本生活对应的是一种循环经济,各种生产废物被循环利用,高成本生活打破了这种循环,农业生产的废物无法得到利用,比如秸秆,成为生产垃圾,造成环境污染。农村环境议题也可以放在低成本生活解体这一逻辑中得到理解。

低成本生活在1990年代中后期加快解体,高成本生活在这一时期加快进入乡村社会,是与市场经济相适应的一种生活方式。这样一来,就可以把市场经济对乡村社会的影响真正操作化了,学界擅长的是国家对乡村社会的影响,市场经济这一变量的作用一直没有实现操作化,这也是阎云翔提出且没有解决的问题,他将国家权力对家庭和私人生活的影响成功地操作化了。

低成本生活既是自然经济状态下的生活方式,也是计划经济状态下的生活方式,是非市场经济和货币经济之下的一种生活方式。

市场经济之下的低成本生活可能存在吗?如果存在的话,肯定有自己的特点,低成本生活自身也在变化,低成本生活既是前现代的一种生活方式,也是后现代的一种生活方式。

恩施山区的生活是一种低成本生活,但在其他地方,这种低成本生活已经无法维系了,低成本生活成为一种边缘的生活状态,并且与老年人群体密切相关,凡是低成本生活能够维系的地方,老年人的生活状况就会相对较好,否则,老年人的生活状况就会较差,完全由子女养老的地方,则不存在低成本生活的空间。

调查发现,即使在农村,虽然日子好过了,但也攒不下钱,也就是过个日子。高成本生活,盖了两层楼房,置办齐家用电器,就是一笔相当大的开支。如果说高房价推高了城市生活的成本,什么推高了农村生活的成本,目前来看,是婚姻,婚姻直接推高了农村生活的成本,如果不能支付结婚成本,就很难生活下去,很难成家。还有哪些因素共同推高了生活成本,教育、抚养子女、医疗等,都是重要因素,和原来不同了,成本大大提高，抚养孩子的成本最为显著，一个是成家，一个是抚养后代，这是两个最大的成本。这两个成本其实就是人口再生产的成本，包括医疗成本也可以包含在这里面，生活成本，就是人口再生产的成本，就是合格劳动力再生产的成本，对资本而言就是如此，马克思的价值理论依然有解释力。

当然，就农村而言，养老成本并没有凸显，因为老年人并没有去追逐高成本生活，过的是低成本生活。所以，我们看到，老年人地位下降，老年人住最旧的房子，吃穿住都只求活着而已，能够满足最低生存需要，物质上不再追求，主要是精神上的追求。可以比较家庭的周期：新家庭—中年家庭—老年人家庭，这样来比较，可以对以家庭为中心的生活进行仔细的研究，这种分类是以家庭生命周期为基础的分类，不是一个家庭，而是多个家庭，从而得出家庭演化的逻辑，得出高成本生活之下的家庭形态及其演变，以及不同阶段的文化。

这样一来，就很清楚了，所谓高成本生活，就是劳动力的家庭人口再生产所需的成本，所谓的"房奴"、"车奴"，就是指人们为了过上这种高成本生活所付出的代价。笔者此前所谓不完整的生活、伦理性危机也都是由这种高成本生活引发的。而学界并没有对这一高成本生活进行研究，或者说并没有直面这一高成本生活。社会学界过于关注社会关系和社会结构，严重缺乏对社会生活的研究。其他学科更是缺乏这一视角。

高成本生活、高消费生活、幸福生活、有钱的生活、小康社会，这几个概念可以进行比较，有交叉的地方，但并不完全相同，笔者终于找到了一个更合适的概念，即高成本生活，有高消费的内容，但又不完全是，更不是幸福生活，幸福是个主观概念，是主观感受，高成本生活更容易衡量，也更富有解释力。

高成本生活是在市场经济背景下的一种生活方式，对富人当然不成问题，但对靠劳动力工资吃饭的人来说，则意味着压力，所谓的"月月光"，就是指的工资不能支付高成本生活。农民工之所以要返乡，要把工资寄到家里，要在老家的农村或者县城建房子，就是因为他们的工资收入不能满足在打工地买房定居，完成劳动力的再生产。

具体而言，高成本生活与工资收入之间的关系，是我们考察的一个切入点,而非资产性收入、非投资收入、非种地收入。可以说,大部分农村劳动力,都成为工商业的劳动力,他们的后代更是如此,更加不想种田。因而,工资收入是农民货币收入的主要来源。

高成本生活是一个核心概念,可以解释很多现象,比如,高成本生活与住房问题,住房问题是高成本生活的一个重要指标,在农村城市都是如此。当然,高成本生活还有其他指标,比如,婚姻成本、孩子抚养、医疗、教育、日常消费等指标。可以建立起一个关于高成本生活的指标体系,不同区域的侧重点不同,比如,山东农村强调住房,湖北农村强调日常消费,从而将生活成本操作化。

生活成本增高,其中之一就是婚姻成本的增高,现在的光棍现象不仅仅是男女比例失调造成的。这是一个量的问题,3000万光棍是一个绝对数字[1],而至于谁来当光棍,则是相对的,充满竞争性的。正是这3000万光棍搅动了婚姻市场,直接推高了婚姻成本。

中国人的生活逻辑依然是过日子,生活成本提高,就意味着过日子的成本提高了,过日子就是过高成本生活。生产服务于生活,农业生产解决了农民的温饱问题,解决了吃饭问题,但不能解决花钱的问题,也就是高成本生活的问题。很多电视剧还停留在吃饭问题上。实际上,今天的问题是致富问题,而不是吃饭问题,致富是为了能够支撑高成本生活。所以,外出务工就是为了满足高成本生活的需要。市场化和城市化一起推高了生活成本,推高了农民的生活成本,城市化首先带来了高成本生活。

4. 家庭消费主义

消费不只是经济行为,而且是道德行为,我们将消费界定为一种道德行为。关注的不是家庭伦理,也不是消费伦理,而是家庭主义的消费伦理。农村的消费主义不是个体消费主义,而是家庭消费主义。

所谓的消费社会,也是通过家庭消费来衡量的,而不是宏观的消费社会,也不是具体的个人消费,而是家庭消费,家本位的消费社会,发现的是一个家本位的消费社会。这非常符合乡村社会的特点,消费行为

---

[1] [美]瓦莱丽·M.赫德森:《光棍危机:亚洲男性人口过剩的安全启示》,邱彰译,北京:中央编译出版社2016年版。

主要是家庭消费,尤其是大宗的消费支出,往往与家庭生命周期联系在一起,比如结婚,成立一个新的家庭就意味着一笔消费开支。

从消费的视角考察乡村社会变迁,就要考察家庭消费,考察家庭的消费决策与消费行为,消费决策已经替代生产决策,消费行为已经替代生产行为。今天农民的生活压力主要来自消费,来自高成本的生活,而非来自生产。在中国乡村社会变迁中,的确经历了一个从生产向消费转移的过程,乡村研究也应该相应地从生产中心转向消费中心,也就是转向生活中心。所谓的生活,就是家庭的消费生活。

消费是以家庭为单位进行的,而不是消费享乐主义,消费享乐主义在中国农村并不被认可,家庭消费才会被认可,作为消费者的农民并不是彻底的西方的个体化的消费者,而是受到了家本位文化的影响。[1] 年轻人有所不同,农民的情感表达还是要在家庭生活中进行,在家庭消费中进行,即使在家庭消费中,人们也从消费中获得了人生意义,消费不只是劳动力的再生产,而且是家庭的再生产,是意义的再生产,是价值的再生产,是道德的再生产。人类生活的意义不是通过生产体现出来的,而是通过消费体现出来的,我们做的是价值和意义研究,要从消费的角度进行观察,而非生产的角度。从人类学的角度来看,不要去批判消费,而要去理解消费。

消费是意义的再生产,人们从消费中获得了生活的意义,比如住房、教育,人生的意义不是从生产中获得,而是从消费中获得,包括家庭的再生产,都是通过消费来完成的。消费不只是劳动力的再生产,而是家本位文化的再生产,是家庭的再生产,这是消费的意义所在,消费使人生充满了乐趣和意义。在生产社会化的条件下,在劳动力商品化的条件下,很少有人能够从生产和工作中获得价值和意义。

当然,中国农村的消费主义并不是个体主义的,而是家庭主义的,家本位文化将消费看作家庭成功的标志,比如小汽车,突出的是消费的符号功能,而不是享乐功能,中国农村消费主义的意义并不是个体的享乐主义,相反,个体享乐主义在道德上是不被认可的,家庭伦理反对个体享乐主义,这一点与新教伦理相同。消费主义强化了家庭主义。

---

[1] 王宁:《家庭消费行为的制度嵌入性》,北京:社会科学文献出版社2014年版,第233—237页。

家庭消费主义使消费者的情感满足在家庭生活中进行，在家庭之间的消费竞争中，而不仅仅是人与物的关系中，家庭消费主义并没有淡化人际关系和人际情感，这与个体消费主义不同。没有必要批判西方的个体消费主义，因为乡村是家庭消费主义，家庭消费主义才是主流，家庭消费主义强化了家本位文化，虽然没有公共文化，但也没有个体主义。所以，只需解释家庭消费主义，家庭消费主义使得家本位文化保持了稳定性，并没有破坏家本位文化。

有没有脱离家本位文化的消费呢，有的，就是年轻人的消费。青年农民的消费是个体主义的消费，是享乐主义的消费文化。也就是青年农民所讲的外面好玩，他们不用养家，也没有公共生活的责任，比如两工，他们的消费就是个体消费主义，这是年轻人享乐主义消费。

西方的消费享乐主义在年轻人身上有体现，甚至有极端的体现，比如非法生存，做小姐，抢劫，被包养，等等，都是典型的消费享乐主义所致，包括城市里年轻人为了一部手机而出卖人格，我们此前看到的伦理危机现象，都是消费享乐主义所致。比如打工造成的家庭破裂，在外面找到条件好的就与原配离婚，这不是出于情感的需要，而是出于消费享乐主义，年轻人更关注物和消费品，而非家庭关系。但当青年农民成家之后，他们很快就会被家庭消费主义所吸纳。

家庭消费主义的兴起导致了家庭之间的消费竞争，由于消费竞争的激烈，消费竞争能力的不均衡，导致了消费的不平等。农民陷入了家庭的消费竞争之中，这也就是笔者讲的，农民进入了追求美好生活的白热化竞争中，不管是调查的河南汝南农村，还是江西赣州农村，都印证了这种白热化竞争，这种追求美好生活的白热化竞争，就是消费竞争。消费竞争，消费不平等，家庭之间的消费攀比现象严重，这种消费攀比与面子有关，但笔者关注的不是面子，而是消费竞争。

现在，消费竞争全面升级，全面体现在住房、汽车、子女教育等方面，消费竞争加剧了消费不平等，引发了家庭之间的紧张关系。适度的消费竞争是社会进步的动力，过度的消费竞争会导致道德异化，导致公共生活的不足，使得社会整合出现困难，公共空间萎缩，也就是公共生活的危机。

家庭消费主义主张以家庭为本体和基础的消费制度，公共消费严重不足,而公共消费的不足,则削弱了对公共事务的关心,造成了对公共事务的冷漠,在家庭消费主义与公共生活之间产生了矛盾,也就是家本位与公共生活之间的矛盾。也就是说,市场和资本产生了越来越多的消费家庭主义,使得作为消费者的农民越来越关心家庭的消费和家庭私人利益,而不关心家庭之外的公共事务,导致公共空间萎缩。

总之,由于家本位的存在,中国农村并没有出现西方的消费主义和个人主义,工作是为了家庭,消费也是为了家庭。家本位也有不足,单向度的家本位导致了公共性的缺失。虽然公共性不足,家庭消费主义还是成功阻碍了西方的消费主义。

5. 家庭消费主义的情感管理

消费享乐主义是一种情感宣泄和满足的合法方式。[①] 在市场经济中,劳动力商品化,情感并不是农民个体的事情,而是受到市场和资本的控制,受到消费的规训。当然,情感也受到国家权力的规训,情感从来不是自发的,从来不是个体的事情,现在考察的是市场和消费对农民情感的规训,也就是农民的情感管理。

此前发现的情感的物质化,情感生活的去情感化,实际上是农民的情感管理与自我控制,一个留守女童说,爸爸出去挣钱了,想爸爸,留守儿童都学会了情感管理。我们考察的不是情感,而是情感管理。家庭义务论也是情感管理,在调查中也看到了中年留守妇女的情感管理。

农民的情感管理,是情感的自我管理与自我控制,被迫对自己的情感进行管理,农民的情感也越来越被外部因素控制,尤其是成为市场和资本的控制对象,随着社会化大生产和劳动力商品化,农民也被迫对自己的情感进行管理和控制。无须煽情,各个年龄阶段的人群都要重新学会对情感进行管理,老人、中年人、青少年,包括留守儿童,都要学会管理自己的情感,这不是不要情感,不可能像过去那样,学界和媒体也不必夸大什么情感困惑、什么情感危机,比如留守妇女的情感焦虑,比如外出打工者的情感危机,实际上夸大了打工的影响,打工实际上在重塑情感管理。在这一过程中,并没有出现情感异化,因为乡村社会不是个体化社会,而是家本位的社会,家庭义务论为农民进行情感管理提供

[①] 王宁:《家庭消费行为的制度嵌入性》,北京:社会科学文献出版社 2014 年版,第 8 页。

了道德基础。

我们可以观察劳动力商品化背景下,农民的情感模式和情感生活质量,但不能夸大情感为情感危机,甚至道德危机,实际上,调查也发现,并没有出现情感危机。所谓伦理性危机也不是由打工造成的,而是由高消费造成的,而乡村社会原有的观念和道德体系并没有发生太大的变化,反而表现出了超稳定性,这是值得思考的,家本位文化的超稳定性,这是在研究乡村文化变迁时发现的。家本位的道德基础是家庭义务论。

本研究要做的是情感管理的变化,而不是情感的变化,情感并没有发生根本性的变化,不是情感的变化,而是情感管理的变化。在劳动力商品化的前提下,农民如何进行情感的自我管理和自我控制。田野调查的发现是,农民是在家庭生活中进行情感管理的,而不是在个体主义的享乐主义消费中进行情感管理的。

恩施农民天热了回家,过年回家,实际上就是一种情感管理模式,夫妻一起外出打工也是一种情感管理模式。对农民来讲,每年春运期间的返乡都是一次狂欢,春节就是中国农民的狂欢节,是周期性的情感宣泄和情感表达。平常的日子里充满了枯燥、压抑和痛苦,那么,春节返乡过年就提供了一个情感表达和释放的社会空间。

这也要求重新理解农民返乡过年的意义所在,就那么几天,甚至三四天,为什么要不计成本地返乡过年。回家过年就是消费,回家不是寻找心灵慰藉,而是消费,在消费中寻找人生的意义和乐趣。如果没有消费能力,过年回家是很痛苦的,很多人几年不回家,不是不想家,而是因为没有挣到钱。在外面打工,返乡过年,就要消费,回家交流的都是挣了多少钱,开的什么车,笔者认为是劣质的现代化,再生产的是一些不好的价值。其实,回家过年体现的是消费主义的价值观,其实,这不是人的全部,平时也都是正常的工作。春节返乡过年就是消费,包括人情消费,回家过年的乐趣和意义就是在这种类似于狂欢节的节日消费中体现出来的,节日就是要消费的,它不同于日常生活,不同于生产和工作,应该在消费的视角下重新来理解这种节日的狂欢,春节就是中国人的狂欢节,这是中国人进行情感管理的一个机会。

类似于春节的还有其他节庆,都是要消费的,都是要"造"的,过节的意义在哪里,就是消费,这就是中国的节日,中国的节日就是消费。还有一些仪式消费,不仅仅是节俭和奢侈的区分,就是狂欢,比如红白喜事,就是消费,就是要排场,情感和意义都要通过消费来表达。消费是什么呢?商品,人情,休闲旅游,这是私人消费,当然,也有公共消费,比如庙会,过去农村也有社区提供的公共消费,但现在越来越少了。现在的主要消费是商品和人情,在消费中体现生活的价值和意义,也是进行情感管理的一种方式,过去对这种消费的意义缺乏正面的了解,动辄进行批判,实际上并没有意识到这种消费狂欢对于价值和道德的意义。并且社会上对这种消费狂欢夜表现出了不理解,比如红白喜事上的歌舞表演,尤其是葬礼上的歌舞表演,也就是厚葬,如何厚葬,厚葬是被理解的,过去的厚葬,主要是隆重,人多,场面大,消费并不多,而今天到了消费型社会,厚葬就是高消费,就这么简单,宴席档次要高,场面要大,就要请歌舞班子,甚至要请代哭的,这就是消费社会中的厚葬,也是情感管理的一种方式。高消费并没有什么大不了的,是社会文化进行再生产的一个途径。包括结婚,就是消费,场面要大,档次要高。这些意义都要通过消费体现出来。为什么是铺张浪费呢,消费就是铺张浪费,这种铺张浪费是一种情感表达。

回家过年就是消费,甚至充满了消费竞争,平时打工是生产,过年就是消费狂欢,这是情感表达的一种方式,这种狂欢是以私人消费为特征的,缺乏公共消费。过去,辛辛苦苦忙了一年,过年就是狂欢,是不用干活了,是大家一起玩,不是以消费为主,而是以消遣为主,比如荡秋千,比如请戏班子唱戏。现在,过年狂欢就是以消费为主,这种消费在某种意义上也是情感消费。

6. 消费社会的乡村文化建设

消费成为主要价值,消费成了幸福的象征,公共问题转化为消费者个人的问题,转化为家庭的问题,消费转移了农民对公共问题的关注和热情。我们访谈的那位手艺人说得非常直接,只关心自己找钱,并不关心公共生活,忙于生计,根本无暇关注公共生活。消费成为家庭生活的焦点,成为个人的焦点,而不是公共事务。农民因为消费压力而放弃了对公共事务的关注,这是显而易见的,这是改革开放以来的逻辑。消费转移了对公共事务的关注,人们的压力不只是税费负担,而是消费压力,消费尤其是私人消费成为焦点,公共生活迅速萎缩,消费的负担才是农民最大的负担,当然,农民负担对消费也是有影响的。农民对公共事务的关注不够,这一点在公共消费重建的过程中非常明显,公共消费暴露了公共道德的不足。

消费主义造就政治疏离和道德冷漠,笔者此前也发现了农民工的去政治化,去政治化是乡村文化变迁的一个主要方面,去政治化是由消费主义和私人化造成的,过去将去政治化作为论证的前提,而今天将去政治化作为论证的对象,即乡村社会的去政治化是如何发生的,这是一个非常有意思的题目。过去的论述多是从国家的角度展开,多认为国家政治的变化导致乡村社会的去政治化,而没有从市场经济和消费主义的角度展开。

农民工的去政治化就是由市场经济和消费主义造成的。去政治化是消费主义和公共生活私人化的结果,从私人生活变迁中发现了去政治化的动力,即消费主义。人民公社时期的政治化,也就是公共生活的建构,是以生产为中心的,也就是集体经济和集体劳动,只有集体生产才能重建政治,也就是公共性,消费主义只能造就私人化和去政治化。从政治性到公共生活,实际上将乡村文化的政治性研究操作化了,这是对乡村文化建设的探索。

所谓生存理性就是家庭生活理性,小农理性乃是消费理性,消费理性才是生活的动力。今天的生存理性或者说小农理性,主要是消费理性,不同于道义经济学意义上的生存理性。农民的消费理性才是中国奇迹的动力,是中国经济增长的动力所在。有研究者发现了农民工的生活政治,实际上还是没有找到问题的根本,如果有政治的话,不是生活政治,而是消费政治,从生活再往前走,就是消费。

农民的生存压力非常大,这种生存压力不是活下去的压力,不是吃饱饭的压力,而是市场化高消费的压力,生存压力就是消费压力。消费压力使得农民和农民工无暇顾及其他,消费理性压制了公共理性。

中国农民的压力不是来自国家,而是来自市场,来自消费,今天的规训不是来自权力,而是来自市场,不是权力的规训,而是消费的规训。中国农民都接受了这种消费的规训,使人们变成了经济动物,今天的乡村实际上是消费规训的乡村。笔者也看到农民与政府之间的关系,这种疏远不是权力单方面造成的,而是消费造成的,农民接受了消费的规训,而疏远了权力。今日的家庭变迁乃是消费所致,而非权力所致,乡村文化变迁也是高消费之下的变迁。从权力到消费,这是中国乡村社会转型的动力转换。

市场经济通过自由主义的消费文化而非强制性的国家权力来进行社会整合,但是,只靠消费文化能够满足社会整合的需要吗?在乡村社会,消费主义导致了单向度的家本位文化,导致了公共性的不足,而公共生活的建构,靠消费主义无法达成,那么,还是要靠国家,这也正是乡村文化建设的必要性。

乡村建设就要降低农民的生活成本,来应对消费社会的货币支出压力,这也应该是乡村文化建设的着力点,是农村公共服务体系建设的着力点。公共生活能够创造公共价值,农村公共生活的目的是要降低农民生活成本,其自身也要是低成本的,高成本的公共生活不适合乡村社会。

乡村文化建设是建设公共生活,是建设低成本的公共生活。能够创造公共价值的低成本公共生活。乡村不仅需要低成本的家庭生活,还需要低成本的公共生活。这是应对单向度家本位的需要,同时也是应对高成本生活的需要,应对消费社会的需要。

乡村文化建设就是要建设公共生活,一些学者也注意到了这一点,但学者们只是发现了这一问题,并没有揭示出其内在逻辑,没有注意到消费社会的压力。所以,学界给出的结论也是相当笼统的,所谓公共生活也必然是所谓的公共文化服务体系,乡村需要的是一个什么样的公共文化体系呢,当然是一个低成本的公共文化体系。否则,如果提供一个高成本的公共文化服务体系,强调高大上,比如舞台剧,比如各种文化遗产保护,成本是非常高的,也就是说,要养活这个文化体系,需要支付高成本,其效果就不会好。这是对乡村公共文化服务体系建设的误解。当前农村公共文化服务体系建设已经出现了高成本。

在消费社会,如何建设乡村公共生活,如何建设乡村公共文化服务体系,才能使公共文化体系真正运转起来,当前一些地方公共文化服务体系陷入空转和闲置状态,一个重要的原因就是成本太高。

文化建设就是一种公共消费,而非家庭消费,亦非个体消费。幸福生活,高消费的生活,高消费与低消费,发展主义体现为高消费,消费越多越幸福,不是有钱没钱的问题,而是低消费还是高消费的问题,不是货币衡量价值,而是消费衡量价值,财富是隐性的,财富是通过消费体现出来的,幸福与财富、消费相关,幸福是主观的,消费是客观的,是可以量化的。所以,消费是生活的核心,消费是理解社会的一个窗口。

本研究操作的对象是消费,而不是幸福和财富,当然消费和财富、幸福都相关,财富和幸福都不易衡量,消费是最适合采用定性研究方法的,也是我们能做到的,王宁老师就是采用的定性研究方法。本书对乡村文化及其建设的研究,以生活为中心,以消费为中心。

过去的乡村建设也一直是以生产为中心的,乡村建设重在生产层面,生产合作,好像没有生产上的合作就不是乡村建设,虽然也关注到文化,但文化一直比较边缘。现在的乡村建设逐步关注到生态、健康,比如生态农业,比如食品安全,比如乡村营造,这实际上是从生产转移到了消费,乡村建设的最大变化,就是从生产中心转移到了消费中心,这是一个特别有价值的转换。

(三) 城市化进程中的乡村文化建设

1. 城乡关系:在乡村找回城市

乡村伦理性危机是农民阶级文化领导权缺失造成的,是城市文化对乡村文化的入侵造成的,具体途径包括了外出打工经历,农民直接接触城市文化和工商文化。再就是消费文化,消费文化通过商品和传媒一起进入了乡村社会。城市文化进入乡村文化的两个渠道,一是农民进城打工主动接触学习城市工商文化,另一种是商品文化和消费文化通过商品和媒介进入乡村,物流业的发展加速了这一进程,电商的发展使得农村快速进入了消费主义时代,这是真正的新乡村。

我们此前关注的是农民工进城打工对乡村文化的影响,所谓伦理性危机就是外出务工对乡村文化的影响。同时也关注到了电视这一媒介对乡村文化的影响,不只有电视,还有电脑,还有智能手机,都对乡村文化造成了影响。媒介对乡村文化的影响,过去主要从国家的角度展开分析,关注到了国家认同与媒介传播的关系,这个关系是客观存在的,但是,国家观念与认同是大众媒介造成的吗? 当然不是,在没有大众传媒的时代,在没有电视的时代,农民的国家观念已经形成了。另一个问题是大众传播对消费主义的影响,对农民消费观念的影响,比如电视广告。但笔者认为,外出打工对乡村文化的影响要比大众传播对乡村文化的影响大。

消费文化的影响主要是城市文化的影响,而国家主义的影响则不是城市对乡村的影响,城市文化的核心是消费文化,城市文化对乡村文化的影响就是消费文化对乡村文化的影响。本书的讨论主要从消费文化的角度,也就是城乡文化关系的角度展开,而非从国家与农民关系的角度展开。

过去对乡村文化的研究主要从国家与农民关系的角度,中国大陆的农村研究主要以国家与农民关系为分析框架,这在乡土中国的时代尤其如此,政治学、社会学、经济学的研究都是如此,但是,现在已经进入了城市中国的时代。影响乡村文化的不再是国家这一个维度,还有一个城市维度,城市化的重要性更加凸显了。这也就是笔者此前发现的,在国家之外还有另外一个视角,先是称之为市场,又称之为资本和消费,而消费和资本则是城市的典型特征,城市在某种意义上就是资本和消费。

所以,在国家与乡村框架之外,还有一个城市与乡村的框架,这是城市化时代的解释框架,市场、资本和消费都是城市化影响乡村文化的具体途径。这样一来,就把现代化、市场化、资本化等因素都归结为城市化,本书所要探讨的,就是城市化对乡村文化的影响,这样一来,分析就非常具体了,走向了日益具体的城乡关系,城乡关系而非城乡结构。今天的城乡关系处在剧烈变化中,有诸多议题值得研究。

国家与农民关系当然存在,这是一个经典解释框架,过去的思考就是在国家与农民关系这一框架下展开的,学界的研究也大多是在这一框架下展开的。我们在 2007 年就提出来要突破国家与农民关系框架,把市场代入分析的中心,当时就注意到了城市化的影响,农民到县城买房就是城市化的体现。但分析并没有沿着这一思路深入推进,因为当时学界主要的分析框架还是国家主义的框架,而没有城乡关系的视角,只有纵向视角,缺乏横向视角。

我们 2015 年在农村调研时更加注意到了这个问题,城市化是根本,是这个时代的主旋律,尤其是新型城镇化战略提出之后,城市化进入了关键时期。城乡关系的重要性及其丰富实践使其重要性超过了国家与乡村框架。

所以,今天关于乡村文化的研究,主要框架就是城乡关系,这是一个横向的分析框架,我们的分析从纵向框架转向横向框架。城乡关系的具体进路是:大城市—中等城市—小城镇—乡村,这是城市之间的等级关系。

本书所要呈现的,就是城市化对乡村文化的影响,城市化背景下乡村文化发生的一系列变化,城市化对乡村文化的冲击以及乡村文化的反应与适应,从而在城乡关系的框架中,清晰呈现了乡村文化变迁的图景。

当然,城乡关系并不是单向的,而是双向的,不只是城市对乡村社会的影响,而且包括了乡村对城市的影响。同时,在城市化框架下对乡村文化变迁进行观察,这是一种选择性观察,会屏蔽掉乡村文化的一些面相,这也是需要注意的。

2. 乡村文化建设:劳动与资本

劳动力商品化既是资本的需要,也是权力的塑造,在权力的主导下,劳动力商品化才得以发生,实现了从国家化到商品化的转型。通过劳动力商品化,就在微观与宏观之间搭建起了一座桥梁,得以在劳动、资本与权力的宏观框架中来理解当今中国农村发生的变化。

资本大量集中在少数几个经济增长极,也就是城市群,比如长三角、珠三角、京津冀等,这些城市群也是主要的农民工流入地,是农民打工的首选。资本需要劳动力、劳动力商品化,而劳动的变化则引发了乡村社会的变化,那么,权力应该如何作为呢,权力的作为除了保持经济增长、维护农民工权益、精准扶贫之外,更为基础的,就是要在建设城市的同时,建设农村,建设农村文化。

那么,建设什么样的农村文化呢,就要充分考虑到劳动、资本、权力三者之间的博弈[①],考虑到劳动的变化对乡村文化的影响。

低成本生活的核心是自我服务,通过自己的劳动或者互助的劳动

---

① 靳凤林:《追求阶层正义:权力、资本、劳动的制度伦理考量》,北京:人民出版社 2016 年版。

满足生活需要,传统社会的农民合作,也是低成本生活的一种实现手段;所谓高成本生活,不再通过自我劳动或合作劳动来满足生活的需要,而是通过市场来满足生活的需要,即用市场和资本替代劳动,把劳动力从自我服务中解放出来,从服务生活中解放出来,从而更好地为资本服务,为市场服务。所以,农民越来越不善于合作了,越来越不能合作了。这种合作实际上是服务自我,包括共同体的自我服务、合作。从表面上来看,农民为什么越来越不能合作,是因为农民很忙,根本没有时间相互帮忙,农民的劳动力越来越值钱了,为什么农民的时间越来越值钱,是因为农民的劳动力进入了劳动力市场,直接为资本服务,而不再是为自己服务。农民不合作的根本问题不是农民观念、素质的问题,也不是国家权力弱化的问题,不是国家权力退出的问题,而是农民进入了资本主导的劳动力市场,为资本服务。这一宏观变化导致了微观变化,农民的生产方式和生活方式都发生了变化,从生活方式上来讲,是高成本生活替代了低成本生活,农民生活需要的满足都要通过资本和市场来获得;从生产方式来讲,农民越来越不能合作,公共品供给上的合作越来越不可能,因而只能通过市场化的方式来进行,而市场化方式则是一种高成本方式。

  总之,以资本为基础的生活是高成本生活,以劳动为基础的生活是低成本生活。所谓低成本生活,就是通过劳动进行生活,劳动就是生活,并且在劳动中获得生活的意义。要想降低生活成本,就要劳动,靠自己的双手,丰衣足食,是有道理的,这是低成本生活的逻辑,是以劳动为基础的生活,不光自己劳动,还要合作劳动,交换劳动,集体劳动,所谓的合作社就是这个逻辑,合作社的经典模型应该是基于劳动的合作,而不是基于资本的合作。合作社应该是一个生活共同体,一个低成本生活共同体,在合作社内部,通过用劳动替代资本,用合作替代商品交换,从而降低生活成本,在合作社内部实现一种低成本生活。而今天的合作社根本不是以劳动为基础的,不是以劳动为主导的,而是以资本为主导的,以资本为基础的,所谓"资本+农户",资本是绝对主导,而真正的合作社应该是社员们基于劳动进行的合作,他们没有资本优势,但却有劳动优势,通过劳动合作,替代了资本,创造自我优势。从这个意义上来看,人民公社是一种真正的合作社,符合这一要求。而今天的合作社,是资本在主导,而不是劳动在主导,基于劳动的合作社是一种真正的合作社。所以,我们搞合作社,就是建设一种低成本生活,乡村建设就是建设一种低成本生活,这才是乡村建设的实质,建设一种低成本生活,乡村建设是一种整体,作为整体的乡村建设,就是要建设一种低成本生活,不管是土地政策、社会保障、教育、医疗、文化,都要服务于这种低成本生活,而不是破坏低成本生活。使得留在农村的农民能够过上一种低成本生活,这种低成本生活不同于城市的高成本生活,也就是能够以一种较低的成本过上一种幸福感很高的生活,即低成本高幸福感的生活,就是我们所谓的低成本生活。

这种低成本生活不同于温饱生活,而是一种意义极为丰富的生活,是城里人羡慕的生活,最重要的是劳动,人通过劳动而生活,通过劳动获得生活的满足,获得人生的意义。

另外,低成本生活也是一种社区化的生活,是一种共同体生活,而非个体主义的生活,也不只是家庭主义的生活;是一种环境友好型生活,是一种生态文明,是一种生态农业。

这种低成本生活是乡村生活的魅力所在,是区别于高成本的都市生活的一种生活形态。乡村建设积极倡导这种低成本生活,不管哪一种乡村建设,不管什么涉农政策,都不能破坏低成本生活,都不能提高农民生活的成本,否则,都不是成功的,也不会成功。低成本生活将是基层公共治理和公共政策的基本价值,也是评判标准。

乡村建设不是建设村庄,更不是保护古村落,而是建设低成本生活,建设一种生活方式,这才是最根本的。低成本生活有望成为一个概念。乡村建设今后的使命就是倡导这一生活方式,为这一生活方式而努力。

此前学界对农民合作的理解是片面的,从农民合作观念,从国家对农民的组织来理解农民合作,并没有回应当前的问题,即市场经济下的劳动力的问题。学界把农民不能合作诉诸农民观念和素质,缺乏集体主义观念,农民一盘散沙,农民自私,为什么原来能够合作,现在就不能合作了呢。有学者从农民公益观念的角度,从集体行动的角度,从组织化的角度,进行研究,这类研究将农民视为一个不变的整体,最多认为今天农民的利益出现分化,无法合作,而忽视了最为根本的问题,即农民的劳动力的商品化和市场化,这才是最重要的变量。农民的劳动力之所以值钱了,没空了,这只是表面现象,背后是农民的劳动力商品化,只能为资本服务,而无法为生活服务,为共同体服务,相应地,农民所需要的服务也就通过市场来获得。通过市场来满足的生活,必然是一种高成本生活,而以劳动力为基础的生活必然是低成本生活,所以,农民的低成本生活也就被高成本生活所替代。合作是低成本生活,市场是高成本生活。这是从合作与市场的角度给出的解释。

资本,还是劳动,这是当前中国农村发展面临的选择,是中国农村发展的深层次问题。在资本稀缺的时候,选择了劳动;当下资本过剩,依然不能选择资本,依然要看到劳动的可贵,劳动的不可替代,从劳动中获得问题的解决方案,获得人生的意义。

学者们尤其是经济学家大都主张资本下乡,资本下乡被视为中国城市化的一个出路。过去资本稀缺,以劳动替代资本,现在劳动力短缺,以资本替代劳动,首先表现为农业生产组织方式的变化,传统农业劳动力投入,内卷化,通过资本替代劳动,来破解内卷化,并应对过疏化,从小农户到规模经营,是资本下乡的具体路径;其次,为农业服务的公共事业体系解体,比如水利,过去以劳动力为载体,现在,以资本为载体,资本替代劳动,以资本重建农村公共事业体系很难,与小农户经营部对接;再次,资本替代劳动不仅意味着农业生产及其组织方式的变化,还意味着生活方式的变化,这是笔者重点探讨的问题,高成本生活必然替代低成本生活,进一步压缩了低成本生活的空间,在中国城市化和市场化的进程中,给低成本生活一定的空间是必要的。

笔者不认可没有限制的资本下乡,资本下乡会破坏低成本生活,破坏低成本生活赖以存在的条件,虽然现在资本已经下乡,但对资本下乡的认识并不深刻,仅仅是一种倡导,是一种想象,需要对资本下乡进行深刻的观察和理解。

从这个意义上来看,真正的乡村建设,建设的是一种低成本生活;而其他地方打着"互联网+"的旗号,打着"生态农业"的旗号,都不是低成本的生活,而是一种高成本的生活。他们建设的甚至并不是乡村生活,而是直接为城里人服务的,这不是乡村建设的方向,笔者觉得这不是乡村建设,已经背离了乡村建设。

3. 低成本生活：乡村文化建设的核心

从低成本生活出发，笔者会对今天的乡村建设继续进行观察，笔者发现，今天的乡村建设基本上都已经脱离了低成本生活的方向，而成为一种高成本的中产阶级体验。今天的乡村建设不再按照农民的标准来建设，越来越按照城里人的标准，按照中产阶级的审美，来建设。当乡村建设脱离了农民的趣味，脱离了农民的审美，而为城市中产阶级的审美所取代，这样的乡村建设也就迷失了方向，成为中产阶级的乡村建设，而非农民的乡村建设。应该建设一种低成本生活，这种低成本生活有自己的审美和趣味。

乡村建设并不是要建设低消费生活，而是要降低生活成本，降低生活成本是为了在消费社会里生活得更好，提高幸福感，这对消费能力较弱的低收入人群而言尤其重要。文化建设就是要降低生活成本，帮助农民更好地生活。集体消费就是为了降低生活成本。

所以，不是要建设低消费生活，而是建设低成本生活，降低农民的生活成本，提高幸福感，这是乡村文化建设的重要方面。

低成本生活是低消费生活与高消费生活之间的一个折中状态，文化建设所能做的就是降低生活成本，这样的文化建设才有操作性，而不是建设一种低消费的生活，那只是一种哲学倡导，并不具有操作性。

如何建设低成本生活呢，就是要减少支出，减少消费，增加消遣，消遣经济是一种操作方案。所谓低成本生活，就是消遣经济的做法，就是消遣文化。建设的文化，不是消费文化，而是消遣文化。在消费文化主导的背景下，我们倡导一种消遣文化，一种具有主体性和公共性的消遣文化。文化资本化的理论基础也是消遣文化。

本书基于费老的消遣经济[①]，提出了消遣文化的概念，用以指代乡村文化建设。消遣文化也是休闲文化，也是闲暇文化。都市社会的消费文化发达，是消费主义的发源地，而乡村社会的消遣文化发达。要继续挖掘消遣文化的内涵，消遣文化的主体性、公共性，以及消遣文化的资本化。

这是对家本位文化的一种干预，家本位文化追求高消费生活，所谓

---

① 费孝通等：《云南三村》，北京：社会科学文献出版社 2006 年版。

幸福生活就是高消费生活，低消费生活被视为落后。家本位文化追求什么样的生活，农民追求什么样的生活，幸福生活。什么是他们心中的幸福生活，就是高成本的生活，也就是高消费的生活。他们打工，正是为了支付高消费生活所需要的成本，这恰恰是有改造空间的。如何着手呢，就是要建设低消费生活，倡导合作文化，用劳动替代货币。

高成本生活是以货币为基础的生活，低成本生活是以劳动为基础的生活，以货币为基础的生活，就是高消费生活。所谓高成本生活就是高消费生活，低成本生活就是低消费生活。如何才能做到低消费呢，就是以劳动替代货币，这个劳动并不等同于自给自足的自然经济，更多是合作经济。老人农业实际上是老人以劳动替代货币的生活方式，合作经济也是以劳动替代货币的一种方式。

低成本生活是低消费，但并不是不消费。老年人的低成本生活看似悲惨，实际上也提供了另外一种可能的生活，就是相对低成本的生活，也就是低消费的生活，以劳动替代货币，就能显著降低生活成本。低消费生活并不意味着低生活质量，低消费高质量的生活，低消费高幸福感的生活，完全是可行的。高消费并不是高质量，也不是高幸福感。消费本身并不是生活目的，幸福感才是生活的目的。这也是对当前农民生活追求的一种干预，也是文化建设的方案，就是倡导一种合作文化，通过合作降低生活成本，提升幸福感。

三、青年农民的城市梦与家庭义务

青年农民通过外出务工进入城市,但他们与城市主流文明的接触是非常表面的,他们只是城市里的劳动者,而不是城市的主人。青年农民工生活在城市文明的边缘地带,他们主要通过劳动与城市建立关系,将自己青春的汗水挥洒在各个岗位上。城市只是他们的背景,而不是他们的舞台。青年农民在城市里完成了劳动力的商品化,但却没有办法在城市里实现自己的梦想,也没有办法在城市里完成自身的劳动力再生产。在经历了青春期的探索之后,青年农民最终回归乡土价值,在家庭义务中找到了人生的意义。

(一)青年农民的梦想

1. 青年农民的读书梦

案例:我以前读书特别差,特别好玩,读小学躲到山洞里打扑克,课堂上看小说睡觉,父亲在的时候说你要好好读书。父亲去世后,没有读书了,初中毕业到县城学喷漆,喜欢看报纸。师傅说看什么,你是学艺还是干什么,看书能吃饱吗?

去天津打工,先去旧书摊看书,喜欢作文、历史、地理,尤其是文学方面的书。一个带我出去的哥说:你打工还买什么书,后来他谈女朋友,写信,他写不了,让我给他写。我说你给我 45 元,我就给你写。

出去应聘工作,人家问你什么学历,我说初中,人家说你来干什么,我们要大专。为了找到好工作,需要好好读书。一名老技术员说有自考,我报了法律专业的自考,买来教材自己看,并买了一本字典,4年完成50多分学分。29岁的时候,母亲身体不行了,就放弃了。

23岁出去打工,25岁自学法律,29岁成家。这个梦想有点虚无缥缈,那是不现实的,得面对现实。文学救不了人,中国有几个文学家能养活一家人,一个县城有几个文学家?一个县城有几个律师?你解决不了想要解决的问题,农村人就得回家种地。我没拿钱赌博,带回来一箱子书。①

这位70后在青少年时期特别贪玩,人也开朗,父母去世后没钱读书了,就出去打工,为了找到好工作,他选择了自考,并没有成功。他喜欢读书,但读书并没有给他带来好运,并没有改变命运。最后,他返乡了,带回来一箱子书,他大哥说他读书读傻了,难道读书真的无用吗?

这个要具体分析,这位70后爱读书,他读的是文学书,他自学的是法律教材,他并没有去学一项专门的技术。他在县城学技术五年,外出打工一直做普工。他爱读书,但读书的方向不对,对农民工而言,爱文学、学法律都是非常奢侈的事情,他们最需要的是学习一门专业技术,掌握一技之长,这才是适合农民工的学习模式。对农民工来说,他们需要的是提高自己的劳动技能,成为一名合格甚至优秀的劳动力,从而获得较高的收入,这是由劳动力商品化决定的。在劳动力商品化背景下,学习专业技能才是唯一正确的选择。只有具备专业技能,才能在劳动力市场上获得一份好工作,才能更好地承担自己的家庭义务,才能让自己的家人过上好日子,从而实现自己的人生价值。

读书是否无用,关键是看为谁读书。70后爱读书,但只是为自己读书,是一种贵族式的读书,他读的是文学和法律。如果要想改变命运,就必须为资本而读书,资本需要什么样的劳动力,就读什么样的书,这是学以致用的读书,而不是为了精神享受而读书。所以,不能简单地说读书是否有用,而是要按照劳动力商品化的需求读书,如果你去打

---

① 来自访谈资料编码 XWH20110721。

工,你就要全力满足资本对劳动力的要求,这才是读书的方向。农民工的命运不是由自己决定的,而是由劳动力商品化决定的,读书能否改变命运,关键是能否满足劳动力商品化的需求。

2. 青年农民的文艺梦

案例1:我对文艺比较感兴趣。年轻的时候,很潇洒,很好玩,想做一名艺人,像明星那样唱歌。初中的时候,14到17岁,追星,我喜欢谢霆锋,家里有画报,女星,特别漂亮的才会喜欢。那几年张柏芝、周杰伦刚刚出道,这几年新人辈出,我都不知道哪个是哪个了。"奋斗"里说的是80后的故事,陆毅很帅。"潜伏"里的孙红雷是实力派,硬汉形象,叫我去,我早死在他们枪下了,我没有他们那么机智、狡猾。①

案例2:我现在不会追星,不是粉丝,偶尔听听歌。只喜欢没有用的,愚昧才去追星,他们没有值得我学习。我现在最喜欢的是我的父母,他们是我的偶像。我以前不知道父母那么辛苦,以前不懂事,喜欢玩。

我想家里的人平平安安,我爸爸不那么辛苦,我想成家立业,这个摆在最前面。一家人过得好就行了,现在比较实际。父亲50多了,母亲40多了,这个家的担子要我挑了。

1988年出生的都知道锅是铁打的了,不会玩得太疯了,有一个目标了,不能跑来跑去,要一心一意打工或务农,善于听取别人建议才能混得好。能干什么,不知道,只能帮家里挖土豆。回来一个月了,家里的事情都做,插秧、挖土豆、种玉米。②

青年农民工与城里的同龄人一样,对生活充满了想象力,案例中的这位青年农民工也喜欢文艺,也喜欢追求,对当红明星很熟悉。但是,随着年龄的增长,这对他们来讲就是一场梦,他们开始认识到父母的不

---

① 来自访谈资料编码 ZR20110717。
② 来自访谈资料编码 ZR20110717。

易,重新回归现实。

3. 青年农民的成功梦

案例1:从19岁到29岁,10年的时间,6年没回家。在广东、山东、贵州、浙江、上海、云南、重庆等地打过工,干过销售、货运,厂子里去一下就跑掉了。

那个时候,不定性,好玩。曾经有一个非常好的机会放在我面前,我没有抓住,我为了好玩,放掉了,没有把心安下来,不踏实,到处玩,走到最后一步的时候就错了,失去了时间。

在广东,跑雅芳产品,刚开始很辛苦,2001年正式上市,跑销售,当时没有人知道,现在电视上有广告,卖得很好,当时一起做的一个人,他坚持下来了,现在是四川总代理,经理级别,出入小车,我没有坚持住。

我经常看一句话:人要不怕失败,只要成功一次就好了。出去走过,见识过。读过《易经》。苦一点累一点,理想再好,不做没有用。人有一双手,有一个脑子,手和脑全部用上了,你就知道自己该干什么了,原来只用手没用脑,混时间。

思想要定下来,坚定地走下去,不要放弃,不管遇到什么样的困难,只要你感觉你是对的,做什么都要相信自己,一切皆有可能。宏观的理念和想法是正确的,理想要慢慢实现。①

这位80后农民工对自己打工生涯的一个反思和总结,主要是职业发展的思考,还是非常有道理的,这就是80后农民工的追求。但很多话都像是成功学,外出打工的青年农民工都接受了成功学,但他们并没有成功,一天一个梦,最终又回到原点,收获的是经验,失去的是时间。

青年农民工有自己的成功学,但却没有成功,不是学了成功学就可以成功的,他们最终还是没有摆脱劳动力商品化的宿命,青年农民工抱着理想外出打工,但他们所能做的就是出卖劳动力,他们的自由就是出卖劳动力的自由,很少有人能够摆脱这一宿命。从青年农民工那里我

---

① 来自访谈资料编码 WM20110714。

们看得非常清楚。他们的命运由什么决定,由劳动力商品化决定。

  案例2:我觉得老板很有气质,开奥迪、沃尔沃。我对车感兴趣,喜欢看车,车周刊,看车的配置,型号,牌子,我以后有钱,买一辆性价比高的。后来每次上网,登上QQ,再登车世界,太平洋汽车网,腾讯汽车网,看视频。希望以后过上有房有车的生活,以后要有房子和车子。
  他们说,你打一辈子工,也买不起啊。我想也是,现在还想,只能往以后放啊。没办法,你想不来的。你不要老是想,要做,做了再想,不要想了再做。有钱才有资本去想,没钱做不了什么。你工作都没有稳定,你想得太多了会把脑子想坏的。①

这位80后打工者也受到了成功学的影响,就是要有车,有钱人有气质,就是开的车好,他对车也产生了浓厚的兴趣,也希望自己以后能够过上有房有车的生活,这是典型的成功梦。但是,他身边的人告诉他,一辈子也买不起豪车,想的太多了反而会把脑子想坏了,这就是残酷的现实。正所谓"理想很丰满,现实很骨干",这就是青年农民的成功梦。

4. 青年农民的创业梦

  案例:我一直想挣点钱出去发展,我妈说让我去黄金洞开个品牌服装店,开个内衣专卖店,那里正在搞旅游开发。资金要多少,没想过。我以前在咸丰和恩施卖牛仔裤,卖1—10岁的牛仔裤,开连锁店,进便宜一些的货。②

和其他80后女孩子一样,前面两位访谈到的80后和90后女孩都曾有自己的创业梦,但都还没有付诸实施,这里的一个细节是,女孩子比男孩子更有想法,在创业上更有想法,想通过打工挣点钱自己做生

---

① 来自访谈资料编码 ZR20110717。
② 来自访谈资料编码 WMS20110710。

意,自己创业,先不说创业能否成功,她们的创业还只是梦想,我们没有看到行动。

70后买了一辆汽车搞运输,算是创业吧,但我们并没有看到太大的希望。关于这一点我们已经论证过,劳动力返乡创业的逻辑可能并不能够成立,他们只能是返乡就业而已。对农民工而言,出卖劳动力会形成路径依赖,也是他们的宿命,也就是马克思说的,他们只能出卖自己的劳动力,除此之外,他们一无所有。

他们是否应该有梦想,是否应该一直坚持自己的梦想,这是一个问题。一旦回归家庭理性,就会缺失职业理性,更谈不上梦想。农民工的梦想,并不是要改变世界,而是要改变自身的命运,要创业,要出人头地,这种梦想就是一种事业和职业上的梦想,是实现向上流动的梦想,为什么就不能一直坚持自己的梦想呢?

很快,他们回归了家庭,回归了生存理性,他们还能坚持他们的梦想吗?他们应该有自己的梦想吗?

比如,70后,一位有梦的农民工,他究竟是成功的,还是失败的?他为什么一天一个梦,最终又回到原点,是个体的原因,还是结构性原因?农民工能够有自己的梦想吗?只能出卖劳动力?只能回归家庭理性,进行劳动力再生产?

5. 青年农民梦想的破灭

案例1:向武红,1973年生,初中毕业。18到23岁在咸丰县城干了5年喷漆,先是当学徒,后来自己干,欠债特别多,有账没钱,生意好买卖差,没有赚到钱。到姐姐家吃饭,连饭都吃不饱,后来离开家去打工。

1996年7月12日出去打工,2008年8月22日回到家中,2002年回来过一次,2005年回来过一次。1997年到2002年,在自行车厂打工,后来转行干电动车,一直做普工。干的时间长了,做售后,老板会派出差,河北跑了几个地方,去过中山。生产线压力大,售后服务轻松一点,工资都差不多。

吃饭、上下班、回宿舍,三点一线,没有方向,前途迷茫。刚开始为解决温饱,没有办法。以后出门见的多了,考虑问题就多了,我这么干下去,干到多久?就为这一点钱吗?我一点都不满意,我没有找到自己的目标,特别迷茫。

2006年开始问自己,我打工解决了什么问题,经济?后顾之忧?人家说三十而立,我什么都没立。事情没有解决的时候,有挫败感,往回想,不会一直往前走。我是不是错了,不是创事业的料,就是种地的料,就有这样一个心理上的变化,2008年就回来了。

我们这里的人就是画一个圈,又回来了,温州人就是走直线,一代一代往前走。刚出去打工的时候心里想,我挣不到钱我就不回家,结果高兴而去,扫兴而归,什么都没有得到,还失去了光阴。假如我自学成功,我就有跳板,我就可以走出去,我的想法就不同了,我没有拿到通行证。①

这位70后农民工非常有想法,他爱好文学,自学法律,不甘于作一名普通的打工者,他强烈地想改变自己的命运,寻找自己人生的意义。但是,10多年的打工生涯并没有改变他打工者的命运,大部分时间都在生产线上,最好的时候也就是做售后服务,连技术工都没有做过。不但职业发展上没有起色,在感情生活上也没有突破,30多岁了还没有成家。于是乎他产生了强烈的挫败感,开始怀疑自己是不是走错了路。最后,他没有实现人生的向上流动,没有拿到城市化的通行证,他只能选择返乡。

这位70后返乡青年的打工生涯表明,农民实际上很难通过打工改变自己的命运,因为农民工的价值就是成为劳动力,为资本创造价值。在劳动力商品化的背景下,农民工的命运在某种意义上是既定的,不管你是不是爱思考。思考是改变不了命运的,也许每一个年轻的农民工在外出打工的时候都抱有理想,但随着时间的推移,他们大都会怀疑人生,回归现实。就像这位70后所言,他们都是画一个圆,一天一个梦,最终又回到原点。

这位70后所提到的温州人是一代一代往前走,向上走,但温州人不是简单地出卖劳动力,而是经商做生意,他们是在改革开放初期就抓

---

① 来自访谈资料编码 XWH20110721。

住市场机会,实现了致富。靠出卖劳动力很难实现向上流动,出卖劳动力获得的收入只能够用来进行劳动力的简单和扩大再生产,很难实现代际的向上流动。

案例2:70后农民工,38岁,未成家。从1996年到2008年在外打工12年,22岁去咸丰搞了几年,后来到天津做电动车,最早200元/月,后来2000元/月,3000元/月。

两点一线,枯燥,我经常思考,我到底在干什么,我在家干什么,我在天津干什么,这个问题没有解决。一天一个梦,自学了法律,参加自考,8年的时间完成。

最大的问题是资金问题,有想法也没有用。务实点说,积累一定数量的资金才会回来,想家没有用,还是老房子,没有钱,你得面对现实,还不如不回来。

现在更面对现实了,我们农民是最底层、最弱小的那一部分人群,实现不了自己的梦想,必须回到原来的位置。有三个哥哥三个姐姐,回家来可以认识更多的人,关系社会。①

农民工的梦成为我们突破的一个点,他们可以有梦吗?他们的梦如何实现呢?他们的梦能够实现吗?从一个个追梦的故事出发,从而进入宏观的分析。70后的梦,80后的梦,他们的梦是如何破灭的,他们是如何回到原点的?梦的幻灭,就是回归生存理性,在成家之前,不只是挣不到钱,不只是好玩,更重要的是有梦,挣钱不是重要的,有梦才是重要的,成家之后,从梦想回归生存理性,挣钱才是第一位的。

他们之所以能够进入城市,不是寻梦,不是理想,不是革命,不是城市化,而是出卖劳动力,是劳动力商品化,才给了他们一个进入城市的机会,因而,他们的梦注定是残缺的,是残酷的,他们首先是劳动力,他们只能有劳动力的梦想,只能在劳动力市场找到自己的位置,城市很大,但给他们的空间很小,很局促,城市只能在工厂的流水线上给他们一个站立的位置,根本不可能给他们实现梦想的舞台。作为劳动力,他

---

① 来自访谈资料编码 XWH20110709。

们注定只能出卖自己的劳动力,甚至身体,这就是他们的舞台。

也就是说,我们访谈到的两位80后、70后农民工为什么没有能够在城市实现自己的梦想,因为城市根本没有给他们舞台,他们只能出卖自己的劳动力。在自己的岗位上把工作做好,有岗位但没有舞台,岗位就是自己的舞台,这是非常现实的,来不得半点幻想,能在岗位上实现向上流动的非常少,最多成为技术工或者管理人员,拿一份相对较高的工资,但始终无法改变出卖劳动力的宿命。

所以,70后在工厂打工时,会觉得非常枯燥,就是两点一线,资本会最大程度地榨取工人的劳动,并将工资压到最低水平。虽然他在打工时经常思考自己的命运,一天一个梦,但始终没有结果,没能实现自己的梦想,自学了法律,但不足以改变他的命运,在城市,他除了出卖劳动力,实际上还是别无选择,最终只能回到家乡,回到原点。

梦想并没有带给他好运,他甚至连家都没有,没有结婚,曾经在工厂谈过一个山东的姑娘,但对方的父母要其拿彩礼,他拿不出来,感情也无疾而终。可见,对农民工而言,好好打工,在自己的岗位上做好,说不定还能成为技术工和管理者,拿到较高的工资,能够成家,完成人口的再生产。他们的梦想必须具体,他们的舞台就是自己的岗位,他们越早明白这一点,才能成功,他们努力的方向是被规定好的,成为技术工和管理者,在城市里,他们只能如此,如果拒绝这个方向,他们就只能回到原点,无法在城市立足完成人口再生产。

也就是说,对农民工而言,在城市,在工厂,他们的命运从一开始就被规定好了,四处打工,找不到他们的舞台,实现不了他们的梦。他们必须接受这种规定性,这种规定来自劳资关系,甚至一个更大的全球范围的政治经济格局。

一旦他们无法在城市实现自己的梦想,他们便会回归生存理性,不再将自己的重心放在城市,不再认为城市里有自己的梦,不再认为在城市里能够实现自己梦想,他们便会回到生存成本相对较低的乡村社会,也就是我们常说的返乡创业,返乡创业是一种理性行为,比如70后,带着自己10多年打工的积蓄,通过贷款,买了一辆小卡车从事运输。乡村社会的人脉关系也能对他提供一些支持,这种社会支持类似于社会互助,也降低了生存成本。

从一天一个梦到放弃梦想回到原点,这就是一个完整的打工经历,在这样一个过程中,青年农民工由追逐梦想到回归生存理性,也许本来就不该有梦想。放弃梦想,回归生存理性,才能成功。生存理性有三个表现,一是接受劳资关系对劳动力的规定,努力实现在工作岗位上的向上流动,这是在企业里的生存理性;二是将重心放到家庭,是家庭里的生存理性,成家,抚养子女;三是返乡创业,通过较低的成本和较强的社会支持网络,来求得生存。

6. 青年农民的梦想与劳动力商品化

> 案例:这位 46 岁的中年农民有 1 个姑娘,18 岁,深圳打工,做手机。刚出去的时候,每年给家里 1 万块钱,现在不搞了,不往家里寄钱了,她在广东你也管不了。
>
> 她想开服装店,需要 20 万元,一年有几千元的收入,打工到 80 岁,才能开服装店。到时候找不到钱,只好回来,就没想法了。每个人都有想法,但必须面对现实,还是要回到起点。①

这位 90 后女孩是一位务实的打工者,懂事,刚出去打工的时候还能给家里寄钱,后来自己攒钱,有自己的想法,想开服装店。但在她的父亲看来,这很难,靠打工很难积攒起服装店所需的资金投入,恐怕一辈子都难实现这个梦想。

找不到钱,自然就没想法了,每个年轻的打工者恐怕都有自己的想法,但对很多人来讲,除了出卖自己的劳动力,他们别无选择,他们只能出卖自己的劳动力,除此之外,所有的梦想都不现实,都没办法实现。因为梦想的实现,需要资本,需要技术,他们都没有,他们只能出卖自己的劳动力,等到他们不能出卖自己的劳动力的时候,他们就只能回到他们出发的地方,一天一个梦,最终又回到原点,回到农村。

有梦想也很难实现,到底应该有梦想呢,还是不应该有梦想呢。前面这位 90 后农民工,就没有梦想,出去打工就是为了好玩。他们的结局恐怕都是一样的,都是要回到原点。70 后,还有那位 85 年的高中毕

---

① 来自访谈资料编码 XWH20110709。

业生,他们都曾有梦,但他们都回归了现实,他们的梦没有实现。

对绝大多数农民工而言,他们的梦根本就不可能实现,他们除了出卖劳动力,他们并无其他的选择,这是工业社会和市场经济的必然结果。

所以,农民工的梦想看起来是农民工个体的事情,是农民工个体是否努力的问题,这里面有个体的差异,但更是一个结构性的问题,即马克思所言,他们除了出卖自己的劳动力,他们一无所有,他们一无所能。

进一步来看,他们只能回到原点,回到现实,所谓现实,就是接受生存理性。这就为理解生存理性打开了思路,城市化和市场化背景下的生存理性,同时也是劳动力商品化过程中的生存理性,这才是今天生存理性的核心,就是劳动力商品化后的生存理性,就是在出卖劳动力过程中形成的生存理性,而非传统小农的生存理性,非传统农业劳动力的生存理性。

从梦想到生存理性,再到劳动力商品化,就把农民工的梦想分析清楚了,他们唯一能做的,就是成为合格的劳动力,通过出卖劳动力求生存,这就是劳动力商品化过程中的生存理性。在劳动力商品化的过程中,农民工没有形成阶级,也没能实现向上流动,没有实现市民化,他们之所以能够往返城乡之间,支配他们行动的是生存理性,这种生存理性是现有劳资关系下的一个产物,是一种结构化的产物,也是农民工自身的一种适应,对现有劳资关系的一种适应。那么,现有劳资关系是一种什么关系呢,农民工的适应又有什么实践和理论意义呢?

可以进行的一个分析是,经典的劳资关系是什么样的,中国为什么没有出现经典的劳资关系,农民工的生存理性是一个绝佳的分析切入点。

如果农民工不想向资本出卖自己的劳动力,他们有别的选择吗,他们可以种田,种一定规模的田,比如20亩,30亩,或者到城郊种菜,这同样是靠出卖劳动力获得收入,即所谓的自我雇佣。

大部分乡村社会的观察者,仍然是以传统的小农社会为分析对象,或将传统小农社会作为观察今日之乡村社会的参照框架,总之摆脱不了传统小农社会的束缚,都没有抓住农村劳动力商品化这一关键。也有研究者关注到了农村的商品化和市场化,但没有认识到农村劳动力商品化的突出作用。而笔者此前已经将劳动力商品化作为一个重要类属提出来,这是理解当今中国政经的一个核心线索,也是理解中国乡村社会的一个核心线索,是分析乡村社会文化现象的一把快刀。这是当前的研究中缺失的一个视角。劳工研究只是考察了农民工的政治维度,关注政治抗争这些外显的行为,而对马克思笔下的农村劳动力商品化缺乏考察,这是一个基础性问题,离开对农村劳动力商品化的考察,直接进入劳工政治的研究,不管是生产视角,还是生活视角,都缺乏坚实的基础,实际上都是在表面打转。

所以,对乡村社会的观察,不是个体化,不是理性化,不是货币化,不是集体化,不是国家化,非过密化,非过疏化,非陌生化,非去亲密化,这些已有的观察视角,都没有抓住乡村社会变迁的根本。乡村社会变迁的驱动力是劳动力的商品化,这是市场经济背景下乡村社会变迁的根本原因。

对乡村社会的观察,要进一步凸显劳动力商品化的重要性,使之成为核心概念,成为分析框架。马克思从劳动力商品化出发,对城市社会的工厂和劳资关系展开了研究,而本书可以运用这一框架,对乡村社会的变迁进行分析,劳动力商品化将为乡村研究打开一个全新的领域,并且找到了乡村社会变迁的秘密。

从这个意义上来讲,国家的民生和社会保障政策,看似农民得到了实惠,实际上最终的受益者是资本和市场,通过为农民工提供农村社会保障,降低了农民工人口再生产的城市成本,从而降低了资本的用工成本,为资本提供了廉价劳动力。所以,国家一直在帮助资本,而缺乏对资本的规制,招商引资就是直接帮助资本,惠农政策是间接帮助资本,从帮助资本到规制资本,这是中国市场经济发展的下一步。

(二) 青年农民的劳动力商品化

1. 学做工

案例1:我4岁上学,在家没人带,放到学校里,二中毕业,毕业那年 18 岁。我要是城里女孩,也是大学生了,家里兄妹三个,吃饭都成问题,条件差。爸妈不吃不穿,也要供我们读书,大哥二哥都读了中专。①

80 后农民工读书少,主要是因为家庭困难,子女读书是很多家庭致贫的原因所在,所以,成绩不好的就去打工了。读到高中都算好的。很显然,80 后农民工的子女们将会接受更好的教育。

  案例 2:向武阳,1963 年生,48 岁。家有两个女孩,一个 19,一个 22,初中毕业后在恩施职校读了 2 年,年龄混大一些,社会知识学到一些,就去温州打工了。见识和思维锻炼出来,看人好不好,看一眼都知道。不想在土地里做农活,太累了,有本事到外头发展,求生活。②

  案例 3:一个姐姐,20 岁,在深圳卖衣服,店长,初中毕业到恩施读了一个学校就出去了,我姐一个人的工资可以顶我父母两个。今天回来,她到武汉黄鹤楼去玩,要我也去。③

上述两个案例在农村具有普遍性,现在的家长普遍重视教育,一般都要上到初中,然后到职业学校读上两年,然后出去打工。职业学校就是为了培养打工者,上职业学校就是学做工。现在的职业学校很多,并且多是私人办学,应该说抓住了劳动力商品化的需求。

  案例 4:周瑞,1988 年生,2004 年初中毕业,镇里的民族中学,成绩不理想,去湘西州吉首信息专修学院读书,计算机信息管理专业。有人介绍去的,同学的亲戚在那里读了一年,每介绍一个人可得 400 元的报酬,我去了之后,又让我去招生,发传单,贴标语,晚

---

① 来自访谈资料编码 WMS20110709。
② 来自访谈资料编码 XWY20110719。
③ 来自访谈资料编码 ZX20110719。

上偷偷贴。职业学院没有办的实在的,都是表面的,爱学,学会就可以,没有人管。学校承诺安排三次工作,介绍一份打工的工作,毕业后还是打工,都是骗人的。

学了半年,过去几个年轻人,一起玩,年轻人玩来玩去,年龄混大一些。第一学期结束后回家过年,家里说那里用钱贵,一个学期学费1500元,生活费一个月350元,我们负担不起,你去打工吧,你的同学还不是出去打工。我不怪他们,我当时也没赚钱,在哪里都是混,你初中毕业还不是去打工,工资一样的。[1]

周瑞的案例表明,职业培训也改变不了打工的命运,市场化的职业技术培训学校之所以很火,实际上是服务于劳动力商品化,所谓的安排工作就是提供打工机会,向工厂提供劳动力,培训学校的价值就是在工厂和农民工之间架起一座桥梁。所以,上培训学校就只能出去打工,如果能够学到技术也好,如果学不到技术,其实也没有太大的意义。学生毕业后也依然无法摆脱打工的命运,这是中国特色的"学做工"。

案例5:那一年,我们俩在家学车,考个驾照,年轻人,能多学点就多学点,两个人就是学车的时候认识的。机会是自己创造的,学车,多学一点东西。[2]

80后农民工善于学习,学习电脑,考驾照,他们学习的多是技能,对农民工而言,技能学习很重要,掌握了更多的技能,才会有更多的机会。两个人正是在学车的过程中认识的。

案例6:小儿子27岁,在广东惠州,也是在工厂里打工。先是在咸丰县城修电视,搞了两年,出去打工,自学了电脑,学开车,休息的时候学车。[3]

---

[1] 来自访谈资料编码 ZR20110717。
[2] 来自访谈资料编码 WMS20110709。
[3] 来自访谈资料编码 WM20110713。

年轻人打工没有养家的压力,还是学到了一些技能,比如电脑,比如开车。

> 案例7:得到的是经验,失去的是时间。十年打工获得的经验包括社交、处事、为人以及应聘工作的经验。官大一点,捧起来说,官小一点,压着说。刚出去打工的时候,话都不敢说,看人家说得那么开心,第二次坐车,就大胆了。在外面交往,要胆大心细。
>
> 在外面打工,基本全靠自学。初中未毕业,不让考,老师说你们回去吧,你回来拿毕业证就行。刚从学校出来的时候,什么都不懂。什么是社会学,社会不是学,社会是混,混熟了就学会了。①

这位青年农民工口中的混类似于实践,但他混得怎么样呢,很显然混得并不好。所以,他自己的总结是,得到的是经验,失去的是时间。但他在实践中却学会诸多打工的技能与技巧,这种学习也是青年农民的自我修养。

> 案例8:万某有一个哥哥一个姐姐,大哥有两个孩子,大的22岁,小的15岁,夫妻都在台州打工,大儿子也在台州打工,小儿子在家里读初三。奶奶给他做饭,生活开支由其父母出,现在浙江玩去了,学习成绩一般。②

老人的三个子女都在外面打工,一个孙子也在外面打工,另一孙子学习成绩也不是特别好,看样子还是要打工。父辈打工,子代也要打工,农民工的小孩也是学做工,不管是到城里读农民工子弟学校,还是留守在家读书,学习成绩好的都不多。

> 案例9:小儿子14岁,初二就不读书了,今年5月份才出去打工,在浙江的制衣厂,他姐姐带他。大女儿22岁,打工3年了,高

---

① 来自访谈资料编码 WM20110714。
② 来自访谈资料编码 WM20110714。

中未毕业,咸丰二中。小家伙不读书,他爸爸生气,送去学校他跑。①

农村青少年,有些初中未毕业就出去打工,有些高中未毕业出去打工,成为劳动力市场上的劳动力,这也是劳动力商品化之下的一个现象。通过劳动力商品化,才能够理解农村青少年为什么热衷于外出打工,甚至辍学外出打工。

上述几个案例,学习成绩都不好,这就有点类似于威利斯所讲的"学做工"②。从教育来看,农民工的子女还是要做农民工。从代际关系来看,父母对子女教育非常重视,但是,从代际流动来看,农民工的子女相对于父辈并没有根本的变化,这是一个特别有意思的现象。

过去打工还不够普遍的时候,农民的小孩考上大学的还不少,现在条件好了,父母对子女教育也比以前重视了,但农村孩子读大学的却少了,农村父母对子女教育的重视,但孩子考上大学的却少了。在村里遇到的几个孩子,学习成绩都一般,有几个高中生都没有考上大学,这当然与农村学校教育质量的下降有关,但也与劳动力商品化有关。

对农民来讲,更现实的选择是,要接受一定的教育,起码是九年义务教育,甚至是高中教育,但这里的农民也没有要求子女一定要考上大学,通过复读考上大学的越来越少了,因为现在劳动力就业的机会更多了,考不上大学但可以去打工。因为劳动力商品化,年轻人的就业机会更多了,因而不必非要考上大学。

所以,综合这些因素,农民工的子女恐怕还是农民工,代际向上流动很难实现,更多的会代际传承,这就是学做工。

2. 劳动力商品化

案例1:2004年初中毕业,先是在老家学理发,洗头发的时候皮肤过敏,不干了,后来卖衣服,帮家里干农活。从来没出过门,我

---

① 来自访谈资料编码 WM20110712。
② [英]保罗·威利斯:《学做工:工人阶级子弟为何继承父业》,秘舒等译,南京:译林出版社2013年版。

三、青年农民的城市梦与家庭义务

妈让我出去,我自己也想出去,在家里做不了什么,出去看一下也好。在老家干农活,挣不了钱,又累。①

对于恩施这样的山区,以及广大农业型地区,劳动力的就业机会有限,年轻人并没有太多的出路,说白了,就是没有什么机会,外出打工,向资本出卖劳动力,这是他们的唯一选择。

也就是说,农业没有办法提供更多的就业机会,只有工商业和资本才能为劳动力提供就业机会,工商业和资本越发达,越集中,越具有规模效应,提供的就业机会越多,对劳动力的吸引力也就越大。这些地区主要是我国的三大城市群,长三角、珠三角、京津冀,也是我国的经济增长极,对劳动力的需求量大,是农民工的主要流入地。

案例2:1985年生人,2000年高中毕业,2009年结婚,2010年生小孩,小孩还在吃奶,在家里带小孩。

我跑的地方可多了,跑遍了大半个中国,广东、福建、上海、浙江,做过销售、采购、服装、汽车配件等,学过电脑,自己挣点钱后学的,打工发了工资学点东西。②

打工本身是一种修炼,虽然去过的地方多,干过的工作多,也学过电脑,但并没有成功,并没有集中在一点上取得成功,虽然横向的流动频繁,但并没有实现职业上的向上流动,如果不能实现职业上的向上流动,也就不可能实现阶层上的向上流动,这是大部分打工者必然的遭遇。

案例3:2007年出去打工,我跟我妈一起出去的,在北京一家餐厅当服务员,是老乡介绍过去的,餐厅缺人。服务员的时间紧,工资低,后来涨到1200元/月,干了两年,回来,不好,换个职业。后来又去台州做衣服,父母都在台州。现在杭州工厂里做针织,是

---

① 来自访谈资料编码 WMS20110710。
② 来自访谈资料编码 WMS20110709。

熟练工,每月 3000 多元的工资,计件工资。①

这位 80 后农民工从 2007 年开始,随父母外出打工,先是在北京,后来又到浙江台州,又到杭州,先后从事餐厅服务员、缝纫以及针织等工作,都是劳动密集型产业。打工地是中国的经济增长极,农民工到经济增长极寻求就业机会,出卖劳动力,这是一个自发的选择,是市场配置资源的结果。这就是农民工全国打工的另一重意义,就是劳动力市场的作用,到劳动力市场上去寻找机会,哪里的机会最多,当然是中国为数不多的几个经济增长极。农民工为什么能够全国打工呢,是因为有一个自由的劳动力市场的存在,当然,这是否有利于农民工职业生涯的发展,这就是另一个问题了。

笔者在板桥村调查就发现,这里的农民工去北京、天津,去浙江,去广东,相对来讲非常集中,就是几个经济增长极,在村庄里发现了经济增长极,真正影响广大中西部农村变迁的,不是笼统意义上的城市,就是几个经济增长极。村庄里的经济增长极,经济增长极——劳动力,这才是真正的城乡关系。

进一步来看,说是全国打工,实际上就是在几个地方流动,在这些经济增长极之间流动,这一发现具有重要的意义。也就是说,所谓的劳动力市场,也主要集中在这几个经济增长极,这是一个无形的劳动力市场,当然也包括一些区域性的增长极,比如成渝城市群,胶东半岛城市群,以及一些省会城市。也就是说,经济增长极既是资本的集中地,同时也是主要的劳动力市场,经济增长极本身就是劳动力市场、中心劳动力市场,还是劳动力市场集,同时也是劳资矛盾较为集中的地方,流动人口的管理也成为一个重要的议题。

3. 普工与技术工

案例 1:姑父在天津,就去天津了,去了半年,汽修,皮毛,不爱好。东奔西跑,又去温州做纽扣,呆烦了,又去东莞、莆田、惠州、深圳、佛山,一直在东南沿海一带打工。从事的职业包括汽修、

---

① 来自访谈资料编码 WMS20110710。

三、青年农民的城市梦与家庭义务　77

纽扣、遥控器按钮、超市、鞋厂等。打的工挺多,多也没用,没有赚到钱。

很多地方都去过了,现在不知道去哪里。现在回去,又怕别人说,我不爱听这些。天安门我没去过,电视上天天看,北京那边我们去了适应不了,怕把钱花光了,消费那么高。

我打工这么久,都是普工,不是技术工。应聘过足疗的工作,帮人家洗脚,我接受不了,应聘中医按摩,一个老中医,拔火罐。给父母打电话,给自己下台阶,不想做,工资太低。后来去了沃尔沃,1600元/月,不包吃住,条件也不好。

从早干到晚,60元/天,工资没加上去,夏天天长了,天气太热,长痘,我回来了。我还是会出去,我干活的时候也在想:我到底去哪里?没有技术,没有高工资,想学驾照,要六千元。

父母不理解我,他们说你东跑西跑,赚点钱把房子修起来,说明你在努力。他们会在背后议论,哪一家孩子挣到钱了,家长家短,议论一下。我妈都不好意思,我们那儿子没找到路,人家说儿子寄钱回来,我妈都不敢说话。我不争气,没有寄钱回来,六年时间挣了大概七八千元。跑来跑去,找不到门路的人,也赚不到钱,钱都给司机了。①

作为一个普工,这位打工者根本就没有挣到钱,没有为家里做贡献,这恐怕是大部分青年农民工的状态。

案例2:做皮具,连续干72个小时,加班很苦。刚开始450元/月,1999年出去,那时候很黑,进厂做一年没有工资,刚开始进黑厂,介绍所介绍去的。给你吃,不给钱,打人,像监狱一样。现在好多了,基本工资都会给,浙江那边有计件工资。广东那边五保全部有,待遇,工作服,吃住都有。温州做服装,一两千元每月。②

---

① 来自访谈资料编码 ZR20110717。
② 来自访谈资料编码 WM20110714。

打工收入的高低如何来判断呢,企业主要从企业成本的角度考虑农民工的工资,而农民工则从劳动力再生产的角度考虑自己的工资,也就是工资够不够花。一些打工者挣的钱都不够自己花,还要向父母要钱花,这表明,打工收入连简单劳动力再生产都无法维系,更不用说扩大劳动力再生产了。

青年农民工刚开始也是在工厂里打工,为什么呢,因为他们并没有养家的压力,生活开支少,但一些青年农民工成家之后,往往不会再到工厂里去打工,不是因为他们不适应集体劳动,而是因为工厂收入太低,不足以养家,他们有养家的压力。所以,成家之后的农民工往往会重新选择工种,苦点累点也没有关系,只要能够挣到钱。

> 案例3:17岁那年出去,到浙江台州做数控,做了一年,18岁开始做纺织,做网布,坚持到现在,学会简单,学精了就难,做了六年,才成了师傅。在外面打工越累越找不到钱,越轻松越有钱,工作换得越快越挣不到钱,必须掌握一门技术。有时候8000元/月,有时候上万,平均一个月6000元,一天工作12个小时,一个厂子里面只有几个人拿这么高的工资。[①]

这位访谈对象为什么能够拿到高工资,就是因为他在一个行业坚持下来,成功地从普工成长为了技术工。而他的爱人则相反,跑遍了大半个中国,换了多个工种,结果一无所长,始终处在学徒工的水平上。

年轻人打工为什么挣不到钱,就是因为他们是学徒工,是普工,没有掌握核心技术,没有成长为技术工,也没有能够成长为管理者。打工如何才能挣到钱呢,就是要成长为技术工,成长为管理者,或者去创业,去经商。

靠出卖苦力没有靠技术挣钱容易,要在某一个行业成长为师傅,掌握核心技术,才有可能赚到钱。

又有多少打工者能够从普工成长为技术工,成长为管理者,成长为

---

① 来自访谈资料编码 WMS20110709。

老板。农民工要学会职业生涯管理,要在某一个领域长期坚持,必有所成!

同样为85年的农民工,夫妻俩的经历可以进行比较,妻子有梦想,换的工作多,跑的地方也多,但最终梦想幻灭,并没有成功;丈夫一开始也是觉得好玩,后来苦学一门技术,成为技术工,在打工者群体中,拿到了高工资。

为什么呢,因为他没有梦想,只是在自己的岗位上苦练技术,使自己的劳动力更值钱,看起来是在做一件小事,实际上是非常务实的。这对打工者来说,是唯一的道路,就是提升自己的技术水平,让自己更好地出卖劳动力。这是资本对劳动力的唯一要求,顺应了这一要求,才会生活得好一些。不能有梦想,劳动者都有梦想,资本怎么办。

4. 劳动伦理的异化

案例1:打工的人都买彩票,想中500万,好玩,我也去买。[1]

案例2:小儿子不成事,没有往家里寄钱,4年前搞过传销,搞了两年,派出所告诉我们,你们儿子被骗,骗子已经抓到了。他不说,他没有办法,出去打工没有找到钱,向我们要。4年多总共寄了3次,大儿子寄四千元,我们本分老实,他说他害病,一个姑娘打电话说你赶快寄钱,借了2000,第二次1.2万,第三次1.6万。刚出门那一年,在广州,中专毕业,张家界职业学校,半年进了传销,家里挣的,大儿子挣的都花了。小孩把老家伙带进去了,进传销了,队员有几个,一次寄七八千,万把块。团伙被抓住了,打电话到我们镇派出所。没有往家里寄过一分钱,两个老家伙光害病。[2]

青年农民工搞传销,就是一种灰色生存,为了挣钱。

---

[1] 来自访谈资料编码 WM20110714。
[2] 来自访谈资料编码 WYX20110714。

案例 3：我的侄子是 90 后，2009 年被他一位堂叔骗去搞传销，在里面上课，打电话给家里说，他把别人打伤了，要 1 万多元钱。他肯定到传销里去了，我找到派出所，到咸丰刑警大队。他自己逃出来，带到派出所，他父亲去接了，他堂叔也是被人骗进去的。做传销的都有父子一起被骗进去，被洗脑，天天上课，一个骗一个，亲戚骗亲戚，朋友骗朋友。90 后被骗的几率更高，想一夜暴富，想发财。①

农村青年人被骗去搞传销的不少，为什么会这样呢，简单地来讲，就是想发财。笔者的堂妹也是被洗脑以后搞传销，也是骗熟人，从农村出来的年轻人为什么容易被骗去搞传销，除了年少缺乏经验，主要是因为太渴望得到财富，太想一夜暴富，这就是青年农民工的财富观。

传销实际上表明青年在城市里的机会并不多，如果他们不愿意打工，但除了打工，他们有更多的选择吗，实际上没有。青年农民之所以能够进城，乃是因为劳动力商品化提供的机会，就是出卖劳动力，通过出卖劳动力获得收入。对他们来讲，现实的选择是让自己成为一名符合资本需求的合格的劳动力，这才是正道。

5. 返乡青年反思劳动力商品化

案例 1：为了钱在外面打工，为了生存，为了小孩，到外面打工，我们发了大财，有了钱，我就会在农村定居。为了生存，没有办法，逼得非去打工不可。很多人出去打工，都不是自愿的，非得去挣钱不可，都是生活逼的，谁想去打工啊，打工有什么好。如果很有钱就在家里发展，没有钱就去外面找钱。②

梦想褪去之后，打工就是为了找钱，就是为了生存，有钱是不会出去打工的，打工是没有办法的事情，这是当地人的一个经典表述，这个表述很显然是一种理性的表述。对农民来讲，打工是生活所迫，对农民

---

① 来自访谈资料编码 WM20110714。
② 来自访谈资料编码 WMS20110709。

来讲,打工并不是一件愉快的事情,返乡青年对打工经历有反思,他们甚至排斥打工。

案例2:我不想出去了,外面都讲关系的,你干好了他说,你干不好他也说你,分配的活都不好。有一个管理人员,老拿我开刀,是本地人,对我们外省的打工人员有偏见,他们当地人没事。他好像跟我过不去一样,你怎么反抗,钱都掌握在他手里。

被老大天天管,拿我们外地人说事,他心情不好,会出气,旁边的女孩子会看到男孩子被训,他又凑过去与女孩子说话。我感到很不好意思,觉得很没面子,我这么高大,还被你训。老大喜欢漂亮的女孩子,做错了事,装作没看见,要是男孩子就先凶一顿,再罚款。

我适应不了,我就走了,我逃避了,经理不让我走。你做得好好的,为什么要走。我长痘了,不舒服了,是我个人的问题。

原来开朗,在厂子里做了两年,变沉默了,后来在超市里又开朗了,现在回工厂不怎么太习惯,我喜欢外面的自由。

原来我很开朗,笑逐颜开,幼稚,不在意别人怎么看。在外面经常碰壁,我改变了很多,有时候有点装,不是酷,耍帅,是自我沉思,想问题。外面的世界很复杂,让我变得不愿意跟人家交朋友。我不会把问题拿出来讨论,化解不开就心情不好,我就上网,看看娱乐新闻,听听音乐。我是没有以前那么开朗了,成熟要经过这样的过程,很多时候要三思。

农村人出去,有一种农村的气息,乡下仔,泥腿子。我怕别人说,不自信,面试的时候我都不敢去。特步专卖店招工,我做不了,要自信,要开朗,要会说话。我和陌生人说不上话,沉默。

贵州的朋友告诉我,你不要老躲在阴暗处,要敢于面对,别人才能知道你,要主动打成一片,跟好人打交道,跟坏人打交道。你不能怪社会,社会还是好人多。要敢做,不要怕这怕那,不要怕别人怎么说你,怎么看你。[1]

---

[1] 来自访谈资料编码ZR20110717。

这位 80 后返乡青年现在不想出去打工,在他的讲述中,劳动力商品化并不美好,严格的工厂管理和无处不在的城市排斥,使他从一个开朗的阳光少年变成了沉默寡言的农民工,他不自信,他不开朗。多年的打工生活并没有给他带来财富,也没有给他留下美好的回忆,反而对他造成了精神上的摧残。

(三) 没有城市化的劳动力商品化

1. 工厂打工:成为劳动力

案例 1:打工是被迫的,不是自愿的,在工厂里关 29 天是非常不舒服的,很辛苦的。暗无天日的工厂生活,哪有欢乐可言。在一个厂里做 5 到 10 年,做到技术工,工资就高了,做普工的时候太辛苦了。

以现在的体制你在城市扎不下来,房价高,小孩读书,不可能享受到这些待遇。城市只是包容,而非融合,很多年轻人其实坚持不到。我把房子修好,在家里过一点田园生活。[1]

打工是无奈的,就是让自己成为生产流水线上的一个劳动力,劳动时间长,工资低,又无法在城市完成家庭再生产,农民工只是劳动力,而不是全面发展的人。

案例 2:老板整顿上班纪律,员工上班拖拉,卫生无人打扫。我性格很直,我说老板你心里怎么想的,我们心里想要的什么你知道吗?就为那一点钱吗?你们动辄扣钱,经常换员工,新员工根本不懂技术。老板说你到底什么意思?我说你们必须关心我们心里想要的东西。[2]

---

[1] 来自访谈资料编码 DSJ20110720。
[2] 来自访谈资料编码 XWH20110721。

工厂老板整顿纪律,他当面表达不满,认为老板不尊重员工意愿,工厂管理不人性化。实际上这是不认同工厂管理,不适应工厂管理。已有研究的确比较少关注到农民工意愿,工厂劳动关系管理是比较粗放的,从管理学的角度来看,应该还停留在 X 管理理论的阶段。

返乡农民工为什么普遍都不喜欢打工生活,不喜欢生产线,除了工资低,恐怕与这种劳动关系管理模式有关。工厂劳动关系对农民工的摧残是我们所无法想象的,这就是农民工不喜欢打工的原因所在,对农民来讲,打工是没有办法的事情,只是为了挣钱。农民工和工厂之间并没有建立起义务关系,只是雇佣关系。这是劳动力商品化的具体化。

> 案例 3:在台州打工的时候,住在工厂里,除了吃饭,就是睡觉、上班,工厂里上班,的确很单调。时间挺紧,没有时间去玩,还比较自由,计件工资,元旦的时候放假,自由安排。
> 工厂在台州一个乡镇的农村,没有去台州市里玩过,要花钱也没有时间,不知道去哪里。区里有免费的公园,几个女孩子去不要钱的地方爬山,上街去买东西,有恩施的,安徽的,黄石的,都是同事嘛。①

这就是这位 80 后农民工的工作现实,也就是劳动力商品化的现实。这里面有两个重要信息,一是他们的工厂并不是在大城市里,也不可能在城市里,一个常识是,工业区都不在市区,甚至很多农民工打工的工厂就在镇上、在农村里,长三角、珠三角的很多小工厂都是如此。农民工根本不是从农村到城市,而是从农村到农村,从自己家乡的农村到经济增长极的农村,这根本不是城市化,可以说与城市化无关。

这位 80 后农民工就是这样,他们在发达地区的农村工厂里打工,根本没有去市里玩过,或者说他们根本就不知道城市的模样,就更别说城市化了。

另一个信息是,他们的工作很单调,除了生产线,就是吃饭睡觉,三点一线,根本没有时间去玩,没有时间去接触城市,最多是商场、公园这

---

① 来自访谈资料编码 WMS20110710。

些公共场所,还是与同事们在一起,来自全国各地的打工者,打工者在一起,根本不可能和城里人做朋友。

也就是说,这些在工厂里打工的农民工,他们的大部分时间都给了生产线,计件工资其实更大程度上调动了他们的积极性,让他们停留在生产线上的时间更长,并且是自愿的,看起来是自由的,其实更加不自由。

他们的闲暇时间很少,仅有的闲暇也是和同事们在一起,和工友们在一起,去购物,或者去不要钱的地方爬山、逛公园,缺乏和当地的深度接触,或者基本上没有什么接触。

所以,对大部分农民工而言,城市化是一件非常遥远的事情,尤其是对工厂里打工的农民工而言,城市对他们而言可能就是火车站或汽车站,城市化只是一个幻象,根本不是事实。劳动力商品化才是一个事实。通过劳动力商品化,扒下了城市化的外衣,农民工只是出卖劳动力,没有城市化。没有城市化的劳动力商品化,这一逻辑是非常清晰的。这个可以通过打工者社区进行研究,是一个非常好的视角。

阶级化呢,有阶级化吗,恐怕同样也是没有阶级化的劳动力商品化。所以,劳动力商品化才是一个基本的事实,从这一基本事实出发,对当前的农民工问题重新进行研究,对城市化和农村发展重新研究,这是笔者此前思考的市场经济路径的一个成果。

2. 青年农民工的闲暇

> 案例1:在杭州租房住,295元/月,地面不平,可以买电视,有有线电视,喜欢看破案、今日说法、说事拉理、法制与社会等法制类节目,年轻人都应该看一下。[①]

在杭州打工,因为谈了朋友,在外面租房子住,已经未婚先孕了,属于奉子成婚。这也是比较人道的,夫妻俩在一起打工,一起在外租房子住,这就和住在工厂里不一样了,可以有自己的家庭生活了,也可以有自己的家庭生活了,虽然居住条件较差,买了一台电视机,可以看电视

---

① 来自访谈资料编码WMS20110710。

节目,有了自己的闲暇生活,喜欢看法制类节目,并且认为年轻人都应该看一下,这是一个守法的好青年。

从北京到台州,再到杭州,这位 80 后农民工逐步有了自己的生活,有了自己的家庭,这是一位 80 后农民工的打工生活的一个片段,颇具有代表性,做服务员,进工厂,换工作,谈恋爱,结婚,然后一起打工。这是 80 后农民工的一个常规选择,他们的工作、恋爱、成家都是在打工的过程中进行的,打工对他们而言,不仅仅是劳动力商品化,还直接形塑了他们的生活方式。

> 案例 2:家里有笔记本电脑,可以上网,看新闻,了解国家动态,哪里发生洪水,你不看新闻,你与别人聊天聊什么。①

这对年轻人也喜欢看新闻,为什么喜欢看新闻,并不是像河南农民那样希望新闻能够帮助自己解决具体的政策问题,而是对国家动态比较关注,像哪里发生地震了,洪水了,更多地是获得一种谈资,而不是解决具体的诉求。

前面也有老人和妇女提到喜欢看新闻,也主要是在这个维度上展开的,是为了了解国家动态,知道国家发生了什么事情,更多是了解天下事,掌握天下要闻,而不是获取具体的政策信息,也不是要长社会方面的知识。关心国家大事,但不关心国家政策,就可以得到理解了。所以,同样喜欢看新闻,也有不同的维度,需要进一步细化。

> 案例 3:无聊的时候偶尔看电视剧,现代一点的都市剧,韩剧太啰嗦,不喜欢看。喜欢看体育频道,看科幻片。②

喜欢看都市剧,而不是农村戏,说明他们熟悉的还是城市里的生活,向往的也是城里的生活,就像当过兵的老人喜欢看战斗片一样。从他们看电视的情况来看,他们和城市人没有什么差别。

---

① 来自访谈资料编码 WMS20110709。
② 来自访谈资料编码 WMS20110709。

案例4：逛一下街，几个朋友在一起，喝酒，没有什么休息，天天晚上加班，一个月放两天假，休息睡觉一天。

去年6月份学会上网。去年在深圳电子厂，无聊，申请QQ。平时很少上网，从不进网吧，主要查资料，养殖和水产方面的，用手机登QQ，电脑上打字慢得很。[1]

打工闲暇很少，他们的时间并不自由，他们的闲暇时间被他们的雇主规定了，他们的闲暇服务于劳动力的再生产。打工闲暇也是劳动闲暇，是在劳动力商品化背景下发生的，不同于农业劳动闲暇。

案例5：刚开始出去，外面太好玩了，到处是车，很新鲜，做事，使劲玩，好像从神农架走出来一样。打工不好，不自由，天天上下班，没有什么娱乐，也无法了解到更多的东西。

打工是会打工，上班十几个小时，没有时间去了解其他信息，在外面打工没什么意思，还是要回到家里。外面的生活，开始有激情，一个人打工超过8年以上，会很厌倦那种生活，烦躁，没有娱乐，没有休息，外面没有家里好，我不会再出去打工了。[2]

青年农民工往往在工厂里打工，上班时间长，闲暇时间并不多，也不自由，休息时间严重不足。当然，也有一些青年农民工不务正业，灰色生存。

案例6：混，不务正业，一帮一帮的人，混的人挺多的，感觉他们不用上班也有钱花，天天去网吧、溜冰场，肯定不正常。我懒得管他们，挺瞧不起他们。[3]

农民工在外面混的也比较多，很多人没上班，这也是一个事实，但

---

[1] 来自访谈资料编码 WM20110714。
[2] 来自访谈资料编码 WM20110714。
[3] 来自访谈资料编码 WMS20110710。

这位80后农民工认为这是不正常的。

  案例7：1992年生，男，初中毕业就出去了，在深圳的电子厂打工三四年了，2000元/月。外头好玩，在外面都是好。混吧，谈一个朋友，湖北荆州的，还是家里好一点。睡觉，上网，出去玩消费高，看电视，聊天，有一次玩了9天9夜，网吧里聊天玩游戏，2009年春节没有回来，刚出去，没钱，三四个人一块，溜冰，酒吧。①

这位90后农民工的父亲说：你不给他搞点都是好的，年轻挣不到钱。正如70后所说，务实的，挣点钱；不务实的，不明白自己在干什么，挣点花点。

这是一个没有梦的年轻人，他印象最深刻的就是好玩。为什么年轻人在外面挣不到钱，重心不在职业发展上，也不在家庭责任上，而是在花花世界的好玩上，刚毕业的年轻人出去打工，要谈朋友，要去网吧、酒吧等娱乐场所玩耍，挣到钱也都花掉了，甚至不够花。吸引他们的，是娱乐场所，而不是工作场所。

由此，就可以回答，年轻人打工为什么挣不到钱，初中毕业的年轻人，一不关心职业发展，二无家庭责任，只有玩耍，只有消费，这一阶段的人生，主要是青春期的体验，他们的价值取向是迷茫的，被一个低端的消费文化所吸引。简单来讲，就是好玩。

3. 城市体验

  案例1：在北京的时候，去天安门玩，因为不要钱，感觉天安门最好。听北京人说话，鼻音很重，有点瞧不起人的感觉，北京人素质还不错，讲礼貌。②

对北京的印象，一是天安门最好，去天安门玩，因为不收钱，包括下面的材料中，公共场所和文化设施，对所有人是开放的，农民工最喜欢

---

① 来自访谈资料编码 XWH20110709。
② 来自访谈资料编码 WMS20110710。

去的地方,也是他们接触城市的地方,所以非常重要,城市里要多建一些免费开放的场所。

对北京的印象二,就是对北京人的印象,认为北京人说话鼻音重,有点瞧不起人的感觉,这恐怕是一种心理作用,以及与从事的服务员工作有关系;但总体上还是感觉北京人素质不错,对人比较有礼貌。

这是一位80后农民工对北京的印象,天安门好,北京人有礼貌。应该说这种评价是比较客观的。

> 案例2:北京是个文明城市,扯蛋,问个路,都不理你,我从来不向往大城市。我们在山上碰见人家,都很热情,要留你吃饭。①

年轻的时候,向往大城市,那里好玩,那里有梦想,经历过之后,回归生存理性,对城市不再向往,重新发现城市,发现城市的种种不好,85后和70后都经历了这样一个过程,对大部分农民工而言,都会经历这样一个过程。

> 案例3:有一天晚上,我吹着口哨骑自行车,刚出门就被治安队员拦下,你自行车哪儿偷的?打了两耳光,带到派出所。一个头儿说:你小伙子头剃得挺好,你走吧。当时我还不敢走,一边看一边走。②

70后的这段经历应该是20世纪90年代的经历,那时候还把农民工视作盲流,人口遣送制度还没有废除,城市管理视农民工为洪水。城市治安管理将农民工当作重点管理对象,管理方式粗暴,农民工没有受到尊重。

> 案例4:2004年到北京旅游,一个朋友在中关村,在西直门坐车。我向一位大哥问路,他眼镜一推望着我,那儿有站牌,你眼睛长着出气啊。在中关村,我找电话找不到,找一个大爷,我说我只

---

① 来自访谈资料编码 XWH20110709。
② 来自访谈资料编码 XWH20110721。

有两元钱,你打吧,5元钱就够了。

第三天,坐北京的公交车,我找售票员,很多人盯着我,像怪物一样。北京人是中国人民的老大,我就住在天子脚下,你爱来不来。童年时候看电影,北京是首都,祖国的心脏,文明的象征。成年去了以后,感觉反差很大,有点厌倦北京人,有抵触情绪,天津人素质要高一些。我对北京之行特别有感触,落差特别大,心里特别失落,北京人的文明到哪里去了。

外面的人特别势利,特别现实,找老板,要给一包烟,保安才让进去。问路,不给烟不说,城市里直接与经济挂钩。我们农村菜园子里的菜随便摘,夜不闭户。去年到山上找蘑菇,碰到一户人家,老人家特别热情,饿了给做饭,10个菜,待人特别好,给打洗脸水,像对儿子一样。没有文化,淳朴不好吗?陶渊明不好吗?他有点消极,消极不好吗?我不是在北京做大官的那种人,我们这儿也有南山,我走的地方没有我们这边好。[①]

这位70后讲述了他在北京的不愉快经历,以及城里人的冷漠和农村人的热情好客,他据此认为城市并没有想象的那么文明,他欣赏陶渊明的生活态度,喜欢自己家乡的南山。他之所以会有这样的认识,主要还是因为没有能够融入城市,因为无法融入,所以表现出了种种强烈的不适应。

我们访谈的其他农民工也都体现出了这种不适应,包括90后的学生都不适应城市生活。这种不适应是一种真实的存在,属于主观评价,而非客观限制,是客观限制下的主观认知。农民工虽然也想融入城市,但他们中的大部分人都很难做到这一点,他们只是城市的过客,他们和城市之间的关系相当疏离,他们根本没有融入城市主流生活,也没有和城市建立起义务关系,因而,他们随时可以离开城市。

4. 城市反思

案例1:刚开始对城市有向往,十八九岁的年轻姑娘出去打

---

① 来自访谈资料编码 XWH20110721。

工,回来可风光了,那时候想着外面的世界好,年轻的小姑娘谁没有梦想。随着社会阅历的增加,心态开始发生了变化,在外面看的多了,听的多了,看你怎么个活法。年轻人没有出去过,有好奇心,现在我们结婚了,有了小孩,想法很理性了,成熟了。①

这种心态很有代表性,年轻的时候认为外面的世界很精彩,怀着梦想出去打工,但多年的打工生涯过后,并没有在城市里找到自己的梦想,心态就发生了变化,尤其是结婚成家之后,想法就很理性了。不再认为城市里就是好的。没有必要担心他们是回不去的一代。

从出去寻梦到出去找钱,年轻的打工者经历了这样一个明显的变化。实际上,他们只是出卖劳动力而已,他们只有出卖劳动力的自由,在这样一个残酷的现实面前,早期的梦想会摔得粉碎,他们很快就会趋于务实和理性,即生存理性。

  案例2:外面的世界太复杂,一不小心就会摔得很惨的,没有农村这么单纯,我们没有城里人那么多花花肠子,你看他表面是人,连鬼都不如,城里人太狡猾,我做销售,接触的都是城里人,做销售必须与人接触。
  做销售的时候四处跑,老板给机会,经常出去,就是好玩,工资拿提成,做采购拿回扣,购物卡收得比较多,现在这个社会就这么现实。刚开始一两年觉得很好。做了两三年之后,心态发生了变化,觉得没啥意思。②

他们一方面接受了工商社会的逻辑,但又没有真正融入城市社会,这种张力充分体现在新生代农民工群体身上。

多年打工之后,他们非但不认为城市好,反而对城市的弊端有了认识,这是没有融入的表现,城市不是打工者的天堂,倒可能是地狱,尤其对失败者而言。

---

① 来自访谈资料编码 WMS20110709。
② 来自访谈资料编码 WMS20110709。

案例3：在我心中，城市不一定比农村好，城里人不比农民好，我跑遍大半个中国，不如农村的也有，在城市里走路都要小心一些，城里也有肮脏的一面，金窝银窝不如自己家的土窝。

如果我有几千万，我会在农村建一套别墅，在外面很辛苦，农村有农村的好处，也很方便，以前不方便，现在农村方便多了。①

这位80后女性的看法，更多地秉承了当地人的生活状态，这种原生态的生活态度与工商社会的冲突非常明显。

虽然新生代农民工接受了工商社会的规训，但他们并没有能够融入城市，他们从心里对农村的认同度更高，他们是愿意回来居住的。有学者惊呼他们是回不去的一代，这不成立。

这对农民工夫妇还算是比较成功的，他们年轻的时候也做过城市梦，当他们没有能力实现自己的城市梦的时候，他们的想法就会归于理性和务实，返乡就成为他们可以接受的选择，他们就会接受家乡的生活态度。

意愿和能力相匹配，如果她真的有了几千万，完全具备了在城市生活的条件，她再回到农村定居的可能性就很小了。当然，一个农民工赚几千万的可能性更小。因为对农民工而言，他们就是靠出卖劳动力为生，获得工资收入，工资收入不可能高得离谱。劳动力收益不可能高过资本的收益，靠出卖劳动力为生不可能创造奇迹。

（四）青年农民的婚姻恋爱

1. 婚姻圈扩大与恋爱机会

婚姻圈扩大不只是自由恋爱，而是恋爱机会，外出打工使得恋爱机会从人口流出地转到了人口流入地，不打工，就没有恋爱机会。对年轻人来讲，外出打工也是为了获得恋爱机会。这是劳动力商品化带来的

---

① 来自访谈资料编码 WMS20110709。

另一个变化,就是自由恋爱,就是婚姻圈扩大。

> 案例1:大儿子的媳妇是资阳的,按规矩办的事,2010年结婚,花了二三万,给娘家4000多元,"看得起儿子,没看得起房子"。摆了20桌,亲戚、朋友、家族的,送礼,收了1.4万,接了人情可以还,你去我来,热闹。①

大儿子的媳妇也是外地的,在外面打工找的,由此看来,对年轻人来讲,不出去打工,就没有恋爱的机会,打工对年轻人来讲具有特殊的意义,就是获得恋爱的机会,对成家的而言,就是为了家庭的生存和发展。

这位老人的两个儿子都是在外面打工谈恋爱结婚的,这也说明了,恋爱机会理论的正确性。看得起儿子,没看得起房子,更说明了恋爱机会理论的正确性。

所以,对80后、90后农民工的婚姻恋爱进一步进行研究,笔者前期已经搜集了足够多的案例,对案例分析以行动和过程为对象展开,而不是以村庄为单位展开。对村庄文化的案例研究,同样也要将村庄作为一个文化行动者来对待,并对村庄文化的基本过程进行研究。而不是将村庄作为文化实体,实际上,很多时候并不存在村庄这样一个完整的结构化的文化实体。

> 案例2:婚姻看缘分,远近不重要,距离不重要,远近是一样的,主要看经济实力,嫁得远,只要有钱,一年可以回来几次。这个社会我看得很透的,我有两个哥哥,都在外面,经济实力都比我强,可以把父母带出去玩。②

婚姻圈扩大,青年农民工主要通过打工获得恋爱机会,找到合适的结婚对象,婚姻圈突破了传统村庄和区域的限制。婚姻圈扩大,与劳动

---

① 来自访谈资料编码 WMS20110709。
② 来自访谈资料编码 WMS20110709。

力市场有关,农民工在出卖劳动力的过程中,找到了结婚对象。

婚姻圈扩大是恋爱机会的重要方面。婚姻圈扩大是相对于传统的婚姻圈而言的,传统的婚姻圈是地域性的,是附着在土地上的,具有乡土性;而今天的婚姻圈则彻底摆脱了土地的束缚,是附着于劳动力市场之上的,是在工作场合获得的恋爱机会,是面向城市化的。

> 案例3:大人觉得找对象不要太远,最好本县内。经济条件好了也行,不然,回来都难,走一次路费要几千元。①

> 案例4:女孩子嫁的远近不重要,关键是要有钱。②

这是一种生活理性,通婚圈扩大,女方家长不在乎嫁的远近,只在乎女儿能否过上好日子,对方是否有钱,这是一种理性的生活态度。

追求以金钱为基础的幸福生活,也就是高成本生活,带来了乡村文化与道德的一系列变化,通婚圈扩大是其中之一。

通婚圈扩大,只要经济条件允许,父母并不过多干预。就是嫌路费太贵,这说明通婚圈扩大是一个不争的事实。

> 案例5:一位80后的媳妇,广西南宁的,1989年生人,小孩3岁,以前在广东打工认识的,在同一个工厂打工,老家那里的山又尖又高,这里比老家好一点,交通好一点,空气好一点,4年没有回去过了。③

婚姻圈扩大也是一种道德现象。

> 案例6:姑娘嫁到湖南,要100多元的路费,几年回来一次。④

---

① 来自访谈资料编码 XWH20110709。
② 来自访谈资料编码 CM20110710。
③ 来自访谈资料编码 CM20110710。
④ 来自访谈资料编码 WM20110712。

案例 7：两个儿子一个姑娘，大儿子 29 岁，今年结婚，结婚时在家里呆了 3 天，4 号结婚，8 号就走。儿媳是广西桂林，两人一起在东莞打工，在不同的工厂，五金厂，认识八九年了，来过两次。在外打工三四千元一个月，我们对儿媳妇不清楚，她讲话你都听不懂，我们钱全部花在房子上，大儿子出了一些。①

案例 8：女儿今年嫁到四川去了，他们的父母来过，现在的年轻人，他自己同意，自己在外面打工谈的。②

案例 9：哥嫂 24 岁，去年结婚，利川人，一家在一起，在外面请亲戚吃了一顿饭，有了小孩，住在一起。③

案例 10：对象是在网上认识的，缘分，她老家是邻县来凤的，他们那儿比这儿好一些，也就是从台州到温州的距离，几十元的车费。原来觉得虚，身边的朋友都有 QQ。网恋成功的很少，我也上网玩一下，赶时髦，堂兄弟在网上认识的女朋友。

这是第一次见面，我在宜昌做餐饮，她现在工厂不怎么忙，约好回来，见个面。今天刚带女朋友回来，可以直接结婚，电视上说先试婚后结婚，去年 6 月份认识，今年见面，老年人听了没什么反应，老人的思想也开明了。我们有结婚的打算，29 岁了，大龄了，也是缘分。

我们一个组有几个省的媳妇，广西，贵州，河南。贵州出去打工的更多。④

网恋还是个新鲜事物，这表明，青年农民工的接受新鲜事物的能力非常强，因为他们一直在外面打工，他们的生活方式是城市化的。网恋也是在劳动力商品化背景下发生的。

---

① 来自访谈资料编码 WM20110713。
② 来自访谈资料编码 WM20110712。
③ 来自访谈资料编码 SM20110712。
④ 来自访谈资料编码 WM20110714。

但是,不管是包办婚姻,还是网恋,他们找的还是他们的同类人,都是农民工。这表明,打工并没有改变他们的身份,农民工与农民工结合,他们的孩子如果不能通过读书实现向上流动,还是要做农民工,这就是中国特色的学做工。

今天乡村道德的变化,是劳动力商品化引发的,劳动力商品化是一个主要因素。而劳动力商品化是市场经济的一个主要方面,对农民来讲,农民是通过劳动力商品化参与到市场经济中去的,我们研究的就是市场经济对乡村道德变迁的影响,并将市场经济操作为劳动力市场和劳动力商品化。

2. 青年农民的择偶观与自由恋爱

> 案例1:看非诚勿扰节目,感觉女孩挺挑的,好的男孩子没有人选,优秀男人没有牵手成功,我急死了。心地善良的看起来漂亮,不善良的不漂亮。
> 什么是好男人:脾气好,对我好,有孝心。老公,27岁,听话。[1]

这位80后女民工,也喜欢看非诚勿扰这类大众传媒节目,他们的生活方式和城里的同龄人没有什么差别。这位80后的择偶标准是脾气好,对自己好,她的老公也听她的话,这就是女孩的择偶标准,更加注重个人的感受。这是一个现代观念,意味着道德的新变化。

> 案例2:大女儿谈了朋友,婚姻问题,个人要考虑好,个人莫后悔,人生的道路不能重来。时代不同了,恋爱自由,包办婚姻是不可能的。我教育她,她的思维走正道就可以了。孩子教育不好,一撒手就学坏了,小女孩十五六岁出去打工,过一两年抱着小孩回来了。
> 你们嫁在远处,我不反对。远近各有好处和坏处,嫁到外边,只有一个人,一切从头开始,很多问题摆在面前,近的父母可以帮你。远近都由她们个人定夺。她有心,你不用讲,她心里有你,不

---

[1] 来自访谈资料编码 WMS20110710。

管远近都有你，没你，远近都没你。①

案例3：儿媳妇是贵州的，儿子自己在厂子里谈的，外地媳妇回家不方便。

自由恋爱，他喜欢就好了。现在不是以前，父母给他选个好地方是不可以的，自己谈的。以前是父母做主，我们1982年结婚，父母做主，自己不懂事。②

自由恋爱，自主择偶，这一点的确是个人情感的凸显。阎云翔系统而敏锐地观察到了这一变化。但是，个人情感模式与家庭情感模式并不矛盾，在年轻的时候，是个人情感模式占主导，在成家之后，是家庭情感模式占主导。

现在的确是自由恋爱，因为青年男女都是打工，父母不在身边，都是自己在工作场所自己谈，如何对这种自由恋爱进行解释？是个人情感的凸显？还是恋爱机会理论使然？在笔者看来，更多是恋爱机会，这种恋爱看似自由，其实不自由。比如，你在农村老家不出去打工，就有可能找不上媳妇，就失去了恋爱的自由，只有到劳动力市场上去才有恋爱的自由，这也是资本家厉害的地方，对广大成家的农民工而言，你只有外出打工才能支付高成本生活，才能完成劳动力的再生产；对于未成家的青年男女农民工而言，只有外出打工，才有可能恋爱结婚，因为大家都出去打工了，在农村只能打光棍。所以，这种自由恋爱看起来是个人感情的凸显，实际上是恋爱机会决定。

笔者在市场经济和城市化的背景下，尤其在劳动力市场的背景下，对自由恋爱给出了新的解释，对家庭婚姻给出了新的解释，并且我们拥有坚实的案例来支持这一发现。

3. 青年农民的婚恋与劳动力再生产

在台州打工的时候，经朋友介绍和老公认识，父母觉得蛮好，

---

① 来自访谈资料编码XWY20110719。
② 来自访谈资料编码WMS20110708。

最开始不认识,说男女朋友,一下子接受不了,自然的才好。了解以后,感觉他人挺好,脾气好,27岁。

2010年4月认识,过年的时候,家人过来婆家看了一下,娘家没有这边平。2011年正月订婚,男方买东西到女方家亲戚拜年。5月27日回来,6月6日结婚,6月11日就要出去打工。①

这位女孩是奉子成婚,当我们问她有没有造人计划时,她说顺其自然。要两个小孩,总得有个伴,男孩女孩都一样,听话的都好。

这位女孩的经历是非常正常的也是非常普通的,非常有代表性。在外面打工,自由恋爱,也是本地人,一个县的,然后双方家长确认,订婚,结婚,然后再一起外出打工,整个时间也就一年的时间,所有的流程走完,组建了一个新的家庭。

双方在打工的过程中认识的,因打工结缘,组成家庭以后,再一起外出打工,这就是劳动力再生产的机制,生了小孩呢,就只能放到老家,由老人来带,在家里的镇上或者县里读书,条件好的由父母带到打工地读书。

从劳动力的视角展开观察,将婚恋视为劳动力再生产的一个环节,而不是单独的一个议题。笔者此前调查了很多婚恋方面的问题,有一些丰富的案例,就是不知道如何来定位。阎云翔将之放到感情的维度,以及个人主体性的张扬,这也是一个常见的维度,就是自由恋爱、感情。笔者也受这一路径的影响,也曾从感情的角度切入这一问题。所谓新生代农民工更加重视感情,更加重视个人体验,这一视角没有问题,但远远不够,还有很多现象没有办法通过感情视角解释,并且还有一些非感情的现象。

笔者在此提出一个新的解释,也就是劳动力再生产,婚恋是劳动力再生产的一个重要环节,或者说是前提,只有婚恋了,才能进行劳动力再生产,也就是说,婚姻恋爱不仅仅是情感,不仅仅是家庭。从这一案例可以看出,它还是劳动力再生产的一个关键环节,因为打工与生活的分离,这种劳动力再生产的机制看得特别清楚。当然,笔者在前面已经

---

① 来自访谈资料编码 WMS20110710。

指出,婚姻还决定了家庭的方向,两代人的方向,他们的出路,还有城市化的出路。

所以,阎云翔从情感的角度切入中国家庭研究很有意义,但是,很多也是想象,中国家庭并没有那么一个非常明显的单线条的变化,在市场经济的背景下,情感的维度彰显得并没有我们想象的那么强烈,并且也只是某一个阶段上的现象。前面,沿着情感的维度,在外出务工的过程中,已经发现了同样非常明显的非情感化现象、去情感化现象。如果说阎云翔发现的情感化非常明显,同样,这种去情感化现象也非常明显,我们已经明确提出了情感生活的去情感化现象,这在留守儿童、老人等现象中体现明显,并且家庭之间的合作,而非情感上的依赖,并且生存理性主导,而非感情主导。

沿着去情感化的路径进一步往前走,笔者发现,婚姻决定着两代人的发展方向,决定着中国城市化的方向;而婚姻恋爱则是劳动力再生产的一个关键环节,不仅仅是生命历程的一个阶段,一个节点,不仅仅是家庭的继替和延续,而且具有重要的经济社会意义。换言之,家庭的延续与劳动力再生产是同一个过程,家庭的继替是城市化的微观机制。

这个案例本身还有些单薄,但可以进行多案例的研究,建构一个分析框架,就是婚姻恋爱是劳动力再生产的一个关键环节,同时也决定着一个家庭的方向,影响着两代人,是三代人合作的结果,并据此会影响中国的城市化,影响着中国农村的发展走向。

总之,这就是劳动力的视角,就是劳动力商品化的视角,从此出发,可以重新理解中国经济社会的发展,重新理解中国农村,重新理解中国城市化的方向。

4. 恋爱失败:家庭义务的视角

调查发现了两起恋爱失败的案例,一起是一位 80 后农民工的恋爱,一起是一位 70 后农民的恋爱,两位受访者都详细讲述了他们的恋爱史。这两位农民工虽然都有恋爱机会,但却没有成功,为什么呢,恋爱机会是恋爱成功的重要条件,但更重要的还是男方家庭的经济条件。这一发现不管对恋爱自由理论还是恋爱机会理论,都构成了挑战。所谓家庭经济条件,并不是简单的经济决定论,而是意味着男方是否有能力承担起家庭义务,也就是能否让女方过上好日子。如果男方不具备一定的经济条件,就无法承担起相应的家庭义务,那就很难在恋爱上成功,很难组建家庭。

案例1:在浙江打工的时候谈了一个女孩子,河南周口的,两个人还能说到一起去。经理看中我,让我做统计员。和一个看机器的女孩子经常接触,不怎么健谈,单纯,长得高挑,和我一样高,鼻子很挺,我觉得很漂亮,没有在一起住,下班一起去吃点东西。

老是从楼上往楼下跑,有摄像头,守夜的老头子看到的。经理找我谈话,是不是你带坏她,你现在还小,不要想那么多,影响工作了,她好像离不开你,扣子都打烂了,影响交货。

我说:喜欢一个人也不对吗?

他说:你们两个要走一个人,我们要采取措施。

我说:我们不要谈了好吧。

她好像舍不得,我买东西吃都要给她带一点,两个人没发生过什么,我的衣服她洗,她的衣服我洗。我忍痛不来往了,她还找我。半夜敲我宿舍门,站在门口不走,她挺舍不得。她对我侄儿说,还是周瑞好,还舍不得他。我侄子说,她那么好,你为什么不喜欢她,做我的婶娘。第二年,慢慢就疏远了。

有一个贵州女孩子,眼睛大,皮肤白,圆脸,可爱型的。她来找我,她说我不回去睡了,她在我屋里睡了一晚上。那时候太小,担不起责任。

我那时候小,错过了很多机会,现在没有一个女孩子的表白了。我现在变了,外相变了,心也变了,那时候开朗,很多女孩子喜欢我,和我说话,觉得我还不错。印象最深刻的是周口女孩,要是谈,都有孩子了,现在我想联系她们,也联系不到她们了。

相过一次亲,打着拜年的旗号,见一个表妹,她是单亲家庭,没聊上天,嫌贫爱富,他们条件好,不会看上我们的家庭。她没相中我,我发信息给她,她回的是:我不知道你是谁,不要烦我。

很多同学都结婚了,空间里都是婚纱照。一个初中女同学结婚了,另一位嫁到远处去了,我也打听不到了。①

从这位80后农民对自己恋爱史的讲述中,可以看到,他并不缺乏恋爱机会,甚至有相当多的恋爱机会,但他的第一段恋爱在工厂中却被限制,工厂管理者认为妨碍了生产,他只好放弃。后来虽然有相亲机会,但女方嫌弃他家里穷,根本就没有给他机会。随着他的女同学相继成家,他的机会就越来越少了。

案例2:2006年,在天津谈了个朋友,山东枣庄的,一个厂打工。偶然认识,她原来的厂不行了,我搞的时间长,女孩跟我进厂。我把她介绍给别人,她比较之下觉得我务实,开始交往,一年多,谈婚论嫁。他们一家人都在天津打工,见过父母。拿5万,闺女你领走。我接受不了,我感觉特别没素质。她特别怕父母,父母不让见面,没办法见面,就断了。我性格挺倔,东方不亮西方亮,你别激我,你不答应拉倒。和她母亲谈的,她母亲当家,父亲不管事。大丈夫何患无妻,我留下这句话就走了。

2007年,认识一个东北女孩,在一条流水线上干活,搭腔方便。我说:你有男朋友吗?她说没有。我说给你介绍一个,要求什么条件。她说身体好,务实,对我好。我说,你看我行吗?她吓了一跳。中间几天没说话,男人主动一点,后来交往。她一家人都在天津,她母亲知道以后说,养了18年也不容易,你能给10万块钱吗?这让我感觉特别纳闷。后来她女儿不在厂子里上班了,自然分手。

最早的恋爱在初二,那时候不懂,好玩,谈了一年。一个自然村的,陈家的姑娘,性格上互补,有共同语言,有话说。分手为一句话,我说:你父亲答应我,我还不一定要你。1996年7月12日,她结婚了,老公是万州的,她哥让去参加婚礼,我没去。那时候没有钱,挺自卑,有那种心理,后悔了,后来一直有联系。现在宜昌开饭馆,今年回来见了几次面,谈一些茶余饭后的话,同学聚会的时候

---

① 来自访谈资料编码 ZR20110717。

会有一些笑话。

> 我的择偶标准是：家教好，身体好，善良就行了。女方家长开口闭口都是钱，特别有反差。我不会哄人，按自己的道理说，我把女人看成平等的人。①

这位70后人品不错，喜欢读书，有上进心，并不缺乏恋爱机会，用他哥的话来说有几个女孩子喜欢过他，读初中的时候衣服都有人洗。他哥哥认为他是古板人，心思高，高不成低不就。

> 我讲他要找个人过日子，他不做声。他是古板人，和时代不相容，心思高，高不成低不就，女方撇的很了他看不上。原来有几个女孩喜欢他，捡芝麻丢西瓜，耽搁了。他年纪大了，不听算了，不能强加于他。②

他为什么没能抓住机会呢？从他的讲述中可以看出，主要是他的自尊心太强，过于理想主义，比较飘，不懂生活，不接地气。也许是一个不错的有志青年，但并不是一个好的可以托付终身的男青年。当然了，他也缺乏家庭的支持，他父亲去世之后，没有人帮他，男性的婚姻往往体现了家庭的支持。

对方父母要彩礼，他无法接受，他非常倔强，大丈夫何患无妻，结果就失去了多个婚姻机会，他举的三个案例都是同一个原因。这就是典型的不接地气，不懂生活，不承担义务，因而没法建立家庭。他将恋爱与婚姻混为一谈，恋爱谈的是感情，婚姻谈的是义务。两个人因为感情走在一起，两个家庭因为义务而成为亲家，他是只要感情不要义务，这是行不通的。当然，也许彩礼只是女方父母的挡箭牌，即使如此，女方也没有错，女方父母一定还是觉得他没有能力让自己女儿过上好日子，才不同意的。如果他经济条件非常好，还会出现这样的情况吗？当然就不会了。

---

① 来自访谈资料编码 XWH20110721。
② 来自访谈资料编码 XWY20110719。

不过，这位 70 后能够吸引到女孩子谈恋爱，说明他人品还不错，也有上进心，但就是不懂人情世故，不懂家庭义务，或者不具备承担家庭义务的能力。因为他最小，哥姐都已成家，父亲过世，没有人管他。他自己也说自己是没钱而自卑，他看起来是倔强，实际上是自卑，根源是家庭经济条件差，这就回到了根本问题上，经济分析是最有效的。说白了就是没钱，就是家庭穷，所谓性格只是表象，只是一个说法而已，只是一个托词。他能够吸引到女孩子谈恋爱，说明他性格是没有问题的。由于经济条件差，一个有追求的人结果成了一个性格有问题的人，他的大哥也认为他读书读傻了。他自己也从自己的性格上找原因，认为自己不会哄人所以才没有成家。这实际上是对自己行为和结果的合理化而已，用性格掩盖了没钱的本质。

合理的解释是，家庭经济条件差，没有办法支付女方家长提出的彩礼要求，所以，他表现出了他的倔强，并以这种倔强来合理化自己的行为，实际上这是无奈之举。但时间长了，这种性格上的倔强似乎也成为真实的理由了，成为禁锢他行为的枷锁了。即使现在具备了经济条件，他还是持这种观点。如果他还持这种观点，他将终老一生。

总之，从根本上来讲，这不是性格决定命运，是经济决定性格，性格决定命运，性格只是一个中介变量，而非因果变量。需要分析的是，为什么 70 后会形成这样的性格呢，准确地来讲，是 70 后的这种性格为什么一再强化呢。这主要是家庭的经济条件决定的，他在青少年时期是非常开朗的，18 岁的时候，他父亲去世，家里失去了经济来源，也没有了主心骨，他感觉像天塌了一样，就只能靠自己，也开始变得自卑。他的哥哥也认为是他父亲的去世对他的影响很大。所以，他的性格是家庭经济条件决定的。

（五）成家：青年农民的家庭义务

成家是一个非常重要的节点，围绕着家庭展开，看到的文化是家本位的文化。青年农民做梦的时候，偶尔会脱离这个家本位文化，但成家之后，自然会回归到家本位文化之中。

1. 为自己打工

案例1：家里没田种，穷。两个儿子都是初中毕业后去打工，17岁，没有找到钱，讨个人生活，在屋里找不到钱。①

年轻人打工很难挣到钱，都是讨个人生活，一般是在结婚后才能找到钱，这也验证了下面一位年轻访谈对象的观点。

年轻人打工就不是为了挣钱，主要是好奇、寻梦，谈恋爱，开支大，顾着自己。一是挣钱少，二是开支大，也就是挣得少花得多。

案例2：1985年生人，初中未毕业，读书就像坐牢，不想读，我父母看到别人在外面混得可以，就让别人带我出去，一开始跟着姑父出去，就是玩一玩，工资低，学技术，找点钱，吃喝玩乐，活搞好了就可以。有钱就好玩，没钱就不好玩，还不如在家里。②

这一现象在全国都存在，年轻人出去打工主要是为了锻炼，见见世面，学点本事，甚至主要是好玩，并且多是学徒工的层次，工资低，挣不到钱。同时开支大，有多少花多少，甚至有时候挣的钱还不够花。年轻人打工挣不到钱，这是一个重要的类属。

案例3：向武阳的小女儿，1991年生人，职校毕业后外出打工。和老板说不好就走了，与同事打架，换一个地方。她1988年的姐姐就很辛苦，还做兼职。陈家儿子也是90后，与父亲对着干，打工一分钱不交，回家来还要给他钱用。他父亲说你帮我干活，他说你给我多少钱，打工回来就斗，不做事。90后好玩，怎么开心怎么来，80后和70后就比较务实，打工是为了攒钱。90后农民工还没有挣钱的观念，不务实。③

---

① 来自访谈资料编码 WMS20110709。
② 来自访谈资料编码 WMS20110709。
③ 来自访谈资料编码 XWH20110721。

案例4：有两个男孩，一个19岁，一个25岁，分别在浙江和广东打工，有三四年了，过年都回来。现在的年轻人，自己找钱自己用。①

青年农民工挣钱自己用，这也是一个道德行为，也是被接受的。

案例5：一个儿子，16岁出去打工，挣多少钱不晓得，只要不向我要钱就行了，我们不知道年轻人怎么想，不管，也管不了，出去好玩。②

案例6：收入2000元/月，年轻人够用就可以了，现在还小。自己的工资交也可以，不交也可以。③

年轻人的打工收入够用就行，没有养家压力。

案例7：租房子，开支大，两个人存一个人的工资。年轻人在外面打工攒不到钱，打通关系，交际吃喝，80后多少为家里着想一点，90后享受物质生活多一些，自己买电脑，重享受重时尚，连自己都顾不到，用得光光的，月光族。④

案例8：现在浙江搞大理石，现在也没有寄钱，他讲：我找到姑娘，我就回来。我说：你妈妈害病了，你们要回来。3个年头了都没有回来，一个月打一个电话，他没钱，没回家。

为什么不回家，说明他们还是在为自己生活，而不是为家庭工作，还没有养家的责任，这是最主要的。主要是为了谈朋友，也攒不到钱。

---

① 来自访谈资料编码 CM20110710。
② 来自访谈资料编码 XWH20110709。
③ 来自访谈资料编码 SM20110712。
④ 来自访谈资料编码 WM20110714。

案例9：不搞坏事，出门我给他交代了。我有事找政府，不搞坏事，走遍天下都有理。为什么不叫儿子回来？他不在你身边，你没得法。他觉得外面好玩一些，找朋友，天天找朋友，钱花完了，没有姑娘到屋里来。回来种红苕，做好多，吃好多。

年轻人出去没有用，年轻人出门花钱多，看到别个吃，吞口水。只有回来栽红苕了，又方便又好。上面的地多，有做的。想两个孩子早点安家，我们就放心了。家里没有女人，是一把散沙，不能成事，没有主。①

老人虽然年龄大了，但老年人依然为下一代操心。同时，在这位老人的讲述中，也可以发现，年轻人在外面打工很难挣到钱，在外面就是好玩，还不如回家来。他的小儿子说自己是为了找对象，但对象还没有带回家，钱也都花了。不成家挣不到钱。

2. 为家庭打工：家庭义务

案例1：刚开始，打工挣的钱都交给父母，从去年谈了男朋友开始就没有交了。②

青年农民工一开始出去打工，挣到的钱都给家里，还是听话的，还是为了家庭而去打工，但是，很快，青年农民工就挣不到钱了，给家里的钱很少。这也就应了那句话，很难攒到钱，指望年轻人挣钱帮衬家里，这是不现实的，只有当他们成家了，他们才能有家庭责任，才能挣到钱，这就是家庭伦理和家庭责任。

这位女孩子算是非常懂事的，打工挣的钱都交给自己的父母，而当她有了自己的男朋友，有了自己的家庭之后，就开始考虑自己的家庭，为下一代而努力工作。这是很多中国人工作的动力，也是中国农民工忍受低工资而勤奋工作的根本原因。在本节，笔者提出了为下一代而努力工作的家庭伦理，以下一代为中心的家庭伦理，是今天乡村伦理、

---

① 来自访谈资料编码 WYX20110714。
② 来自访谈资料编码 WMS20110710。

文化、价值链、价值体系的核心。

> 案例2：刚开始出去打工的时候，挣了钱就寄到家里，后来人就不好了，懂的多了，花钱的门道多了。结婚之后变了，有家庭有了责任。
> 年轻人一个人在外面挣不到钱，钱挣得再多也不够花，有多少花多少，甚至不够花。我才结婚两年，结婚后有了家庭就有责任感了，才能存到钱。①

年轻人打工，即使能够挣到钱，也攒不下，都花掉了，成家之后，这一状况才能改观。成家之后并不能保证能挣到更多的钱，但却可以保证存下更多的钱。因为有了养家的责任。

所以，过去，学界和媒体过分夸大了代际之间的分化，他们看到了新生代农民工不同于第一代农民工的地方，但是，当新生代农民工成家之后，他们的行为自然就会有所变化。家庭的责任感和养家的压力，是他们的行为发生变化的根本原因。要用动态的视角来观察农民工在不同生命阶段上的行为逻辑，而不是将某个阶段上的特征固化，无限放大。家本位的生命历程是一个圆，一个圆形的生命连续统。

> 案例3：以前虚，一切生活在幻想中，今天做了今天用。成家可以改变一个人的性格，责任感，有了家就恋家，为了家而努力工作。成家以后，责任感很强，不管在外面，还是家里，都会努力工作，再苦再累，有一个温暖的家。

成家为什么重要，成家以后为什么能够努力工作，努力赚钱，因为成家之后，农民工在某种意义上摆脱了简单劳动力再生产，找到了人生的意义，就是家庭再生产。农民没有办法在工作中找到自己的人生意义，他们只能在家庭中找到自己的人生意义，这就是成家的重要性。成家之后，他们为了家庭而努力工作，尤其是为了下一代而努力工作。有

---

① 来自访谈资料编码 WMS20110709。

家庭,就有义务,有了义务,家庭的生命力就会非常强大。

在劳动力商品化视角下,通过农民外出打工案例,看到的是家本位文化的再生产,是家庭义务的重要作用。家庭之所以重要,不是因为家庭是感情的港湾,恰恰是因为家庭义务的存在,家庭义务是家庭之所以如此重要的根本。家庭之所以能够维系,就是因为家庭义务的存在。正是因为家庭义务的存在,中国农村的家庭并没有受到冲击,家庭成员为了家庭在不同的地方打工。

社会学和人口学更多关注的是家庭结构,在快速变迁的社会中,家庭结构不是静态的,而是变动的,并且家庭结构的变化是被动的,是适应性的变化,而缺乏主动性。比如,由于中青年农民大都外出打工,家庭结构变得模糊。

本书研究的并不是家庭结构与关系,而是家庭结构与关系背后的家庭义务,所分析的代际关系主要是义务关系,义务就是文化,就是伦理,通过家庭义务将此前研究的家庭伦理操作化了。

另一个问题是,阎云翔论述了家庭中情感的兴起,将家庭视为情感,以不同于合作社模式。① 研究发现,家庭义务比家庭感情要重要得多,或者说家庭义务才是最重要的情感。各种留守现象看起来不人道,但中国农村并没有因此散掉,中国农村家庭并没有破碎,中国农村家庭因为家庭义务而维系在一起,家庭关系并没有丝毫的松弛,反而有强化的趋势,比如代际关系。媒体过多关注到了乡村社会的一些极端现象,也就是此前所谓的伦理性危机,这是不妥的。比如阎云翔提出来的"无功德的个人",仅从情感的角度是无法解决的。

如果从情感的角度来看,会发现一些有违情感的现象,如果将家庭视为情感,在城市化的冲击之下,农村家庭肯定会问题丛生,实际上并没有如此,中国农村社会保持了基本的稳定。中国农村社会为什么会保持稳定,中国社会为什么会有弹性,这是笔者一直思考的问题,中国农村的稳定在某种意义上来自家庭的稳定,那中国农村家庭为什么会保持稳定,乃是因为家庭义务的存在,正是家庭义务的存在,才使得中国农村社会保持了稳定。家庭义务就是家庭伦理,我们此前发现了家

---

① 阎云翔:《私人生活的变革》,上海:上海书店出版社 2006 年版。

庭伦理的悖论现象,一些越轨现象实际上是为了家庭的再生产,现在看来,就是家庭义务。家庭伦理的核心就是家庭义务。

3. 为了下一代

>案例：18岁以后,就感觉自己挺大了。没结婚的时候心野一点,经常出去玩,够花就行,结婚以后要踏实一些,要养家,一个人养家不够。
>
>要两个人都出去打工,为什么原来一个人打工一个人在家,现在要两个人出去打工,很简单,一个人打工挣的钱不够花,高成本生活必须要两个人都出去打工才行。[①]

这位80后农民工给出了非常明确的回答,没结婚的时候玩心大,结婚之后,就有了家庭责任,就要养家,以家庭为中心,从以梦想为中心的青春期进入了以家庭为中心的成熟期,其价值观自然不同。老年人处于人生的什么阶段,以养老为中心的老年期,就退出了家庭责任,也退出了社会竞争。

年轻的时候,有梦想,可以去摸索,有好奇,可以去尝试,去体验,所以,年轻的时候,很难挣到钱。但成家之后,就必须以家庭为中心,承担起家庭责任,夫妻两个都要打工,都要工作,靠一个人很难养家。以家庭为中心,也就是回归生存理性。一旦回归生存理性,很难再有梦想,也很难实现向上的发展,以家庭为中心,而不是以职业为中心。

理想的图景是,先是以梦想为中心,然后是以职业为中心,而中国的农民工则直接过渡到了以家庭为中心,工作的动力不是来自工作本身,而是来自家庭,进入了家庭的再生产,也就是说,还没有实现职业上的向上发展,就直接进入了家庭责任,这样的家庭的再生产也就固化了,虽然能够攒到钱,但却无法实现向上的流动,从而固化了原来有的阶层关系。用一位70后农民工的话来讲,就是一切又都回到了原点,打回了原型,一天一个梦,最终又回到原点。

家本位的社会结构,抛开价值合理性不论,从社会结构的维度来

---

① 来自访谈资料编码 WMS20110710。

讲,最容易复制原来的社会分层,固化已有的阶层关系。更加难以突破已有的社会位置。

也就是说,有梦想,农民工也都有自己的梦想,大部分人都不能坚持,没有从梦想进入职业,通过职业发展来实现向上流动,而是回归了家庭,在家庭责任的指引下重新开始新的生活,他们拼命赚钱,就是为了过上好日子,而不是实现职业或事业上的发展,这就是家庭伦理。家庭伦理能带来资本主义吗,不能,家庭伦理只能强化原来的社会结构,这种家庭伦理与新教伦理截然不同。①

家庭伦理以家庭延续为核心,为下一代而努力工作,创造财富。在市场经济的背景下,这一家庭伦理得以强化,成为经济发展的动力,成为农民发家致富的动力。农民追求幸福生活,是以家庭的延续为核心,就是为了下一点,这是最大动力所在,是农民拼命赚钱的动力所在。

当然,这一过程与劳动力商品化及其再生产是同一个过程。为了下一代赚钱,就必须将劳动力商品化。

中国农民为什么赚钱,为什么打工,很简单,就是家庭伦理,就是"为了下一代"的家庭伦理。中国传统文化过于关注老人,是一种长老统治,老人伦理,孝道,这是家庭伦理的核心,都是为了老人的面子,为了祖先的荣光②;而市场经济的发展,带来了一种新型的家庭伦理,就是为了下一代,为了孩子。从为了上一代,到为了下一代,这才是家庭伦理的一个最核心的变化。

为什么重视孩子的教育,为什么年轻夫妇都要为孩子提供尽可能好的生活,这就是家庭伦理使然,"为了下一代"的家庭伦理已经形成,是家庭发展和中国发展的一个强劲动力。这比高成本生活、生存理性,更加准确,这两个概念更多是描述,且比较表面,而家本位又过于笼统。

"为了下一代"的家庭伦理,更加直接,更加紧凑,更加醒目,更加鲜明,也更加精细,是对家庭本位的细化,也能统率高成本生活和生存理性,是一个真正的核心类属。这样,就把家庭伦理给操作化了,找到了

---

① [德]马克斯·韦伯:《新教伦理与资本主义精神》,于晓等译,西安:陕西师范大学出版社2006年版。
② [美]许烺光:《祖荫下:中国乡村的亲属、人格与社会流动》,王芃等译,台北:南天书局有限公司2001年版。

中国乡村社会文化转型的最核心的机制。就是从为了上一代的家庭伦理到"为了下一代"的家庭伦理，主轴是代际伦理，是家庭的纵向延续，而不是横向关系，纵向关系具有决定性，是纵向关系的变化带来了横向关系的变化。社会学的社会团结过于关注横向整合，而对纵向关系关注不够。在西方，纵向关系主要是宗教，在中国，传统的纵向关系是祖先崇拜，是传宗接代，传宗接代不是为了下一代，而是为了对先人负责，否则，没有脸见祖先。这种祖先崇拜决定了横向关系，比如家族关系，并且外显，比如祠堂，祠堂就是宗族，人生的重大活动都要在祠堂里进行，人活着就是为了祖先，就是为了老人，这是传统社会的一个核心特征，也是传统社会伦理价值的核心特征，比如孝道、妇道，其实都是做给祖先看的，做给老人看的。

新中国就是打掉宗族权利，破坏掉祖先崇拜，祠堂被改为他用，并视为封建迷信，破四旧，这些传统文化的实质是对祖先负责的文化，是对老人负责的文化，这一点已经成为共识。

但是，这种以祖先为中心的家庭伦理文化，是怎么变化的呢。改革开放后，重现了所谓的传统的复兴，人类学家有一些研究，包括祠堂、祭祀等复兴、重建，王铭铭关于村落传统复兴的研究充分揭示了这一点[①]。但是，的确是昙花一现，对祖先负责的文化并没有真正重建起来。阎云翔的研究就发现，个人兴起了。

但是，个人是否真正兴起了呢，这是对中国故事的一个重新讲述，中国社会是否就是个体化社会呢，其实并没有。我们发现了家庭本位在主导，但是，现在的家庭本位，作为一种伦理和文化，作为一种社会结构，它和传统社会的家庭本位又有什么差别呢？在社会背景和制度环境的确有差别，但是在具体机制上的差别呢。背景上的差别是一个显而易见的事实，过去是小农经济、自然经济，现在是市场经济，是城市化和市场化，但是，我们追求的是具体机制上的差别。

过去的家本位文化是以上一代为中心的，是以祖先为中心的；而今天的家本位则是以下一代为中心的，过去以老人为中心，现在以孩子为

---

① 王铭铭：《村落视野中的文化与权力：闽台三村五论》，北京：生活·读书·新知三联书店1997年版。

中心。我们在纵向维度上找到了家本位文化的变迁,而费孝通以及此后的研究者都是从横向维度上来研究家本位的,如差序格局。[1]

也就是说,中国社会并没有从家本位到个体本位,而是从一种类型的家本位,到了另一种类型的家本位,从以老人和祖先为中心的家本位,到了以孩子为中心的家本位、以下一代为中心的家本位。这种以下一代为中心的家本位伦理,是乡村社会变迁的核心机制,是观察中国乡村社会的视角。

家庭伦理并没有消解,并没有混乱,而是在重新生成,在强化。并且这种"为了下一代"的纵向延续又与劳动力商品化及其再生产联系在一起,因而具有重大的经济社会意义。"为了下一代"本身就是一个发现,但笔者的研究不仅限于此,还将这种以下一代为中心的家庭伦理与劳动力的再生产联系在一起,与中国经济发展的动力联系在一起,这是一个新的解释。

常见的解释有父权的衰落[2],父子关系的弱化,夫妻关系的强化,婆媳关系的紧张,这些都是表面现象。父权的衰落并不意味着子代权力的上升,也不意味着女性地位的上升,父权的衰落是一个事实,但并不意味着个体化的来临。在青年农民回归家庭中看到了"为了下一代"的家庭责任,以及背后的"为了下一代"的家本位文化。中国乡村文化变迁的方向不是个体化,而是"为了下一代"的家本位文化。

---

[1] 费孝通:《乡土中国》,上海:上海人民出版社 2006 年版。
[2] 阎云翔:《私人生活的变革》,上海:上海书店出版社 2006 年版。

四、中年农民与家庭义务

中年农民的家庭义务是养家,他们是家庭再生产的责任主体,具有高度的义务自觉。在消费主义下乡的背景下,家庭再生产的成本提高,不管是外出务工,还是在家务农,都是为了最大程度地获取货币收入,只有这样才能满足高成本生活的需要。为了让自己的子女接受更好的教育,过上更好的生活,中年农民将自己的情感编织成为家庭义务,在家庭再生产中获得了人生的意义,家本位文化也得到了延续。

(一) 中年农民务工与家庭再生产

一家一户的粮食作物种植,只能解决吃饭的问题,无法解决货币收入,这在全国各地都是如此。所以,农民都是通过打工获得收入,目前农民生活形态主要是由外出打工决定的,是打工带来了生产生活的变化。对广大农村来讲,劳动力商品化是引起农村生产生活变迁的直接原因。

> 案例1:原来种烤烟的时候,大部分都在家,地里不出烤烟了,就外出务工了,2007年开始,种的烤烟都死了。那时候在外面工资低,就在家里种烤烟,那时候一年烤个一两万。年轻的,没安家的,都出去打工,30多岁的种烟,后来,30多岁,40多岁的,也全部出去了。[①]

[①] 来自访谈资料编码 WM20110712。

能够种烟的时候,结婚以后一般都在家里种烟,未成家的年轻人外出打工,种烟也能够养家,这是中年人外出务工的逻辑,纯粹是养家,只要能够养家就行,家里有养家的机会,就不会出去。

经济作物种植或者粮食作物的规模种植,或者种地+打零工,肯定是中年人的选择,因为这样更方便养家。这位受访者已经说得非常清楚了,过去能够种烟的时候,中年农民基本上都在家里种烟,后来不能种烟了,中年人也加入了打工的行列。对中年农民而言,外出打工是为了养家,种烟也是为了养家。

> 案例2:张主任,1974年生人,父母80多岁,4兄弟,本人最小,老大上门女婿,老三在湖南上门,老二在外面打工,家里只剩嫂子和小孩。张主任有两个女儿。
>
> 老房子是土房子,三间,三户人家住,住不下了。2008年建的新房,建新房花了4万多,从信用社贷3万多。当时工价低。建一栋房子至少要3万多,老百姓建一栋房子不容易。
>
> 张主任会木工装潢,20多岁就到县城干活,结婚后在家里种田,后来去广州打工,在五金厂、家具厂都干过,工资比家里要好一点。后来被一个非常信任的人骗到辽宁营口干传销,2年,上培训班,锻炼了沟通能力,学习心理学知识,混了个主任,手下有20多人。[①]

在中年农民的讲述里,一切围绕家庭生存展开,也就是围绕家庭再生产展开,这是他们的动力,也是目的,成家、建房、生育、子女教育这些任务都要完成,不管是务工,还是务农,都服务于家庭再生产。家庭再生产不只是人口的再生产,而且是文化的再生产。

> 案例3:杨某的哥,36岁,夫妻俩在广州打工,工资一个月2000多,两个小孩,八九岁,在广州读书,太贵了。做小电器,现在是淡季,放假,房租170元/月,没有办法,为了生存,家里没有收入

---

① 来自访谈资料编码ZZR20110707。

来源,我们还是要想办法挣钱,做普工。

谁愿意把老的小的放在家里不管呢?现在叫我回来,我干什么都不知道,我们实际上没办法回来。当地经济发展起来,家乡人能在门口打工,我肯定回来,都是没有办法的事情,只能到外面去求生存,收入来源完全靠打工。

我出去是想挣点钱,回来发展,把孩子抚养好一点。中年村民的想法,不是为了出去而出去,而是为了挣到钱,把家里的日子过得更好一点。①

中年农民是经济动物?其行动多出自经济的、现实主义的考虑,是为求生存,为家庭,而非其他。如果是这样,就看到了村庄存在的可能性,村庄建设的必要性。

中生代农民对未来没有浪漫主义的期待,不是为了出去而出去,而是为了生存,为了赚钱,成家对农民的行为选择和行为逻辑影响很大,结婚以后有很多现实的考虑,其行为主要出于经济考虑。

我们看到的更多是经济上的考量,是家庭生存的考量,而非价值上的坚守与追求,这是当前一些类型村庄变迁的特征。

如果中生代这样定位,当新生代成家以后,新生代农民工以后会不会这样?如果也遵循同样的行为逻辑,那么,对村庄形态及其变迁就会有新的理解。理解中国农村的家庭,家庭的生存理性是一个重要的变量。

案例4:回来想做事,没有事情可做。多年打工积累的成本要珍惜,现在回来干什么呢?周主任的老公在外面打工,自己在家带小孩,很无奈。她想出去,不现实,她老公回来做什么呢,也不现实。

在外面找钱容易一些,不可能靠田土,靠田土不可能改变现状。老百姓的生活,不能再穷下去。建房,装修,彩电,冰箱,太阳能,都想过得好一点。送孩子读书,不让儿子过得穷,不能穷一辈

---

① 来自访谈资料编码 YM20110707。

子。发狠,致富,靠自己的努力改变自身。①

外出打工并不是一件令人愉快的事情,农民工很难在城市里扎根,但靠务农没有办法满足生活所需,没有办法满足消费需要。所以,他们只能去打工,打工是高成本生活的压力所迫,是家庭再生产的压力所迫,是不得已而为之。

  案例5:夫妻俩都在外面打工,在家里干什么呢,没有什么做的,1亩水田,1亩旱地。②

这是一对中年夫妻,20多岁没成家的时候都外出打工,家里地少,没事做,没有收入来源。

  案例6:一对夫妇,一个72年,一个70年的,两个小孩,一个20岁,一个12岁,一家四口人,每人6分地,两个大人才亩把地,种苞谷、洋芋,靠种地饭都吃不饱。③

  案例7:我们没有什么技术,分开就挣不到钱了。工厂宿舍,住很多人,睡不好,人太杂,东西不敢放。租房吃饭,200元一个月,一个人和两个人的生活开支差不多。要是工资高了,还可以不在一起。

夫妻在一起打工,不是出于情感的考虑,而是出于经济的考虑,是为了降低生活成本,这一点以前我们还没有注意到。夫妻一起打工肯定是有利于夫妻感情的,但也能够减少生活开支,降低生活成本。夫妻一起打工将成为主流。

---

① 来自访谈资料编码 DSJ20110720。
② 来自访谈资料编码 WM20110712。
③ 来自访谈资料编码 CM20110710。

案例8：这一块有20多个人，结伴而行搞建筑，年龄在40/50多岁，包一段工程，自由习惯了，天太热就回来了，这个年龄进厂的少。

在家里没意思，挣不到钱，也有想去外面看看的，天天在大山里面，一辈子没出去过，看过之后也就完了。①

中年人打工的目的很明确，就是挣钱，他们一般选择挣钱多的，如建筑、道路等，多在工地上做，出卖苦力；进厂的少，工厂管理严格，并且对年龄有要求。

案例9：5队，陈家垸子、向家垸子，两个大姓，我们这儿一个人只有几分地，并且只能种一茬，有些地方采光还不好。每人5分地，4个人1亩地，连煮稀饭都不够。地少了，必须出去找钱。出去打工找点钱，然后回来生活，是这种状态。

41岁，家里的地荒了，夫妻两个都在浙江打工，铁路，跑了几个省，挖桩，3000元/月，做一样的，一年干四五个月，今天就不干了，地也没种，一家人在一起干，这个垸子里像这种情况的很多。②

这个地方的人很现实，面对现实，所谓现实就是求生存，地少，长期以来是生存经济，形成了生存理性，外出打工也是为了生存，而不是其他。

案例10：另外一位50岁的村民，在帮忙。刚从乌鲁木齐回来，铁路建设挖桩，300元/天，工价高，干了3个月，天气热了就回来，一年跑好几个地方，四处旅游。赚钱干什么，还不是想有一个幸福的家庭。③

---

① 来自访谈资料编码 WMS20110709。
② 来自访谈资料编码 XWH20110709。
③ 来自访谈资料编码 CM20110710。

中年农民工最为辛苦,养家的任务最重,他们打工就是为了养家,这是他们的道德义务。

案例 11:在广州电子厂打工,广州太热了,5 月份回来,做木工,做门窗,8 月份再出去,热得很。①

这个地方的人特别有意思,在外面打工怕热,天热了都回来,不止一次听到这种说法。

案例 12:小孩读书万把块,衣食住行的开支,父母身体好的,可以自己做,父母身体不好的,还要给父母养老。②

案例 13:年轻人有几个在屋里住,找不到好多钱,养不活一家人。二儿子湖北民族学院毕业,在县医院上班。老大、老三在县城帮别人开车,全家都住在县城,租房子难,儿媳们没有工作,想找点事做,住在县城方便一些,在板桥村里不方便。开车的收入大概 50000 元/年。老大一个孩子,大孙子在城里读幼儿园。③

就代际分化来看,老年人自立,追求低成本生活,是自然经济的生存理性,是低成本生活的生存理性;中年人的生存理性是高成本生活的生存理性,是消费社会的生存理性,而非传统自然经济时代的生存理性;年轻人则不受生存理性的支配,主要是一种体验,在没有成家之前,都不具备生存理性,如果有的话,是一种发展理性。

案例 14:老二夫妇在咸丰打工,上十年的时间了,没修房子。是为了送学生,两个孩子,一个高中,一个初中,都在县里读书,在屋里搞生产送不起,没有那么大的收入,种几个苞谷,喂几头猪,能

---

① 来自访谈资料编码 CM20110710。
② 来自访谈资料编码 XSJ20110713。
③ 来自访谈资料编码 LM20110711。

管好多钱呢,种苞谷换点钱花。在屋里找不到钱,种烟会死,种好多年了,土质不行了,不出了。种得好了,压价,卖不到好多钱,少数的土还行。①

除了消费开支,还有教育投资,教育开支是农民的主要开支,这是一种人力资本的投资,对中年农民来讲,最大的开支就是对下一代的教育投资。仅靠种地,是供不起学生的。

高成本生活,生活开支中教育开支占了很大比重,而不只是消费开支,要谨慎使用消费社会这一概念。在农村,主要的还是家庭的再生产,子女教育是为了实现家庭的再生产,而不是消费主导,或者说消费是嵌入到家庭再生产中去的。要在家庭再生产中来理解,并不存在一个独立的消费社会形态,消费服务于家庭再生产。

所以,农民外出打工是家庭再生产,而家庭再生产同时也是文化再生产的过程,通过家庭再生产,家本位文化得以维系和传承。

(二) 中年农民务农与家庭再生产

1. 中年农业:适度规模经营

中年人务农与老年人务农明显不同,这些中年人大都有外出务工的经历,由于种种原因返乡务农。中年人有劳动力,并且养家的压力大,他们从事农业生产,除了自己的地,还会租邻居家的地,搞适度规模经营,只有这样,才能养家。

> 案例1:万方全,1975年生人,40岁,26岁结婚。打工出不去,我想出去打工,他不同意,一个人在家里做事很闷。我俩去浙江一次,他做轧工,干了3个月,不想做,不好玩。我去鞋厂,我身体不好,回来,他也回来了。就再没去,也不允许我去。
>
> 自己家里有6亩地,租了别人家的4亩,共10亩田,其中水田2亩。种土豆、玉米、红苕,烟叶5亩,辣椒1亩。种玉米,一亩地

---

① 来自访谈资料编码 SM20110712。

产 500 斤，每斤 0.95 元，只卖 500 多元钱。

组里现在只有我一家种烟，原来每家都种，他们都出去打工了，我们没出门打工，所以种烟，比玉米赚钱一些。去年种了 8 亩，共卖了 8000 多元，三四千株，死了一半，打顶以后才死，气候不好，一下雨就死。今年好一点，不死的话，1 亩地搞 3000 元，劳动力投入大。①

这对年轻夫妇没有外出打工，在家种地，种了 10 亩地，包括经济作物和粮食作物。虽然这对夫妇在村里算是最年轻的在家种田的，但他们已经是中年人，他们不习惯打工生活，在家里种田，还是按照传统模式安排生产，就是典型的粮食作物＋经济作物，种粮食作物获得口粮可以降低生活成本，种植经济作物可以获得货币收入，以支付高消费生活所需要的开支。对在家种地的中年农民来讲，这是最合理的一种种植模式。

这位 70 后农民身上更多表现出了传统小农的特质，而没有表现出青年农民的新文化特征，为什么会这样呢？一是因为这位 70 后农民成家之后才出去打工，在外面打工的时间较短，没有受到太多工商社会的历练，他们只能回归传统的小农种植模式，在降低生活成本的情况下获取货币收入；二是因为他们要抚养孩子，要赡养老人，养家的压力大，这都要求他们采取一种相对较为稳妥的谋生方式，要么外出打工，要么种植粮食作物和经济作物，既没有创业的想法，也缺乏创业所需的条件和能力。

但我们也看到，虽然这位中年农民在生产上并没有创新，但依然在公益事业上发挥了积极作用，带领本组的村民修了一条路，并且自动维修道路，在乡村建设发挥着骨干作用。

那么，如何才能吸引更多的青年农民返乡务农呢，那就要改造传统农业，改造传统的务农模式，农民通过务农也能够获得较多的收入。

案例 2：原来都是断断续续地打零工，武汉、宜昌、恩施都去

---

① 来自访谈资料编码 WM20110715。

过,做木匠活,搞装潢,有10多年的时间。原来工资低,发放不及时,在外面干活拿不到钱。有10年的时间没有出去了,孩子出门打工了,我们在家。

种了20亩地,3亩水田,2亩生姜,8亩辣椒,7亩苞谷,1亩药材,土豆套种苞谷,单独种2亩土豆,土豆一年收万把斤。粮食自足,主要是自己吃,猪杀两头,老百姓的活路苦,生活不能亏了。多的时候每年喂10头猪,今年喂了8头,包括一头母猪,其余是肥猪,还有1头牛。种点辣子,喂点猪,种植养殖,就这两样。

毛收入3万元,吃的不算,生产成本5千元。去年建了厨房,花了1万多,孩子读书的时候借钱。没有出去打工,不做怎么办,种少了养个人都养不活。个人做,自己吃一点。老百姓过平淡的日子,富贵那是不可能的,你找人借没意思,有点结余。他们成人后,他们不管,必须管自己,哪个管自己,靠个人。

孩子不让干活,少做点,太累了。"早踏露水,晚追星辰,夏顶烈日,冬吹寒风,寄希望于风调雨顺,求温饱于早出晚归。"个人看书,个人切身体会,喜欢看书,初中毕业。有一种好,自由了,个人种个人吃。[1]

这位中年返乡农民在子女外出打工之后,夫妻两个种了20多亩地,养了10多头猪,养了1头牛,是典型的种地大户。从种植结构来看,有粮食作物,也有经济作物。每年的毛收入有3万多元,相当于外出打工的收入,也能够养活自己,满足消费社会的开支需要。

中年农民返乡之后,走的是传统种植模式,即经济作物+粮食作物,种养结合,虽然比较辛苦,但也能维持生活,中老年农民基本上都是这种模式。而返乡青年农民工则试图突破传统模式,比如这位60后的弟弟70后,返乡后就没有从事传统种养模式,而是学驾照买车搞运输,另一位80后则搞了规模养殖,还有一位80后正在策划创业。他们都有一个非常明确的想法,就是不走父辈的道路,这就是返乡农民工的代际差异。

---

[1] 来自访谈资料编码 XWY20110719。

四、中年农民与家庭义务

案例3：46岁，夫妻两个没出去，种了好几家的地，七八亩地，累得很，他大哥种了20亩，玉米、土豆，主要用来喂猪，家里喂了6头猪，辣椒，用来卖钱。一年有万把块的收入。个人搞的项目，桂花树，扯草，50元/天。①

中年农民如果不外出打工，就在家种更多的田，搞养殖，打零工，种植经济作物，在土地上求生存。大部分农民工都外出务工，土地自发流转，从而形成适度规模的家庭经营，也能够支付高成本生活所需要的开支。

农户之间的土地流转是动态的，这与传统社会的土地流转是相似的。中国农村的土地需要流转，但最好是动态的，人地关系的平衡也是一种动态平衡，土地流转也是一种动态流转。

年轻的时候不种田，中年人多种田，年老少种田，土地流转实际上是在不同年龄阶段农户之间的流转，所以，不会形成阶层分化，还是一个平均的社会，但又适应了市场经济和资本对劳动力的需要，这是一种最佳流动模型，即动态流转，不同年龄阶段农户间的动态流转。

这种动态流转类似于原来的土地调整，土地调整也是动态流转，根据人口的变化，土地在不同家庭之间流转，实际上也是在不同年龄农户之间的流转，从而保持人地关系的动态平衡。

但是，这两种流动的方向正好是相反的，土地调整是将土地向青壮年手中流转，老人的地少；而当前的流转则是向中年人流转，青年人外出务工反而不需要土地。

土地流转是服务于人口变化的，人地关系的动态平衡，好的土地制度，也要服务于人口变化，能够进行动态调整，从而实现动态平衡。

案例4：种了三四年玉米，可以种一点烤烟，不能连续种，否则要死掉，如果地能够种烟，我是不会出去的。在家是一两万，在外

---

① 来自访谈资料编码XWH20110709。

面也是一两万,在家可以照顾老人小孩。①

种烟收入和打工收入是差不多的,这个账我们算过,种烟实际上也是获得了工资性收入,其实就是自己的工钱,自己给自己打工,自雇经营。一些中年人选择种植经济作物,或者规模种粮,有一技之长的打零工,都是这个逻辑,就是可以更好地照顾家庭。农村有产业,就能够为农民提供就业机会,农民就不会外出打工,这就是经济作物的重要性。

2. 副业:小农经济的产业融合

> 案例1:收入以在外面打工为主,家里有3.6亩地,种植苞谷、洋芋、红苕、黄金梨,我们这里出产丰富,哪样都能出。种地没有收入,自己吃,没种水稻,买米吃。2000年以前,我们种烟,改种地了,都是旱地,没得水。②

> 我们山区最落后,没有企业,靠自己找不到钱,就在身边搞点小建筑,学了十多年了。目前小孩没有人带,出不去。③

农户的土地并不多,种植以粮食作物为主,现在靠种地无法获得经济收入,种地主要是自己吃,解决温饱问题,获得收入全部靠外出务工。

在当地打零工属于兼业现象,大多是带小孩或者照顾老人,无法外出务工的中年农民。对农民来讲,首选是外出务工,其次是在当地打零工,最后才是种地,中年人如果种地,会扩大经营规模,以获得更多的货币收入。

对农民经济行为来讲,外出务工是最优选择,在当地打零工是次优选择,种地是没有办法的选择,是不得已的选择。返乡创业的很少。

> 案例2:夫妻俩55/50岁,家里有五六亩地,夫妻两个打零工,给孩子看病。下苦力,做小工,每天70元。今天没出去,给苞谷丢

---

① 来自访谈资料编码 WM20110712。
② 来自访谈资料编码 CM20110710。
③ 来自访谈资料编码 CM20110710。

四、中年农民与家庭义务

点肥料。田里种的玉米、洋芋、红苕、水稻。①

这对中年夫妇在家打工,种植模式依然是传统的粮食作物种植模式,除了种地,夫妻两个均外出打零工,在建筑工地上做小工。

案例3:老公在本地搞建筑,我想去打工,老公不让我去,在家里带小孩。外乡的人在搞树苗,帮他们扯草,50元/天。我这几年送学生,没有找好多钱,没有建房子。②

很显然,这一对中年夫妻没有外出打工,在家打零工,照顾孩子上学,所以收入有限,没有建新房。对当地农民工而言,在家打零工是次优选择。

案例4:一对夫妇,50岁、42岁,会木工瓦工,到恩施养蜂去了,不愿出远门,出远门不自由。热天凉快,我们这里好。
他不准我出去打工,他个人在屋里没人弄饭吃。我们以前在广东东莞玩具厂打工,一年不到,他要我回来,我不想回来,他要回来,进厂不自由,但外面好一些,挣钱多。③

很多中年农民都有在外面打工的经历,不过并不喜欢打工生活,认为不自由,有一技之长的中年农民会选择返乡,打点零工,虽然没有外面挣钱多,但农村自由,适合居住。

案例5:陈某,60岁,2个儿子,34/38岁,2个孙子初中毕业。大儿子38岁,在家。开车15年了,卡车,13万多,贷款买的,1个人只能贷款1万,找玩得好的帮忙贷款。
每人5分地,四口之家才有2亩地,种点马铃薯。吃大米都要

---

① 来自访谈资料编码 CM20110710。
② 来自访谈资料编码 CM20110710。
③ 来自访谈资料编码 WM20110712。

买,连稀饭都不够吃。上有老,下有小,给别人扯下草,打点零工,每天50元;干点建筑活,每天80元,地里栽上桂花树,有的租出去,每亩租金250元。

大儿子在家,没有种地,而是养了一辆卡车,跑运输。[①]

这户小农除了种地和打零工,还自己买了一辆车跑运输,采取多种形式来获得货币收入。在种植粮食作物之外,还采取了多种形式的经营,在不同的领域获得收入,种植、养殖、打零工、搞运输,这是典型的小农自发进行的产业融合。

案例6:张主任种了6亩田,自己家的只有9分,其他都是租的,每亩田的租金为每年300斤稻谷,全部种水稻,种旱地比种水田收益大,旱地可以套种,投入的劳动力也多,但种水稻的劳作要简单一些,省力气些。平时农闲的时候,在附近做水泥工。收粽叶,一天搞个四五十元。

我还是要出去,不甘心,要不在家里搞一个致富项目。背井离乡都是没有办法的事,在家的收入太少了,主要老人在。土地撂荒的不多,外出务工的农民一般将土地租出去,送出去,以后再回来耕种很方便。[②]

这位中年农民工返乡之后,为了家庭生存,租了邻居家的地,全部种水稻,同时做泥工,做小生意,获得货币收入,这就是典型的农业+副业模式,只有这样才能维持生存。

案例7:1952年生人,20岁结婚以后就出去搞建筑,给生产队交钱,1.5元/天,自己到县城去找活干,20元/月,在家里没有钱。有些人出去找不到事搞,我们学手艺的人出去搞点事。集体时期,我就一直搞建筑,要向生产队交钱,生产队非常穷,我们交回来,生

---

① 来自访谈资料编码 CM20110709。
② 来自访谈资料编码 ZZR20110707。

产队买点肥料。

  土地下户以后,一边做农活,一边做建筑,就在本县范围内,有时候与别人一路,有时候自己一个人,一个月几百元钱,一天3元钱,都算高工资了,一直到现在80多元一天,不搞建筑,没有收入,只要身体好,还要出门去赚几个钱。①

  这是传统的副业模式,在过去也是如此,因为农业生产是"过密化"②的,仅靠种植粮食作物无法满足生活需要,必须要做一些副业。在没有大规模的外出务工之前,农民主要通过副业获得货币收入,比如搞建筑、做小买卖等,这样才能把日子过得好一点。在家务农的中年农民,包括一些老年农民,都延续了这种传统的副业模式。这种主业—副业模式实际上就是产业融合,是小农主导的产业融合,这种产业融合是小农经济的核心特征。学界对小农经济的观察严重忽略副业的意义,忽略了小农主导的产业融合。当前农业供给侧改革倡导的产业融合实际上是资本主导的产业融合。这是两种不同类型的产业融合。政策倡导资本主导的产业融合,倡导规模经营,但不能忽略了小农主导的产业融合,也就是副业,这也是小农经济生命力的来源。

  中年人在家选择打零工,一般是手艺人比如建筑,比如木工。打零工与进厂打工不同,打零工是小农自己主导的产业融合,是过去副业模式的延续和创造性转换。过去的打工,实际上是打零工,找活干,是副业,而现在的年轻人打工,则是进厂打工,是劳动力商品化。打零工主要在当地,打工则意味着人口流动。打零工完全有潜力发展为产业融合。这种由主业—副业发展而来的产业融合,为乡村建设提供了一个新思路,不同于资本主导的产业融合,具有极强的生命力。

3. 小农经济:代际分化,而非阶层分化

  案例:孩子的父亲前几年出去打工,修铁路、挖桩。种了亩把稻谷,4亩辣椒,还有土豆、玉米。家里有老人,出不去,前年老人

---

① 来自访谈资料编码 WM20110713。
② [美]黄宗智:《长江三角洲小农家庭与乡村发展》,北京:中华书局2000年版。

去世。

年轻的时候出去打工，年纪大了干不了重体力活，就在家里，因为尚有劳动力，种的田也多一些，除了粮食作物，杂粮，主要种植经济作物。①

我们将60岁以下的称为中年人，中年人要么在家务农，要么在外打工，但临近60岁的时候，一般都会选择返乡，如果不能在城市里立足的话。

实际上并不存在所谓的中农问题，只是中年农民的问题，土地的经营权保持流动是有益的，并不是固定的，所谓中农就是把农民阶层化了，固化了，在村庄内部并不存在这样的阶层固化机制，反而是一种阶层拉平机制在发挥作用。

青年农民工大部分在外打工；部分中年农民工在家种田，家中有老人孩子出不去，或者从来就没有出去过；老年人在家种地，帮助儿子抚养小孩，看家。青年农民工不种地，主要靠打工获得收入；在家的中年农民会种多一点地，把外出务工农民的土地流转过来，集中起来，很多是亲戚、家族、邻居的土地，租金很低，甚至不收租金，一般种地规模在10亩左右；等到了老年阶段，种地就少了，完成了自己的任务，也退出了高成本生活的追逐，劳动力也衰退了，种地就种得少一些，也就是所谓的老人农业。

所以，种田大户一般是中年人，但这种规模种植是动态的，不会固化，土地流转是动态的，农民的劳动力也是动态的，不同人生阶段的任务也是动态的，中年农业并不会固化为中农。调研看到的更多是代际分化，而非阶层分化。将中年种粮大户视为中农，很显然是不合适的，即使种粮大户，也只是挣到了打工的工资而已，主要用于满足高成本生活的需要，而无法进行财富的积累。一旦中年人到了老年，他们就会遵循老年农业的逻辑，退出中年农业的适度规模和主业—副业模式。

---

① 来自访谈资料编码 WMS20110709。

(三) 中年留守妇女的情感与义务

这里主要访谈了两位留守在家的中年妇女,获得了留守妇女的积极视角,和以前关于留守妇女的消极看法不同。留守妇女并不只是悲观的,也不是空虚的,他们是积极的,勇于承担家庭责任,他们从家庭义务中获得了生命的意义。此前讲的农民的生命意义系统,就是这样一个家庭义务系统,意义来自义务,而不是功利主义和个体主义。中年留守妇女的坚守诠释了家庭义务的价值,看似牺牲,实际上是奉献,是认同,这是家庭得以维系的纽带。

1. 返乡还是打工:都是无奈

农民为什么外出打工,为什么有的家庭成员在外面打工,有的家庭成员留守在家,因为不外出打工就无法生存。但又没有能力在城市完成家庭再生产,小孩和老人就必须在农村生活。这就导致了留守人口的存在,不管是外出,还是返乡,实际上都是无奈,所谓无奈,都不是农民的自主选择。为了生存必须要外出打工,同样为了生存,就必须要返乡。用农民的话来讲就是,打工是没有办法的事情,回来也是没有办法的事情。

案例1:我30来岁出去打工,家里穷,赚点钱,给小孩子读书,家里当时连吃的都不够。老公当时不敢出去,先在县城打工,后来他跟我儿子一起出去。

在广州打工10多年了,现在老公和儿子儿媳都在广州打工,制衣厂。我先去广州,老公在咸丰县城做木工,搞建筑,后来也去广州打工。有伴,有这个地方的人。

我们这个地方不出去打工没办法弄,地少,只种一季,且有野猪破坏庄稼。都在家,种田都不够吃,我们以前开了很多荒地。有活就在外面干,也没有什么打算的了。就是为了挣钱,为了生活,为了孩子读书,没有一个成形的东西。[1]

---

[1] 来自访谈资料编码 WMS20110708。

从这位妇女的讲述中,可以看到,他们的地少,靠种地连吃都不够,必须要外出打工才能生存,全家人都要外出打工,就是生存理性的主导,对生活没有长远的规划,围绕家庭生活和子女教育展开。

  案例2:当然是城市好了,没有办法才回家,如果在外面有办法,肯定不会回来,这位妇女说话的时候都有广东腔了。但她一再强调,在外面的开支很贵。
  现在也没有什么想法了,出去打工也没有什么本事,再去制衣厂打工,就得带老花镜了,眼睛花了。岁数大了,在外面找不到工作,就回家了。①

这里的前提显然是出卖劳动力,能够出卖劳动力就不会回来,不能出卖劳动力了,找不到工作了,就回来,所谓"没有办法",就是指的不能出卖劳动力,对广大农民工而言,他们的办法很有限,就是出卖劳动力,年纪大了,不能出卖劳动力,也没有办法了,没有办法在城市里呆了。

2. 留守家庭内部的城乡一体化

  案例:今年还没回来,过年的时候车费很贵。暑假我走不开,广州也热,田里有玉米,家里种了一亩地,主要是玉米、土豆,用来喂猪。寒假的时候,他们不回来,我就下广州去过年,因为他们回来路费很贵,下去的很多,带着小孩去过年。②

这是一个非常有意思的现象,为了家庭团聚,不只有返乡过年这一种形式,也有下去过年的,也就是到打工地过年,这种情况还挺多。

与返乡团聚相比,进城团聚有诸多合理性,不必耽误工作,可以找到更好的工作机会,减少路费开支,规避春运高峰。

这一现象还可以引发多种讨论,比如城乡之间的差别不明显,一切

---

① 来自访谈资料编码 WMS20110708。
② 来自访谈资料编码 WMS20110708。

四、中年农民与家庭义务

为了家庭,并没有太强的城市和乡村、家乡和异乡的对比,家庭超越了城乡二元,包含了城乡二元,城乡一体化首先是在家庭内部完成的,非常有价值!

城乡一体化不仅是公共服务上的一体化,不仅是国家的倡导,而且也是家庭的选择和适应,城乡之间的往返,以及家庭的纽带作用,形成了家庭内部的城乡一体化。城乡一体化首先在家庭内部完成,打工带来的不是城市化,也不是离开乡村,不是非农化,和通过读书离开农村不同,打工打破了城乡的分割,使人财物在城乡之间充分双向交流。

农民没有抛弃家乡,也无法融入城市,在不同的人生阶段,他们的重心可能不同,年轻的时候在城市多一些,年老的时候在乡村多一些,并没有截然对立的城乡观念,大家都在大城市呆过,也都在农村呆过,打工的过程是熟悉城市生活的过程,但却不是一个非农化的过程。也就是说,通过打工,农民工通过自身的努力,弥合了城乡之间的差别,使城乡之间的差别缩小。在生活方式上,城市和乡村的差别越来越小,在观念上的差别也越来越小,如果说国家主要是基础设施和公共服务上缩小城乡之间的差别,而农民自己则是在生活方式上通过自己的努力缩小了城乡之间的差别。

所以,打工带来的不是单向的城市化,不是单向的非农化,而是城乡之间的双向交流,农民可以返乡团聚,也可以进城团聚,城乡之间的差别只是地理位置上的差别,而不是制度和生活方式的差别,进城还是返乡,二者并不矛盾。

所以,中国的农村不会衰败,中国现代化和城市化的过程不是一个单向的过程,城乡一体化是农民推动的,是农民的创造。我们在江浙一带看到城乡一体化,更多是生活方式上的,而国家的城乡一体化正是顺应了这样一个进程。但是,国家倡导的城乡一体化往往破坏了真正的一体化,而使之变成了单向的城市化。单向的城市化是不可取的,双向的城乡一体化是农民自己的创造和选择。

正如我们在东阳农村看到的,这里的农村和城市并没有太大的差别,城乡之间的交流也是充分而双向的,在外务工经商的村民可以回家,而留守在家的妇女也可以到城市里去看望家人。东阳农村的城乡一体化就是由家庭来推动并成型的,中国的家庭主义又一次扮演了重要的角色。

3. 留守妇女的情感模式

案例1：闲暇时间主要在家看电视，或者到县城去赶集，白天也会在家看电视，小孩在家的时候，就给小孩看动画片，看新闻，晚上7点的新闻，哪里有点什么事情都知道，20多岁的时候就喜欢看新闻。种田的妇女农活多，偶尔才会在一起聊天。①

农业型地区的留守妇女并没有太多的闲暇，总有忙不完的活。也没有太多的邻里交往，重心在家庭生活上，主要是种地和照顾小孩，基本上无暇顾及社区生活和公共事务。这也是当前农村公共生活不发达的原因所在。中年人在家就能够带来公共生活吗？并不必然如此，中年人生活的中心在家庭，无暇顾及公共生活。

案例2：45岁，和丈夫是介绍的，两个儿子，22岁，15岁，大的在深圳打工，小的在镇上读初中。大儿子中专毕业，无线电专业，在富士康，一个月3000多元的工资。

我原来在来凤做衣服，结婚以后没做过。老公在广州的空调厂，一个月2000多元，养儿子，还有老家伙，要出去找钱。

大儿子不让我出去，一个家庭在四面八方。你在屋里艰苦奋斗，我在外面也艰苦奋斗。没得办法，老人还在，还得照顾老人。

种四五亩田，一个人做，玉米、稻谷、红苕，家里喂了7头猪。种得过来，有2亩田是租别人的，160元/亩的租金，赚个功夫钱。在屋里艰苦，在外头也艰苦。

老公出去打工9年了，武汉、广州，也有一两年不回来，年底回来，车费太贵。过年的时候，一般都回来，走不脱，有的下去过年。②

---

① 来自访谈资料编码WMS20110708。
② 来自访谈资料编码WMS20110708。

留守妇女如何理解自己的留守生活,是从家庭的整体来理解的,你在外面艰苦奋斗,我在家里也艰苦奋斗。一家人都为了家庭而努力,家庭义务把家人凝聚在一起。

有家庭的人,尤其是有留守在家的亲人,过年的时候都会回来,因为家庭是纽带,也有家人到打工地过年的,都是为了团聚,为了家庭的团聚,外出打工不能牺牲家庭。

> 案例3:夫妻感情不会受到影响,为了给儿子争面子,放在儿女的脸面上,不能把两个人的夫妻感情放得比儿子的脸面还重。不要给小的丢脸。脸面要放在儿女的脸面上。人家讲老的多么不好,那方面什么事。自己要看自己的心,经常打电话,我们时间自由,与儿子的关系也不受影响。①

这个真的是满满的正能量,为了子女,为了家庭,留守妇女的情感找到了寄托。考虑自己的情感少,考虑孩子,考虑家庭多,家庭义务替代了个人情感。

这不像学界和媒体所理解的那样,留守妇女多么空虚,多么精神压力大,多么身心煎熬,这是一种想象,缺乏对事实的严肃分析。

留守妇女在家庭中找到了坚守的意义,成家之后,从自我情感模式进入子女情感模式,进入了家庭义务模式。她们在子女情感模式中找到了意义感,而学界更多是从自我情感模式来解读留守妇女的情感。留守妇女为什么能够坚守,就是因为家庭义务的存在,留守老人为什么也不会有太大的问题,同样也是家庭义务的存在。学界会放大留守问题的严重性,这是因为他们只有个体化的视角,而没有家庭义务的视角。

正如这位留守妇女所言:

> 有个家庭,必须把家庭搞好。大儿子也想把家安在老家。大

---

① 来自访谈资料编码 WMS20110708。

儿子安家,小儿子学习好,把房子搞好,一层改两层,县城买房子买不起,找女朋友找当地的。为孩子,为家庭,考虑的多。齐心合力来搞好这个家。家庭搞好,走出去就有面子。①

这个年龄的农民工,为孩子、为家庭考虑的多,为自己的感情考虑的少,全家齐心协力把家庭搞好,家庭搞好了才有面子。家庭就是农民工的情感依托,都是为了把家庭搞好。在市场经济的冲击下,在外出打工的过程中,家庭的作用非但没有弱化,反而强化了。

留守妇女之所以选择留在家里艰苦奋斗,就是为了把家庭搞好,把家庭放在第一位,而不是把自己的情感放在第一位。对于中年女性来说,他们甚至放弃了自己的个人情感,或者说将自己的个人情感转化为对家庭的情感,通过这一情感转换,他们解决了自己的情感问题。

也就是说,他们并不像外人想象的那样,备受情感的煎熬,相反,他们内心非常笃定,非常有追求,他们在把家庭搞好的过程中,获得了极大的情感满足。

对中年女性的情感进行研究,就会得出与阎云翔不同的结论,阎云翔通过对年轻村民情感的研究,提出了个人情感的上升,并进一步提出了"无公德个人"的结论。② 但他却忽视了对中年人情感的观察,通过对中年人情感的观察,我们发现,凸显的并不是个人的情感体验,而是家庭的情感体验,在这种家庭的情感体验中,中年人获得了情感上的极大满足。甚至老年人能从下一代的家庭情感体验中获得满足,这显然不是个体化社会所能解决得了的。在这个意义上,笔者不同意阎云翔关于个体化社会的解释。

对农村中年女性,尤其是留守妇女情感体验的研究,可以较好地揭示出中年农民的情感体验。

阎云翔的观察也是成立的,在年轻的时候,的确有个人情感,但随着年龄的增长,尤其是成家有了孩子以后,他们就会皈依家庭,个人的情感就会转化为家庭情感。从个体情感到家庭情感,这是中国人情感

---

① 来自访谈资料编码 WMS20110708。
② 阎云翔:《私人生活的变革》,上海:上海书店出版社 2006 年版。

四、中年农民与家庭义务　　**133**

体验的一个变化。

人们成家之后,就会从个人情感模式进入家庭情感模式,从自我情感模式进入子女情感模式。家庭情感更多是子女情感,而不是父母情感,家庭责任主要是为人父母的责任,而不是为人子女的责任。这是新家庭主义的特点,不是父权至上,也不是妇女地位的上升,而是子女的地位上升。

4. 留守妇女的家庭义务与代际合作

笔者访谈了两位留守妇女,40多岁,年轻时都曾有外出务工的经历,可以说是当地的第一代农民工,他们的丈夫仍然在外面打工,但为了整个家庭,她们回到农村,成了所谓的留守妇女,与学界通常对留守妇女的理解不同,她们不寂寞,不空虚,而是积极,乐观,奉献,有追求,有意义。这一发现具有重要意义,颠覆了学界对留守妇女的看法。

在他们的价值观中,家庭是最重要的,出去打工也好,回来也好,都是为了家庭,为了生存,为了过日子,为了把自己的家庭搞好,为了子女成家,为了给子女看小孩,为抚养小孩照顾老人,使得家庭的人口再生产持续下去。他们可以忍受两地分居,可以看住自己的心,可以独自在家里艰苦奋斗,辛勤劳作。不是为了个人的感情,而是为了家庭。因为家庭,一切都可以得到理解和接受了。

家庭是观察外出打工行动的基本视角,尤其是对于第一代农民工而言,家庭的视角是首当其冲的;至于第二代农民工,还有待于进一步的观察。

当然,这也是一种没有办法的选择,在外面开支大,年纪大了找不到合适的工作,也使得返乡成了必然,而这种必然的返乡与人口的再生产也是一致的。第一代农民工返乡之后可以更好地帮助第二代农民工,这是城市化的接力赛,代际之间的接力,代际的接力赛,城市化的代际接力,不知要经过多少代,农民才能最终实现城市化,如果他们愿意。

笔者此前曾提出,农民正在进行追求货币财富的热力赛,看来这种竞赛不仅仅是一代人就能够完成的,还是一场接力赛,他们的下一代将继续接过接力棒。笔者关心的是,需要几代人才能完成。代际接力是一个有意思的视角,现在看来,第一代农民工将陆续退回到农村,第二代农民工成为农民工的主体,并且已经进入了生育期,他们的父母也就是第一代农民工返乡后为其照顾子女,使得第二代农民工更好地出卖自己的劳动力,第二代农民工的子女能否实现城市化呢?现在还看不到,但是,他们接受的教育水平提高了,很多第二代农民工的小孩都是在县城的小学接受教育。并且子女数量也有差别,第一代农民工一般都有2、3个孩子,第二代农民工则一般1、2个孩子。这是一个有意思视角,可以从这个视角持续关注。

从代际分化,到代际传承,笔者提出了代际接力,代际接力的实质是代际合作,这才是现代化进程中代际关系的主流。

(四) 子女教育与家庭义务

中国农村家长普遍重视子女教育,这就导致农民的受教育水平存在一个明显的代际提升,即子代接受的教育水平明显高于父辈。学界过去看到了代际传承,通过子女教育这个维度,笔者发现了代际提升,即受教育水平的代际提升。教育水平的代际提升影响重大,带来了农村劳动力素质的提高,带来了乡村文化的提升。从这个角度来看,农村教育是农村文化建设的重要内容,能够显著提升农村文化和农民素质,农村文化建设应该将农村教育纳入进来考虑。

1. 重视子女教育

案例1:1985年结婚,三个孩子,我的思想开放,我三兄弟,只有我没儿子,1994年跑到海南超生了一个,罚款,结扎,一次性交1700元。

老大恩施职业学院毕业,现在乡镇中学担任代课老师,还要再考试。老二和老三都在城里读书,在恩施最好的高中恩施高中读书,恩施一个月的生活费要八九百元,开支大。现在有点负担,家里还有一位老人,老婆身体也不好,要供两个孩子读书,准备让她们读大学的时候贷款,以后再还。

我没有读好多书,当时的条件不允许,多苦多累也供他们读书,再辛苦也不怕。大学读书要把专业搞好,找到工作了,再谈朋友,大学不是谈情说爱的时候。现在读大学的多了,二本多,一本少些。①

这位经商户全力供孩子读书,并且都送到城里读书,非常重视教育。虽然重视教育,但这里的村民理念放得比较开,任孩子自由发展,并没有给孩子一个明确的目标,只是希望孩子以后的工作轻松些,不用再受苦。

案例2:很多人都出去打工了,我爸妈出不去,主要是因为妹妹读书。妹妹1996年的,现在读初二,玩手机,溜冰,女孩子们裹在一起,形影不离,闺蜜,到了就关起门,学习不搞。

花季女孩子爱玩,不会骂她,只会教育她。在县城读书,从镇中学转过去的,花了1000多元。她成绩不太好,班上20多名。拿彩屏手机,发短信,玩QQ,与乌田等同学裹在一起。我妈说你成绩不好,不要影响周敏。

在农村唯一的出路靠读书,一心想让她考到重点高中,暑假在城里补课,上补习班,8、9个学生,中午在那里吃饭,住在叔叔家,20多天。②

案例3:我不管孩子以后到哪里,尽最大能力。小孩不多,不能输在起跑线上,长大以后能怎么样是他的造化,送到县城里去读书。想学什么去学,天赋,主要在自己。③

案例4:我在浙江做了10多年,小孩去读书,跟不上班,后来,158名学生中,进入前7名。农民工子弟学校的师资不行,没有水平,管理不善,都是从外面聘请来的老师。

对于小孩,往最好处供,只求他们过得比我们好,吃了这餐不用担心那餐,得病有钱医,好的生活首先是经济上的,生活条件得

---

① 来自访谈资料编码 YXL20110717。
② 来自访谈资料编码 ZR20110717。
③ 来自访谈资料编码 WMS20110709。

改善。

> 我们现在干什么都是为了下一代,希望小孩以后不用在农村生活,只要他考上大学,我肯定支持,但我不会逼着她去读大学,要打一个基础,比如考不上大学,做点生意,有一技之长,我经济上能支持的肯定支持。①

农民工对子女教育的重视要超过上一代,并且读书不是为了当官,而是为了更好的生活。

> 案例5:一对中年夫妇,分别48、40岁,两个孩子,大的女孩,小的男孩,分别18、11岁。女孩在咸丰一中读书,今年高中毕业,考了300多分,没考取大学。看她个人了,我们尽义务了,任务完成了,她个人去闯,没有强求。②

育儿模式,对孩子的教育,对下一代的期望,反映了家长的价值观,反映了他们对美好生活的追求,反映了他们真实的生活态度。虽然农民对孩子的教育非常重视,但也不强求。

板桥村民对孩子的期望不像北方农民那样强烈,有一种顺其自然的感觉。虽然会为孩子的教育付出,送孩子到县城读书,接受最好的教育,尽自己最大能力培养下一代,但又没有给孩子定下具体的目标,只是为了让孩子过上好一点的生活,有文化打工也可以过上好日子,不一定非要出人头地,当官发财。山东农民教育孩子是最高要求,儒家教育孩子是最高要求,恩施农民教育孩子是最低要求,不学坏,靠自己的双手生活,这是做人的底线要求。

目前来看,对孩子的教育是最高要求好,还是最低要求好呢,这种最低要求的教育可能更有利于孩子的成长,而最高要求的教育效果反而不一定好,更多夹杂了父母的期望,而不是真正从孩子的需要出发。

---

① 来自访谈资料编码 YM20110707。
② 来自访谈资料编码 CM20110710。

2. 进城读书

>案例1：小男孩读5年级，在忠堡镇上，板桥小学只有4年级，教学质量不好，退休的老师弄到这儿来。[1]

家长们普遍反映村里小学的教学质量不好，根本无法满足家长们对子女教育的重视。这就出现了一个悖论，一方面，家长尤其是新生代家长非常重视子女教育，另一方面，农村教育质量却迅速下滑。农村家长只能将孩子送到县城的学校去读书，这无疑增加了教育支出，增加了生活成本。

国家要为农村提供优质的学校教育，尤其是小学教育，这样就能降低农民的教育支出，也更利于农村小学生的成长。农村小学教育应该是农村文化建设的一个重点。

>案例2：咸丰，教育资源分配没有解决，高乐山，实验小学，农村学校非常差，设施、师资，好老师进城，好多孩子到忠堡镇上学。[2]

农民为什么会嫌农村学校差？子女教育体现了农民对生活的期待，真实反映了农民的价值取向，育儿模式的变化与农民的生活追求密切相关。子女教育是他们对生活的向往和追求，这是一种价值代入法。对下一代的期望就是他们真正向往的生活，并非一定是他们自己正在实践的生活，而是他们认为好的生活。中国人对子女的爱是无私的，他们把自己认为最好的都给子女，希望子女过上好的生活。对子女教育的重视就充分体现了这一点，一些村民虽然都不爱读书，小学都未毕业，但他们从幼儿园开始就将自己的孩子送到县城读书，这体现了他们对生活的向往和追求，他们的打工生涯让他们明白了子女教育的重要性。

---

[1] 来自访谈资料编码 CM20110710。
[2] 来自访谈资料编码 YWH20110709。

案例3：孩子在县城读书，农村教师不行，要退休了，教学质量不行，学生只考二三十分，咸丰一教，考90分，好多转到城里去了，原来200人，现在只剩几个学生了。①

农村的小孩为什么要到县城读书？要听听农民的看法，农村家长认为，是因为农村教师不行，教学质量不行，所以才会把孩子送到城里去读书，或者带到身边去读书。此前，也有年轻的家长提出，要让孩子接受更好的教育。站在家长的角度来看，为了让孩子们接受更好的教育，会选择把孩子送到城里去读书，所以，当农村教育质量不行的时候，他们就会选择到城里的学校读书，城里的教学质量肯定要好于农村的教学质量。

案例4：优生优育，1个女孩，12岁，在咸丰读初中，农村教育条件不好。小孩请家教，成绩不好，补课。我们家孩子读书，开支太大，生活费贵了，一个星期100元。不读书，养大也没意思。他小学毕业，我初中毕业。②

农民有条件的都把孩子送到县城读书，重视教育，要下一代比自己读更多的书。这里有一个特别有意思的问题，农民在读书时往往叛逆，不好好读书，但当他们长大成家之后，他们对子女教育的态度明显不同于自己读书时的态度，他们希望自己的孩子读书好，能够多读一些书，能够找到轻松的工作。让孩子接受更好的教育，这是父母的义务。所以，子女教育不仅是开支的问题，更是代际义务，通过这一代际义务，实现了农民受教育水平的代际提升。

案例5：村民对下一代的培养很用心，培养孩子适应这个社会。张主任的两个孩子都送到城里去读书了。小孩子由爷爷奶奶

---

① 来自访谈资料编码 CM20110709。
② 来自访谈资料编码 LM20110721。

四、中年农民与家庭义务　　**139**

带大,会养成很多坏习惯。当地小学师资力量薄弱,板桥小学现在只剩下40多个学生,这是当地村民对教育比较担忧的地方。家里条件好一点的都把孩子送到县城去了,对下一代教育的重视一点不亚于城市。①

对下一代教育的重视,在农村非常普遍,尤其是年轻的父母,会尽最大的能力让自己的孩子接受最好的教育,一个表现是带孩子到自己打工地的学校读书,另一个表现是送孩子到县城的学校读书。所以,农村的学校生源急剧减少,很多学校都办不下去了,只能合并学校,过去农村教育搞普九达标,如今又搞撤并学校。

重视教育是为了孩子不再在农村生活,倒不是80和90年代的非要考上大学,而是通过接受教育,成为合格的劳动力,具备在这个工商社会生存和发展的基本素养和能力。

从人力资本的视角来看,这种对教育的重视必将大大提升我国劳动力的素质,为工商社会培养更多更好的劳动力。不管是发达地区,还是欠发达地区,看到了太多对教育的重视。

3. 重视家庭教育

案例1:现在上小学三年级,考上大学可以,考不上也没关系,识几个字,个人打工也挣钱,不偷不抢,要学好,大人就是抱这个希望。靠勤劳的双手维持生活,长大了,莫参与赌博,现在把他带大,主要目的就是这个,就是我们的心愿。②

案例2:父亲能干,经常打猎,野猪、鸡子,用肉与铁匠、医生、教师交换。大道传人三件事,戒酒寻花不赌钱。父亲没上过学,父亲打我们,我们没有一句怨言。③

---

① 来自访谈资料编码 ZZR20110707。
② 来自访谈资料编码 CM20110709。
③ 来自访谈资料编码 XWH20110721。

农村家庭非常重视道德教育,非常重视家风,农村家庭比城市家庭更重视家风。农村家长对子女的教育主要是道德教育,今天开始普遍重视学历教育,但依然重视道德教育,这种道德教育就是乡村文化的传承,乡村文化在家庭道德教育中得以传承。

农民教育小孩,对道德教育比较重视,而对学业教育重视不够。对道德看重,但对学业则顺其自然,这是一个有意思的现象。农村家长受教育水平不高,这样的要求也就顺其自然了,专业教育是其弱项,而道德教育则是其强项,这也是家庭教育的重点。

重视道德教育会带来什么后果呢,从正面的角度来讲,就是发挥了家庭教育的功能,乡村道德体系的传承,使得农村孩子在外出打工之后,能够有足够的道德定力来面对外面的花花世界的诱惑,有利于社会稳定。

但从代际流动的角度来看,以道德教育为主要内容的家庭教育很显然不利于代际流动,农村孩子从家庭里得到的专业教育的方面的支撑几乎为零,这与城市里中产阶级家庭的小孩相比,形成了非常明显的差异。由于中国的教育竞争非常激烈,在幼儿园和小学阶段,都是家长和孩子一起成长,同时还要上很多辅导班,而这些则是农村孩子不具备的,何况还有那么多的留守儿童,在课余之外,根本没有办法从家庭得到支撑,很显然,农村的孩子输在了起跑线上。

这种起跑线不是教育机会,在九年义务教育普及之后,不是教育机会的问题,而是来自家庭的支撑,爷爷奶奶照顾小孩读书,或者小孩到城里上寄宿制学校,或者到父母打工的地方上农民工子弟学校,都无法解决这一问题。农民的孩子,没有办法从家庭获得支撑,也无法上更多的辅导班,只能从学校里接受教育,而学校教育恰恰在转型,从应试教育向素质教育转型,这对农村孩子是非常不利的。教育转型之后,学校教育轻松了,大量的学习实际上转移到了课外,在学校之外,一个城市中产阶级的小孩,上的辅导班比学校学的课程还要多。

所以,教育机会不是差在学校教育上,而是差在学校之外的教育机会上,而国家的义务教育只能提供学校教育,而对学校之外的教育是无能为力的。所以,现在的教育竞争不是轻松了,而是更加激烈了,并且这种竞争是利于城市孩子的,而不利于农村孩子。即使农村家长把自己的小孩送到城里读书，也只是接受学校教育，无法提供学校之外的教育机会，何况还有一些农村家长无法送孩子到城里读书，而农村教育质量下降，城里孩子和农村孩子的差距就这样拉开了。素质教育之后，差距实际上拉开了，而不是缩小了。

在应试教育的时代，城市孩子和农村孩子还可以在同一个起跑线上竞争，而现在，根本不是一个起跑线，首先是学校教育的差距，其次是家庭教育的差距，双重差距。农民试图通过送孩子到城里读书，接受更好的教育，来缩短教育差距，国家也试图通过普及九年义务教育来缩小差距，但更大的差距并不是来自学校教育，而是来自家庭教育，是家庭对子女教育的支撑。家长对孩子的辅导，以及送孩子参加更多的辅导班和学习班，这两者是农村家长没有办法提供的。农村家长受教育程度普遍不高，很难辅导孩子，并且很多家长并不在孩子身边，都是老人照顾孩子上学。即使在身边，农村家长普遍较忙较累，下班之后打麻将，很少辅导孩子学习，而农村孩子也不可能去上更多的辅导班和兴趣班。

所以，农村家长重视子女的道德教育，看起来很有道理，实际上这是不得已而为之。这种道德教育是专业教育的替代品，掩盖了社会分化的事实，拉大了农村孩子和城市孩子的差距，并使得这种差距合理化。

（五）家庭再生产与家庭义务

1. 消费压力与家庭再生产

家庭再生产的收入来源有两种渠道，一个是务农收入，一个是务工收入。家庭的再生产靠农业都无法完成，必须要靠打工赚钱，靠种地是不够的，必须要靠打工赚钱才能养家，才能过上高成本生活，种地收入只能够低成本生活。

在家庭再生产中，老人一般从事农业，中青年务工经商。青年农民工一般挣钱自己用。未成家的年轻人对家庭再生产的参与程度较低，对家庭的贡献很小，自己够用就行，他们会在结婚后参与到家庭的再生产中去。

家庭再生产与劳动力商品化也是有关系的,今天的家庭再生产实际上是劳动力的再生产,今天的家庭再生产也是在劳动力商品化的背景下发生的。

案例1:农村就是缺少钱,主要是挣钱。吃的靠买,房子,小孩读书,一年的人情开支四五千元。在家里种地,支撑不住,就要出去打工。①

为什么要挣钱,因为开支大,农村的开支主要包括建房开支、日常开支、教育开支、人情开支,这些都是必须的开支。为了满足开支,就要去挣钱,否则,就没有办法维系正常的生活。

也就是说,农民为什么去打工,为什么去种植经济作物,是为了挣钱,为什么要挣钱,是为了生活。也就是说,乡村社会发生的变化,不是生产驱动的,而是生活驱动的,因而,对乡村社会的考察,也要从生产中心转移到生活中心,具体而言,这个生活就是消费,就是消费社会。

消费是乡村变迁的驱动力,观察乡村社会变迁,有两个视角,一个是劳动力商品化,一个是消费社会,二者是相辅相成的。劳动力商品化是条件,消费社会是动力,劳动力商品化是经济因素,消费社会则是生活形态,也就是高成本生活。当然,也发现了低成本生活,低成本生活主要是老人生活,高成本生活主要是中青年的生活。

案例2:夫妻俩一个在家打工,一个在外面打工,都是为了生活,为了送孩子读书,送人情,一年3000—4000元,都是100元,送10元的没有了,最少的50元,一家人都去,接媳妇、添孩子、老人过世,修屋搬家,过生,60或80元,亲戚,有的送1000元,礼尚往来。②

夫妻俩打工是为了什么?为了生活,为了消费,在这位农民的讲述

---

① 来自访谈资料编码 WM20110712。
② 来自访谈资料编码 CM20110710。

四、中年农民与家庭义务 **143**

中,子女教育和人情消费是开支的大头。为什么要打工,为了消费,为什么消费,因为别人都消费,这表明农民也进入了消费社会,他们的行动遵循的是消费社会的逻辑,一切围绕消费展开。

  案例3:老三夫妇在广州打工,有七八年的时间了。有两个孩子,小的2岁,大的13岁,1个在读书,两个孩子都接过去了。外出打工好多年了,没有找到好多钱,夫妻两个在一起,做不了重活,做玩具,用车子推进仓库。
  带两个去,两个都回来了,一个人带孩子,只有一个人能上班,大的在广东读书,外面学费高,送不起,才弄回来。小的2岁多,弄回来,又接回去,才回来个把月。没人引,外公去广州看孩子,外公回来,小孩也回来。广州热得很,止不住,起痱子,大人小孩都止不住,在外面搞瘦了,带在身边,放心一些,老人在家带小孩带不过来,种地。现在,两个孩子一个在我们家,一个在外婆家。①

  夫妇两个在外打工,曾把孩子带过去抚养,但成本太高,没有办法,又送回来,由双方的老人共同带。外出务工的收入有限,无法在城市里完成家庭生产,只能在农村完成家庭再生产,需要老人帮忙带孩子。
  也就是说,中年农民外出务工,但家庭再生产只能在农村完成。农村的重要性就在这里,农民的家庭再生产只能在农村里完成。农村的重要性不只是对老人重要,而是对家庭再生产来讲很重要,也是对劳动力的再生产很重要。

  案例4:父母80多岁,两个老人一起住,我们还要照顾,住院要出钱,去年弄到县城住院,花了3000元。小儿子还没有安家,老的要赡养。②

  中年农民的责任伦理,上有老下有小,对上对下都有责任,但由于

---

① 来自访谈资料编码 SM20110712。
② 来自访谈资料编码 WM20110713。

老人自立,中年人的家庭责任主要是抚养孩子,主要是孩子的教育,养老责任并不突出。

2. 为了下一代:中年农民的核心价值观

本书所谓的养家,所谓的高成本生活,所谓的生存理性,所谓的为了下一代,所谓的财富伦理,都是为了家庭再生产,实际上是一种家庭伦理,是单向度的家本位。要从家庭出发,才能真正理解农民的行为。

养家不是养女人,不是养老人,而是养孩子,养孩子是最重要的,也是最大的开支。所谓家庭责任,也主要是对孩子的责任,对中国农民来讲,其主要的意义就来自养家,来自抚养下一代。因而,家庭再生产是一个核心概念,中老年农民的行为都围绕着家庭再生产展开,老人自立也是为了家庭再生产,青年农民在成家之后,也会投入家庭再生产。男人和女人都为了家庭再生产,这是中国农村的核心价值观。

> 案例1:我出去打工就是为了挣钱,为了建房子,为了孩子,他读书能够读出来,有工作,读不出来,打工。

> 案例2:陈某,42岁,有两个小孩,11岁、17岁,一个在板桥小学,一个在咸丰二中。自己的想法就是把家维持下,把家建设好,希望孩子有出息,现在没有文化不行了,跟不上时代。[①]

中年农民为什么出去打工,为了挣钱养家,为了孩子的教育,为了家庭再生产。家庭非常重要,成家是一个重要的人生节点,夫妻外出务工是为了家庭,两地分居的夫妻因家庭而维系,而不是以个人情感来维系;老人是为了帮助子女过得更好,而甘愿帮助儿子照顾家,带孙子,是为了帮助儿子完成家庭的再生产。

这种解释实际上把两地分居的寂寞合理化了,而不是学界和媒体从外部对留守妇女情感苦闷的关注,很多议题体现的都是知识分子的视角,而不是农民的视角,阎云翔也是如此。为了家庭,是一种解释和叙事方式,留守在家而不寂寞,就把寂寞合理化了,寻找到了替代品,为

---

① 来自访谈资料编码 CM20110710。

四、中年农民与家庭义务

了家庭,而不是个人的情感,个体情感叙事让位于家庭情感叙事。

家庭很重要,中年人留守在家,是因为家里有老人和小孩需要照顾,中年人外出打工常年不回来,也是为了家庭,几乎每位受访者谈到的都是家庭责任,从 70 多岁的老人,到 40 多岁的中年妇女,再到 20 多岁的青年人。

中年人认为两地分居不会影响感情,都是为了齐心协力把家庭搞好,为子女创造更好的条件,而老人也没有抱怨,都是心甘情愿为子女奉献。这种叙事其实是一种新的叙事方式和解释视角,是家庭情感叙事,而非个人情感叙事。在咸丰,看到的是家庭情感叙事的主导地位,个人情感叙事让位于家庭情感叙事。

是因为爱情,还是为了家庭,很显然是为了家庭,爱情是脆弱的,家庭却具有稳定性和长久性,并且家庭具有极强的平衡能力。这一发现已经足以回应阎云翔的个体情感叙事命题了。[1] 为什么不是阎云翔命题之下的个人膨胀,而是家庭的凸显,笔者试图在市场经济的背景下解释这一命题。

3. 中年农民的生存理性

> 案例:板桥村有钱的屈指可数。通过自己的奋斗,改变自己命运的很少。靠种地、打工进城的,一个都没有,靠老人有工作出去,有一些。
>
> 上有老下有小,那么大的开支,根本不可能有钱。我们真有那么多资金,你这次调查就不会见着我们了,根本干不了那事。我们连梦都没做过。这位 60 后中年农民如此说。[2]

前面讲到,年轻的时候不挣钱,成家了才能攒到钱,这样就不是一个很好的模式,成家了能攒到钱,但钱主要用于家庭开支,用于家庭,用于孩子抚养和教育。因而无法用于个人发展和投资,因而,改变自己命运的很少。最后的结局是能够延续自己的模式,完成人口的再生产。

---

[1] 阎云翔:《私人生活的变革》,上海:上海书店出版社 2006 年版。
[2] 来自访谈资料编码 XWH20110709。

与结婚前就外出打工的农民工相比,这些成家后才出去打工的中年打工者,目的很明确,就是挣钱养家,就是生存理性,而没有任何不切实际的梦想,所以,他们连梦都没有做过。做梦的农民工是那些成家前就外出打工的,对城市生活有向往,有改变自身命运的想法。

第一代农民工大多是成家之后外出打工,为了生存而打工,他们与农村的关系更密切;第二代农民工大多是成家之前外出务工,怀有梦想,梦想无法实现,只能回归生存理性,从梦想到生存理性的转变,成家是一个节点。

那是不是可以说,家庭与梦想是矛盾的呢,因为成家所以没有梦想,并非如此,一个人成了家,要承担家庭责任,生存理性逐步占主导地位,但并不否定梦想。

影响梦想的因素是劳动力商品化,劳动力商品化之后,农民工只能在劳动力市场出卖自己的劳动力,从而形成了某种特定类型的劳资关系。劳资关系是一个结构性变量,注定了农民工只能向资本家出卖劳动力,而不可能有梦想。资本家会最大可能地榨取工人的劳动,在时间上、金钱上压榨到极致,所得工资连养家都不够,何以实现梦想?这就是一对矛盾,即劳资矛盾,马克思对这一对矛盾进行了杰出的研究。马克思敏锐地意识到,资本家会增强劳动强度、延长劳动时间,减少工人工资,使工人的工资只够劳动力的生产,以及再生产,其目的就是更好地榨取劳动力。[1]

所以,家庭的生存理性并不是工人梦想幻灭的原因,而是梦想的替代品,在青年农民工的梦想破灭之后,他们回到原点,回到家庭的继替中,重新找到了人生的价值和意义系统,从而在价值链上找到了自己的人生定位。

由此,为什么劳资矛盾在当前并没有成为主要矛盾呢,就是家庭,就是生存理性,发挥了作用,家庭本位和生存理性缓解并转移了这一矛盾。劳资矛盾转化为家庭内部的矛盾,比如留守群体、伦理危机等。

也就是说,劳资矛盾是农民工梦想幻灭的原因,而家庭的生存理性则为农民工的梦想提供了替代品,从而转移、缓解了劳资矛盾,这里面

---

[1]《马克思恩格斯选集》(第三卷),北京:人民出版社 1995 年版。

有两个因果关系,每个因果关系都很重要。这样,就看到一个个农民工家庭,而非一个整体的农民工阶级。就看到了中国经济危机的软着陆,而非崩溃。至此,生存理性便成为乡村文化和农民精神生活的内核,也是理解农民行为的一个核心概念。

(六) 家庭再生产与家本位文化的稳定性

家本位的经济基础有两个,一个是小农经济,一个是务工经济,不管是小农经济,还是务工经济,都是为了家庭的再生产,都服务于家庭的再生产。也就是说,经济服务于家庭再生产,服务于家本位文化,不管是自给自足的小农经济,还是面向市场的经济作物,还是务工经济,还是经商,还是集体经济。不管是经济欠发达地区,还是经济发达地区,家庭再生产都是经济活动的目的。

家庭再生产的意义系统是家本位文化,从家庭再生产可以看到,虽然个体家庭的再生产会受到冲击,从而表现出脆弱性的一面,但作为整体的家本位文化是非常强大的。

这表明,家本位非常稳定,家本位具有超稳定性,不管经济如何发达,不管何种经济形态,都不能改变家本位,都不能冲击家本位。应该说,市场经济对农村社会造成了很大的冲击,带来了很大的变化,尤其是在农村文化和道德方面。但本书的研究发现,家本位在市场经济的冲击下,反而表现出了超稳定性。

在中国不同区域的农村,不管公共生活是否发达,家本位都是最基本的文化形态,是最大的公约数。湖北农村是家本位,江西农村是家本位,河南农村也是家本位,浙江农村也是家本位。因而,家本位文化是乡村文化的底色,家庭道德是乡村道德的核心。

过去,在国家政权建设的历史进程中,国家权力没有改变家本位。现在,市场经济的冲击也没有改变家本位。家本位的超稳定性是乡村文化的内核,是理解乡村文化的一个基础视角。家庭再生产不只是劳动力的再生产,更是家本位文化的再生产。在市场经济的冲击下,家本位文化非但没有消解,反而进一步强化。

五、老人自立与代际义务

在消费主义和高成本生活的压力之下,农村家庭内部的代际义务配置出现了新趋势,老人对下一代的义务强化,不仅要抚养子女,还要帮助子女抚养子女。老人农业为老人自立创造了条件,提供了低成本生活所需要的物质条件,但老人自立具有脆弱性,需要社会保障。老人自立是代际关系的新变化,不仅对家庭再生产必不可少,而且对经济发展和社会治理具有积极意义。

(一) 老人农业与低成本生活

1. 老人农业

老人农业为什么存在,为低成本生活提供了经济基础,为老人和弱势群体提供了就业机会,老人农业是有存在的价值的。土地对弱势群体的保障,主要是提供了低成本生活的经济基础。老人农业不只是生产问题,本章主要从生活的角度考察,老人农业是维系低成本生活的条件。

> 案例1:种了3亩地,自己家的六七亩地送给别人了,退耕还林补助2200元/年,种粮补贴500元/年。土地送给邻居了,农忙的时候也请他们过来帮忙。
> 种辣椒、玉米、红苕、黄豆、土豆,土豆和玉米用来喂猪,黄豆吃豆腐,没有种水稻,因为没有养水牛,耕田不行,又不能机器耕作。

所以,水改旱很普遍,不只是水利的问题,主要是耕牛少了,劳动力少了,种不了水田。

买点米、油、盐,菜自己种,肉自己有。家里养了两头猪,杀一头卖一头,过年的时候杀年猪。杀猪师傅一头 50 元。

今年才种辣椒,专门发展,一个跟我好的邻居,让我种点,比别的种得好,种了 1 亩。①

老人农业种的品种多,规模不大,老人农业不可能规模经营,只能是小户经营,不求赚钱,以维持生计为主,老人农业以生活为导向,当然这与当地山区是非粮食主产区有关;但中年农民种地就不同,中年农民种地就要赚钱,赚取货币,以支撑高成本生活,就要达到一定的规模,至少要 10 亩田,才能维持,这在板桥村就有这样的案例。

老人农业则相当于口粮农业,以生活为导向,种植经济作物也是小规模,赚点零花钱。所以,老年人种田和中年人种田是不同的,年轻人不种田。

案例 2:家里有五六亩,就这一块平整,种苞谷、洋芋,每年收入五六千元,套种。吃米都是靠买。儿子们都住在县城,过年的时候回家。土地放弃可惜,地里的收入归老人,儿子们的洋芋、蔬菜从家里带,外面的好贵。②

老人自立,如何自立呢,就是种地,子女们都不种地,老人种地也能够有一些收入,并且能够解决吃饭的问题,还可以为子女们提供粮食蔬菜,降低了生活成本。老人农业,对农民而言,重要的不是获取货币,而是降低生活成本,维系低成本生活,使低成本生活在消费社会成为可能。老人自立是一种道德行为,同时这种行为也与低成本生活有关。

案例 3:我一个人在屋里,只种苞谷、洋芋,种烟叶不行了,土

---

① 来自访谈资料编码 ZM20110708。
② 来自访谈资料编码 LM20110711。

质不行了。5000斤洋芋,0.4元/斤,2000元,70元/天的工钱,活路一除,就没有了,好多肥料、劳力。4000斤苞谷,0.9元/斤,3600元,总计5600元的毛收入,2000元的肥料,360元的农药,种两茬,赚一茬。喂几头猪,卖两头猪,得4000元,挣些钱用于人情开支。①

老人在家里种6亩地,只种粮食,如果换算成货币收入,非常有限,根本谈不上赚钱,只能是维持低成本生活。地里的粮食可以喂猪,能获得一些货币收入,也只能够用于人情开支,维持基本的社会关系,也就是低成本的人情,是低成本生活的重要组成部分。

案例4:靠个人想办法,种了8分地,苞谷套种洋芋,在坡上挖草药,去火的药,可以当茶喝,找药材找点钱,重的活路干不成了,现在也没有什么重活路。儿子们没有钱,没有办法,自己解决自己的生活。②

80岁的老年人,种8分地,到山上找草药换钱,自己解决自己的生活。所谓老人农业就是老人劳动,老人劳动不只包括从事农业,还有打零工,比如挖草药,老人劳动是自给自足。

案例5:种了两三亩地,苞谷、洋芋、红苕、黄豆等,每一样种点,都有,有的哪一年好,哪一年撒,多种一点。现在没有哪个管了,沟沟不通了,水放不来了,种不了水稻。收入归个人,谷子卖了买点米,买肥料,1000多元的。只喂1头猪,一天喂两顿,多了喂不起,年轻的时候喂三四头猪。猪会生病,小猪贵,猪肉也贵。儿子没得钱给我们,个人生活自己顾得到。③

---

① 来自访谈资料编码 LM20110711。
② 来自访谈资料编码 WM20110712。
③ 来自访谈资料编码 SM20110712。

老人农业就是为了老人自立,老人种地就为了养活自己。

案例6:家里有五六亩地,种玉米、洋芋、红苕,我们家里的身体不好,太多了做不来。玉米一亩地产800斤,红苕喂猪,买米来吃,两头猪,卖一头,自己留一头,还喂了一头母猪,卖猪娃子,今年有价,以前几元钱。退耕还林,种玉米、洋芋划得来一些。[1]

这两位老人种地算比较多的,种植结构较为多元,杂粮比较多,是一种自然经济的种植结构,并且种养结合,喂猪,从而获得一定的货币收入。这是典型的小农经济。今天讲的小农经济主要是老人农业,中年人种地要么适度规模,要么经济作物,而年轻人则主要以经济作物为主,或者创业。

案例6:收了4000斤苞谷,没栽洋芋,挖不起,做不起,2000斤洋芋等于没种,四五分地种了辣椒,2亩红苕用来喂猪。粮食从来没变过钱,喂猪。养了一头牛,主要用来耕地。

分的地只有3亩地,加上自己开荒,共8亩地,没得办法,拖着病做。粮食没有收入,水稻收千把斤稻谷,自己的1亩,课别人的2亩,每亩每年租金100元,自己种水稻自己吃,不用掏钱买了。一头母猪,两年生5次,一次十几个,十四五个。一头肥猪,喂起过年。猪肉和粮食都不用买了,生活成本低。家里一年至少找七八千元。[2]

老人农业,就是为了老人自立,能够提供低消费生活的需要。为什么是低消费呢,因为粮食自给自足,猪肉可以实现自给自足,不用花钱买,从而减少了开支,降低了生活成本,除了吃,老人在衣住行方面的开支是很少的,所以,老人农业对于低消费生活是至关重要的。

虽然是消费主义,但老人依然可以通过老人农业最大程度上实现

---

[1] 来自访谈资料编码 WM20110713。
[2] 来自访谈资料编码 WYX20110714。

自给自足,减少货币开支,这里的自给自足实际上只是老人的自给自足,对于中青年农民而言,他们是无法实现自给自足的。自给自足意味着低消费。老人农业种了 8 亩地,加上养母猪,一年至少收入七八千元,对老人来讲,应该能够自立了。

老人农业并不陌生,也不是新鲜事物。老人农业是典型的自给自足,是传统的小农经济形态。老人农业退回到了传统的小农经济形态,与政府倡导的土地流转与规模经营是完全不同的两个逻辑。老人农业回归到了传统的小农经济形态,自给自足,这是农业经济自身所呈现的逻辑,这个小农经济的形成是与劳动力商品化联系在一起的,是劳动力商品化促成了新小农经济的形成,老人农业也是高效的。

> 案例 7:家里有 2 亩水田,10 亩旱地。每年收 2000 斤谷子,6000 斤苞谷,1 万斤洋芋。粮食做猪饲料,猪再变成钱。今年喂了 10 多头猪,卖了 4 头肥猪,现在还有 6 头,过年杀两头猪自己吃。
>
> 稻谷留 2 年,一般不卖,天气的变化,59 年都饿死了人,要有储备粮,怕明年不收,要防老,留着自己吃。存了 4 年的谷子,今年卖了 2000 斤,陈的很了,没作价,0.85 元/斤,不好吃。苞谷要卖一部分做本钱,好的卖了做本钱。去年还种了 3 亩烟,烤烟受不了,要一整夜烤,奈不何,眼睛也不行了,年龄大了,种不得,今年没有种烟。
>
> 一大家人,有孙有儿,修房建屋,我支持点,姑娘修屋,支持 1 万多。我们老了,有点能力,帮一下。两个儿子,户口分开,家都分了的,现在和儿子一起住,现在没得房子了。人情凶得很,最低不低于 50 元,人情不走不行。①

这位 60 多岁的老人非常能干,种了 10 多亩田,还养了 10 多头猪,还种了 3 亩烟,不仅能养活自己,还能支持子女,帮子女看小孩,扶持子女修房子,还走人情。看到的是两位非常能干的老人,在从事农业生产上,老人的效率甚至比中青年的效率还要高,这也让我们看到了老人农

---

① 来自访谈资料编码 ZWY20110719。

业的高效。

老人农业的高效主要体现在传统种植模式上,粮食种植＋种养结合,而非经济作物种植,老人去年种了3亩烟叶,应该说是小户,今年没有种烟,劳力投入大,并不适合老人种植,小户逐步退出了经济作物种植。但并没有看到老人退出粮食种植的迹象,反而看到了老人农业在粮食种植上的高效。老人农业的高效,是一个非常好的题目,学界看到了老人农业,但没有看到老人农业的高效。

老人农业的高效对思考农业政策具有重要启发意义,学界和政策部门往往认为老人农业是低效的,是需要淘汰的,这一认识是不全面的。准确地讲,老人农业在经济作物种植上是低效的,但在粮食种植上却是高效的。老人农业为什么高效,是由粮食种植的特点决定的,也与农业机械化程度的提高有关,粮食种植需要投入的劳力少,田间管理简单,只有经济作物才需要高强度的劳力投入。

当然,老人农业也有客观性,因为中青年农民大都外出打工,只能由老人种植粮食,老人农业实际上服务于劳动力商品化,但老人农业在粮食种植上具有高效率。由此看来,老人农业也是市场配置资源的结果,是劳动力市场和农产品市场配置资源的结果,为什么这样说呢,因为老人在劳动力市场上的价格低,或者说老人根本无法进入劳动力市场,他们只能务农,用农民的话来讲就是外出打工没人要了。同时,农产品价格低,中青年农民如果投身农业,只能获得较少的收入,不足以养家,因而,中青年农民便会退出农业生产,进城务工,家里的土地就由老人来经营。所以,老人农业是市场配置资源的结果,是符合市场规律的,因而是高效的。

2. 老人的低成本生活

老人农业是小农经济的实现形式。农民普遍外出打工,但人口流动并没有带来小农经济的变化,小农经济并没有消失。小农经济为什么存在,老人农业为什么存在,就是低成本生活的需要,小农经济是低成本生活的基础。这是老人农业能够存在的理由。

案例1:有活路就行了,生活预期低,对生活没有明确的要求,老人提前做好棺材。①

这就是低成本生活,也就是此前所谓的原生态生活,实际上是一种低成本生活。

案例2:老了无人情,天干无露水。我现在一般都不去了,70岁以后,都不去了。亲得很的,他们原来送给我的,你不去对不住人。②

老人退出人情来往,实际上也是降低老人的生活成本,不能挣钱了,自然要从减少支出上做文章。

案例3:80岁的老人,两三年都没有送人情了,送不起了。③

这也是减少老年人生活支出的一个重要方面。

平时就在屋里坐着,家里没有电视。④

老人的生活极其简单,真的是最低成本的生活,没有电视,平时在屋里坐着,只是活着而已,老人的生活可以说被压榨到了最低点,高度简化。

老年人的生活有自己的特征,除了自立外,就是简单,各类支出压缩到了最低点。老年人要劳动,要带孙子,要创造价值,同时,老年人将生活开支压缩到了极点,几乎没有什么要花钱的,没有什么消费。

老人农业不只是一种生产方式,而且是一种生活方式,本章主要从生活方式的角度展开研究,遵循生活中心范式。老人农业为低成本生活提供了经济基础,这种生活方式是最主要的。

---

① 来自访谈资料编码 WM20110715。
② 来自访谈资料编码 SM20110712。
③ 来自访谈资料编码 WM20110712。
④ 来自访谈资料编码 WM20110712。

五、老人自立与代际义务

笔者讲低成本生活,就现在来讲,低成本生活的原型就是农村老年人的生活方式。这种低成本生活当然你可以说是贫困,从贫困标准来看,就是贫困。

老年人为什么能够自立,老年人在当前市场经济背景下的自立,意味着他们不参与追逐货币财富的竞赛,不再追求高成本生活,而是安心过老年人的日子,即低成本生活。所以,只要具备低成本生活的条件,老年人就能够自立,也就是说,老年人只要能劳动,不生病,就能过这种低成本生活。否则,连这种低成本生活都很难维系。

老人自立是在低成本生活意义上的自立,因而,老人更加需要土地,更加需要村庄。因而,老人自立同时也意味着老人不再追求高成本生活,从吃穿住行各个领域退出了高成本生活,因为他们自身失去了高成本生活所需要的条件,也就是劳动力,无法再出卖自己的劳动力。

老人自立也意味着老人与子代在生活方式上拉开了距离,也是为了不给子女增加负担,子女追求高生活成本的压力很大,老年人退出高成本生活,就减轻了子女的负担。这就带来了所谓的养老问题,养老的实质是一种生活方式,老人过一种什么样的生活。现在看来,农村老人只能过一种低成本生活,很少有老人能够支付高成本生活所需要的成本,或者来自自己年轻时的积累,或者来自子女,在大部分都是家庭养老的情况下,是高成本生活改变了代际关系。

农村养老的现实和方向都是低成本生活,如何使农村老人在低成本生活中过得幸福,过得有意义,这才是养老需要面对的问题。老人为什么容易信仰,也与低成本生活有关。地下基督教面向的也是低成本生活人群,并且往往是高成本生活的失败者。

笔者在乡村社会看到了低成本的生活方式,也就是低消费的生活方式,从道德的角度来讲,也就是节俭的生活方式,这种节俭生活方式主要是由老人在实践。老人不但节俭,还勤劳,老人的生活就是勤俭的生活。

老年人节俭的生活方式,不是低消费,而是节俭,节俭是一种道德,低消费是一种理性选择,低消费伴随着节俭。老人节俭生活的基础是老人农业,是自给自足的自然经济。但在其他一些领域无法节俭,消费支出是刚性的,比如医疗支出。老年人的消费主要是个人消费。

中年人的消费不是个人的,而是家庭的,家庭消费主义。为什么会形成家庭消费主义,从制度上来看是国家责任转移到家庭责任,只能依靠家庭,形成了家庭消费主义。

其实,不只是老年人节俭,中年人同样节俭,中年人节俭是为了家庭的再生产,老年人节俭也是为了家庭。这种节俭的消费文化仍在延续,而不是低消费,而是节俭文化,节俭是美德,农村依然有美德。在消费文化上,节俭依然是美德,这从老年人消费的角度来看仍然是非常明显的。

近年来取消农业税,增加公共消费比重,减轻了农民负担,提升了家庭消费的水平。虽然农村的消费水平显然提高了,但收入与支出的矛盾依然存在,农村主导的消费文化依然是节俭文化,这形塑了家庭消费主义的特点。

老人农业是低成本生活的经济基础,正是乡村社会低成本生活的特征,为农民在高消费主义之下提升幸福感提供了一条新路。尤其是对老年人来讲,他们没有能力支付高成本生活所需要的资本,但他们可以通过老人农业来过一种相对低成本的生活。从这个角度来看,农村也是一个适合养老的地方。中青年农民在年老之后可以返乡过一种低成本生活,从而提升晚年生活的幸福感。

案例4:罗某,38岁。一安家就在县城,开理发店,孩子两岁。当时没得打工的,2000年以后,才开始出去打工,丈夫给老板打工,我在板桥做过两年生意,开理发店。他在咸丰修摩托车,以前打工,现在自己开的店。

前几年没有种地,给哥哥们种起,现在经常回来,种了1.5亩,苞谷、洋芋,5分地栽桂花树,养了一头猪。房子修了10多年了,今年才装修一下,安上了太阳能。四五年前,打工工资又低,找不到钱,吃饭都困难,没得钱用。[①]

在县城买房子,钱从哪里来?有那钱不如买养老保险,老了没退休工资,你生活来源从哪里来,在家里可以种菜,种粮食。县城

---

① 来自访谈资料编码 LM20110721。

的空气也没有家里好,买东西方便些,现在找钱不容易,开支很大。

这位70后妇女的丈夫掌握技术,在城里开摩托车维修店,应该说条件不错,在这个自然村里是最富的。他们获得收入主要来源是摩托车维修,而非种植和养殖。但他们依然选择回农村生活,主要是城里的开支大,养老没有保障,农村有地可以种菜,可以降低养老成本。

从这一个角度来看,农村的主要功能是养老,在农业政策中,农村农业被赋予诸多功能,比如经济发展,供给侧改革主要是经济发展,农村经济是中心,其框架是资本化,休闲农业、乡村旅游、土地流转、合作社是典型;农村的生态功能,越来越受到重视;再就是养老,农村适合养老,农村就是养老用的,随着老龄社会的到来,农村养老功能也日益凸显。

农村的养老功能还没有受到应有的重视,如果强化农村养老,那么,就会重新思考很多问题。比如,老人农业的意义,老人农业除了对国家粮食安全具有重要意义外,还对农村养老具有重要意义,老人农业为农村养老提供了产业保障,老人农业可以为老人提供粮食、蔬菜,还可以种养结合,从而获得肉蛋鱼等副食。所以,老人农业具有非常重要的意义,一定要确保每位老人都能有一块养老之地,这会极大地降低农村老人的养老成本,也能极大地提升老人的幸福感,也能降低国家的养老投入。农村适合养老,不是农村适合城里人养老,这仍然是以经济建设为中心的乡村建设思路。农村养老是农村适合农民养老,除了农村的生态好空气好,更重要的是老人农业能够有效降低农民的养老成本。

3. 老人农业与土地制度

恩施的自然经济比较少与市场发生关系,不像宜都那样吃商品粮,这里的市场化程度低,农民不吃商品粮。同时,自然经济的剩余很少,土地也少,并且只能种一季。恩施的自然经济是由老人在实践的,而这里的村庄则成为老年人的村庄,这是笔者看到的真正的老年人村庄。

东阳也是老人种田,但老人种田只是当成了消遣,当成了菜园子,其养老并不靠土地收入,靠个人早期的务工经商积累养老,或者靠子女养老,其生活来源还是靠务工经商收入,而非农业收入,意义完全不同。

恩施的自然经济也不是完全的自然经济,而是老人农业,老人农业作为一种生产方式,与低成本的生活方式相匹配,老人自立的条件。没有家庭农业,老人就不可能自立。

生产方式与生活方式的关系是一对基本关系,农业生产与低成本生活,经济作物与高成本生活,工商业与高成本生活。

搞规模农业不能一刀切,资本下乡不能一刀切,要充分尊重农民意愿。中青年农民有劳动力,他们通过出卖劳动力过上高成本生活,并且往往举家外出,愿意把土地流转出去,让自己彻底从土地中解放出来。

而留守在家的老人,无法通过出卖劳动力获得高成本生活,只能退回到低成本生活,只能从事农业生产,土地是基本条件,因而,他们不愿意进行土地流转。土地流转和资本下乡一定要尊重老年人的意愿,为老年人提供最基本的生产资料。市场化、社会化的规模农业不一定是主导,家庭农业也有其合理性,老人农业是家庭农业的一种形式,二者可以共存。

土地流转有两种方式,一是资本主导的大规模土地流转,在这种土地流转有现实需求,外出打工的农民希望土地流转出去,但这种土地流转一定要尊重不能外出务工的家庭的意愿,一定要为家庭农业尤其是老人农业留出足够的空间。

二是农户主导的小规模小范围土地流转,一般在本村本组的范围内进行土地流转,一般是留守在家的中年农民,由于种种原因无法外出务工,为了多种点地,把亲戚邻居的土地流转过来,形成10亩左右的种植规模,也能支付高成本生活的需要;而外出务工的农户也愿意将土地流转出去,甚至送出去,主要是为了以后回来方便耕种。

这是土地流转的两种类型,第一种土地流转具有侵略性,农民也有需求,但一定要为家庭农业留出足够的空间;第二种土地流转本身就是家庭农业,并没有改变家庭经营的逻辑,从事家庭农业的农民,大多是无法外出务工,一直没有外出务工,没有被规训成合格的劳动力,他们和老年人一样,只能在农村土地上求生存。只是他们要通过土地产出过上高成本生活。

所以,此前温铁军讲土地制度主要功能是社会保障,土地政策要发挥保障性功能,而非激励性功能。这一判断显然已经不合时宜了,土地的保障功能,不是笼统的,不是抽象的,而是具体的,对不同的农民群体而言,具有不同的意义。

对于中青年农民工而言,对外出打工者而言,土地的保障作用并不明显,更多是心理上的,是长期的;而对中老年农民而言,对不能外出打工的群体而言,土地不仅是保障作用,而是他们的生活来源,老年人要通过土地过低成本生活,中年农民要通过土地过高成本生活,他们无法在城市里过上高成本生活,但他们可以在农村里过上有意义的生活。

说白点,土地流转要具有灵活性,要具有可逆性,要为不能出卖劳动力的农民留下空间。既不排斥资本下乡和规模农业,也不排斥小农经济和家庭农业,不能一味倡导规模农业,也不能一味倡导小农经济,要建构一个整合框架,在土地集体所有和家庭承包经营的基础上,建构一个包含大农、中农、小农的整合框架,在同一个村庄里,这三种经营主体可以共生共荣,相得益彰。

总之,老人农业与低成本生活联系在一起。传统的粮食作物种植,连工资都无法获得,只是降低生活成本而已,无法获得货币收入,也就是所谓的种地不划算,连吃都不够,根本没有办法获得货币收入,没有办法支撑高成本生活。

因而,什么人在种地,就是那些没有高成本生活压力的人在种地,比如老人,他们可以过低成本生活。因而,老人农业是必然的,老人农业将是普遍现象,老人农业是市场配置资源的产物,是劳动力市场配置资源的结果。

(二) 老人自立与代际关系

老人自立是高成本生活下代际关系的自我调适,是一个道德现象,老人自立是为了下一代,这是代际关系的新变化,背后是代际义务。

案例1:80多岁的老人还在做,要生活,老人很自立。一位80岁的老太太,种半亩地。五个儿子,有一个在银行上班,老伴是退休教师,2000元/月的退休工资,不让她做,她非要做,种点菜,不种不习惯,老人愿意做。她自己完全能做,老人完全能够自立。[1]

家庭条件好的老人也自立,为什么?老人自立是为了减轻子女的负担,让子女过上好日子。为什么子女有条件养老,老人们还要自立呢?这说明,老人自立不只是为了减轻子女负担,而是代际关系的特征。老人单过并不准确,老人自立意味着老人自我养老,或者说自助养老,老人自己承担了养老的部分责任,实际上减轻了子女的养老责任。这是代际关系的新特征。

案例2:苏某,64岁,2个儿子,1个姑娘,大儿子华中农业大学毕业,现为宣恩县委副书记,二儿子在外地打工。

苏某原来在忠堡镇兽医站,不是农村户口,我们去上访,原来什么都没得,闹了三年,享受了120元/月的城镇低保,2008年落实600元/月,今年1000元/月。

个人去找钱,两个人千把块钱不够用,利用技术找点钱,阉猪的,一个月找几百元,不可能坐在屋里向子女们要。老人自立,找钱。[2]

苏某在村里算是经济条件比较好的,他本人是非农户口,享受城镇低保,最近又落实了退休工资;并且子女条件也不错,大儿子是临县的领导,二儿子全家也在外地打工。即使这样的条件,苏某依然自立,利用兽医技术找钱,而不是坐在屋里向子女们要。

由此看来,老人自立,这是一个普遍现象,不管家里条件好坏,不管子女条件好坏,这里的老人普遍自立,老人自立是代际关系的重要特征,老人自立在市场化和城市化的过程中,是一个非常重要的品质,适应了市场化和城市化的要求,同时也是对子女的帮助。

案例3:没有办法,老人很自立,我们这儿都是这样。孝顺老

---

[1] 来自访谈资料编码 CM20110710。
[2] 来自访谈资料编码 SM20110709。

人是儿子的责任,天天在家,拿什么孝顺呢,你那点地,能干什么。

老年人自立,做子女的没有办法,老人自己不做,自己吃什么呢,我们还有小孩。自己种地自己吃,只要有一丝力气,就要做,除非不能动了,老人不能动了,做儿子的都要养老人。①

这是一个儿子的看法,他也认为老人自立是理所当然的,都能理解,没办法,农村就是这样。老人自立是一个道德现象。

案例4:家里有1亩地,其他的都借给亲戚他们种了,爷爷1个人在家,85岁,种点土豆,我们寄钱回来,给一姑妈,姑妈经常过来看,叫他不要干活了。②

不同的访谈对象,从不同的角度,都呈现了老人自立。子女都出去打工了,老人只能在家劳动。

案例5:罗某75岁,老伴挖洋芋去了,一天挖一点,有亩把地。3个儿子,两个在外面打工,有事回来,没事不回来,有病他们都回来。他们的地荒了,我种不了。③

老人农业和中年人农业不同,老人一般种不了太多地,种地就是维持低成本生活,而不是赚钱;而中年人种地则是为了养家,一般有一定的规模,才会有收益。

老人已经完成了家庭再生产的任务,没有养家的压力,只是养活自己,养活自己就是为子女减轻负担。而中年人种地则是为了养家,所谓养家,就是家庭再生产,当然,家庭再生产也是劳动力的再生产,是为了劳动力市场提供劳动力。

---

① 来自访谈资料编码 WM20110712。
② 来自访谈资料编码 SM20110712。
③ 来自访谈资料编码 SM20110712。

案例6：老年人自立，杨某的父母，一个88岁，一个84岁，单独居住，兄弟姐妹9个，砍柴、挑水都是自己干。①

案例7：我们高山的人，荒坡多，有做的。拖起病搞事，勤快一点，一年能有个万把块。今年喂了两个肥猪，往年卖七八个肥猪，看病、人情都从这里开支，原来两头母猪，现在一头母猪。农村喂猪，年猪，为自己过年，40元杀一头猪。②

案例8：父母80多岁，都健在，单独生活。③

案例9：父母76岁，两弟兄，弟弟一家全部出去打工，所以我就在家了，父母种了1亩多地，生活不需要我们给，身体好就要做。④

案例10：爷爷奶奶与小叔一起生活，我爸爸每年都会回来，给我爷爷过生日。我爸和大伯让我爷爷奶奶少做一点，他们一直做，不做不舒服，他们从小做到老。什么事都要靠自己，爸妈在外面打工，爷爷奶奶要靠自己。⑤

案例11：在家里，一天做一点活，就去和街坊们玩。老年人干点活，身体好一些，精神状态也好一些，老年人都是这种看法。

有一个老人是志愿军回来的，每个月有补助500多元，过得好一些。田桂安，没钱，享受低保，50元/月，有一个儿子，分开过，有饭吃，但没有钱花。

我的条件好，先当村干部，后来到镇里的农技站、电影院，后来电影不行了。是非农户口，有城市低保，1100元/月，儿女们不让

---

① 来自访谈资料编码 YM20110707。
② 来自访谈资料编码 WYX20110714。
③ 来自访谈资料编码 XWH20110709。
④ 来自访谈资料编码 CM20110710。
⑤ 来自访谈资料编码 ZX20110719。

种田,都叫我不做生产,身体还行,每天少做一点。

我存了3万块钱,地里每年有7000元的收入,我收入的钱,都给他们,只要我不死,钱我管着,人在钱在,我准备一个人递500元,他们吼我。①

这里代际关系不紧张,老年人非常自立,可能与不在一起也有关系。老人在家,子女在外打工,不在一起,矛盾自然就少了。

老人自立是一个现象,农民外出务工主要是为了养家,养家主要是为了自己的小家庭,为了小孩,而不是为了老人,不是为了养老人。而老人在家帮儿子带小孩,反过来帮助自己的儿子养家,实际上抚养了两代人。

老人一方面要自立,一方面要帮自己的儿子养家,抚养两代人。而养老并没有成为农民外出打工的理由和动力,养老成为老年人自己要面对的事情,也就是要自立。在访谈中,老人会讲为了子女,但鲜有子女讲为了老人,只有一位留守妇女说到自己家里还有老家伙。这个问题值得分析。

案例12:自己一个人在屋里,孩子们叫我少做一点,他不给你递钱怎么搞呢,田土放弃可惜了,做一点,有一点收入。不好意思向儿子要钱,自己用方便一些,他没有钱给你用怎么办。②

案例13:刘某,水井湾,60岁,三个儿子,都成家了,单独过,负担重,家里还有一个老人,80多岁了,也是单独过,吃饭都是自己做。③

老人选择单独生活,是老人自立的一个表现,自己照顾自己,为了给儿子们减轻负担。不管是60岁的老人,还是80岁的老人,两代老人

---

① 来自访谈资料编码 ZM20110708。
② 来自访谈资料编码 LM20110711。
③ 来自访谈资料编码 LM20110711。

都是单过。

  案例 14：王某，81 岁，老伴 70 岁，三个儿子，都成家了，他们个人都很困难，他们有小孩。他们哪里有钱，现在的学生花费很大。①

  老人自立实际上是为了减轻子女负担，因为子女的负担很大，养小孩的负担很大，教育支出是主要支出，教育支出是劳动力培养的支出，今天的教育实际上是为劳动力市场培养合格的劳动力而已。
  在三代人的关系中，很显然重心在孙子这一代上。

  案例 15：自己想建个房子，小孩子还没有房子，房子是大儿子的，帮他守屋，不建房怎么搞，还有一个儿子。②

  这位老人已经 60 多岁了，还在想着为小儿子建房，因为小儿子还没有成家，自己的责任还没有尽到。老人为什么自立，就是为了家庭责任，为了下一代。

  案例 16：王某，57 岁，3 个儿子，分别为 35 岁、32 岁、25 岁，老大、老二家离婚，房子是老二修的，老大、老幺都没有屋。老大和老三在浙江打工，老二在广州打工，搞建筑。③

  老人在家种地带孙子，子女们外出务工，这是当前农村家庭的基本模式，是家庭关系在当前市场经济背景下的自我调适。

  案例 17：为了小孩减轻负担，我们劳动一点，尽量减轻他们的负担，年轻人有年轻人的事，要安家，要做屋，还要送孩子读书。这

---

① 来自访谈资料编码 WM20110712。
② 来自访谈资料编码 WYX20110714。
③ 来自访谈资料编码 WM20110712。

五、老人自立与代际义务　**165**

个社会竞争力大,他们没有房子住,他们多挣点钱,我们辛苦一些,支持他们。我们是奉献,苦一辈子,老了起不了大的作用,对他们有点贡献,我们就心满意足了。①

他重点讲述了什么是好老人,为子女着想,减轻子女负担的老人,就是被认同的老人。老人为什么要替子女着想,因为现在的社会压力大,竞争激烈,能为子女们做点贡献,老人们就心满意足了。这是家庭道德的自我调适。

案例18:老人对小的都是无私奉献,当老人的,只要孩子听话,过得好一些。我们苦一辈子,帮点忙,让他们过得好一点,这就是老人的想法。不为儿子的,10个找不到一个,为儿子,都是心甘情愿的,这个社会挣钱不容易,让他们出去多找点钱,比老的强一些,我们老的又找不到钱,所以给儿子带孩子。我自己苦,儿子苦,孙子又苦,我们一辈子都没有希望的了。②

为了下一代是市场经济背景下的道德伦理,是单向度的家本位伦理,具有时代特征,不是抽象的为了下一代,而是在高成本生活的压力下,家庭道德的一种自我调适。

案例19:80多岁的老人还要去做活,没得法,要生存。一家人都在农村,自找自吃,赚不到什么钱。儿子各自一家,送孙子读书,难搞,自己都困难。③

老人自立,也是在高成本生活之下出现的道德现象,是家庭道德的自我调适,是消费社会的家庭道德。

---

① 来自访谈资料编码 LM20110711。
② 来自访谈资料编码 LM20110711。
③ 来自访谈资料编码 LM20110711。

案例20：家里有2亩地，母亲70多岁，自己过，她能做一点，与儿子在一起生活不习惯，等以后不能干了，就是我们的事。[1]

老人自立是一个普遍现象，不只是单独生活，还从事生产，努力挣钱，自己养活自己。笔者最先在调查中注意到了老人单独居住现象，多以生活习惯不同为借口，老年人喜欢吃软一点的，年轻人喜欢吃硬一点的。在恩施发现，不只是因生活习惯不同而单独居住，更重要的是自立，自力更生，自己养活自己，这一发现具有重要意义。

老人自立是一个经济现象，与老人农业相关，同时也是一个道德现象，是一个道德行为，老人自立很显然是被接受的，甚至是被鼓励的。老人自立成了一个道德要求，就像年轻人自立一样，这是高成本生活之下，代际关系发生的一个变化。老人自立减轻了子女的负担，老人自立使低成本生活得以延续。

总之，老人自立就是如何养老的问题，老人自立更多体现了老人的家庭义务。而子女的家庭义务明显失衡，更多偏向了抚养子女的义务，养老义务降到了最低限度。通过私人义务在家庭中的配置，来看代际关系的变化，来看家庭生活的变化。

在消费压力的影响之下，家庭义务的配置出现了新的趋势，就是为了下一代，家庭义务配置遵循为了下一代的原则。如果说私人义务也需要调整的话，需要进一步促进家庭义务配置的均衡，目前家庭义务的配置出现了失衡，应该从失衡转向均衡。

(三) 老人带孙子与代际义务

老人带孙子是一种隔代抚养现象，老人抚养两代人，是代际关系的深刻变化。改变了过去抚养—反哺的代际平衡[2]，是代际关系的新平衡，是代际关系的自我调适，代际关系通过自我调适达到了新平衡。

---

[1] 来自访谈资料编码CM20110710。
[2] 郭于华：《代际关系中的公平逻辑及其变迁：对河北农村养老事件的分析》，《中国学术》2001年第4期。

五、老人自立与代际义务　　**167**

1. 老人带孙子：减轻子女负担

案例1：在家带两个孙子，一个5岁，一个1.5岁，我不带孙子，他们出不了门，还不了账。家里还有3亩地，只喂一头猪，打猪草。他们回来过年，二儿子寄点钱回来。①

老人自立，不只是自己获取生活资源，不是消极的，而且还是积极的，为子女减轻负担，最重要的是要帮子女带小孩。家里有老人带小孩，子女们才能放心出去打工，才能赚到更多的钱，才能养家。

案例2：老人家70多岁，有三个儿子，儿子、儿媳都出去打工了，两个孙子在家，一个9岁，一个14岁，小的在县城读书，大的在镇上读中学，农村教学质量差。老人一个人在家生活，照顾小孩。

70多岁的老人在家带小孩，儿子负担重，为了儿子过得好一点着想，减轻负担，儿子负担蛮重，他们出去找钱。②

70多岁的老人带孙子，这是在恩施发现的一个奇迹，不是个案，看来这里的老人不光自立，而且奉献，这是老年人的价值观，就是自立、奉献，减轻子女的负担，让子女们过得好一点。

在老年人的价值观中，减轻子女负担，让子女过上好日子是核心，为了下一代，他们自立、奉献，老有所为。老年人的情感模式也是家庭情感模式。

案例3：46岁的一位妇女，两个孩子，一个22岁，一个27岁，大儿子已结婚，孙子5岁，在家里照顾孙子，孙子2岁的时候就带到广州，那里小孩读书开支太大，一个月500多，去年又带回来读书，在镇上的幼儿园。小孩的开支由他的父母承担。③

---

① 来自访谈资料编码 WM20110712。
② 来自访谈资料编码 WMS20110708。
③ 来自访谈资料编码 WMS20110708。

这位大姐并不想在家里带小孩,但外面开支大,没有办法,所以在家安心带小孩,也没有什么想法了。她觉得不和老公在一起也无所谓,现在打电话很方便,打个电话。

农民工的小孩没有办法在城市里接受教育,开支大是一个原因,只好回到家乡接受教育。只能由老人在家里带孩子上学,城市开支大是这一模式产生的原因。

老人在家带小孩是高成本生活使然,无法支付在城市的教育成本,开支大得很,就只能回到农村,回到本地的县城。老人带小孩是为中国人口红利和经济发展做的贡献,同时也是一种无奈的选择,是高成本生活所迫,教育成本就是最突出的一项。教育成本成为子女抚养中的大头,劳动力再生产根本没有办法在城市里完成。在农村或县城接受教育,就是为了减轻教育成本。

年轻的父母在外打工,他们的父母回到家乡帮他们带孩子,让孩子在农村或城镇接受教育,这是高成本生活使然。为了下一代的教育,中年妇女留守妇女牺牲了和丈夫在一起的机会。

案例4:大孙子18岁,在读高中,一个月要1000元生活费,还有住宿费和杂费。小孙子12岁,在浙江读小学6年级,父母带出去,教学质量好一些,回头还是转回来读初中,在那儿没有资格读。爷爷奶奶在家里抚养大的,9岁的时候弄去了,读2年级,爸妈上班才走得脱。

4个孙子都是我带大的,两个外孙都是我带大的,不给他带小孩,他在屋里穷,姑娘、女婿一起出去打工,他们爷爷奶奶年龄大了。带孩子的负担也很重,天天要洗衣服。吃得也多,爷爷奶奶各带几个睡。[①]

老人帮助子女带孩子,就是为了将劳动力解放出来,让他们都能外出打工,挣到更多的钱,以应付各种开支,否则,就没有办法出去打工,很难获得足够的货币收入满足消费需要。也就是说,老人带孙子,不是

---

① 来自访谈资料编码 ZWY20110719。

为了孙子,而是为了儿子。必须两代人合作,才能在消费社会里生存,今天讲的生存,是消费社会里的生存,而非农业社会的生存。今天生存压力的增大,不是传统农业社会的生存压力,不是吃饱饭的压力,而是消费社会里的生存压力。不管是老人带小孩,还是夫妻一起外出打工,都是消费社会里的生存之道。

本研究的核心问题意识是,农民要什么样的生活,农民有选择吗?农民实际上是没有选择的,农民要的是有钱的生活,为什么要有钱,因为有钱才能在这个消费社会里生存。所以,农民谈不上什么生活,就是生存,就是在这个消费社会里生存下来。本书所要探究的,就是农民在消费社会里的生存之道。

2. 老人带孙子:隔代抚养

> 案例1:1957年的一对夫妇,两个儿子,84、87年生人,都在浙江打工。
>
> 小儿子先结婚,对象是四川德阳的,在一起打工认识的,2006年结婚,孩子4岁,在老家由奶奶带,"妈妈找钱去建新屋","想不想妈妈","想","我找到钱了,买一辆小车去接妈妈。"[①]

50多岁的一对夫妇,有两个儿子,均在外打工,儿子的对象也都是外地的,一家人的生活就是在打工的过程中完成的。孙子由奶奶带,因为妈妈出去找钱建新屋,也就是为了让家人过上好日子。只要老人年轻,身体好,老人带小孩的模式是普遍的。

> 案例2:爹不管妈也不管,我们不管哪个管呢,好可怜呢,不能让他当流浪孩子,他父亲只管住自己就行了,我们还在,我们养起,我们死了就算了。
>
> 不能误了小孩的前程,不能不让他读书。在县城租一个房子,60元/月,买个炉子,菜、米都要买,买便宜的,吃植物油。最大事情是抚养小孩,只有这个能力。大儿子的孩子我们就无能为力了,

---

① 来自访谈资料编码 WMS20110709。

他们都初中毕业了。①

照顾孙子,找钱给我孙子。父子俩都享受低保,40元/月,父子俩80元。

这是一个特殊的案例,爷爷奶奶抚养孙子的案例,儿子离婚,又残疾,老伴俩义无反顾地承担起抚养孩子的责任,并且送孩子到县城读书,奶奶租房子陪读,给孩子做饭。

像这样的案例还很多,爷爷奶奶承担孙子的抚养责任,多半是因为儿子离婚。这样的案例不同于当前因为外出务工引起的抚养两代人现象。过去,老人带孙子也是常见的事情,但是帮忙,以儿子儿媳抚养孙子为主,老人帮忙为辅,这种隔代抚养的现象并不常见,一般是子代家庭不健全,才会有隔代抚养。但现在,隔代抚养成为一种普遍现象,子代家庭健全,但工作压力大,夫妻双方都工作,导致无暇抚养孩子,抚养孩子就落到退休的父母头上,在农村,子代家庭夫妻均外出务工,孩子就由爷爷奶奶或者外公外婆抚养。

隔代抚养是一个普遍现象,这是一个道德现象,是代际关系在当今社会的适应性调整,但也带来了其他变化,最直接的影响恐怕是对儿童社会化的影响。

也就是说,在过去,老人带孙子是帮忙,只有子代家庭不健全,才以老人为主抚养;现在,隔代抚养成为普遍现象,虽然有新的时代条件,但背后的中国社会文化的机制缺失最根本的,这个最根本的文化机制是什么,是家庭的延续性,这是传宗接代价值的当代转换。

案例3:有6个孙子,大孙子已大学毕业,一个在湖北民族学院读大一,侄女婿在湖北民族学院学生处当处长。今年又有两个双胞胎孙子考大学,最小的孙子6岁,读小学。

做大人的都为子女好,我帮他们带小孩,他们出去找钱,他们才能过得好,供儿子读书。如果老人不照顾小孩,儿子们过得不好,那不行,为儿子着想,为儿子的生活着想。

---

① 来自访谈资料编码CM20110709。

儿子们出去打工，70%都是爷爷奶奶在家带孙子，老人带孩子细心，有办法，带好了不会想爸妈，大学毕业的孙子经常给我打电话。目前，夫妇俩还在家带一个6岁的孙子。我现在没有考虑么事了，把这个6岁的孙子带不到大学了。

读小学的孙子，平均分95，奖励10元，物质刺激，达不到没意见，考上大学奖励500元，考上清华大学奖励5000元。①

老人带孙辈是为了让子女们出去打工，过得更好，一方面可以满足高成本生活的需要，同时也可以教育好下一代，老人就起到了关键作用。为什么要老年人带孩子，这不是文化传承的需要，而是高成本生活的需要，也是劳动力培养的需要。所以，中国老年人也为廉价劳动力和人口红利做出了贡献，不只是生育的问题，还有抚养的问题。在调查中发现，不同区域农民的生育观念可能会有所不同，但老人抚养孩子的现象却是相通的，抚养比生育的压力更大，老人抚养小孩不仅让年轻的夫妇能够出卖自己的劳动力，而且让劳动力的再生产得以进行。所以，在劳动力廉价的背景下，劳动力所得可以维系高成本生活，但还不足以维系子女的教育，由此，老人抚养小孩便解决了这一困境。使当前的劳动力市场得以运转，使整个经济体系得以运转，老人做出了自己的贡献。农村老人的贡献，不只是老人农业，更重要的是在劳动力再生产中继续发挥作用，他们不再生育，但他们却承担起了抚养教育孙辈的重任，农村老年人的这一贡献被忽视了，在整个劳动力市场中，老人抚养小孩是一个重要的支点。

此前，只是把老人抚养小孩放到留守儿童和留守老人的框架中去理解，而没有正视这一问题，没有正面它的积极意义。如果不是老人在家带小孩，年轻夫妇就不能专心外出务工，就不能过上好日子，孩子也不可能接受好的教育。

这一模式的关键是，老人是否给力，老人给力，像老张一样，就是正面的案例，笔者在南方调查时，碰到了大量的老人在家带孩子的案例，并且往往是几个儿子的孩子一起带；如果老人不给力，或者身体不好，

---

① 来自访谈资料编码 ZM20110708。

或者年龄大,或者不负责任,年轻夫妇就只能付出更多,一个人留在家里带孩子,或者把孩子带上一起去打工。

比如在《归途列车》这部记录片里,大家注意到了打工者的生活,以及留守儿童的教育。但是,大家鲜有注意到那位留守老人,正是那位老人维系了这种模式,老人是最关键的一个支点。

老人带孙子是一种家庭分工,这一分工是在市场经济背景下形成的,是家庭对经济的适应,对劳动力市场的适应,对高成本生活的适应。在人口红利中,老人也是做出了贡献的,为中国奇迹做出了贡献。农村老人的贡献不仅是自立,不仅是老人农业,而且为劳动力市场提供了支点。要正视农村老年人的这一贡献,而不是将老年人视为消极的力量。

总之,从宏观上来讲,老人带孙子为人口红利和劳动力市场做出了贡献;从微观上来讲,老人带孙子是为了让儿子们有机会外出打工挣钱,过上好日子,也就是高成本生活,为了在高成本生活的竞争中不落伍。

那么,微观机制是如何转化为宏观机制的呢,一是家庭主义,代际关系,代际支持,父代对子代的无私支持,这是中国家庭的特点,中国奇迹的支点;二是由于劳动力的廉价,劳动力的再生产无法在城市完成,或者说无法在打工地完成,也就是说,劳动力价格不足以维系家庭的再生产。农民工一方面要出卖劳动力获得货币收入,应付高成本生活,同时又要结婚成家,进行劳动力的再生产,单靠农民工个体无法完成这一工作,只能借助于父母的帮助。所以,在很多地方的农村,年轻的夫妇生下小孩就留给父母,或者男方父母,或者女方父母,就出去打工,带小孩的任务就转嫁到了老人身上。

这就导致一个奇怪的文化现象,年轻的夫妇只负责生育,而抚养是由他们的父母来完成的,抚养义务在代际之间的转嫁就完成了。这一辈父母实际上抚养了两代人,他们的孩子,和他们孩子的孩子,年龄大的父母做不了,年轻的父母一般都是这种模式,这是一个奇怪的文化现象。这一模式具有一定的稳定性,年老的父母这样做,年轻的父母也是这样做,这一模式能够维系多久,取决于中国经济的发展,还有待进一步的观察。

3. 代际关系的调节机制:代际义务

家庭内部关系主要是代际关系,而家际关系则主要是人情关系,二者都是以道德义务为基础,而不是以利益为基础,从两种关系的调节与运作机制就可以看得出来。

代际关系的调节机制是义务机制,而非利益机制,从义务机制出发,才能理解代际关系,代际之间的关系是一种义务关系,这种义务关系是道德性的,是道德规定的,而非法律规定的。代际之间的关系根据道德进行调适,进行界定。代际关系是一种道德关系,而非法律关系,在道德关系无法维系的时候,或者道德关系出现越轨现象时,才有法律的介入。

代际关系的义务机制具有弹性,比如农民对子女教育重视,但并不一定要求子女非要达到什么目标,而是凭自身的力量,凭良心,量力而行,根据自己的能力尽自己的义务。代际关系并没有固定的模式,而是根据家庭生活的具体情形进行调适,代际关系调适的原则是义务机制。

为了下一代是家本位的核心价值,对孩子的义务感非常强。在这里看到的不是代际冲突,而是老年人的自立、自乐,是老年人对子女的支持,老人带小孩就是典型。过去人们讲,家有一老胜似宝,现在依然成立,老人的作用不再是传授生产和生活的经验,传授礼节和处世之道,而是帮助子女们过上高成本生活,从而使家庭的再生产得以维系,这是一种新型的代际关系。

老年人自立,在把子女抚养成人后,还要帮助子女完成家庭的再生产,帮助子女过上高成本生活,聚焦一点来说,老人的作用就是抚养两代人,这是当前代际关系的一个突出特征。

老人的作用不是老人农业,不在生产上,而在劳动力的再生产上,围绕着劳动力展开分析,而不是农业生产,农业生产也是劳动力的视角。本研究在劳动力的生产上,看到了老人的作用,在劳动力的外出和生产上,老人发挥了关键的辅助作用。

而学界对老人的这一作用较为忽视,将老人视为消极的力量,需要帮助的对象,多在孝道衰落、自杀、留守等视角研究农村老人,忽视了老人的积极作用。那些极端案例肯定是存在的,但不能无限夸大社会失范现象,而忽视了对主流社会的研究。也就是说,对边缘群体和失范现象的研究,不能遮蔽了对主流社会的研究。

抚养两代人是一个重要的文化现象，是一个重要的类属，可以进一步增强数据基础和分析。所谓的抚养两代人就是当前流行的隔代抚养现象，这种隔代抚养不仅在城市社会，而且在农村社会，都是普遍现象，且在农村表现为留守儿童和留守老人问题，两者就是隔代抚养。

为什么隔代抚养成为普遍现象，与现在的经济社会条件有关。隔代抚养之所以成立，更与中国社会文化机制有关，这种文化机制就是家庭的延续性，就是传宗接代的价值。过去学界认为传宗接代是传统的价值，是落后的，是封建的，实际上，传宗接代是一个非常有力量的价值观，传宗接代在今天的城市化和市场化过程中，表现出了积极的一面，成为正面的价值，这是中国社会充满活力的原因所在，也是中国劳动力再生产得以顺利进行的原因所在，是人口红利背后的原因所在。

子代家庭抚养孩子的压力大，传宗接代就受到了干扰，于是，他们的父母就接过了重担，隔代抚养就成为普遍现象，这一代婆婆就抚养了两代人，抚养了自己的孩子，还抚养了孩子的孩子。而下一代的父母则没有抚养自己的孩子，他们可能抚养自己的孙子，这才是真正的隔代抚养，即自己的孩子由长辈抚养，而年轻人则忙于工作。

传宗接代是人口繁衍背后的价值所在，人们为什么生育，这就是生育观，生育行为背后的价值观，就是传宗接代。中国人生孩子养孩子，都是为了下一代，将下一代视为自己生命的延续，对下一代倾注的精力和心血，要远远高于自己的父辈。

传统的传宗接代主要是生儿子，并且主要是男方的事情，而非女方的事情，今天，带孩子的往往是女方的妈妈，这一点是变化；同时，男女都是宝，重男轻女这一观念也转变了，传宗接代不分男孩女孩，都是下一代。这是传宗接代价值的当代转换，这在农村也是如此。比如，农村的单女户增多，女孩也能入家谱。传宗接代这一价值获得了新生，并且发挥了重要作用。

总之，农民的义务观是一种道德义务观，而非法律义务观，法律只能禁止人们做什么，很难激励人们行动，而义务则具有激励作用，农民的行动受到了义务的激励，而非权利的激励，更非利益的激励。在私人生活中，看到了私人义务的激励作用，比如中年人勤劳工作，老年人自立，都是义务的激励。由此看来，社会学过去对家庭代际关系的解读是一种功能主义的解读,从反哺的角度去解读,是不成功的,代际之间的剥削就更加跑题了。家庭代际关系实际上是一种道德义务关系,离开了义务的激励作用,无法理解这种代际关系。

4. 老人带孙辈:劳动力再生产

老人抚养两代人背后是资本剥削,是一种隐形剥削。农民工年纪大了,找不到活干了,就可以摆脱资本的剥削吗,不可以,在家带孩子,劳动力再生产,隐形剥削。

对农民工而言,其生产和生活都被市场经济极大地改变了,被资本改变了,被工商社会重塑了,被劳资关系改变了,围绕劳动力商品化展开,而不是被农业社会塑造。

不是货币哲学,而是劳动力哲学。笔者找到了理解中国社会的一个切入口,这是中国社会的最大变化,城乡均是如此。不是农民工,而是劳动力商品化,不是劳动商品化,而是劳动力商品化,劳动力市场才是最典型的市场。

老人自立是市场配置资源的结果,是劳动力商品化的必然结果,老人抚养孙子,也是市场配置资源,是劳动力商品化的结果。过去老人也会自立,老人也会帮忙带孩子,但在市场经济时代,与传统农业社会相比,老人自立也具有了新的意义。

城乡关系背后是劳资关系,家庭再生产在城乡之间分解开来,劳资之间的剥削转化为代际之间的剥削,劳资矛盾转化为代际冲突,劳资冲突转化为代际冲突,应该说,这是一个新发现。

劳资矛盾转化为代际矛盾,这恰恰就是中国社会的弹性,中国社会的适应性,是农民对市场经济的适应,也是对城市化的适应。这也是对中国农村为什么稳定的一个深层次探索。

劳资矛盾除了转化为代际矛盾,还体现为留守儿童问题,留守儿童和老人问题是劳资矛盾在乡村社会的两个表现形式。

(四) 老人自立与社会保障

对老人自立现象,可以放在家庭内部代际关系中来理解,同时也可以放在老人与国家关系中来理解,放在农民与国家关系中来理解。也就是说,老人自立既体现了老人对家庭的义务,也体现了老人的权利,社会保障就是老人的权利。

这里的老年人非常自立,自己找钱自己吃,在这个问题上并不寄希望于政府和他人,这是一个道德现象。同时,这一点也对完善老年人保障有启发,老年人保障的前提是老年人自立,老年人自立只是维系最低成本的生活方式,而无法解决医疗支出。老年人社会保障政策的着眼点是要降低老年人的生活成本。

1. 老人自立的脆弱性:新穷人

老人自立是家庭脆弱性的另一种表现。老人自立当然是奉献,为了下一代,但同时也体现了家庭的脆弱性,家庭养老非常脆弱,甚至到了最低限度,老年人的生活得不到保障,只能过低成本生活,甚至有些老人会采取自杀行为。

这是城市化对老年人生活的影响,城市化的影响主要包括两个方面,一个是劳动力商品化,老年人在劳动力市场处于劣势,只能从事农业,而从事农业获得的收入就比较少,相应地就只能过低成本生活;另一个是消费商品化,消费主义文化下乡,而老人由于收入较少,无法支付消费商品化所需要的货币,就只能过低成本生活,只能满足生活的基本需要。

也正是因为如此,老人对低保等惠农民生政策非常敏感,这对老年人来讲非常重要。要加大针对老年人的社会保障体系建设,加大集体消费的比重,这是乡村建设的重点。

> 案例:老房子住不成了,找书记看下那个房子,给我们补一点,我们这么困难。怕啰嗦,一直没有找过村里。低保没有享受,我们队里我们是最困难的。
>
> 单身人,有肺结核,实在做不得的有低保。给任何人评我没意见,不能做的没有意见,乌家有一个小孩,抽风,给他搞低保,我也没意见。不干的人搞低保,低保没经过调查。我儿子给丁书记打电话,钱不在多少,要平衡。我们两个都害病,两个60多岁的老人,拼死地去做。为什么不找村干部,找他不起作用了,说你大儿

子中用，不赌钱不打牌不喝酒。①

老人大都在乎低保，为什么，因为很多老人普遍生活困难，过的是低消费生活，从低消费的角度来看，他们就是穷人，因为乡村传统崇尚家庭养老，往往从子女的收入与消费状况来评定老人是否能够享受低保。从目前的代际关系和消费水平来看，代际之间的消费差距是非常大的，子女家庭消费水平高，并不代表老人的消费水平高，从消费水平来看，老人是名副其实的穷人。

因而，从消费能力来看，有些老人确实应该享受低保，因而，很多老人对低保最在乎，是因为低保对于他们也的确重要。

在农村，老人是新穷人，患病者也是新穷人，新穷人主要是消费能力不够造成的，新穷人也体现了家庭的脆弱性。如何扶贫呢，今天的扶贫对象恐怕大部分都是新穷人。因而扶贫不再适合只从生产的角度切入，更应该从消费的角度切入。

根据鲍曼的定义，新穷人是不合格的消费者，这是消费社会里的新穷人②。随着农村社会快速进入消费社会，农村社会的穷人也由生产上的穷人转型为消费上的新穷人，这对扶贫工作提出了新的要求，针对新穷人的有效办法，就是加大集体消费的比重，而不是发展生产，也就是所谓的发家致富。

在劳动力商品化的背景下，能够通过勤劳摆脱贫困的人口都已经摆脱贫困了，剩下的是没有充分劳动能力的人，他们已经转型为新穷人，从消费的角度来界定穷人并进行扶贫可能更合适。新穷人是消费时代的产物，今天的扶贫也应该是消费社会的扶贫。

新穷人是城市化对乡村社会的另一个影响，新穷人是在城市化背景下产生的，因而不同于传统乡土社会里的穷人。过去的穷人主要是从生产资料占有的维度来界定的，而今天的新穷人则主要是从消费能力的角度来界定的，从消费资料占有的角度来界定的。

---

① 来自访谈资料编码 WYX20110714。
② [英]齐格蒙特·鲍曼：《工作、消费、新穷人》，仇子明等译，长春：吉林出版集团有限责任公司2010年版。

笔者曾经提出谁是穷人的问题,这是扶贫研究的根本问题,谁是穷人,通过新穷人这一概念,就可以对这一问题展开讨论,打开了一个新的讨论空间。

2. 老人自立的制度条件:社会保障

小农追求自给自足,这在当地的种植结构体现非常明显,在老人自立中体现非常明显,小农的自立体现在农业生产中,或者说小农的自立是小农经济的一个特点,小农的自立是小农经济决定的。

小农的自立同时体现在小农与政府的关系上,小农表现出了自力更生的一面,并不愿意与政府打交道,在面对社会保障和惠农政策时,他们也不排斥,他们要的是一种施舍式、救济式的社会保障,而不是参与式的社会保障,他们不参与、不积极、不信任。这种社会保障还是传统的社会保障,而不是现代社会保障,是家本位的社会保障,而不是公民个体的社会保障,我们的社会保障体系是针对户,而非针对个人的。

> 案例1:有很多年轻人长期在外打工,不照顾自己家的老人,留守老人只好找村里的麻烦,这也是一个矛盾,我们的政府管得太多了,会助长子女不孝。[①]

这是笔者此前讲的政策与伦理的关系问题,老人自立具有脆弱性,是低水平的,是最低限度的,因而需要制度保障,社会保障实际上是为老年人的生活提供制度保障。

> 案例2:今年住院在忠堡镇,给老二打电话,他喊车来的,住院的钱,我个人花的,花了600多元,合作医疗报销了一部分,多了,他们几个有想法,我个人弄得起,我不牵涉他们的,他们那么多学生,开支大。[②]

合作医疗为老人自立提供了政策保障,对老人来讲,医疗开支是一

---

① 来自访谈资料编码 ZZR20110707。
② 来自访谈资料编码 SM20110712。

笔很大的开支,老人的开支很少,就是医疗开支,看病不能自立,只能靠儿子,或者靠政策。合作医疗是老人自立的重要条件,合作医疗为老人自立提供了保障,实际上间接减轻了子女们的负担。

老人自立是道德现象,也是需要条件的,老人农业是老人自立的经济基础,低保和合作医疗是老人自立的政策保障。老人争取低保,是为了实现自己的自立。

什么是老人自立,这是相对于子女而言的,对子女养老的依赖大大减弱,一是老人农业,二是老人社会保障,除了低保、合作医疗,还有养老金,都是为养老提供了保障。合作医疗也降低了其他村民的生活成本,国家政策除了致富,就是减成本,减少农民的生活支出,通过公共服务能够做到这一点。

案例3:万云新,1949年生人,两个儿子,一个25岁,一个30岁。老头,高血压,6年多了,脑子混,倒下去不能动,坐下来翻跟头,镇医院刚检查了,没确诊,说到恩施去检查,还没去,没有钱,头疼心跳。去年一个人用了1.2万,老婆今年用了6千元。合作医疗,每人每年交30元,要住院才能报销,老伴两个在屋里,没有办法住院。治病了,大儿子会给钱,小儿子不成事。①

医疗支出是老人的主要开支,合作医疗减轻了老人的医疗开支,通过集体消费减少了消费支出,降低了生活成本。

案例4:看病都是自己出钱,我没有向他们要,他们也拿不出来。合作医疗30元/人,去年都交了的,今年没交。他们没管我,他们个人都管不了。有1元钱就买1元钱的药,米也是自己买,退耕还林,1.5亩,190元/人。②

老人自立是全方位的,包括看病,这个还是需要保障的,老人自立,

---

① 来自访谈资料编码 WYX20110714。
② 来自访谈资料编码 WM20110712。

只能过低成本生活,但生病呢,医疗开支应该是一笔比较大的开支。实际上,很多老人的医疗并没有很好的保障,这个是需要子女们负担的,同时也是需要国家保障的。

所以,老人对低保还是很重视的,对国家政策还是有依赖的,正如老人所言:政策好,多活两年,多看看。国家政策能够降低老人的生活成本。对老人自立而言,医疗保障是比较特殊的。

  案例5:我没有享受低保,低保是看人搞的,我和你好,就搞个低保,我们都没得。上面的国家政策很好,每一位老年人都要搞。不管上面搞的什么钱,老百姓都不知道,举手表决,我们都搞不到,那你有什么办法。[①]

老人认为低保是每一个老人都要有,这里的老年人生活都是自立的,因而都需要低保。在老人自立的村庄里,低保对每一个老人都很重要,所以,没有得到低保的老人对之都有看法。所以,低保政策设计中要注意老人这一群体,而不仅仅是困难户。大部分老人都在过低成本生活,他们都是困难户。

老人自立为观察低保提供了一个新的视角,老人自立与老年人社会保障是一个真实的问题。老人自立是一个道德现象,而低保政策会影响这一道德现象。

不能因为老人要低保,就否定老人自立,不能用私人道德来替代公共道德。老人要低保,恰恰是因为老人自立,因为老人自立,几乎所有的老人都需要低保,老人在私人生活中的自立,导致老人对社会保障的依赖。

  案例6:老人都没有,有的小孩都有,老书记吃低保,农村的事情讲不清楚。我们家老人80岁,我们没有低保,我们三兄弟,享受也可以。农村低保是一言难尽,都是关系问题,丁书记来了可以,

---

① 来自访谈资料编码 WM20110712。

五、老人自立与代际义务 **181**

公布过的,以前没有公布。①

农民对低保还是很重视的,大家都盯着,实际上低保是为了保障困难户的最低生活水准而设立的,过去只关注低保的分配,而没有关注到低保与低成本生活的关系。

低保对老人具有重要意义,和老人农业一样,低保也是维系低成本生活的重要条件。扶贫政策中,有些是维持低成本生活,比如低保,有些是追求高成本生活的,比如扶贫产业开发,是要带动农民致富的,所谓致富,就是支付高成本生活的能力。

低成本生活主要有两类人群,一类是老人,一类是贫困户。两个群体的共同特征是退出了高成本生活的竞争,安心于低成本生活,原因也差不多,就是都缺乏劳动力,不能将劳动力商品化,不能外出打工,因而只能靠种田过日子,种田过日子,只能是低成本生活。

> 案例7:我们身体不好,怕见水,五六年了,吃药花了上万。只有一个小孩,买保险可以减轻他们的负担。不买保险,钱存不下来,买保险是强制存钱。新华保险,2500元/年,交20年,每年给一个单。一个朋友买的,在网上查的,我们也买了,今年是第三年。老人有养老保险,儿子们的负担就减轻了。农村人很多人没得文化,保险意识差。年轻人送学生、修屋,修起屋都差不多了,年老了又找不到钱,没得钱买。②

这对70后夫妇在县城开店,见识广,他们给自己买了养老保险。为什么要买保险呢,是为了养老,为了减轻子女的负担。这也是今后农村老人养老的途径,即商业保险的养老途径,这是一种商业化社会化的养老。笔者在其他地方也发现,越来越多的农民买了各类保险,一些村干部现在兼职做保险业务员,这表明农村保险的市场还挺大的。一些年轻的夫妇,在自己年轻的时候,多挣些钱,买养老保险,一方面为自己

---

① 来自访谈资料编码 LM20110711。
② 来自访谈资料编码 LM20110721。

的晚年生活提供了养老保障,另一方面也减轻了子女的养老负担。

养老保险将农村养老商业化,这也是养老的一个途径,这是对农村养老的经济分析。农村的中青年已经具备了买养老保险的意识。

3. 老人自立:私人道德与公共道德

老人自立既是道德现象,同时也是治理现象,老人自立是农民自立的一个表现。在私人生活层面,老人高度自立。在公共生活层面呢,老人还能够自立吗?国家如何看待老人自立?社会保障如何看待老人自立,这就是治理与道德的关系。

一些基层干部讲,国家扶贫扶了一帮懒汉,这个说法是有问题的,问题出在哪里呢,是将私人道德置换为公共道德。在私人道德层面,懒当然是一个不好的品质,自立才是被认可的道德,老人自立是符合道德的,农民自立是符合道德。

但是,在公共层面,在公共治理层面,应该有公共道德。但公共领域没有公共道德,基层干部直接将私人道德置换为公共道德,认为村民想要低保,想要帮扶是不道德的行为,这种说法是不成立的。

这样来看,还是公私不分,公共道德与私人道德并没有区分,私人道德高度发达,公共道德弱化。在公共治理中,由于公共道德的缺失,基层干部为了治理的方便,将私人道德用作治理手段,也就是此前发现的人情和村庄舆论。

道德在治理中发挥作用,现在的问题还不是德治的问题,而是什么德治的问题,是私人道德的德治,还是公共道德的德治,私人道德发挥的作用并没有太大的问题,私人道德高度发达。当前的最大问题是公共道德弱化甚至缺失。

由于公共道德的缺失,现在讲的道德都是私人道德,乡村社会是靠私人道德维系的社会,而不是靠公共道德维系的社会,乡村文化建设最重要的是要建设公共道德。公共生活、公共空间、公共性等背后是公共道德,公共文化建设的核心是公共道德,离开了公共道德,公共文化建设就是虚的。

私人道德高度发达而公共道德严重不足,这是当前乡村道德体系的特点,笔者此前所谓的具体的私抽象的公,以及所谓政治性的缺失,就是指的公共道德的缺失。由于公共道德的缺失,在基层看到的是一个私人化的治理,干群之间的相互评价是基于私人道德的评价,这就错位了。

所以,不能简单地讲德治,要对私人领域的道德与公共领域的道德加以区分。在公共治理中,由于公共道德的缺失,滥用私人道德的现象十分普遍,比如在信访治理中,也是滥用私人道德到公共领域,这就是信访问题的症结所在。

这是本研究的一个基本研究结论,通过单向度的家本位,发现了私人道德盛行,而公共道德不足,公共文化建设就是要加强公共道德的建设。

(五) 老人创造价值

老人自立是个好问题,这里面有几个问题值得讨论。一是老人自立的经济基础,与老人农业有关,与土地有关;二是老人自立的背景,是高成本生活,老人自立是一种低成本的自立,过的低成本生活,或者说老年人不再追逐高成本生活,老年人自立实际上是放弃高成本生活;三是老人自立的动机,老人自立是为了帮助自己的子女过得更好,老人过低成本生活是为了让子女过上高成本生活;四是老人自立的制度条件,民生政策,低保,养老保险,合作医疗,使得老人能够过上低成本生活。

老人自立的表现形式,就是老人单过,也就是与子女们分开过,这是老人自立的表现形式。为什么分开过,为什么子女们都住的新房、楼房,老人们都搬出去住,搬到村外的小房子、老房子里居住,甚至临时搭建的棚子里居住。他们会说在一起生气,会说生活习惯不同,作息习惯不同,饮食习惯不同,实际上是老人们无法过上高成本生活。他们不是被子女们抛弃,而是被高成本生活抛弃,所谓减轻子女们的负担,乃是为了减轻高成本生活的负担。

不管是经济欠发达地区的农村,还是经济发达地区的农村,农村老人自立都是一个普遍现象。在无锡的山联村,60岁以上的老人也参加劳动,因为本村发展乡村旅游,他们就在农家乐里就业。因为老人一过60岁,工厂就不要了,老人在农家乐就业,一个月也能有两三千元的收入,这是老年人的二次就业。老人所得收入主要用来养老,有了这些收入,就不必再找子女们要,也能减轻子女负担,这就是典型的老人自立。中西部的农业型村落里,中青年农民大都外出打工,只有老人从事农业生产,出现了所谓的老人农业,老人农业服务于老人自立。

总之,老人自立有条件,但总体上还是被逼的,是被高成本生活所逼,通过这种方式,让子女过上高成本生活,他们退出高成本生活。老人自立实际上是老人自动延迟退休年龄,这是高成本生活使然。

从高成本生活之下老人自立这一视角出发,可以重新理解一些现象,比如老人自杀,孝道衰落,养老的问题。不能泛泛地讨论养老的问题,养老的核心是让老人过上什么生活,可以将养老与养儿子进行对比分析。

今天讨论养老,是让老人过什么样的生活,对农村而言,生活水平提高了,但老人们还是不能和子女一样过高成本生活,只能过低成本生活。所以,养老不是老人和子女们过同样的生活,而是让老人过上低成本生活,从目前的条件来看,这是没问题的,有民政政策,有合作医疗,同时温饱问题也已经解决,老人们是可以过上低成本生活的。

本章讨论养老问题,是在低成本生活还是高成本生活的角度进行讨论,说城市里的养老成本高,是从高成本生活的角度而言的,说农村的养老成本低,是从低成本生活的角度而言的。所以,养老的问题,不是家庭养老与社会养老的问题,而是高成本养老还是低成本养老的问题。从这个角度来看,城市只能是高成本养老,而农村则具备低成本养老的条件,因而,农村是适合养老的。

一些地方出现的老人自杀现象,不只是生活意义的问题,是生活方式的问题,是不安心低成本生活。在目前的条件下,农村养老只能是低成本养老,目前的农村条件和公共政策是支持低成本养老的,如果农村老人能够安心低成本生活,他们是可以做到自立自乐的,幸福感会很高的。但若追求高成本生活,他们一定是非常痛苦的,他们已经不能再出卖劳动力,无法靠自己过上高成本生活,而他们的子女也面临着高成本生活的压力,也没有能力让他们过上高成本生活,他们只能自立自乐,实践低成本生活。否则,他们只能被高成本生活所抛弃。

还有那些弱势群体,实际上没有劳动力的,是追逐高成本生活过程中的失败者。他们可以回到农村,过上一种低成本生活,一种低成本高

五、老人自立与代际义务　　**185**

幸福感的生活。

再比如孝道衰落的问题，其实并不存在孝道衰落，只是在高成本生活之下，老人不可能过上高成本生活，看起来是孝道衰落，实际上是一种无奈的选择，是高成本生活的压力所致。

建设新农村，不是建高楼，不是要复制城市化的生活方式，实际上是要保留一种低成本生活方式。这种低成本生活方式，比贫民窟要好，不只是对老人，而且对丧失劳动力的弱势群体，也都是一个好的归属。这在现代化的过程中，对一个大国而言，是必要的。

通过老人自立，发现了一个积极的老人形象，而非消极的老人形象。老人不只是一个待反哺的群体，而是一个积极创造价值的群体。这是一个有价值的发现，是市场经济背景下老人的新形象，是劳动力商品化背景下老人价值的再发现。

乡村社会中的老人群体是积极的，是乐观的，是能够创造价值的，而不是消极的，绝望的，甚至自杀的。通过对积极老人的研究，重新为老人画像。

老人是能够创造价值的，老人如何创造价值具有时代性，是与时俱进的。在传统农业社会，家有一老是个宝，老人有丰富的经验可以传授，包括生活上的，也包括农业生产上；而进入现代社会，老人的地位不再，生产生活变化很快，老人已经跟不上时代了，学界倾向于认为，老人地位下降，成为没用的人，成为家庭的累赘，成为国家的负担。一些老人也认为自己没用，选择以自杀结束自己的生命，果真如此吗？在调查中发现了老人自立、老人农业以及老人带孩子。不管是生产，还是生活，老人都在积极创造价值，老年人创造价值这一点显然被学界忽略了。老人创造价值背后是代际义务，代际义务是一种自觉的义务，也是一种强义务，对家庭再生产具有重要意义。从宏观层面来看，老人创造价值对经济增长和社会稳定均具有重要意义。

六、人情与共同体义务

村落共同体是人情共同体,人情是共同体建构的手段。人情意味着共同体内部家庭之间的义务担当,这种义务是一种私人义务。共同体生活通过人情义务得以维系,同时,共同体义务是弱义务,共同体整合是一种弱整合,靠私人义务维系的共同体具有脆弱性。集体经济解体之后,共同体生活得以复兴,在共同体生活中,农民运用人情编织着关系共同体。

(一) 共同体人情

1. 人情收支平衡

案例1:一个队的有事都要去,老人过世都要帮忙。我不在家,寄钱回来,让爸妈代替,各走各的礼,50元,100元,亲戚之间2千、3千的都有。不走人情,都没有来往,借钱也要走,老人过世,生小孩,接媳妇,建房子,60大寿,80大寿,一般的生日,年轻人不过生日。

76岁还走人情,自己的亲戚,没办法,女儿家,儿子家。1000元,找钱难,女儿家做房子,做父亲的肯定要去,肯定收不回来,我们不会考虑礼会回来。

送人情,自己有什么事的话,别人也要过来,99%的都要来,没来就没来,别人送100,我送120,根据礼单回报别人。收1.2万,支1.5万,基本平衡,一包烟5元,喝苞谷酒,一桌要200元的标准,你来我往,收起来,送出去,这正常,不过分。①

案例2:人情平常送的多,收的多,收的少,开支大,要倒贴。一般的还是够,收个七八千元,要讲人缘。人情多了,天天都有送的。他送100,你再送的话多少搭个零头,10块20块的。②

案例3:礼钱由自己决定,10元,30元,5元,根据个人的情况。至于东家,不会考虑赚还是赔的问题,不是那个想法,不是为了赚钱,而是为了热闹一下子,收支基本平衡。准备了十几桌,2000元的开支。土豆丝,土豆片,杀了一头自己家养的一头猪,百把斤。肉10多元每斤,买不起。③

人情的原则是收支平衡,人情并没有异化为借贷手段,在很多地方,人情异化为信用借贷,也就是利用办事来收点钱。在这里,人情基本上收支平衡,所收人情基本上用来办事了,这表明,这里的人情主要服务于社会关系的建构。

收支平衡是个有意思的现象,说明利用人情赚不了钱,过去对人情的考察大多是从家庭的角度出发,将人情视为一种负担,视为一种开支,这样的观察并不全面。从收支平衡来看,人情算不上开支,人情不是消费,而是投资,是对社会关系的投资,对社会资本的投资,农户的人情投资带来了共同体和社会资本的再生产。本章转而从共同体的角度来考察人情,是共同体建构的主要途径之一。

2. 人情自觉

案例1:邻居住的近,大事小情都要来往,帮忙。他们有事,你帮忙送人情,你有事,他们基本上都来,使气的不来。送人情,每年

---

① 来自访谈资料编码 WM20110712。
② 来自访谈资料编码 SM20110712。
③ 来自访谈资料编码 CM20110710。

三四千元的人情开支,邻居一般50元,40的也有,亲戚一两百,上千的都有。①

案例2:人情有来往的还是要去,两个儿子都不送了,都是我送,一年至少要2000元,有时候一个事都要2000元,大人情。姑娘、姑姑、舅舅,姻亲的人情很重,叔伯兄弟的人情不重,一般几十元,最多100元。

万家有的没来往,一个家族也不是都来往,人一辈子相交不完的,也有没来往过,我有事他不来,他有事我也不去。在路上没搭过白,碰不到,没有感情。②

案例3:人情各是各的,2009年建房,有些是儿子的朋友,我们都认不到。过生日,上辈不来,小孩晚辈来,每年3000元人情开支,都有一个人情薄。

人情不重,一般都是40、50元,亲戚:外公、舅舅、姨娘、姑妈、老表、姊妹;朋友:玩得好的朋友,年轻人朋友多一些。一队一块,住在一起。四方缘:乌家、万家、周家院子。少的一年也要千把元,关系不好的都不走了。③

案例4:娘家兄弟过生日,一个太爷爷,住的近,你去我来,认识一下,和气一些,100元钱。老太太自己去的,去多了还不好意思,我也不得空。我们这里的人到50、60岁以上,每年都过生日,邻居不来,亲的来,千把元的支出,2000元的收入。④

案例5:小队,周围的邻居,都比较和气,接媳妇,打发姑娘,都要来,我们家办事了,娘家屋里都要来。红白喜事都要帮忙,风俗

---

① 来自访谈资料编码 WM20110713。
② 来自访谈资料编码 WFY20110715。
③ 来自访谈资料编码 WYX20110714。
④ 来自访谈资料编码 LM20110711。

习惯,叔伯兄弟。① 红白喜事,人情都要送,该送的要送。人情开支每年要二三千元。②

案例 6:8000 元/年的人情开支,一般的 100 元。亲家母过生,好事,都要去,一般要 200 元,一个儿子在外工作,两个开车,送少了好像不行。我们关系都处得比较好,亲戚家有事,我们都去,我们过生,他们也都来。各送各的,每个人的亲戚。只要能找来钱的,就参加,交朋结友都要送人情。③

案例 7:人情开支一年要二三千元。借钱都要送,亲戚送得多,邻居送得少,不送,个人对不住人。④

案例 8:王家湾,12 户,一个湾子就是一家人,姓宋的有事,大家都去,他一个人弄不到,都去帮他,原来不用喊都去,现在喊,要多少喊多少,帮忙。一个湾子里都送人情,人情开支 2000 元/年。不送的少,他家有老家伙,我们有联系。⑤

案例 9:本队内部通婚,杂姓,罗姓多一些,也都是亲戚,罗姓的奶奶就是王家的闺女。一个队都赶人情,单姓有事,我们都去帮忙。⑥

案例 10:人情礼尚往来,有事都到,人情开支七八千元一年,朋友多,亲戚朋友,左邻右舍。大姓和小姓的压制关系不存在,家族观念有,有事的时候,请自己人,请外人,也无所谓,打发姑娘,姑

---

① 来自访谈资料编码 LM20110711。
② 来自访谈资料编码 WMS20110708。
③ 来自访谈资料编码 LM20110711。
④ 来自访谈资料编码 WM20110712。
⑤ 来自访谈资料编码 SM20110712。
⑥ 来自访谈资料编码 LM20110721。

娘家生孩子,姑娘家有事,家族都要去,反之,都要来。①

案例11:向家湾子有几百年的历史,位置偏僻,在公路的尽头,是个死胡同,当地政府为了防止烟叶外流,故意没有把路修通。向家湾号称"小台湾",外头的人不能过来欺负,不能来偷,抓住你不行。20年前,老三和二嫂口角不和,二嫂娘家来了几个人,过来要打老三。一个二伯伯说,院子那么多人,你打架打不出城。没打,人少了就打了。大姓欺负小姓的不多,向家也不欺负别个,住得近,帮忙,不分彼此,一个院子里的都来往,人际关系靠平常去为的。②

老人过生日是私人的事情,都是亲戚来。红白喜事,亲戚邻居,姻亲族亲,都要来。邻里之间在人情上是非常自觉的,这种人情自觉就是共同体义务,是共同体生活的维系的关键。

3. 葬礼与人情共同体

当地农民非常重视葬礼,会请道士,附近的村民也会去看,讲究闹热。这个闹热就是公共生活,私人生活不讲究热闹,公共生活才追求闹热,热闹是一种公共生活,四川人也追求热闹,那是一种公共生活,比如茶馆,比如庙会,四川人农村为什么善治,因为四川农村的公共生活还是比较发达的。茶馆就超越了家庭,庙会就超越了家庭,营造了一个公共空间。葬礼也是如此,之所以请道士,隆重,闹热,就是公共生活的营造,在热闹中也有教化的功能。原来山东农村结婚、生孩子要放电影,要请戏班子唱戏,也是一种公共生活。葬礼实际上也是一种农民自发进行的文化建设,是村落共同体的娱乐生活,是人情共同体的再生产,更是价值观的再生产。

案例1:老人过世会请道士,村里有一个道士,本村人,道士敲敲打打,体面一些,否则,就显得冷冷清清,不太好,一天一夜道士

---

① 来自访谈资料编码 YXL20110717。
② 来自访谈资料编码 XWY20110719。

要收 100 元。主要是热闹,闹人。①

案例 2:没得信仰,我们这儿不信迷信,以前老人去世的时候请道士,刚开始放录像,热闹一点,来的人多一点,对葬礼很重视,实行土葬,现在一个老人过世至少要万把块。②

案例 3:道教,有人去世的时候请道士,没得么撒迷信,闹人一些,围着棺材跳丧舞。③

案例 4:死人了要请道士,这是风俗习惯,念语,也唱,像个戏班子一样,来的客多,看一下,闹一下,闹热。你的老年人过世请了道士,他的老年人过世也要请。看家庭经济来源,请的起 7、8 个人,最少 2、3 个人,每个道士 60 元每天,一般 3 天,3 天后下葬。

当地的道士成家,都是上辈传下来的,本村兽医是道士,他有一个伯伯会。道士按本本唱,没有文化不行。毛泽东时代还不准搞,80 年代开始搞,解放前搞得狠一些。原来的道士可以赶尸,道士可以让尸体半月不臭,现在的道士没有那个本事了。④

案例 5:敲锣敲鼓,唱,有点意思,传承下来,好多年了。老年人死了,图个热闹,有几个人看,不能冷清。讲深层次点,就是超度。集体的时候,打花鼓,唱国家形势,现在道士又兴起来了。

白事当红事办,很重视,花 1 万元,烟酒、炮火,兄弟四个平摊,女儿不管这个事。收了 1.7 万元人情,媳妇家的亲戚各拿各的,各还各的,邻居、舅舅的礼金都平分,凭良心去还了。⑤

案例 6:道士,一个班子,最少 3 个人,道士要学好几年,道士

---

① 来自访谈资料编码 ZM20110708。
② 来自访谈资料编码 WMS20110709。
③ 来自访谈资料编码 SM20110709。
④ 来自访谈资料编码 ZWY20110719。
⑤ 来自访谈资料编码 XWY20110719。

需要文化,有书,要有话说。老板安排,一般2、3天,敲锣打鼓,热闹,死了放那儿冷湫湫的。近圈的人都去看,去玩,送点人情。好玩,道士熬夜,敲锣打鼓,闹人一些,都去,晚上办宵夜,要一整夜,爱玩的玩一整夜,道士唱书,闹热一些。①

案例7:每天都要有人在那里,一天开几桌席,冷湫湫的不好。一般的都是三天,送上山,早晨送上山去,8个人抬。一般的要花四五千元,简单一些,稍微隆重一点要上万,要杀两头猪,2000元。②

每天都有人,三天才下葬,还要土葬,至少8个人抬,葬礼很隆重。很多地方的葬礼已经大大简化了,尤其是实行火葬之后。葬礼的隆重体现在社区的参与上,而不仅仅是支出的大小,而是一项集体活动,是公共生活的一种形式,也营造了一种公共空间,也体现并再生产了公共性。

葬礼仪式的简化,不只是省钱,也不是省事,其最大的影响是公共仪式没有了,是公共生活没有了,虽然这个公共空间只是在自然村的规模,但的确是一个公共空间,居民都参与,也有教化的功能,也体现了社区的团结。虽然人情属于私人关系的建构,但葬礼仪式,包括三天,包括8个人抬棺材,请道士,闹热,都属于公共生活的形式。

很显然,对农村来讲,葬礼的意义非常重要,葬礼是一个公共事件,丧礼的取消,意味着公共空间的萎缩,老人去世完全成了私人家庭的事情。葬礼不同于婚礼,社区的参与更全面,葬礼是公共性最强的仪式,土葬取消之后,葬礼简化,从公共事件成为私人事件,这是火葬的最大影响,并没有影响家本位,没有影响中华文明,但却影响了农村的公共生活,影响了孝道的传播与教育,影响了道德教育。葬礼就是一个道德教育的过程。葬礼取消,或者简化,其对公共生活的影响都是最大的。

---

① 来自访谈资料编码 SM20110712。
② 来自访谈资料编码 SM20110712。

4. 低成本人情

院落是个共同体,都有人情来往,宗族关系不突出。这里的自然村落是湾子,一个湾子 10 几户人家,也是基本的人情单位。

案例:初六建成新房,选日子办酒。就是亲戚、邻居,过来乐一乐,别的没啥。昨天在新房子里贴上了毛主席像,办喜事,表达一种心情。闹热闹,建了房子都要庆祝一下,吃一顿饭,娘家的亲戚都要来,本家族一个太爷爷下来的,邻居,一般是一家人都来。①

没有请人,工资太贵,一桌都要几十元,自己做,自己家人帮忙,有事相互帮忙,邻居也是一样帮忙。分工写在一张纸上:

总管:有经验,说话大胆,指挥、分配活,陈荣银。
菜厨:弄菜,杨胜云、李紫云、毛秀云、龙美琳。
饭厨:煮饭,杨兰英、王文彩。
上酒:陈淮阳。
记情:有一个礼单,找一个安静的地方,先吃饭,后给钱,陈荣志、陈荣术。
热盘:上菜的,杨保和、陈荣礼。
热碗:接碗,陈荣锦。
奉烟:陈实。
奉茶:陈姣。
洗碗:唐盈香、王志芳。
打饭:叶君桃。
2011.6.11 ②

这里的人情有两个特点,一是低成本人情,没有功利化,村民并没有考虑赔赚的问题,基本上可以达到收支平衡,宴席也不夸张,总体上还是低成本的人情;二是人情的笼罩性,每个人要积极参与到人情建构中去,只要能找来钱的,就不能退出,对一个贫困地区的农村而言,人情

---

① 来自访谈资料编码 CM20110710。
② 来自访谈资料编码 CM20110710。

开支还是相当大的,这是维系建构性关系的需要,人情消费的功能是维系了共同体的再生产。

人情面广,亲戚朋友和邻居;礼金不是特别重;功利性不强。这里的人情总体上属于低成本人情,所谓低成本人情,就是以尽可能低的成本维持自己的社会关系,社会关系是一个人在生活中的必需品,如果成本过高,就会使人不堪重负。人情成本也是生活成本的一个重要组成部分。低成本人情是低成本生活的组成部分,而高成本人情则是高成本生活的组成部分。

低成本人情不像江汉平原和东北有些地方的人情,人情开支大,人情成本非常高,成为高成本人情。人情成本是生活成本的组成部分,根据人情成本的高低,将人情区分为低成本人情和高成本人情,低成本人情是低成本生活的特征,高成本人情是高成本生活的特征。人情不是有无的问题,并不是人情成本高,就意味着人情的异化,城市社会的人情成本高,并不意味着城市里没有人情。不要动不动异化,高成本生活也是有人情,只不过是高成本人情而已。

低成本人情是低成本生活的典型特征,用劳动来代替资本,市场化程度不高。这样的生活方式真的是一种自给自足的,建房、办酒,都是如此,没有钱就用劳动来替代,都是靠邻居,二三十户人家住在一坨,邻居关系不好的非常少,红白喜事相互帮忙。

本文研究的是农民怎么生活,在市场经济背景下如何过上幸福生活,低成本生活不是一种无奈的选择,而是一种能动的选择,是一种生活技巧,生活智慧。以劳动替代资本包括两种类型,一是以家庭劳动替代资本,比如建房;二是以合作劳动替代资本,这两种方式都可以降低生活成本。在毛泽东时代,还可以用集体劳动来替代资本。

红白喜事都是邻居在帮忙,这是社会秩序,也是生活,是家庭生活中必不可少的。但是,很多地方的红白喜事也已经市场化了,市场化全面改变农民的日常生活。比如山东农村、河南农村,红白喜事都是由饭店专门操办,过去也是大家帮忙,现在都是包出去。大大提高了生活成本。

(二) 人情与共同体建构

1. 人情：基于私人道德的社会整合

人情是社会整合的一个重要手段，这里人情开支还挺大的，说明这里的结构性关系弱化，建构性关系为主，有点类似于东北农村，这类地区的人情一般都比较大，但这里又不同于沙洋农村，人情并没有异化，服务于建构性关系的维系，而没有成为敛财的工具。

人情关系体现的是主体间性，体现了消费习俗，追求面子和互惠。人情服务于社会整合，服务于社会关系的建构，人情是一种私人性的关系建构，体现的是私人道德，并不具有公共效应，人情地位突出，表明私人关系的重要性。人情和公共生活是相反的，人情越发达，公共生活越萎缩，二者可以相互替代。

人情是单向度家本位的主要体现，是考察当今中国农村社会的一个主要切入点，人情社会是基于私人道德的社会整合。从此出发，可以对一些经典概念进行重新思考，比如差序格局，不能笼统地讲。差序格局主要是基于私人道德的关系，伦理本位也主要是指私人伦理。[①] 差序格局和伦理本位，就是私人关系，而没有涉及公共生活，不能无限扩大。

从人情和葬礼来看，邻里关系非常重要，邻里关系是一种建构性关系。社会关系的建构遵循量力而行的原则，人情是社会整合的准则。

人情与结构的关系，家庭之上有无结构，对人情很重要，山东农村的人情和东北农村的人情，根本不同。在社会结构清晰的地方，人情服务于结构，人情反倒没有那么重要；在无结构的地方，人情很重要，人情本身就是社会整合的方式，以家庭为出发点的，也很容易变异。但这里的人情并没有异化，因为这里是家本位，这是人情异化的阻碍力量，东北农村的人情之所以异化，是因为代际关系不同，从光棍产生的角度来看，老人对儿子的婚事并不承担无限责任，而恩施的老人对子女的支持

[①] 费孝通：《乡土中国》，上海：上海人民出版社 2006 年版；梁漱溟：《中国文化要义》，上海：上海人民出版社 2005 年版。

是无条件的。

2. 人情单位与公共空间

村民小组以自然村落为基础，是一个人情单位，意味着邻居很重要，邻里关系很重要。同时，自然村落也便具有了公共空间的意味，自然村落具有公共性，是超越于家庭的公共空间，所以，也是治理的基本单元，基层治理单元一定是一个公共空间，不是抽象的社会基础，而是公共空间。

这样，在家庭之外，发现了一个公共空间，就是自然村落。要建设这个自然村落，不是因为别的，而是要建设一个公共空间，建设一种公共生活，不是保卫村庄，而是保卫公共生活。

小组是一个公共空间，开会都在小组里，同时，小组也是一个公共品供给的单元，是人情单元。村民的公共生活主要发生在小组里，小组是一个建构性的公共空间，这才是小组的真正意义所在，小组的意义并不只是一个行政建制，过去对小组的研究是肤浅的，将小组作为国家权力的塑造品，作为国家权力下沉的产物。小组体现的不只是权力，而是公共空间，国家再造小组，实际上再造的是基层社会的公共空间，这也是小组成功的地方，小组长是这个公共空间的要素，取消小组长对这个公共空间有影响，会导致公共空间的萎缩。笔者主张建设公共空间，公共空间就是小组，不是建设小组，而是建设公共空间，是村民讨论公共事务的地方。

村民小组是乡村社会最主要的公共空间，村民们都生活在其中，彼此熟悉，村民小组可以说是普通村民的公共空间。税费改革后，村民小组这一公共空间萎缩。行政村也是公共空间，但普通村民不是很熟悉，党员、村民代表、小组长比较熟悉，是更高层次的公共空间。乡镇作为公共空间，一般村民就更不熟悉了，主要是村干部比较熟悉。公共空间是分层次的，建设公共空间，主要是小组这一公共空间，而不是村一级公共空间，板桥村公共空间建设之所以还不彻底，乃是因为其重点放在了村级层面，而忽视了更为基础更为重要的小组。

从家庭出发，如何与邻居相处呢，这个处就是公共空间的建构。就是家本位的外推，家本位是有外推的能力的，从具体的私中，是可以外推出公共性的。如何从家本位中外推出公共性，不同地区的农村表现

六、人情与共同体义务

不同。

东北农村的"处",就是社会关系的建构,就是公共空间的建构,这个"处"具有普遍意义,只不过不同地方的农村,"处"的规模不同。恩施农村的"处"以自然村为边界,而东北农村的"处"则在行政村,甚至更大规模。在南漳农村发现的低度整合,也是"处",实际上也是家本位,公共空间萎缩。低度整合并不是一个合适的概念,因为其涉及程度的量化判断,并不适合来处理。做的是公共空间,而不是社会整合。社会整合是一个宏观概念,公共空间则更多体现了微观建构。

3. 建构性人情:家本位的共同体生活

从人情的类型来看,姻亲的人情重,宗亲的人情轻,这是一个特点。这表明,姻亲的维系更多依赖人情的互动,而宗亲由于先天的血缘关系,人情的互动并不占主导地位,因为姻亲本来就是一种建构性关系,而宗亲则是一种先天性关系。所以,姻亲更需要人情来维系,宗亲对人情的依赖则弱的多。

就人情的范围来看,自然村落是一个人情单位,这个自然村落也就是过去的小队,是一个共同体,具有公共性,一个小队的,一般都要送人情,不分里外,不分亲疏远近,这样的人情具有公共性,服务于共同体的建构,而不只是私人关系的建构。在小队之外,人情就完全是私人化的。小队是地缘空间,也是邻里关系,邻里关系不同于亲属关系,亲属关系是私人关系,邻里关系具有公共性。

就人情的内容来看,人情开支也是生活开支的主要部分,主要包括结婚、葬礼、建房等,这是传统的三项人情,以及近年来的孩子上学、生日,成人的生日一般是50岁以后。人情花样多了,可以选择。

就人情的额度来看,人情随着生活水平的提高而增加,因而,人情可以作为测量生活水平的一个指标,也是测量生活成本的一个指标,这个指标是连贯的。80年代的人情3元、5元,1985年以后8元、10元,90年以后10元、12元,2000年以后15元,2005年以后20元,2008年以后50元、100元。农民工大规模外出务工之后,也就是2008年以后,人情上涨的幅度最大。

笔者将人情区分为建构性人情和结构性人情,邻里之间的人情就是建构性人情,姻亲之间的人情属于建构性人情,而宗亲之间的人情则属于结构性人情,结构性人情服务于先天性关系。结构性人情主要是宗亲之间的人情,具有规定性,不管是宗族之间的,还是小亲族之间的。比如在山东农村的小亲族之间,人情是被规定的,如何操办,谁来操办,一家去几个人,包括送多少钱,个人都没得选择,都是照料事的人商量好的,并且照料事的人一般都是家族有权威的人,或者是村干部。一个红白喜事就体现了村庄内部的权力结构,是权力结构的再生产,因而,红白喜事具有公共性,这就是典型的有结构的公共性。在板桥村,邻里之间的人情也具有公共性,但不具有结构,是一种没有结构的公共性。

相比之下,建构性人情的额度则是可以控制的,较为灵活,板桥村的人情具有建构性,而非结构性,以建构性人情为主导,建构性人情的范围、额度及其控制,建构性人情为了建构家庭之外的社会关系,是为了建构社会秩序,建构性人情既能够建构私人关系,也能够建构公共关系。而结构性人情对应的则是公共关系,并且是结构化的公共性,建构性人情建构起来的公共关系则是低度整合,是无结构的公共关系。

对建构性人情来讲,其在小组范围内建构起来了公共生活,你家有事大家都来帮忙,闹热,这是一种超越于家庭生活的共同体生活,是共同体建构的机制。这里的共同体更接近于一种生活共同体,人情圈就是一个生活圈,是一个生活单位,这点类似于四川农村,是一种无结构的公共生活,是一个低度整合的共同体。

再对人情做一个总结,这里的人情属于建构性人情,其人情建构具有广泛性,包括邻里人情和亲属人情,同时具有积极性,每一个家庭都积极参与到人情来往中去,除非年老之后退出人情。这种人情能够满足生活需求,如老人去世抬棺材,人们追求一种热闹,不管是葬礼,还是建房,你来我往,相互帮助,是建构性人情的基本原则。因而,建构性人情的特点是面广、可控、人情重、工具性、生活性、量力而行。

建构性人情的可控体现在老人退出、额度可控、发生了纠纷退出,建构性人情的目的性强,体现在人情的功利性,如果你不送人情就不懂礼,不仁义,对不住人,圈朋友,搭人情。人情是一个家庭寻求社会支持的手段,因而具有功利性。这种功利性体现在两个方面,一是家庭的社会支持网络的建构,二是共同体生活的建构。

建构性人情要满足家庭生活的需要,因而建构性人情是家本位的,

六、人情与共同体义务　**199**

服务于家本位文化的再生产,家本位是向内的,是内敛的,具有主体性和可控性,因而家本位的共同体生活是无结构的,是低度整合的。

家本位也需要公共生活,家本位并不代表没有公共生活,只不过家本位的公共生活是无结构的。这个逻辑就清晰了,家本位文化决定了建构性人情,而建构性人情则建构了无结构的公共生活,即共同体生活。

这的确是一个自觉的社会,私人生活中完全可以按照自己的自觉,而不必考虑其他因素,人情关系的建构就是靠自觉,每个人都根据自己的自觉建构自己单独的关系网,而不是根据外在的规范,村干部也是如此。

在自觉的生活中,村民们不会受到太多的外部束缚,没有太多的外部强制,包括农民工返乡,也是回到家庭,而不是回到村庄,外出也好,返乡也好,都是自觉的选择。外面热了,就回来住几天,儿子们不回来,老人就带孙子到城里过年,看似任性,实乃自觉,对村民来讲,自觉就好,自觉足矣。

原来农业生产上的互助多,现在少了,几乎没有,但集体消费领域的合作还是蛮多的,典型如红白喜事,虽然一些地方红白喜事的操办也越来越市场化了,但仍然存在不同程度的合作,因为有些领域是不能市场化的,当然,市场化的成本也是非常高的,农民还无法承担这种高成本。但生产领域的合作基本上就不存在了。弱整合应该是村落共同体的共同特征,还有村庄是强整合的吗?宗族型村庄都不再是强整合,所以,弱整合就是当前村落共同体的普遍现象。

从强关系到弱关系,这是市场经济对共同体中人际关系的改变,弱关系成为一种普遍状态,弱关系不同于结构化,也不同于原子化。家庭之外的关系都是弱关系,家庭内部的关系是强关系,正是弱关系维系共同体的整合,弱关系是非常必要的。

(三) 人情关系中的共同体义务

1. 乡村社会是义务社会

西方社会是契约社会,以契约为基础建立公共社会,乡村社会是以人情为基础的私人社会,人们平时的互动靠的是人情,是义务,而不是先天性关系,人情背后是义务,人情与义务是乡村社会的整合机制,乡村社会是如何可能的,就是靠人情与义务。

西方公共社会有明确的权利与义务,而私人社会则有明确的义务,模糊的权利,差序义务,模糊的权利,乡村社会的义务是弹性的,是可伸缩的,人们通过义务来调整人际关系,社会就是通过义务整合起来的,权利是模糊的。而公共社会则是没有人情的社会,是契约社会。

村落共同体是一种道德共同体,是一种伦理共同体,人情是这道德共同体得以维系的机制,这种道德共同体也是靠义务维系的,但是私人义务,而非公共义务,共同体义务也是私人义务。家庭义务和共同体义务都是私人义务,集体义务属于公共义务,不管是私人义务还是公共义务,都属于道德,都属于德治。这也印证了梁漱溟先生讲的伦理本位的社会[1],这个伦理本位并没有变化。伦理本位的机制就是义务,包括私人义务和公共义务,包括社会整合和公共治理,都是通过义务维系的。乡村治理的难题最后归结为道德问题,通过义务论,把这个机制揭示出来了。乡村社会转型的问题,最后也归结为道德问题。

中国社会是如何组织起来的呢,是按照义务组织起来,中国社会就是一个义务社会。乡村社会如何整合起来,通过义务整合起来,通过责任整合起来,而不是通过权利整合起来。中国社会是义务社会,而不是个体化社会,也不是权利社会,义务社会才是中国社会的原型。本研究提出的义务社会足以与熟人社会和伦理社会对话。

2. 共同体义务是私人义务

公共空间是分层次的,自然村层面的公共空间,行政村层面的公共空间。不同层面的公共空间服务于不同规模的共同利益。公共空间服务于公共利益,而非个体利益,在个体利益上也是无能为力的。这是当前最为棘手的问题。

此前曾经指出公共空间对于公共性的重要意义,公共空间的确对公益事业建设有帮助,能够促进农民合作,因为公共空间能够再生产公共性,也就是共同体义务,所谓的公共性就是集体义务。共同体义务是

---

[1] 梁漱溟:《中国文化要义》,上海:上海人民出版社2005年版。

一种半公共性，共同体义务能够促进合作，促进共同体利益，但却无法在共同体内部促进利益分配，在利益分配上是失效的。这是因为共同体义务是私人义务，不是集体义务，当前的治理困境仍然是集体义务缺失所致。

> 案例：周家院子有周、李、万、吴等，不存在大姓欺负小姓的现象。选举的时候起作用，拉帮结派，一个姓的，我投你票；现在搞低保，举手，同姓会有点影响，沾点关系我就举手，一个姓的，我投你票，那是避免不了的。①

院落自治不同于村民自治，院落自治是共同体内部的治理，是基于私人关系进行的，受私人义务的支配，虽然能够促成合作，但在资源配置上却无法摆脱私人关系的影响，会影响资源配置的公平性。村民会根据私人义务采取行动，我为什么投你的票，因为我们关系好，我们同一个姓。

所以，学界主张将村民自治的规模缩小，院落自治被视为村民自治的有效实现形式，笔者认为这是不妥的，因为院落自治从根本上来讲是基于私人义务的治理，而非基于公共义务的治理，也就是私人化治理，所谓村民自治有效形式的探索不能鼓励村庄治理私人化。村庄治理私人化既是公共性缺失造成的，反过来也会进一步加剧公共性的缺失。也就是说，院落自治是有局限性的，所谓村民自治的有效实现形式是去自治化的自治。

人情是一种情感，同时也是一种义务，这种义务对人情进行管理，义务是彼此的，结果是权利，彼此之间的义务导致了权利的实现。私人义务的运作机制通过自愿就可以达成，是一种主体间性义务。

义务为什么能够保证权利的实现呢，因为义务是彼此的，不是单向的义务，而是彼此的义务，并且要积极去承担义务，这是符合道德要求的，任何逃避义务的行为都是不符合道德的。这当然是私人义务的运作机制，私人义务一定是积极的，彼此的，自愿的，情感的，情感是前提。

---

① 来自访谈资料编码 ZMY20110719。

老人自立实际上增加了老人对子代家庭的义务，而减少了子代家庭对老人的义务。

私人社会一方面讲义务本位，另一方面又讲究报，知恩图报，比如孩子对父母的回报，村民对另一位村民义务付出的回报。义务是通过报来获得平衡的，如果不能知恩图报，就被认为不懂人情，就会受到道德和舆论的谴责，这个舆论也是服务私人义务的，私人义务的运作机制是"报"。

人情大于天，指的是义务的主导性作用，这种义务感是非常强的，所谓人情大于债，头顶锅盖卖。为什么要这样做呢，就是要主动积极地去尽自己的义务，否则就是不符合道德期待的。当然，这是私人义务，而非公共义务，只在私人社会有效，在公共社会是无效的，所谓天旱无人情，实际上就是私人义务在公共领域的失效。

3. 人情关系的调节机制：义务机制

人情关系的建构和调节都依据义务机制，所谓人情关系就是家庭之间如何相处，这在家本位文化中，村民以家庭为中心积极建构家际关系。但我们也看到，村民一方面积极建构关系，另一方面又相当任性地中断人际关系。

纠纷就是人情关系的调节，一件很小的纠纷，就能引起人情关系的断裂。为什么村民能够如此任性地中断人情关系呢，就是因为家际关系是以情感为基础，以义务作为调节机制的。家庭之间有人情来往，表明家庭之间有一定的义务，家庭之间中断了人情往来，就表明彼此不再履行义务。

人情关系意味着彼此之间有义务，既然彼此之间有义务，就不能太任性，如何建构人情关系，就是根据义务建构人情关系。人人都生活在人情网中，人情网的实质是一个义务网，人情关系的断裂是义务的中断，仅此而已。

所以，义务网中，如果完全不顾及他人，肆意张扬自己的个性，就不可能建构人情关系，人情关系的核心是彼此之间的义务，没有人情，彼此之间就没有义务。这是对个体而言，而对整个社会而言，就不可能有合作和整合，共同体和集体行动就无法维系。所谓社区，就是因为居民之间彼此的义务，社区不是因为共同的价值，而是因为彼此的义务，以

六、人情与共同体义务　203

及公共义务,人人都对集体有义务,共同体也才能够维系。

这里还要再做一个区分,人情网是一个义务网,但人情网是一个私人关系网络,而不是公共关系网络,所以,农民可以任性地中断某一个人情关系,这并不妨碍整个人情关系,因为人情关系本身就具有选择性和建构性。对一个具体的家庭而言,他的人情网一定是动态的,随时可以调整的,这就是纠纷中断人情现象,中断一个人情,便建构另外的人情,这就是私人关系的特点。乡村社会的自由和任性,乃是由于人情网和义务网的选择性和建构性。

但对公共关系而言,就不是如此了,公共关系就是一种结构性的关系,而不是一种建构性关系,公共关系背后是公共义务,就是每个家庭对集体的义务,这个义务不能任性地中断,如果任性地中断对集体的义务,那么,公共关系就无法维系了,任性中断公共义务。当然,对公共关系而言,现在不是中断,而是重建,不是农民中断了公共义务,而是政府中断了公共义务。这种公共义务中断之后,便很难建立起来。

所以,人情关系是一种私人关系,人情单位并不是完全意义上的公共空间,而是一种准公共空间。人情关系作为一种私人关系,可以作为公共空间的社会资本。

(四) 人情管理:通过人情的纠纷解决

家庭内部的纠纷很少,都是家庭之间的纠纷。几乎没有听到家庭内部纠纷,这也是一个有意思的现象。考察的主要是家庭之间的纠纷。如何来理解乡村纠纷呢,乡村纠纷的实质是道德问题,包括私人道德和公共道德,不是什么村庄舆论,也不是村庄整合,更不是基层司法,而是乡村道德。引入道德的视角,看到的就是一个道德世界,纠纷是道德事件,也是文化变迁的主要内容。

1. 纠纷中断人情

案例:邬某大儿子7岁的时候,万某50多岁,挑水浇烟,放在地上,小孩抓着水桶摇一下,万某把水浇到了小孩头上,当时4月份。当时两家关系很好,有事帮忙,人情来往,没有口头言语。此事之后,22年了都没有讲话,没有来往。当时,前两三年才承认,说淋错了,当年,小孩读书回来,他给小孩子讲话,小孩都不答应。做得过分,欺负单姓人。

  吵架的时候,当过兵。你是吃军饭,拉狗屎。我看不得你做那些不顺眼的事。他老婆死了,我没去帮忙,我小孩结婚,他也没来。我是不想恢复了,小孩的事,你欺负我,各人管教各人的小孩,你不能上门来欺负我。

  我和旁人说话,他在旁边搭白,我不甩他,他脸皮厚。我请师傅给我改料,他把他的料拉到我这儿来改,我不甩他,我看都不看他。①

  两家关系本来很好,关系好的表现就是有人情来往,这是乡村社会人际关系的特点,这个人际关系主要是通过人情来往体现的,为什么农民这么重视人情,就是这个道理。在小农制之下,农户之间没有制度性联系,社会关系靠什么建构?只能靠人情,人情成为人际关系建构的唯一媒介,人情包括结构性人情和建构性人情,人情负担为什么重,这是有原因的。

  生产上的合作越来越少,在生产上没有任何关系,过去的合作主要是生产上的,过去的社会团结主要是生产上的,比如水利,比如换工,都在生产领域的关系,集体经济时代更是如此,集体生产。而今天,小农之间在生产上的合作解体,几乎没有任何关系。在合作关系解体之后,雇佣关系将成为农村人际关系的主流。

  所以,乡村社会的整合必须要依靠人情,而人情往往体现在红白喜事上,这在全国各地都是如此。在社会化大生产和市场经济的背景下,在生产上不再存在合作关系,要么是没有关系,要么是雇佣关系,要么是商品交换关系,社会团结就只能通过生活领域来发生关系,就是人情关系,典型如红白喜事。

  所以,在组织生活中,组织管理是主要手段,而在社会生活中,人情管理是主要手段,农民如何进行人情管理,这是乡村社会的特点。乡村

---

① 来自访谈资料编码 WM20110713。

社会是如何可能的,就是通过人情来整合的。在组织内,人与人之间的关系通过组织管理来实现,在村落内,人与人之间的关系则通过人情管理来实现。人情管理是一门学问,特别值得研究,人情不只是社会基础的,而且是积极的。

2."使气型纠纷"与共同体的人情原则

> 案例:老百姓之间口头言语非常多,为田的边界,小事情,发生了纠纷,大队干部来解决问题有偏向。因为地边,责任山的边界,找村里解决。
>
> 老百姓与老百姓吵啊,几年不讲话,使气,吵架以后就不来往了,人情也不走了,埋头生闷气,几年不来往。过一两年好一些,他有事你去过,你有事,他来了,稍微好一点。①

乡村社会发生了纠纷怎么办,肯定生气,生气了就不来往,人情也就断了,纠纷与人情的关系非常有意思,还没有从人情角度讨论纠纷的。从纠纷的发生来看,也大多是由利益引发的,常见的是地边,这类纠纷的最直接影响就是纠纷双方的人情往来,发生纠纷以后就不来往了,影响是社会团结,是共同体的整合,从这个角度来看,共同体的整合不是僵化的,而是动态的,对一个具体的家庭来讲,它会积极建构人际关系,但这个关系一定是动态调整的,共同体的团结是动态的。乡村社会的共同体的动态是如何可能的,纠纷是一个非常重要的方面,不是要杜绝纠纷,纠纷是无法杜绝的,有纠纷也不可怕,纠纷实际上也是对人际关系的管理,发生了纠纷,就不来往了,当然过几年也会恢复,肯定是有一个恢复机制。

这样来看,人情是纠纷解决的一种手段,发生了纠纷怎么办,中断人情往来。平时有人情往来,或者应该有人情往来的,一旦发生纠纷,就要中断人情往来,通过中断人情往来,使双方都冷静下来,从而再通过合适的机会恢复人情。人情是一种手段,在共同体内部,在熟人关系内部,人情就成为一种关系管理手段,大家运用人情管理关系。人情是

---

① 来自访谈资料编码 WM20110713。

纠纷的自我解决机制与手段。

所以,共同体是如何维系的,是通过人情维系的,人情是情感,是道德,同时也是一种工具,是社会整合的媒介。对于小农制的乡村社会而言,人情是一个非常具体的存在,可以说,没有人情就没有社会,人情具有建构性,具有动态性。在组织内部,人情也存在,但并不是主导的,在小农社会,人情是一项基础的关系准则,人情是共同体的准则,类似于科层制的原则。组织社会是按照科层制原则组织起来的,而小农社会则是按照人情原则整合起来的。人民公社曾经试图以集体关系取代人情原则和人情关系,人民公社集体以后,人情原则重新成为小农社会的整合原则。

从人情的角度看纠纷,纠纷就是使气型纠纷,纠纷的最大影响就是对人情的影响,就是中断人情,而人情背后是义务,没有了人情,也就没有了义务。从人情的角度看纠纷,便是从共同体内部来理解纠纷,从村民的日常生活来理解纠纷,而不是从外在的视角看纠纷,不是所谓法治的视角,不是送法下乡,不是国家与农民关系,而是村落共同体的整合。实际上,纠纷没有那么复杂,纠纷就是村民之间的关系发生了变化,其最大影响就是人际关系的调整,对大部分人的大部分纠纷来讲,就是如此。

3. 人情管理:纠纷的自我解决机制

> 案例 1:村民之间也没有大的纠纷。几家人要修路,占地,一户不让占,修好了路不准他走路,打架,派出所过来处理。[①]

组长不调解纠纷,要么自我消化,要么直接找村里乡里,一般没有人找组长。小事不找组长,大事也不找组长,大事找村里,或者直接找乡。这在农村是普遍情况,大量的日常纠纷都是自我解决的,一部分纠纷通过村委会或者乡镇司法部门介入。学界往往只关注需要第三方介入调解的纠纷,而忽视了自我调解的纠纷。自我调解的纠纷体现了共同体的自我整合,纠纷的自我调解除了民间力量之外,还可以由纠纷双

---

① 来自访谈资料编码 WM20110713。

方进行,纠纷双方进行自我解决呢,就是通过人情,中断人情和恢复人情,这是民间纠纷的自我解决之道。

于是,我们看到了人情的中断和恢复,这在农村是一个非常普遍的现象,农民如何表达自己的气呢,就是通过人情来表达,农民通过人情来建构人际关系,同时也可以通过人情中断人际关系,这里人际关系当然是指共同体关系。中断关系便意味着彼此不再负有义务。

通过人情进行纠纷的自我解决,是通过私人义务进行纠纷解决,也是有局限的,随着纠纷的升级,仅靠私人道德还无法解决,就必须要通过国家权力来解决,通过公共规则和公共道德来解决,而不是只通过私人义务和私人道德来解决。

我们在这里看到了使气型纠纷的普遍,使气型纠纷通过人情来解决,而人情背后则是义务,每个家庭都小心翼翼地维护与他人的关系,维护关系的手段就是人情,有人情就有义务,无人情则无义务。这表明这里的村落共同体是有着自我整合能力的。

案例2:他不顾我,我不顾他,原来可以。[①]

从人情与纠纷的关系来看,纠纷解决并不是一个问题,发生了纠纷就要化解吗?尤其是对日常纠纷而言,一定要外力或者第三方介入吗?除非有人身或财产伤害,这就不是纠纷了,这就是犯罪了,当然需要介入。

对于日常生活中大量的使气型纠纷而言,都是非常琐碎的纠纷,并不一定非要第三方介入,或者说要介入与否完全取决于纠纷双方。因为纠纷发生之后,便立即启动了一个自我解决机制,就是中断人情,人情成为纠纷的自我解决机制。

两家本来关系可以,因为发生了纠纷,便不再来往了,随着时间推移,两家的关系恢复,人情恢复,这是乡村社会中非常常见的现象。

案例3:人情味浓一些,吵一下,小矛盾,大矛盾不多,地边,话不投机,打牌,积攒的矛盾不多。你比我狠一些,我不和你往来,这

---

① 来自访谈资料编码 WM20110713。

不就解决问题了吗,就没有摩擦了。你没得法,忍,没有必要鱼死网破了,人不为自己活,为家庭活,一时的冲动惹起麻烦怎么办。

心里有底了,不是一天透彻的,心里明白就可以了,没有必要说,对方也明白。小事讲两句,人情还在走,还有来往,都是左邻右舍的,断绝来往的少,住得近了,话都不讲了,那样不好。

10多年前,两家种田,水流到邻居家田里了,不是故意的,他计较,骂我良心坏了。我讲清楚,任他骂,讲两句就走了。当时不愉快,看不出来,两家不走动,短时期不说话,只过年把就恢复了。自己调节沟通,人情就恢复。有点小纠纷,并不影响人情。①

共同体是人情共同体,村民之间有人情味,大矛盾并不多,大和小不和,大的纠纷也不多,一旦发生纠纷,便会中断人情,中断人情是纠纷的自我解决机制。为什么中断人情会成为村落纠纷的自我解决之道呢,这是因为村落是共同体,是熟人社会,熟人之间有人情,共同体关系正是通过人情建构起来的。熟人之间才会使气,通过使气解决纠纷,是共同体内部成员的选择。使气的前提是人情,所以,使气应该受到限制,否则人情就无法维系,共同体也就无法维系。为了共同体的存在,人情中断之后也有一个恢复机制,一般都能恢复,起码表面上要恢复人情来往,除非一些伤害比较深的纠纷,当事人之间可能会一辈子不说话,但这也不妨碍当事人子女之间有来往。正如一位老人所讲的,村民之间发生了纠纷,不搭腔了,到过年的时候也都说话了,一说话就过去了。兄弟之间发生了纠纷,平时不说话,碰上红白喜事,一般也就化解了。总之,人情恢复机制是共同体得以维系的重要条件。

(五) 人情中断: 共同体的脆弱性

1. 人情中断: 共同体义务的局限

案例1:20年没有和他走人情。1985年和二嫂闹,二哥在宣

---

① 来自访谈资料编码XWY20110719。

县工作,二嫂和他骂。他砍一棵树,二嫂砍了他几百棵玉米。我们过去站在旁边看,不讲道理,管不管妇女。他浑得很,组长不敢讲,也没有找村干部,都不敢说,你一说,他说你站在他那边的立场上,都不说话,都站在田埂上看。

现在两家关系好了,都说是我的事,为土地,我不得不管,二哥不在家,哪个到我门上来搞,先给政府打招呼。万家只有一家和他来往,走人家,讲话,其他都不和他来往,都发生过矛盾,搞不好。没有大事,只有小事。①

这一个说法特别有意思,没有大事,只有小事,就是这里的纠纷与共同体整合。老万和老乌家的住房纠纷其实是有渊源的,老万的二嫂和老乌在80年代发生过矛盾,当时两家就断了来往,现在老万又搬下来盖房居住,就发生了纠纷。20多年了都没有化解,这的确是比较罕见的。这是靠自觉没有办法解决的问题,这是靠人情解决纠纷的局限,也是共同体的脆弱性。

案例2:周家有1.5亩水田,周家出去打工,我们课,做起,我叔叔的儿子也想租,由此形成了矛盾。有一次我叔叔的黄豆要卖,1.6元/斤,我们买了,钱递给我叔,叔叔的儿子说卖便宜了,和他父亲吵架,他父亲把钱递给他儿媳妇,没要,叔叔又把钱还过来,说卖便宜了,要退货。他儿子对这个事情记恨,说我故意买便宜的,他和他父亲一路口气。

以前关系好,都来往,现在不和他来往了。不承认他是我的兄弟,断了,大人小孩不准来往。与叔叔还来往,接两个儿媳妇都给他送好吃的,悄悄给他送过去,要是他儿子晓得了就骂他,他不敢来,80岁。②

纠纷中断人情的案例非常多,再次印证了共同体的脆弱性,也就是

---

① 来自访谈资料编码 WYX20110714。
② 来自访谈资料编码 WFY20110715。

共同体义务的局限性,这也正是弱整合的特点。即使同一个姓,同一个爷爷的堂兄弟关系,因为一起小纠纷,也可以中断人情。这就是典型的无结构村庄的特点,没有第三方的力量出来解决纠纷,只能通过中断人情来解决纠纷,舆论也无法发挥作用,全靠自觉,全靠共同体义务自觉,这种义务自觉是有局限性的。

> 有矛盾当时讲清楚,就解决了,周家院子,我们这个院子,都有人认为自己有道理,就记一辈子,一辈子不说话,不走人情,不走来往,后辈人不管。
> 周文玉是共产党员,给我们这边分山,一块是我的山,另一块是乌云阳的山,当中有一根线,乌云阳改了,他想要多一点。我说:都有后辈人,给后辈人留一点路。要回原来的界址。
> 乌云阳不理我了,他要依他的。我和他关系一般,以前都有人情,修房子来了,过60岁生日也来了,他妈妈去世我们也去了。今后看情况,他不改我就不去。①

纠纷如何解决,民间有一套自我解决机制,一种私人化的解决机制,就是中断人情,这在熟人社会中,是一种常见的私人化解决机制,通过人情来调解纠纷。这是小农社会的常见纠纷解决办法,无需第三者出面,中断人情即可。这在无结构的共同体生活中尤其如此。从具体机制上来讲,中断人情就是中断义务,彼此不再负有义务,不只是人情往来,还有平时的互助。

人情中断也体现了共同体的弱整合、共同体的脆弱性,共同体生活是非常脆弱的,只能保持最低限度的团结,无法发挥更大的作用。在家庭再生产中发现了家庭的脆弱性,同时,也关注到了共同体的脆弱性,使气型纠纷体现了共同体的脆弱性。基于共同体的脆弱性,会给出相应的乡村建设方案。要通过合适的公共文化的空间尺度,来加强共同体生活的建设,通过文化教育增强共同体的整合强度。

这个队为什么不团结,这位访谈对象为什么不好相处,为什么使

---

① 来自访谈资料编码 WYX20110714。

六、人情与共同体义务

气。纠纷的发生与处理机制,几十年不打交道,为小事使气,不来往,无法化解,这个现象非常有特点,不是特别大的纠纷,就是使气、冷战,小组内部和谐与冷战共存,这表明,纠纷的化解机制缺乏,靠私人道德可以建构人情关系,但却无法化解纠纷,纠纷解决必须要靠公共道德,公共道德的不足,导致了纠纷长期得不到解决。

所以,出现了这样一个看似悖论的现象,一方面,村民们积极建构社会关系,自然村是人情单位,每个家庭都积极参与到人情关系的建构中,自然村看起来和谐,人们看起来都很随和,不温不火,邻里有事相互帮忙。但同时也看到,邻里之间因为一件小事几十年不说话,暗中使气。这个悖论说明了什么,说明人情的功能是有限度的,私人道德是有限度的,公共道德不足。这实际上是一个靠私人道德维系的社会,公共道德严重不足,公共生活严重不足,村庄治理的特点,都与这种私人道德主导有关。四川农村的治理,在于四川农村的公共生活和公共道德较为发达。

纠纷如何才能得到解决,仅靠私人道德是无法解决的,还必须要靠公共道德,私人纠纷的解决离不开公共道德,这里是以私人道德为主的社会,公共道德严重不足。所以,容易使气。这样来看,山东农村是有公共道德的,甚至公共道德压过了私人道德。也就是说,私人道德的功能是有限的,不能全靠私人道德,还必须要靠公共道德,建设公共道德。

2. 共同体脆弱性

案例:2005年和邻居打官司,就一点小事引起的,小事引起大事。

万某拉地基里的泥巴倒到坎坎上,坎是他家的,栽烟。我去泥巴里搞块砖,他说不准搞,我挑起走,他说把砖留下来。我挑回来,两人互骂,你打我,你接我吃早饭,我接你吃中饭。我不怕他,我也没让他,我砍了他的水管子。

老伴去了就吵架,他媳妇打了我老伴,2月份,地里雪很厚,下午3点多钟,往死里打,用腿压在胸口,本来身体撇,棉衣都湿了,还有泥巴,有10分钟以上。我也没办法去拉,两人每个人拿一个锄头,他挡住我。我妹夫过来玩,他去拉,把我老伴扶起来。不拉的话,要打死。

我老伴去队里喊,回来的路上昏迷。组长怕得罪人,不管纠纷事,不好搞。第二天我去派出所报案,镇司法所律师调解,要他出钱,还不搞,不认账。我和那个律师一起去县法院高乐山法庭,起诉800元,开庭的时候大儿子回来了,村里干部也来了,他不认账,说没打人。后来经过法医鉴定,他赔偿了医药费误工费营养费800元。

他也请了律师,还请了几户出庭作证,材料上有5户人家作证,按手印,律师要念。律师一念,当时很生气,狗日的,他去都没去,收买一下,装烟,吃饭,喝酒,就作证。没有看到的人,还讲他是正确的,有一个人还出庭作证。他也找了其他人,别人不来,说没看到。

作证那些人,我一辈都记得,给我搞坏事,他们又不在场,我到死不会跟他来往。原来和那些人关系挺好,一路搞事,经常在一起玩,现在全部断绝关系,背后一刀,当面一刀。你把他当人,他不把自己当人。五把刀子杀我,你起什么作用?他晓得我恨他,原来有人情就算了,情都没了,还搞么撒。①

从这起纠纷再次看到,这里的人情是很容易中断的,所以通过人情维系的共同体其实是很脆弱的,整合的强度不够,邻里之间的关系比较松弛,缺乏结构性关系,以建构性关系为主,人情网也是相当的稀薄。

人情是弱整合,纠纷能够断绝人情,从人情的角度来看纠纷,而不是法律的角度,人情是弱义务,非常脆弱,断裂之后很难恢复,纠纷对人情的破坏是非常严重,对共同体的破坏是非常严重的。小纠纷的破坏性就是导致了共同体的脆弱性,而不是纠纷双方的关系。

并且纠纷都是由小事引起的,小纠纷的破坏性更大,小纠纷为什么会有如此大的破坏性,这种破坏性不只是对两家关系的破坏,而是对共同体团结的破坏。考察纠纷,不是从纠纷双方来看的,而是从共同体团结的角度来看,笔者认为纠纷不只是从纠纷双方的事情,而是共同体的

---

① 来自访谈资料编码 WFY20110715。

事情。使气型纠纷的最大破坏力就是针对共同体团结的,必须要有第三方力量来修复,这才有助于共同体的团结,解决纠纷,是为了共同体团结,这也是社会治理的目的。

那么,如何来解决这一共同体的脆弱性难题呢,就是要通过共同体文化建设来解决,这是乡村文化建设的应有之义。乡村文化建设应该将重点放在共同体建设上,尤其是对弱整合的村庄共同体而言,乡村文化建设的重点应该是共同体,而不是行政村,共同体应该是文化空间。

乡村文化建设应该针对乡村文化的特点,对共同体的弱整合而言,就要加强共同体建设,通过文化活动和教育活动来强化共同体,以规避纠纷中断人情的共同体脆弱性。

所以,乡村文化建设就是要针对共同体脆弱性,同时也要针对家庭脆弱性。集体不是脆弱性,而是压根没有,集体公共文化建设可以从村干部、组织建设等方面切入。

3. 共同体建设

> 案例:隔壁叔叔66岁,他牵着一头牛到我家牛圈,在我们家牛圈门口吃草,牛圈在路边,他要这么搞,他的牛吃庄稼,牛圈不结实,牛跑出来吃庄稼,吃了别人庄稼就扯皮。今天早上说他一顿,你把牛牵出来,把我家的牛引出来,你干什么,你赶牛赶过去就得了。他是错的,他不应该这么做。
>
> 他原来当过兵,他嘴巴多。他不敢说你,做事害你,放火烧树。他把他哥家的树烧死了几颗,年年都烧,谷子割了,放在坎子上的草,坎子上的树就死了。坎上的树烧死了,今年把他哥的树弄死了。小事情惹大祸,出大问题。
>
> 今年3月份,当时烧,你年年烧,放火烧边。你年年烧,都没说你,今年讲两句,你莫把我的树烧死了。你起么撒作用,你有后辈人,又是一个姓,要留点余地才行,他说他没烧到。我们奈何不了他,我们两个人撒了。原来我也不错,养猪,一年收入万把,搬下来生病了,以前我种得,跳得,关系好的。[①]

---

① 来自访谈资料编码 WYX20110714。

矛盾多的,似乎以老年人为主,年轻人都不在村里,也没有什么矛盾。从访谈来看,老年人之间似乎更容易使气,他们也不走人情了,中断人情对他们没有什么影响,老人之间不走人情,后辈们之间也可以走人情。

为什么老年人之间更容易使气呢,这一点在其他地方的农村也发现了,农村纠纷的确少了,具体来讲,农村纠纷减少主要是中青年之间纠纷减少了,但老年人的纠纷还比较多。老年人与邻里之间,老年人与政府之间,都有矛盾,老年人往往喜欢讲小话,老年人往往对村级组织不信任。学界过去往往将老年人视为弱者,但老年人现在是村庄生活的主体,老年人的精神文化生活对村庄影响很大,这也是乡村文化建设可以有所作为的地方,通过文化建设,让老年人老有所乐,心情愉快,对和谐社会建设颇有帮助。

所以,老年人更需要公共生活,老年人不能只自立,现在,老年人自立,老年人为了下一代奉献,老年人过低成本生活,这实际上是当前城市化下农村老人的牺牲。老人忙于生计,无暇公共生活,过去老年人可以安享晚年,甚至可以在村庄集体生活中发挥重要作用,今天呢,这样的老人越来越少,只发现了一个这样的老人,就是家里子女的经济条件比较好,不用担心生计,可以说是衣食无忧,在公共生活中发挥着积极作用,但大部分老人都受限于家庭的小圈子里。

老年人协会是老年人参与公共生活的载体,具有非常重要的意义,妇女协会也非常重要,要成立老年人协会和妇女协会这类基层组织,这是乡村文化建设的重要手段。比如浙江省的老年人协会,在村庄公共生活中发挥了重要作用。这类微型文化组织是村民自治有效运转的重要条件。乡村建设不只是合作社,老人协会、妇女协会这类文化类组织也非常重要,笔者提出的建议是大力支持老年人协会和妇女协会建设,大力建设文化类组织,这是最有效的乡村文化建设。文化活动中心、篮球场、健身器材等只是文化设施和文化场所,要使农村文化建设真正运转起来,就必须要有人,要把人组织起来,通过什么把人组织起来,除了经济合作社,最有效的就是老年人协会和妇女协会。

为什么呢,因为对广大农村来讲,农村里最多的就是老人和妇女,老人和妇女现在才是村庄生活的主体,所以,乡村文化建设要充分考虑这两类人群的需求,而经济合作社并不适合这两类人群,经济合作社都是青年人才能做的事情。真正能够让老人和妇女受益的,就是老人协会和妇女协会。作为社会文化类组织,不只是娱乐,更重要的是教育,将文化建设与终身教育绑在一起。

针对农村老年人容易发生纠纷、生活压力大、精神生活匮乏等问题,提出了要加强老年人协会的对策,针对农村妇女精神文化生活匮乏,提出建设农村妇女协会的建议,老年人协会和妇女协会属于社会文化类组织,对于乡村文化建设具有至关重要的作用,他们是乡村文化的主体。

所以,要针对农村文化变迁存在的问题,提出有针对性的建议和意见,不是为了发现问题而发现问题,发现问题是为了解决问题。乡村研究要从问题导向走向建设导向,真正能够为乡村建设提供有效方案,这是乡村文化建设研究的基本立场。

(六)"大和小不和":共同体的弱整合

家庭之间的位置感非常强烈,导致人际关系紧张,家庭之间相互攀比,但家庭之间的竞争局限在生活层面,而没有拓展到村庄政治层面,家庭之间的竞争并没有上升到家族之间的竞争。农户之间的纠纷多为小事,且无中间化解机制,这种纠纷处理机制是无结构村庄的纠纷处理,并导致一种"大和小不和"的形态,低度整合村庄纠纷的化解机制,主要靠农户之间自发的调解,比如人情,比如"使气"。

1. 家庭之间的隐性竞争

> 案例1:你有钱,他不含糊你,不喜欢你,见不得别人好,背地里说,也没有别的手段,你过得比他差一点,就好了,关系会搞好,你过得比他好,他就不喜欢了。[①]

[①] 来自访谈资料编码WM20110713。

家庭之间有合作,表现为人情,表现为共同体义务,但同时,家庭之间又充满了竞争,这种竞争无处不在,是共同体关系的一个重要方面,这种竞争就构成了一种紧张关系,但这种竞争又不至于影响社会团结。这就更加证明了社会团结不是刚性的团结,而是动态的充满弹性的团结。

家庭之间的隐性竞争也是日常纠纷容易发生的原因,这位访谈对象说得非常清楚,并且不止一位受访者提到这一点,家庭之间的隐性竞争使得看似和谐的共同体生活中有紧张的一面,这是纠纷发生的基础。如果家庭之间的隐性竞争得不到引导,就会导向纠纷,一旦形成气氛,就容易产生纠纷,在板桥2组就看到,这里容易发生纠纷,而有些小组则较为和谐。

案例2:我儿子找钱回来,他们不欢喜,说:出门的年轻娃找到钱的都不正常,偷的抢的。今年到北京去,明年又到北京去,证明是对的。

我们家买个电视,他们都不欢喜。我们两个老实,没文化,原来关系都很好的,他们家没买这种电视,他们的儿子出门找不到钱。农村的事情复杂,斗气话,背后说你,没有用的空话。①

家庭之间存在竞争,存在说小话的现象。这是什么心态,邻居之间的这种相互竞争的心态,这种小心眼,达到了极致。这与表面上看起来的和谐很不相同。邻居之间的竞争并没有那么明显,而是一种隐性竞争。

案例3:我一直勤劳,两个人都这样,人家会说,他们两个这么做,还不是穷。又不赌,又不嫖,还不是穷。这话不能听,走自己的路,有些话没讲那么直白,都明白。

有的人不爱做,会讲别人。好的撇的都有人讲,打工赚不到钱

---

① 来自访谈资料编码 WYX20110714。

六、人情与共同体义务 **217**

有人讲,赚到钱也有人讲。有些东西意会就可以了,不能在嘴巴上讲,活在世上难。好的有人讲,撒的有人讲,这就是所谓的"说小话"。

好胜心,你有我有,你强我更强。这与一族一块的有关,不是一样的,与邻里关系和家族大小有关系,不是一个固定的模式。陈家特别显眼,我们这边没那么直白,不说话,心里都有。①

说小话是共同体生活的一种方式,是家际关系的一种表现,也是平均主义的一种体现,体现了家庭之间在共同体中的竞争,这不是基于正式考核的竞争,是一种隐性的竞争。生活在共同体内部的家庭对自己家的位置特别敏感,就通过说小话的方式体现出来。从根本上来讲,这也是小农的平均主义价值观使然。

这是一种弱竞争,是低度整合的弱竞争,更准确地来讲,这是一种隐性竞争,这种竞争是非常激烈的,并不弱,只是以隐性的方式表达出来,比如说小话。表面上看起来一团和气,背地里却暗自较劲。这种隐性竞争有好处,也有弊端,处理不好就会导致村民之间关系紧张,很容易发生纠纷。

案例4:这里的人有志气,在农村最能体现脸面的是楼房,打工挣钱盖楼房,买冰箱,买彩电,暗地里较劲。都有一种拼劲,不是混混都算了。这种竞争主要在一个院子里,主要在视线范围内。②

家庭之间的消费竞争已经启动,过上好日子是最大的目标。消费主义如何进入乡村的,是如何放大的,是通过熟人之间的面子竞争放大的。家庭是消费的基本单元,服务于家庭再生产,消费主义通过共同体内部家庭之间的竞争机制得以放大。

农村的消费文化是节俭,节俭是美德,是值得鼓励的行为,并且怕露富,现在进入了消费社会,炫耀性消费现象普遍,邻居们之间竞相开

---

① 来自访谈资料编码 XWY20110719。
② 来自访谈资料编码 DSJ20110720。

展消费竞争和消费攀比,并且这种消费竞争是高度外显化的,比如建楼房、买汽车等消费行为。

家庭之间的隐性竞争是如何形成的,是平均主义价值观造成的。学界往往误认为平均主义是静态的,是一次性的平均分配。实际上,平均主义是动态的,是一种竞争机制,即乡村社会共同体中的隐性竞争机制。隐性竞争的正功能是促进家庭经营,其局限性是过度竞争导致共同体内部人际关系紧张。在家本位文化中,以家庭为中心,形成了家庭之间的隐性竞争。

在调查中发现,每家门口都放着几把椅子,一进门,村民会说:要不要坐一下,摆龙门阵,这说明,每个家庭都在积极建构私人关系。同时,这也表明,摆龙门阵只是服务于私人关系的建构,而不是服务于公共关系的建构。有小话,但没有超越性的规范,没有形成舆论。

> 案例5:斗空话,就是我说你的谎话,你说我的谎话。说小话,就是当面说好,背后说不好。我觉得意思差不多,就是背后议论人。[1]

这里的村民有斗空话和说小话的说法,村民觉得两者的意思差不多,就是背后议论人,这就是共同体生活的特点,表面上一团和气,喜欢背后说人。

村民之间表面上看起来非常和谐,但实际上彼此都非常小心眼,小矛盾非常多,也就是"斗气"普遍存在。尤其是这些中老年农民,邻里纠纷实际上是非常复杂的,但又不会造成多大的矛盾。看似温和,实际上矛盾重重,也就是"使气",为什么会这样呢,这与村庄公共权威的缺失有关系,村庄内部的纠纷无法得到及时解决,没有出口,就暗地里"斗气",这是私人社会的特点。只是这种私人社会并没有进入人与人之间的战争状态,没有进入所谓的丛林社会,而是一个表面上和谐暗地里使气的私人社会。这与家本位文化有关,虽然公共权威缺乏,但家本位文化还在,家庭之间基于人情的低度整合还在,这就塑造了私人社会的

---

[1] 来自访谈资料编码 YXL20110717。

六、人情与共同体义务

特点。

通过两个家庭之间的纠纷,呈现了家庭之间的整合,以及人情社会的脆弱性。家庭之间的纠纷体现的是人情社会的运作机制。虽然家庭之间通过人情保持着基本的整合,但这种整合是相当的脆弱,家庭之间彼此斗气,相互攀比,彼此小心眼的程度让人吃惊。这样的小矛盾在别的村庄都有,但这里的农民竟然如此在意。

2. 弱义务与弱整合

没有结构的村庄,有诸多表现,比如:没有力量对付向武涵,他搞了 30 多年村干部;缺乏结构性精英;没有力量约束违规者,发生纠纷后无人调解;关系很重要,任何事都要靠关系,人与人相处。

没有结构,关系就很重要,越是原子化的社会,关系越重要,这里的关系当然是弱关系,乡村社会中的私人关系以弱关系为主导,这种弱关系的特征,构成了乡村社会低度整合的特点。弱关系当然也是弱义务,强关系才是强义务,家庭内部的关系才是强关系,家庭之间的关系都是弱关系。

所谓的建构性关系就是弱关系,结构性关系就是强关系。乡村社会虽然不是陌生人社会,但也越来越成为弱关系主导的低度整合的社会,这种低度整合的社会介于熟人社会与陌生人社会之间。

弱关系主导的乡村社会,是无结构或者弱结构的社会,是开放性的,一旦发生矛盾,也容易走极端,可以几十年不说话,能否化解,取决于两家之间的互动,而没有外部力量的调解。

说小话,斗空话,但没有形成舆论,没有约束力。有小话无舆论,小话构不成制约机制,只能背地里"使气","使气"是弱整合的特点。"使气"是人与人之间的互动机制,也是秩序整合的机制,在一个道德化社会里,人要学会生气,生气是一种人际互动,生气是一种手段,和人情一样,人情是一种建构私人关系的手段,使气也是一种管理私人关系的手段,纠纷是"使气"的表现。但要清楚的是,"使气"不是管理公共关系的手段,也不是管理工作关系的手段。

从另一个方面来看,"使气"也是村民任性的表现,这里的村民为什么会如此任性呢,一言不合就断交,情感和好恶为人际关系的最高原则,义务也是根据情感来配置的。家际之间的关系也是以情感为原则,根据情感进行义务的配置,而不是根据利益。村民为什么如此任性呢,就是在实践一种情感生活,只有情感生活才会任性,理性和利益就不会任性。

村民们之所以动不动就断交,就是因为村民之间的互动靠的是情感,这是一种基于情感的互动,这种任性是基于情感的互动,而不是基于利益与理性的互动,这是我们的一个发现,将情感带回文化分析的中心。

在乡村社会发现,农民在家庭内部和家庭之间的关系互动中,容易生气,生气是一个常见的现象,为什么会生气呢?生气是一种情感的表达,是动词,不是名词,最关键的不是气,而是生气,使气,斗气,使气会影响到情感,而情感则是义务的基础。两家生气,影响情感,外在表现就是断交,不再进行人情来往,彼此不再履行人情的义务。有情感才有人情,才有义务。乡村社会是一个情感社会,情感社会的运作机制是情感与义务,使气只有在情感社会才会发生。

本研究发现了一个情感社会,而不是熟人社会,乡村社会是一个情感社会,乡村社会的维系与运作都是基于情感和义务来进行的,情感社会必然是一个小群体,情感社会的运作遵循义务的逻辑。在更大规模的社会里,情感社会并不能无限外推,陌生人社会里,人们彼此没有情感,也就没有义务。在没有义务的社会里,人际关系肯定是轻松的。情感社会里,人之所以会感觉累,乃是因为人生活在一个义务网里,人的意义也是在这个义务网里取得的,义务是情感社会的逻辑,没有义务,就没有情感社会的维系。

这一发现具有重要意义,因为学界一般认为人与人之间的关系出现理性化趋势,对农民的假定是经济人和理性人,笔者一开始就对这一假定抱有怀疑,因为这一假定过于粗暴。通过研究发现,人与人之间的关系并不是遵循经济理性的逻辑,而是遵循情感与义务的逻辑。这样来看,阎云翔的发现就是有问题的,并不是无功德的个人,人人都生活在一个义务网中,生活在情感社会中。

不管是家庭关系,还是家际关系,都遵循情感与义务的逻辑。不管是强整合,还是弱整合。乡村社会不是结构化社会,也不是关系性社会,而是情感社会。观察社会整合,重点是情感社会,是义务社会,而非结构与关系。

当然,咸丰乡村社会是一种弱整合的社会,在这种弱整合的情感社会里,才有看到的自由的生活,以及人的个性,无压制的个人,甚至是不可理解的小气、小心眼、个性、肆无忌惮,这种任性的行为逻辑,就是情感社会的行为逻辑。这种任性不是弱整合社会的任性,而是情感社会的任性。

3. 自觉的整合

> 案例:我们小队非常不团结,干部一过来开会都晓得,历来如此。2组,三个院子组成,乌、万,杂姓,杂姓人家和谐,两个大姓不好搞,公益建设,他不搞,乌家那边有人不搞。万家是大姓,他欺负你。2组不团结,勾心斗角,看人家好一点,就不满意,使气,他们自己也这样说。别的队团结一些,我们这个队不团结,哪个队都知道,干部说:他撵到别个屋里去骂人。他万家人之间打架,打得还凶一些,上法庭的都有,纠纷非常多,这个队不团结。①

2组不团结,为什么不团结呢,也不是宗族矛盾,同姓之间反而闹得更凶,这里的不团结主要表现为家庭之间的竞争,在公益事业建设上很难合作,纠纷多,而团结的小组,则纠纷少,在公益事业上容易达成合作。

为什么有的小组纠纷多,有的小组纠纷少,有的小组能够合作,有的小组则难以合作,同样的社会基础,却有不同的表现,原因在哪里?这就是靠私人道德维系社会团结的弊端,靠私人义务维系社会团结,全靠每个家庭的自觉,不管是人情,还是纠纷,都靠私人义务来管理,没有第三方力量,没有民间权威,缺乏民间机制,民间没有力量去解决。一旦发生纠纷,或者出现不合作者,没有舆论对之进行谴责,没有力量进行制裁,就会出现纠纷,就会出现不合作,纠纷多了,人情中断的多,共同体义务的约束力就弱,就无法达成合作,尤其是公益事业的合作。

调查发现,这里的纠纷主要是家庭之间的纠纷,较少涉及家族之

---

① 来自访谈资料编码 WM20110713。

间,基本上没有家族因素,这与弱整合有关,这里的村落共同体是弱整合,家庭是主要的行动单位,家庭之间发生纠纷,就没有内生的结构性力量介入,只能通过中断人情来调解关系。而人情就是一种自觉,靠家庭的自觉,家庭在社会网中的位置感,以及彼此的竞争、彼此的义务、彼此的利益,全靠家庭的自我考量,而没有外在的约束。

家庭纠纷多,还是少,全靠自觉,共同体团结,还是不团结,全靠自觉,这样的社会,可以说是一个自觉社会,这个自觉社会必然是弱整合的社会,也是弱义务的社会,自觉是乡村社会的核心特征。不管是合作也好,不合作也好,全靠自觉;人情来往也好,不来往也好,全靠自觉,养老也好,不养老也好,全靠自觉,老人自立实际上也是自觉的体现。这样的乡村文化就是一个自觉的文化,也可以说是文化自觉,不是文化自信,不是自信的文化,而是自觉的文化。

自觉的文化就是靠私人道德和私人义务维系的文化,农民的生活态度也是一种自觉的生活,农民追求的是一种什么生活,就是一种自觉的生活,不是自信,也不是自由,而是自觉,小农的文化就是一种自觉的文化。农民外出打工挣钱养家,老人自立,靠的是自觉,农民喜欢这里的空气和气候,也是一种自觉,农民建构人情关系,也是靠自觉,没有外在的力量,没有终极的理想,就是一种自觉的生活。

(七) 私人义务维系的共同体

在市场经济的冲击下,学者一般认为村落将会解体,村落终结论是主导的研究范式。[①] 包括学界提出来的伦理性危机,也是在村落终结论下展开的。本研究将终结村落终结论,这一论调太能吸引人的眼球,但却是无视事实的。村落终结论提出这么长时间以来,乡村社会依然存在。即使在中国城市化达到 70% 以后,中国还会有 4 亿农民,何况现在中国的户籍城市化率还未达到 50%。中国乡村社会变迁的事实已经宣告了村落终结论的终结。

虽然村落并未终结,但乡村社会依然在变化,这种变化是本章发现

---

① 李培林:《村落的终结》,北京:商务印书馆 2010 年版。

的从强整合到弱整合的变化。传统乡村社会是宗族社会,村落社会也是强整合的社会,集体经济时代的乡村社会,通过人民公社体制实现了强整合。分田到户以后,集体的强整合逐步解体,虽然出现了传统的复兴,但也没有恢复到宗族社会的强整合。所以,乡村社会就从强整合向弱整合转型,今天的乡村社会并不是个体化的社会,而是弱整合的社会。乡村社会是一个弱关系共同体,是一个以家庭为本位的弱关系共同体。

1. 人情与熟人社会的纠纷解决

使气是熟人社会的纠纷发生机制,只有熟人之间才会使气,陌生人之间不会使气。陌生之间的纠纷是利益型纠纷,而使气型纠纷则是熟人之间的纠纷。熟人之间才有人情,有人情才会使气,使气又会中断人情。

在熟人社会内部,中断人情是一种惩罚手段,这一手段的使用也是有限度的。如果频繁使用,就会被认为多事,不好相处,但该使气的时候不使气,就会被认为傻子。

人情中断并不可怕,人情中断之后还有一个恢复机制,这就是人情与纠纷之间的关系,熟人社会的纠纷解决之道。熟人社会的纠纷可以通过人情来解决,但陌生人之间的纠纷却很难通过人情来解决,虽然很多时候在解决陌生人之间的纠纷时也会调动熟人关系,但却无法使用人情手段。陌生人之间的纠纷可以通过利益补偿和法律惩罚来解决。

此前发现的村落内外两种类型的纠纷,实际上就是熟人纠纷和陌生人纠纷两种类型。学界关于熟人社会纠纷解决的研究很多,大都看到了熟人社会纠纷及其解决机制的特点,典型如法学界对秋菊打官司的解读,对陕北乡村纠纷调解的研究,主要是苏力、强世功、赵晓力等人的研究[1],农村纠纷研究大都受到了他们的影响。但法学研究者毕竟不是社会学研究者,他们对熟人社会纠纷的理解是静态的,是概念化的。但熟人社会本身在变化,熟人社会纠纷解决机制肯定也在变化,并且他们夸大了熟人社会的视角,而忽视了陌生人社会的存在,毕竟今天

---

[1] 苏力:《送法下乡》,北京:中国政法大学出版社 2000 年版;王铭铭等主编:《乡土社会的秩序、公正与权威》,北京:中国政法大学出版社 1997 年版。

是一个流动社会,村落熟人社会内部的纠纷急剧减少,大量纠纷是在村落外部发生的陌生人纠纷。如何理解农民在共同体外部发生的陌生人纠纷,法学界并没有提供解释,更谈不上对两种类型纠纷的比较研究。

这里的熟人是共同体内部的熟人,熟人社会是一个共同体概念①,而非关系概念,人际关系上的熟人并不是我们所谓的熟人。熟人不只是认识和熟悉,什么才是熟人社会,是共同体,共同体内部的才是真正的熟人,日常生活中经常使用的"有没有熟人"实际上并不是共同体意义上的熟人,而只是关系意义上的熟人。共同体外部的熟人不是熟人,要注意熟人概念的泛化。

2. 家本位文化的社会冲突

纠纷无法及时得到解决,为什么这么固执,几十年不说话,显然是一个极端的案例,极端都表现得那么温和,那么和谐,并且极端的人竟然没有被社区排斥,说明这里的公共生活不发达。北方人表面上看起来容易走极端,而这里的人看起来很随和,实际上是内在的走极端。

这是从纠纷的角度对家本位文化的理解。家本位文化是一种以生活本身为目的的文化,家本位文化是最和谐的文化,是最温和的文化。从冲突的角度来看,家本位文化也有自己的固执,也有自己的走极端。

理解一个地方的社会冲突,也要从家本位文化出发,家本位文化在全国不同区域的农村表现是不一样的,不同类型的家本位文化,会有不同的社会团结和社会冲突。

人情是社会整合,纠纷是社会冲突,家本位文化没有强整合,也没有激烈的冲突,这是家本位文化的特点。这里的农民不走极端,常听他们讲的一句话就是"天热了就回来了",对小孩子的教育也是顺其自然。在社会整合层面,的确不走极端,但从社会冲突的角度来看,又走极端,因小事而使气,上访多,甚至群体性事件多,这种极端体现了家本位文化中社会冲突的特点。

家本位文化导致的低度整合不足以支持公共生活和公共舆论,没有结构性力量,没有公共道德,导致纠纷仅靠个人之间的调解,缺乏权威性力量的介入,村民之间往往会因为小纠纷而导致长时间的冷战。

---

① 费孝通:《乡土中国》,上海:上海人民出版社 2006 年版。

个体之间发生了纠纷怎么办,需要权威力量的调解,需要公共道德的介入。很显然,这里缺乏纠纷调解机制,也缺乏公共舆论和公共道德,这就导致个人的行为没有公共规范的约束和规制,也没有公共道德的保护。在发生纠纷的时候,既没有结构性力量的支持,也没有结构性力量的规制,这个结构性力量就是公共空间和公共道德。

在无结构的环境中,村民会积极发展建构性关系,同时,在发生纠纷的时候,家本位文化的内敛使得发生纠纷的双方只能暗中使气,也没有公共道德的介入,小组长不能调解纠纷,一起小纠纷,两家几十年不讲话,长期保持冷战。

在家本位的无结构的环境中,当农民之间发生纠纷的时候,会选择一种什么样的方式来处理呢?最常见的是家庭之间的暗中使气,斗气,不说话,不来往,不走人情,为什么会暗中使气呢,这是因为缺乏公共空间和公共道德。

3. 人情与纠纷:私人道德维系的社会

从人情来看,村民尽可能把所有人都纳入自己的关系网络,每一个人都努力地建构人情网络,直到年纪大了才退出人情往来。从纠纷来看,邻里之间一旦发生纠纷,几十年可以不来往,长期不说话,经常见面,暗中使气,这是笔者见过的最长时间的冷战,说明缺乏纠纷的化解机制,山东农村有个说法,过个年,一说话,啥都过去了,即使打架,也会和好。这里很显然没有这个说法。

在一个靠私人道德维系的私性社会,也就是家本位的社会,和谐与冷战并存。这里没有很大的社会矛盾,也不会出太大的事情,这是笔者的感受,因为家本位是保守的,是趋于稳定的。但一些小的纠纷却长期无法得到解决,但也不会爆发。是一个和谐社会,也是一个充满冷战的社会。

和谐与冷战,是私人社会的一体两面,这是一个靠私人道德维系的社会。纠纷的发生机制,化解机制,以及人情建构机制,这些是私人社会的整合机制。家本位文化的特点是,一方面最大程度地争取小家庭的利益,另一方面又尽可能广泛地建构私人关系。

在弱整合的社会,一旦发生纠纷,其自身化解纠纷的能力非常弱,因而,使气成为常用手段,严重的,要么中断人情,要么请法院介入。人际关系紧张,容易引发矛盾,发生纠纷一件小事就能演化为大事情,无法及时化解,甚至断交,几十年不说话,不再来往。

乡村社会一方面看起来很和谐,但通过纠纷却可以发现人际关系又很紧张,和谐体现在人情建构上,紧张体现在纠纷上,这里的纠纷都是小事,但不容易化解。影响也不大,不会发生太恶劣的影响,最严重的后果是断交,不再进行人情往来,记仇。

弱整合社会人际关系的紧张不是结构性紧张,也不是情感性紧张,而是关系性紧张,这种关系性紧张是由家本位引起的,这又回到了家本位是如何建构人际关系的。家本位文化导致家庭对自己家庭在人情单位中的位置非常在意,非常敏感,在意即人情建构,敏感即说小话,斗空话,这是建构性关系的特点,也是弱整合的特点。

乡村文化之所以会呈现出这种特点,乃是因为家本位文化所致,家本位文化导致弱整合的乡村社会。家庭关系的整合是强整合,共同体的整合是弱整合,整合背后是义务,强整合对应着强义务,弱整合意味着弱义务。家庭内部强整合,家庭外部弱整合,乡村社会不是个体化,而是弱整合。

在弱整合的村庄中,人人生活在建构性关系之中,组成了一个关系网,农户以家庭为单位积极建构私人关系,家庭的位置感很强,和谐与紧张并存,是弱整合社会的特点。不管是人情,还是纠纷,都体现了弱整合的特点,是弱整合的两个面向,和谐与紧张是弱整合社会的两个特征。今天的乡村社会是一个弱整合的靠私人道德维系的社会,并且这个社会是动态的,家庭之间的人情是可以随时调整的,这是一个动态平衡的共同体。

七、集体经济与公共生活

分田到户以来,大部分农村地区的集体经济空壳化,农业回归小农经济。家庭经营只能再生产家本位文化,无法发育出公共文化。集体经济解体之后,乡村公共文化失去了载体,公共生活逐步萎缩,家本位文化成为主导。要建设农村公共生活,就要发展农民充分参与的集体经济。

(一) 从集体经济到三元经济

1. 从集体经济到小农经济

案例:板桥村先是板桥公社,后来改名为红艳大队,归忠堡公社,最初15个生产队,后来10个生产队,现在5个村民组。原来搞大集体,每年交三四百斤粮食,百把元钱。农业学大寨,公社组织专班搞"三治",治山治水治河,村里组织100多人,专业队,坡上田地都是那个时候开出来的。

集体时期,每个生产队都有养猪场,有上交任务,20头猪,不够的农户养,由集体提供饲料,向队里交肉,交肉交活猪都可以。每个人分斤把肉,食品站返回来,一斤肉0.64元,过节,每个人发两斤肉票,去称肉,过个节气一家能分三四斤肉。当时吃肉都是用票买,有指标限制。

屠户要办证,不能随便杀猪,原来一个大队有两个屠户,有屠户证,杀一头猪砍个斤把肉作工资,也就是2元左右,当时的屠夫多,没有好多猪可以杀。集体时期专门有一到两个人养猪,1981年土地下户之后,没有猪场了。

过去尿素化肥都要指标,一个队2千斤,现在一个大户都要2千斤,下户的时候10斤尿素,现在50斤/亩,人搞懒了,现在又不搞农家肥,土质变坏了。

越穷的人越要下户,人口多,子女多,劳力少,要求下户,比如,5口人,2个劳动力,妇女顶个劳力,搞一天5角钱分值,有的3角。年底分配,人口多劳力少的户,都是缺粮户。

粮食分配中,没有工分就没有工分粮,有一个基本口粮。对一个成人劳动力来讲,工分粮和口粮按三七开,70%的基本口粮,30%的工分粮。大口:口粮占70%,18岁以上;中口:口粮占60%,10—18岁,小口:口粮占50%,10岁以下。

1978年零星地下户,每户有二三分的自留地,房前屋后,竹园,树木,生产队可以分组,经济专班,农业专班,分班分组,1980年分为七个班。1980年下半年开始下户,1981年全部下户。先由小组负责,小队申请下户。分田土,分不均匀,矛盾大,全部放在小队,开群众会,群众都说分就分,难度不大。

各小队的保管室,1982年处理完,处理资产,房子给你,你拿钱,各队用处理资产得来的钱安装了电灯,最多3千至5千元,猪圈、牛圈都分了,大型生产工具没有,我们这儿是山区。1981年大集体转向个人,不适应,认为这种搞法不好。群众接受得比较快,一是没饭吃,二是上坡做活路一窝蜂。

分田土,按人口分,人均1亩地,5口人可以分5亩地,就能养活。下户以后,5个劳动力就吃亏,5个劳动力5亩地,5口人2个劳动力也是5亩地。不过,下户以后,3个劳动力去挣钱,2个搞农业,大家都接受了下户。副业,80年代搞木工、泥瓦工,在近边找活路,下户没有两年,变化大,建设多,活路多,现在叫打工。开始下户几年,生活初步好转,养殖种植不明显,几年以后开始养猪改善生活。[1]

---

[1] 来自访谈资料编码 XSJ20110713。

七、集体经济与公共生活　229

这位任职30多年的老支书讲述了集体生产解体的过程,呈现了集体生产的特点,一是集体劳动;二是指标管理,任务指标,生产资料指标,还有生活资料指标;三是集体消费,集体消费制度兼顾公平与效率,非常精细。

再就是集体劳动解体带来的影响,集体劳动转型为家庭劳动之后,家庭决策的自主性增强,家庭会合理配置劳动力,这必然会解放劳动力,因为土地是有限的,家庭劳动促进了农业外就业,从而促进了乡村副业和乡村建筑业的发展,使得农村经济的活力增强,农民生活得到了显著改善。打工也主要是在周边打零工,服务于家庭生活的需求,服务于家庭的消费需求。

2. 小农的种植结构

> 案例1:全村耕地545亩,人均耕地1.1亩,种植玉米、水稻、土豆,只能种一季,冬天没有粮食作物。自给自足的自然经济,吃饭经济,2600元/年的人均收入,这是统计数字。老百姓获得现金收入的途径较少,种辣椒、油茶等经济作物。[①]

品多量少的种植结构除了维系一种低成本的生活方式之外,还与人们的心态有关,这种种植结构不会绝收,能最大程度地规避风险,而不是最大程度地赚钱,这是典型的自然小农的观念。在此种观念的支配下,种植结构调整很难,并且种田的都是老年人,老年人是自然小农观念的践行者和维护者。

市场经济的观念在江汉平原已经非常盛行了,在所有的平原地区都很盛行,这从种植结构的角度看得非常清楚,河南、山东的种植结构已经非常单一化了,80和90年代,山东农村种杂粮的还很多,现在基本上没有了。宜都的种植结构也已经调整完毕,朝经济作物的方向发展。

套种是一个非常有意思的现象,一方面,套种可以充分利用土地;另一方面,套种可以充分利用劳动力。套种模式的解体意味着,劳动力

---

① 来自访谈资料编码 ZZR20110707。

转移,种植结构单一化。不管是单一的粮食作物种植结构,还是经济作物种植结构,都是由市场经济决定的,都代表了农民观念的变化,从规避风险到获取利润,形成了自己的比较优势。

案例2:家里亩把地,种苞谷、洋芋、辣子,种了1亩辣子,别人送的1亩地,公司来收,公司不来收就不种,个人去卖,卖不到钱。①

种植结构是典型的求稳,规避风险,即使经济作物,也是求稳,不追求收益最大化,不面向市场,主要是为了满足低成本生活的需要。

这里的土地集中也非常困难,这与老百姓的观念有关,与种植结构和生产方式有关,而不仅仅是土地收益分配的问题,这是更为基础的问题,在这里,土地还是农民的命根子,这是量少品多的种植结构使然,必然通过套种提高土地的利用效率。山东、河南农村原来也种杂粮,并且多为套种,目的是为提高土地利用率,精耕细作,土地必然重要。而现在,杂粮消失了,大宗粮食作物种植,土地耕种粗放化,实现了一村一品,甚至多村一品,土地集中以规模化经营,也便有了现实可能性。

当地有经济作物,有市场,但种植户并没有直接参与到市场竞争中去,所以,经济作物的种植并没有让农民突破自然经济的逻辑,仍然是自然经济的组成部分。

烟叶种了30年,种植户没有参与市场竞争,没有改变自然经济的逻辑。对农民来讲,种植烟叶和种植玉米是一个逻辑,所以,这里的经济作物和宜都、青州的根本不同,经济作物种植并没有实现市场化,因为烟叶种植和收购都是地方政府主导,其市场也是垄断的。所以,烟叶种不下去了。这是烟叶和柑橘有差别的地方。当然,烟叶种植也是自我剥削,收入应该比种粮食的收入要高一些,也是劳动力商品化,只不过劳动力商品化受到了限制而已,比如山东农民在1990年代种植棉花一样,有限度的市场化。山东农村的棉花和恩施农村的烟叶种植是一个逻辑,是地方政府主导的市场化,后来也都搞不下去了。

---

① 来自访谈资料编码 WM20110712。

七、集体经济与公共生活　　**231**

3. 三元经济

中国经济学家认为农业、农村工业和城市工业构成了三元经济体系,并最终会走向城乡一体化的一元经济。① 这对理解农村发展有启发,但本章所谓三元经济是指农村经济的三元结构体系,一是经济作物,基层政权主导的经济发展;二是粮食作物,老人农业;三是务工经济,劳动力商品化。粮食作物和务工经济都是农民的自发选择,经济作物是基层政权主导。将经济作物放到三元经济中,放到基层政权主导的经济发展,将粮食作物放到老人农业中,将外出务工放到劳动力商品化中,这就是所谓的三元经济。

三元经济是我们对农村经济发展提出的一个分析框架,在三元经济中,每种经济行为对应着不同的道德现象,笔者的解释就是,三元经济影响着乡村生活方式,影响着乡村道德的变迁。因而,对三元经济的研究依然是有价值的,这是主导的解释框架。

除了自然经济和外出务工,恩施的发展还有一重力量,即政府主导的发展,势头非常强劲,山区的发展思路无法靠经济作物和矿产资源的开发,也有成功的模式,比如宜都,而咸丰的发展有多种尝试:经济作物种植、矿产资源开发、旅游开发等,但还没有看到成效,并没有真正帮助农民致富。

在笔者看来,山区还有发展的空间,但能否成功,并不在于政府的项目扶持,而在于能否参与到市场经济中去,并获得竞争优势,资源经济参与市场交换,但市场竞争有限,而经济作物的市场竞争较为激烈。因而,要瞄准市场,抓住机遇,找准项目,并建立一条龙的完整产业链,小打小闹的种植结构调整是没有意义的,因为今天的市场是高度竞争的,而恩施地区长期不参与竞争。种植结构调整要建立一个完整的具有竞争力的产业链,才会有希望。

所以,咸丰形成了一个经济发展的三元结构:自然经济、劳务经济、资源经济,三种力量,同时也是三种机制。落后地区政府主导的发展基本上是资源经济,而非资本经济,包括矿产资源开发、农业资源开

---

① 李克强:《论我国经济的三元结构》,《中国社会科学》1991 年第 3 期;陈吉元等:《中国的三元经济结构与农村剩余劳动力转移》,《经济研究》1994 年第 4 期。

发、林业资源开发以及旅游资源开发,地方政府没有资本和技术优势,其发展只能打资源的注意,资源的市场化开发,就成为地方政府发展经济的一个主要选择。

三元结构,显然无法形成协同效应,各行其道,并行不悖,要把彼此的关系揭示出来,这种三元结构并没有形成主导的一元,很多地方也都形成了一元或多元结构。当然,刘易斯认为是二元经济,即农业/工业的二元经济体系。[①] 中国各地农村的经济发展更为复杂。

这种三元经济是恩施的现状,其他两项可以看作是对自然经济的破解,寻求经济发展的出路,农民和政府都在进行各自的努力,外出务工是对当地开发经济的一个否定。山区的发展,出路何在,与东部沿海地区不同,与粮食主产区也不同。

笔者觉得零星的种植结构调整是没有意义的,是农民自发的还是政府主导的,这个可以先忽略不计,寻乌和宜都是种植结构调整的成功模式。工业园区建设还是资源经济开发,当地的资源,与普通村民有何联系。

不是要破解自然经济,可能无法破解,也不是要破解,并不是一个线性的演化模式,是一个自然选择的模式。江汉平原已经没有了发展的机会和空间,其他平原也是如此,粮食主产区+劳动力流出地的定位已经自发形成。

山区农村还有发展的空间,抢抓机遇,找准产业,找准项目,并且建立一条龙的产业链,小打小闹的产业调整是没有意义的。因为今天的市场是高度竞争的,而恩施地区长期不参与市场和市场竞争。

资源经济能否破解小农经济的困境,资源经济参与市场的程度也很低,忠堡镇也是有资源的,当地想通过工业园区建设实现集约发展,如何建设一个充满活力的工业园,而不是空壳工业园,使工业园区成为当地经济发展的火车头、助推器,当地还有很多工作要去做。

当地经济发展的三元结构:自然经济、资源经济、劳务经济,还有烟叶经济,为什么没能让当地老百姓致富,没有像宜都柑橘一样。

其实,并不是要破解自然经济,为什么要破解自然经济,自然经济

[①] 蔡昉:《刘易斯转折点:中国经济发展新阶段》,北京:社会科学文献出版社2008年版。

七、集体经济与公共生活

已经不是问题了,一个无法自给自足的自然经济,当地经济发展的思路有其自己的逻辑。当地要突破自然经济,就是要从自然经济中走出来,出路无非几条:一是经济作物,比如烟叶、黄金梨、辣椒、生姜,以及桂花树这些经济林木,所谓经济,就是直接面向市场的,但这里的农民搞了30年的经济作物,并没有致富,靠经济作物致富的并不多见,更多是失败案例;二是资源经济,也就是矿产资源开发,这与资本有关,与地方财政收入有关,但与普通村民没有直接关系;劳务经济,劳务经济是市场化背景下农民自己的选择,是农民自身的人力资源开发,会为农村发展注入新的活力,可能为农村发展打开一条新路,具有这种可能性。但是,劳动力自身要想创业,也需要发展,否则,返乡无法创业,只能就他就业。

  案例:板桥村离县城近,八山半水分半田,土地少。没有产业,没有矿产资源,主要靠种植。民风淳朴,群众基础好,在镇里处于中游。
  板桥村有黄金梨300亩,烟叶200亩,油茶300亩,山上退耕还林,原来开山种苞谷,下户以后栽树,经济林5年,生态林8年,总共230元每年,原来烧柴,现在烧煤。[①]

  烟叶和黄金梨是当地的主要经济作物,这两种经济作物的种植,是基层政权主导的经济发展的主要体现。包括资源经济也是基层政权主导的经济发展,本章并不纳入讨论,主要对经济作物进行讨论。
  粮食作物和务工经济都是农民家庭的自发选择,都是为了家庭的再生产,也就是为了私人义务,农民主要考虑的是私人义务,但劳动力的再生产不只是私人义务,也是他们的权利,但目前为止他们并没有权利观念,因而也没有劳资矛盾,农民将劳动力再生产转换为家庭再生产,因而将权利转变成了私人义务。
  经济作物是政府主导的,但政府是如何主导的呢,是政府主导的家庭经营模式,而非集体经营模式,因而并没有集体经济,也没有合作社

[①] 来自访谈资料编码 XSJ20110713。

经济,仍然是家庭经营。但对经济作物来讲,家庭并不是最合适的经营单位,必须重建合作社经济,才能重建集体劳动,通过集体劳动重建公共义务,从而重建公共生活。

(二) 小户退出经济作物种植

这里的农民过去主要通过种植烟叶获得经济收入,现在一个小组只剩下一家种烟的。农户逐步退出经济作物种植,向大户集中,这是符合市场要求的,符合经济作物种植规律的,经济作物向大户集中,可以显著提高种植户的效益。经济作物种植不能像粮食作物那样,搞一家一户的经营模式,除非市场非常稀缺,而现在的市场竞争非常激烈,必须要搞集中经营,通过大户或者合作社的方式展开。

粮食作物不存在市场竞争的问题,也不是面向市场的,因而,粮食种植可以分散经营,效率也高,大户种植粮食的效果并不明显,是不赚钱的。当然,适度规模的收益要比小规模的收益高些,比如50亩,但并没有改变农户经营,大户经营,而非资本经营。

经济作物的集中经营何以可能,也与外出务工有关,与劳动力商品化有关,使得土地的适度集中成为可能。大部分农户外出务工,为小部分农户集中经营经济作物提供了可能。

1. 小户退出种烟

案例1:小队种烟,分任务,1970年代,也是发展经济,供销社收烟叶,分等级,统一价格,咸丰县烟麻公司。

下户那几年是种烟最高峰,一个村一年能收27万斤烟叶。1985年,4元/斤,全村种植500亩,产生1个万元户,在县里受表彰。

烟叶税高,100元有20元的税。现在每个村还是有种植面积要求的,今年很多村都没有完成。完成上面任务,解决一条路,解决小组公路,通过种烟可争取上面资金投入。

现在种烟投入大,肥料和燃料贵,用煤烤烟,1亩地千把元的投入,一亩地产生200斤烟叶,9元/斤,每亩收入1800元,能有千把元的收入,300元每亩的劳力,把劳动力工资一除,寥寥无几。

种得好种得多还行,有一个烟叶种植大户王友贤,他自己种,请劳动力。股份制,专业合作社,大规模种植不现实,大型机械用不了。①

烟叶种植从集体时期开始,先是集体种,分田到户以后,烟叶种植达到最高峰,成为农民收入的主要来源,近年来由于种烟成本增加,土质变差,通过种烟很难获得货币收入,除了个别大户外,一般农户基本上不再种烟,放弃了种植经济作物,而选择外出务工。

案例2:原来种烟,现在划不来,还有烤房,有六七千元的收入,煤炭非常贵,出门找几个钱方便一些,熬夜烤烟很辛苦,一晚上出来加几道火。②

外出打工方便一些,劳动力商品化为农民就业提供了可以选择的机会。

案例3:种烟叶的也不多,现在有400亩,劳动力投入大,成本高,收益比玉米、土豆要强。种烟叶,每亩产300斤干烟,才有赚头,8元/斤,2400元,除去成本600元/亩,每亩收入1800元。种上10亩烟,有1.8万元的收入,需要两个劳动力,如果租地的话,还有地租300元/亩。

这样算下来,也就是人工工资,只不过是自己给自己打工,在家门口给自己打工,可以照顾家,但与打工相比,收益并不大。并且受市场行情的影响,收益不稳定,所以,现在种烟叶的并不多,也很难靠烟叶致富。③

案例4:有5年没种烟了,土质不好,再一个是人际关系不好,

---

① 来自访谈资料编码 XSJ20110713。
② 来自访谈资料编码 WM20110713。
③ 来自访谈资料编码 ZM20110708。

没有占到关系,辛苦了也挣不到钱。裙带关系和金钱社会,没有这两点,你走不通的,烟站压你的价,不种了。①

案例5:1970年代末开始种烟,通过种烟获得经济收入,现在种不成了,本组只有一户种10多亩烟,租别人的地。现在都不干了,靠出门打工获得收入。②

案例6:现在种烟的人少了,主要原因是账算不过来,原来一斤中等烟的价格和一斤肉的价格相当,现在一斤中等烟10元,一斤肉15元,一斤烟还买不到一斤肉。另外,土质变坏了,种不成了。

外出打工,女同志一个月1000元的纯收入,一年一万多元,男同志一般一个月两三千元的收入,高的一个月5千元,平均也有2000多元。两口子出门打工,每月纯收入至少3000元,一年挣个三四万元没有问题。

算账,还是出去强。修好房子的,都是在外面打工的,最近四五年修两层房子的都是打工的,种烟修不了房子。③

农民种植经济作物,属于自我雇佣,农民种植经济作物获得的收入和打工差不多,也只是获得劳动力工资而已,仍然是属于劳动力商品化。一些农民去大城市周边种菜,为什么愿意呢,因为可以获得比打工更高的收入,为什么呢,因为自我剥削的程度比工厂要高,种菜非常辛苦,同时,通常是以家庭为核算单位,有利于利益最大化,当然,市场保障是前提。为什么经济作物种植,或者养殖,是劳动力商品化的范畴呢,因为是高度市场化的,农民并没有雇工经营,虽然需要一定的投入,但并不是靠资本获得收入,主要是靠辛勤劳动获得收入。这是另一种劳动力商品化,自我雇佣的劳动力商品化。为什么退出种烟,就是划不

---

① 来自访谈资料编码 XWY20110719。
② 来自访谈资料编码 XWY20110710。
③ 来自访谈资料编码 XSJ20110713。

来了,无法获得更多的收入。种植经济作物投入大,收入小,农民一旦有了更多的选择,就不会再种烟。

2. 种烟减少与务工增多:小农的劳动力商品化

> 案例:烟叶在 80 和 90 年代是经济支柱,几乎家家户户种烟。那时候能挣到钱,1996 年,种烟多的一年能挣个 1.5 万。种烟相当苦,是种粮食付出劳动力的三倍,烟叶分 40 多个级别,烟站收烟叶的时候还压价。从 2010 年开始,烟叶不行了,今年种植面积大幅度下降,原来 80% 都种烟,现在 20% 种烟。
>
> 现在不行了,老百姓赚不到钱,就出去打工,还轻松一些。和烟站有关系的才会种烟,和烟站关系不好的就不会种烟,只有大户,小户很少了。种烟大户陈荣亲,在烟草公司开车,原来种了 20 亩烟叶,不做农业,不种粮食,通过种烟发财,成为富裕户,去年开始不种烟了。
>
> 老百姓 1997 年开始外出务工,一开始是年轻人外出打工,中年人在家种烟。现在种烟不行了,中年人也开始外出务工了,现在打工成为主流。[1]

全国农村都差不多,80 和 90 年代的货币收入主要靠经济作物种植,比如棉花、烟叶,外出打工的很少。但自从 1990 年代中后期以后,农民开始外出打工,现在外出打工成为农民的主要选择,种植经济作物的反而成了少数。

虽然还有种烟的,但主要是大户,或者由村里组织种植,对一般的农户来讲,种烟并不是理性的选择,农民种烟受到市场中间环节的盘剥,投入大,收入少,还不如外出打工。也就是说,对小农来讲,经济作物种植并不是一个合适的选择,主要是投入大,市场风险大,更适合大户、合作社或者公司来经营,这样就会产生一些规模经营,而小农经营则会逐步被排挤出去。小农经营逐步被排斥出经济作物种植,这是一个普遍的趋势,通过劳动力市场重新就业,通过出卖劳动力获得收入,

---

[1] 来自访谈资料编码 YXL20110717。

这成为一个主流选择。

外出打工的收入明显高于种烟的收入,通过外出打工,生活能够明显获得改善,体现在建房上,打工才能建新房,才能支付高成本生活的需要。所以,农民放弃了种植经济作物,选择了外出务工,劳动力商品化成为农民最可行的正确选择。

劳动力商品化是如何发生的,小农被排挤出经济作物种植,这是一个重要的原因,只靠种粮食肯定是不行的,过去小农可以靠经济作物和副业获得货币收入,现在只能靠外出打工。所以,不只是年轻人外出打工,中年村民也开始外出打工,也就是说,外出打工成为农村劳动力的主要选择,甚至唯一选择。

这样,本研究就提供了一个理解农村劳动力商品化的新框架,也是理解外出务工的一个新框架,即经济作物种植的解体加速了农村劳动力外流,由此推动了农村劳动力迈向全面商品化。通过这一解释框架,就把经济作物种植与劳动力商品化联系了起来,把经济作物与外出务工联系起来了,二者不是并列的关系,而是因果关系,经济作物种植减少,外出打工增多。

3. 小户退出:经济作物,而非粮食作物

小户退出经济作物种植已经成为一个事实,这是市场配置资源的结果,是农产品市场和劳动力市场共同起作用的结果。一些地方政府仍然在动员小户种植经济作物,这并不是一个好主意,比如烟叶基地建设和黄金梨产业。农业产业要搞,但主体不是小户,而是大户。动员小户种植经济作物,这是80年代和90年代的政策,现在并不是一个好的选择。笔者在很多地方发现,小户退出了经济作物,地方政府也退出了产业结构调整,这是符合市场规律的。

小户退出经济作物种植是自发的市场行为,符合市场规律,但小户是否会自发退出粮食种植呢? 在粮食种植中也出现了小户退出现象,过去每家都种地,现在一些家庭外出打工,就把土地流转给在家种地的农户,也形成了一个小户退出现象,出现了一些种粮大户。但在粮食种植中,小户退出并不是普遍现象。

但目前的农业供给侧改革和土地流转会强制小户退出粮食种植,政策和资本联手将小户挤出粮食种植。小户退出粮食种植,并不是市

场行为,属于政策强制,也可以说是政策激励。实际上大户资本进入粮食种植的积极性并不高,也很难盈利,资本有兴趣进入的是经济作物种植,以及休闲农业、生态农业、乡村旅游等经营领域。

所以,小户退出的是非粮食领域的农业经营,而不是退出粮食种植领域。借农业供给侧改革之名强迫小户退出粮食种植是错误的,农业供给侧改革应该激励小户坚守粮食种植领域,激励大户进入经济作物种植领域。

经济作物种植对乡村建设来讲意义重大,有经济作物,农民就可以在家获得收入,通过经济作物,就可以留住一部分村民,起码是一部分中年村民。经济作物能够为农民提供就业,从而能够留住乡村建设所需要的主体。经济作物种植式微之后,农村无法为农村劳动力提供就业,这就加速了农村劳动力的流出。也就是说,经济作物种植实际上与城市劳动力市场争夺劳动力,经济作物种植对劳动力商品化客观上有抵制的作用,所以能够为乡村建设提供力量。而经济作物种植一旦解体,农村劳动力就会源源不断地流出农村流向城市,这实际上进一步抽走了农村的人力资源,加剧了乡村社会的空心化,使得乡村建设很快就出现了破败之势。

这也给我们一个启发,要想让中青年农民返乡参与乡村建设,就要为他们提供机会,如果不能做到这一点,农村就无法留住劳动力。中青年是乡村建设的主力军,乡村建设必须为他们返乡创业创造条件,也就是在粮食种植之外提供就业机会,经济作物种植是一个途径。

(三) 没有参与的发展项目

到户之后,土地的边界形成了一个固定的东西,形成了一个心理框框,农民都被圈住了。分开了只解决了吃饭的问题,统起来的都富了。老百姓的观念还是小农意识,安全感,担心吃饭的问题。土地像鸡肋,动的时候成了一块肉。

虽然农村劳动力参与到了社会化大生产中去,但农业生产依然没有实现合作化,依然是家庭生产,这就导致农村经济还是小农经济,这就是我们此前看到的,虽然劳务经济发达,但这并没有改变小农经济。

这也导致了小农心态的长期存在。地方政府主导的经济发展中，小户退出，普遍不参与，形成了没有参与的发展。

本章考察的重点是农户自主的经济行为，以及对家庭生活的影响。同时，也考察了集体经济行为，以及集体经济行为对农民生活的影响。集体经济行为对农民家庭的影响很小，也就是无法撬动民间机制，农户自主的经济行为与集体的经济行为是两条线，集体经济很难发展。

1. 烟草基地项目：小户退出

烟叶是夕阳产业，找不到钱了，老百姓算账。地很难集中连片，花了很大的人力物力财力，幸福村的连片种植也只做到了130亩。财政分灶吃饭，政府抓烟叶是为培养财力，与农民无关。这是政府主导的经济发展，民间机制没有撬动，政府做工作很难。

> 案例：烟草种植，乡镇关注的主要是基础设施建设，烟草公司的一个烟草基地项目，投入1200多万元，1个万方水池，3条防护渠，4条排水沟，桥梁，烤房，道路以及土地整治，乡镇积极争取烟草基地项目，并不是为了烟草种植，而是为了基础设施建设。①

为了项目建设，乡村两级做了大量工作，尤其是村一级，事情搞得越多出现的问题越多，受的委屈越大，村干部也有看法。搞基础设施建设，就会涉及占地，并且还没有完工，乡镇认为这是浪费国家资源，如果不解决，就组织老百姓去烟草公司上访，给他们施加压力，不能去求他们，要施加压力，烟草公司是国有企业。可见，乡镇政府与烟草公司之间也存在博弈，这个博弈其实与农民并没有太大的关系。

乡镇用最小的烟草种植面积换取烟草公司最大化的投入，动用那么大的力量，就是为了争取项目，向烟草公司争取项目资金，搞好本辖区的基础设施建设，而不是扩大烟叶种植面积。对于烟草种植，乡镇政府认为，县乡财政完全可以把烟叶甩掉，乡镇工业再发展个三五年，乡财政就不用依赖烟草了。现在种烟不是为老百姓谋福利，而是为烟草公司和政府财政服务，农户种植烟草风险高收益低，烟叶种植

---

① 来自访谈资料编码 XZF20110718。

七、集体经济与公共生活　　**241**

要转型。

烟草公司的部分利润用来投入基础设施建设,省烟草局收入几百个亿,种植户能获得的收入占很少一部分。

以后乡镇不再提倡农户种植烟草,而是劝农户不要种烟了,市场收益太低了,已经失去了经济作物的意义,不是真正的市场导向,而是高度垄断,烟草业的垄断又与地方财政联系在一起。

不过,乡镇政府认为,还不能完全甩掉烟草,目前还是财政的支柱产业,还是要抓好。烟叶种植是为了解决政府财源,还是为了增加农民收入?农民现在种烟的少了,因为种烟不赚钱了,种烟就成了基层组织的事情,无法动员农户种烟。

所以,要想在经济发展上动员农户参与,让农户参与到农业生产中来,除了农户的集体义务,还要能够让农户得到明确的利益。既要有利益,又要有集体义务,二者缺一不可。这就是集体义务的条件,就是利益,没有利益,农户的集体义务就无法维系,当然,有利益也不一定有集体义务。

种烟收益低,农户用脚投票,纷纷外出打工,种植烟草的农户急剧减少,烟草种植就成为乡村两级组织的事情,成为基层组织和烟草公司的事情。烟叶种植转型,由过去的小农种植变为大户种植,小农越来越退出了烟叶种植。

2. 扶贫开发项目:小户退出

案例1:今年搞了30亩的生姜示范基地,是扶贫办的一个蔬菜项目,提供种子。大户集中经营22亩,散户经营5亩。5个大户入股,统一向农户租土地,300元/亩。每户需投入1.5万元/年,包括土地租金、工人工资、肥料等。任命了一名车间主任,负责组织劳动力,进行生产管理,股东推选一个人搞财务管理,专门有人跑销售。与来凤凤头生姜公司签订销售合同,意向性合同,种子大部分从他那里进的。聘请邻村一位长期种植生姜的老师傅进行技术指导,县植保站的技术指导宏观一些。

大户都是普通村民,试种,必须要有项目支持。老百姓明白,什么能够挣到钱就种什么。生姜一亩地产量为4000—5000斤,收入1.2万—1.5万元,每亩投入5000元,收益为7000元。因为投入大,还没有推广,只是搞示范。如果能够成功,明年准备集体再搞50亩,种植蔬菜,集约化经营,增加集体经济收入。

传统农业只能解决吃饭的问题,自给自足。要把农村办成一个大的加工车间,成立专业合作社,老百姓入股,搞成品牌。项目支持,企业支持,订单生产,一家一户去跑销售是不可能的,农户种好就行,有人专做市场。①

政府主导的扶贫开发项目也出现了小户退出现象,主要是村委会和少数几个大户在做,普通农户完全没有参与。这样的发展是没有参与的发展,所谓参与式发展根本没有看到。村里试图通过扶贫产业开发项目发展集体经济的做法能否成功,取决于村民参与,没有村民参与的产业开发,只是少数几个大户在参与,很难成功,即使成功了普通农户也很难受益,也会脱离集体经济的轨道。

案例2:村里要租地搞生姜种植,我不搞,让我自己种2亩,300元/年,我自己种要几千元,做几年工作。现在不能强制,5家散户都不想课地,自己种的。这里缺乏带头人。各种作物心中都有数,基本上是稳妥的,生姜种植缺乏带头人,很多东西没做过,还要摸索,风险大,担心销路。②

小户为什么不愿意搞生姜种植,没把握,有风险,没有带头人,小户已经退出了经济作物种植,而地方政府还在动员小户种植,这肯定是没有前途的,小户没有积极性是正常的。

小户退出对理解精准扶贫也有启发,精准扶贫不能再将产业扶贫作为重点,不能再帮助贫困户进行经营,因为贫困户是典型的小户,小户退出经营,贫困户更是没有能力进行经营,精准扶贫的重点应该是针对贫困户的社会保障,而非帮助贫困户进行产业经营。

---

① 来自访谈资料编码 DSJ20110711。
② 来自访谈资料编码 XWY20110719。

3. 黄金梨项目：家庭经营

> 案例1：黄金梨，板桥村700亩，2005年种的，6年了，还没有见收益，挂果有三四年了，以前没有人收，市场没有打开，还没有赚钱，看今年的了。①

当然，黄金梨种植并不是农民自发选择的，而是以退耕还林项目为依托，由政府推进的，农民种黄金梨，还有退耕还林补贴。在调查时也看到，在路两旁的田地里，种满了黄金梨，已经挂果，有的果树还套了袋，套子没有收钱，但总体上管理不善，农民也不重视。黄金梨能否像宜昌的柑橘一样打开市场，现在还看不到希望。

> 案例2：全镇5000亩，还没有进入丰产期。2008年，农民把黄金梨带到政府门口去了。卖不出去了，找政府。黄金梨协会在明星村，项目支持102万元。②

黄金梨种植为什么没有成功，也是农民没有参与，协会并没有真正运转起来。黄金梨还是散户在种，没有统起来，所以是没有参与的发展，没有参与的发展，意味着合作的必要性，也意味着重新集体化发展集体经济的重要性。

> 案例3：种亩把地黄金梨，自己吃，从今年开始套袋，还没有轮到我们这儿来，政府请人套袋，免费提供。③

经济作物自己吃，是经济作物种植失败的表现。为什么呢，因为黄金梨还是分散化种植，不管是技术力量，还是管理，还是销售，都无法应对市场。可以说，经济作物的分散化种植注定是失败的。精明的地方

---

① 来自访谈资料编码 ZM20110708。
② 来自访谈资料编码 DSJ20110711。
③ 来自访谈资料编码 CM20110710。

政府,或者合作社,或者大户种植,这是必然的趋势。

西部地区的政府或包办,或操纵,或不管。政府与社会、市场的良性关系并没有建立起来。这一点在项目体制下更严重,社会发育,市场发育,都严重受影响,包括扶贫。这就导致贫困地区政府主导的脱贫绩效非常低,农民大部分都是自己脱贫,政府主导的扶贫体系要逐步缩小到社会保障兜底上来,产业扶贫成功的少。在苏南这样的经济发达地区,政府与市场、社会的关系相对来讲是比较良性的,也是成熟的。

> 案例4:2004年发展黄金梨,县政府主导,等于退耕还林,230元/亩,种东西是自己的,还可以种土豆红苕,现在还有人种苞谷,一棵树苗5元,当时有积极性,与退耕还林政策有关,租出去比这个补助还低。技术不行,管理跟不上,今年县乡重视,镇里组织专班发放肥料,打药,套袋,上面有一笔资金专门搞这个。
>
> 明星村搞百把亩,两家公司来搞订单农业,1亩地最高收入4000元,套1万个袋,能有七八千元的收入。也有的收入几百元,大部分都是结几个自己吃了。缺技术,缺管理,老头老婆搞不了这个事,最多的四五亩,也有的几分地,亩把地,留一个劳动力在屋里就划不来了。
>
> 老人在种,青壮年劳动力专门留在家里从事农业生产的很少,在家里见效慢,不够做,只有那么宽的田头,家里留不住人。年轻人出门了,种点,不需要再去买着吃了。[①]

可见,当前包括黄金梨在内的经济作物种植全靠政府投入,群众没有任何主动性,而政府的能力有限,经济作物种植在当地是没有前途的。对大部分农户来讲,种点粮食也好,蔬菜也好,水果也好,都是自己吃,自给自足,要想真正赚钱,还需要有专门的人来管理,来跑市场,否则,就是小农经济的逻辑。不能靠一家一户来发展经济作物,这一模式在全国各地的农村都试验过,高峰是在1990年代,已经被证明是失败的。

---

① 来自访谈资料编码 WM20110712。

七、集体经济与公共生活

经济作物的种植必须要有合作,要有集体劳动,家庭劳动被认为是不合适的。经济作物一定要规模化,这也是重建集体劳动的一个动力,也是一个途径,就是合作经济,通过合作经济重建集体劳动,这才是合作经济的真正价值。

4. 没有参与的发展

> 案例1:铁厂溪自然村,498人,200多人在家,留在家里的多为老人、妇女,成年人多是60岁以上的。引导他们拿出钱来搞发展,很难,首先会问"这个能否成功"。
>
> 一个中等家庭拿出三五万元搞项目,张主任说他都不会干。越没有钱,越不敢搞,越不敢搞,越没有钱,所以要有一个能够带头的、有资金的人。而这样的人又不在这里发展,只能靠自己。
>
> 前几年,烟叶行情好,一户种10亩以上,这两年行情不好,没有种。我的压力是没能带领群众致富。我们在电视上看到,重庆那边好,我们这个地方发展不起来,我在这儿生活都很吃力,更不愿意孩子留在这儿,希望他们出去。①

农民所讲的发家致富,并不是当老板,当农场主,搞工业项目,而是过上高成本生活,能够把日子过好。不光农民如此,恐怕大部分中国人都是如此,遵循的都是过日子的逻辑,而不是超越性逻辑。

目前农村发展的格局是,农村种点田只是保证口粮,甚至很多农户连地都不种了,流转或者送出去了;农民的收入来自外出务工,农民的职业生涯主要在村庄之外,农民的生活重心也在村庄之外。因为高成本生活,农民在外打工的收入也只能用来维系高成本生活的开支,通过出卖劳动力获得高成本生活所需要的货币,而根本不可能用来投资,用来积累。也就是说,当前农民工的收入来源主要用来支付高成本生活,而不是用来投资,工资高,就支付在城市的高成本生活,工资不够高,就拿回农村老家,支付在农村老家的高成本生活。农村的生活方式也现代化了,也是高成本生活,不可能用来投资,试想,工资也就是劳动力报

---

① 来自访谈资料编码 ZZR20110707。

酬,怎么可能用来积累资本呢,怎么可能用来投资呢。劳动力价格只能满足劳动力再生产的需要,这是马克思的政治经济学早就揭示了的。现在看来,这一观点仍然有意义,马克思的理论对理解农民工问题仍然有启发,有较强的解释力。

高房价就是高成本生活的一个集中体现,这也是资本主导发展的必然结果。高房价直接推高了城市生活的成本,使得市民的生活成为一种高成本生活,农民工能否融入城市,关键是能否承担得起这种高成本生活。工资收入只能用来进行劳动力再生产,而不是进行投资。所以,一般农户外出务工所得收入根本无法用来进行投资,根本不可能在农业生产上有大的作为,不可能在农业生产上进行投资,过去只是进行劳动力投入,现在连劳动力投入都不可能了。所以,农业的规模化经营,农业生产的大发展,根本不可能靠农户的投入,而只能靠资本下乡。为什么农民不可能在农业生产上进行大的投资呢,一是劳动力外流,二是外出务工收入也不可能应用到生产上,而是应用到生活上,应用到高成本生活上。国家的农业补贴只是维系了这种农户生产模式,如果没有财政补贴,这种低投入的种植模式恐怕都很难维系。农民现在在土地上做文章,一是种足够多的田,二是种植经济作物,这两种模式都不是资本投入,而是劳动力投入,农民赚取的只是工资而已,在家门口赚个打工工资,还面临着市场风险,不可能大富大贵。白领上班得高工资,也就是得个工资在城市里生活,完成劳动力的再生产。农民工的工资不足以在城市里生活,就只好回到县城或者农村去生活,过农村的高成本生活。

在城市蜗居也好,返乡也好,都是围绕着高成本生活展开的。返乡是返乡,但不一定是创业,返乡与创业无关,返乡就是为了生活,他们的工作舞台在城市。这实际上是工作与生活的分离,甚至是工作与家庭的分离,农民工的工作与家庭的冲突,还没有引起重视。这都是高成本生活引起的工作与家庭的矛盾,中国的城市化要解决农民工工作与家庭的矛盾,所谓以人为本的城镇化一定要解决工作与家庭的矛盾。

所以,最根本的问题是高成本生活,而非伦理性危机,伦理性危机也是由高成本生活引发的,代际问题、婚姻问题都是在高成本生活之下引发的问题,宗教信仰恐怕也与高成本生活有关。

七、集体经济与公共生活 247

劳动力市场也与高成本生活有关,笔者此前意识到,市场经济对农村的影响是通过劳动力市场来发挥的。除了劳动力市场,还有高成本生活,并且二者是相关联的,劳动力市场使得高成本生活的维系有了可能,靠农业,是无法维系高成本生活的,农业只能解决吃饭的问题,解决温饱问题。所以,劳动力市场——高成本生活,拿高工资,过高成本生活。这恐怕是大部分农民工的选择。

所谓高成本生活就是劳动力的再生产,市场化和城市化直接推高了生活成本,高成本生活不完全等同于高消费生活,并不是所有的人都要过高消费生活,但高成本生活是所有人都要面对的,别说高消费了,基本消费都是高成本生活的内容,高成本生活既包括基本消费,也包括高消费,高成本生活是没有上限的,也是有多种类型的,高消费生活是高成本生活的一种形态。高成本生活是一种基本的生活形态,是每一个中国人都能感觉到的基本事实。

每个阶级、阶层的人们都面临着这种高成本生活的压力,我们考察的是不同区域的农民如何追求并实践高成本生活。过不上高成本生活就是失败者,就只能过低成本生活,就要去申请低保。农民不管怎么折腾,其实都是为了生活,为了过日子,工资收入再高,也是过日子,没有听谁说能攒得到钱。

这是以生活为中心的解释路径,对农民工而言,高成本生活是最为直接的问题。真正从生活解释生活,解释文化,而不是权利的视角,也不是治理的视角,就是生活的视角,从生活来研究文化,生活本身就是文化,文化的生活维度,文化就是以家庭为中心的生活。乡村文化不是大剧院,也不是大制作,不是文化标本,亦不是文化设施,文化建设一定要以满足日常生活为旨归。本书要揭示的,正是人们在追求高成本生活时所表现出来的生活风格和生活面貌。

农民并不依赖政府,农民在干自己的,与政府是两条线,没有形成合力,这是农村经济发展的现状。地方政府在主导经济发展,比如扶贫产业开发,比如产业结构调整,而农民也在积极寻求发家致富的门路。这是一种二元经济格局,不是工业与农业的二元,而是政府主导与农户自主的二元格局。

案例2：你再困难,也不能找村干部,找他起么作用,找他也不起作用。我们自己会主动的,我们这里物产丰富,自给自足。①

为什么会出现政府主导与农民自主的二元经济格局呢？从农民的角度来看,农民的自立是导致二元经济的一个原因。农民的自立是家本位的自立,本研究从老人的自立进一步拓展到农民的自立,家本位的自立,这是家本位的一个非常重要的功能,即家本位的自立,实际上是不参与。

在农村经济发展中,出现了一个非常明显的小户退出现象,我们看到了这一现象,即乡镇发展经济和小农外出打工是两条线,乡村组织都有发展经济的想法,但却苦于无法调动群众。

在经济发展上,不管是烟叶,还是黄金梨,以及其他产业结构调整,都越来越成为政府的单方面行为,政府无法撬动农户,就只能借助于大户和社会资本的力量。为什么乡镇无法撬动小农,因为小农退出了农村经济发展。

前面已经发现了小户退出机制,比如在烟叶种植中,小户退出,现在种烟的主要是大户,或者由村委组织种植,小户退出种烟,这是非常明显的。在经济作物种植中,出现了一个小户退出机制,在养殖中也非常明显,比如养猪、养鸡,过去以家庭养殖为主,现在则以规模养殖为主,小户逐步退出了养殖。

小户退出,主要是退出经济作物种植,而非一般意义上的农业生产。在粮食种植中,小户仍然是主力,典型如老人农业,小户仍然是种粮的主体,大户种粮的并不多,大户主要从事经济作物的经营。

小户基本上退出了当地经济的发展,这是一个特别有意思的现象,这与80和90年代根本不同,过去政府通过产业结构调整等手段动员农户发展经济,比如种植经济作物,比如发展养殖,包括推广新的耕作方式。户户有拖拉机,家家有潜水泵,这就是小户经营。小户经营在一些地方还顽强地存在着,但退出的速度越来越快。在观察乡村社会变迁时,要看到小户退出这一趋势。不是小农的终结,也不是村落的终

---

① 来自访谈资料编码 WM20110712。

结,而是小户退出,小户退出才是真正的问题。由此来看,学界的很多观察都是误解。

小户退出之后,政府要发展经济就只能靠拉投资,靠扶持大户,靠产业园区。而地方政府主导的经济发展项目也就越来越脱离小户。小户退出经营也导致农业生产的粗放化,甚至抛荒,当然也为大户经营提供了条件。

为什么会出现小户退出呢,主要是劳动力商品化,在劳动力商品化的背景下,小农有了更多的选择,外出打工越来越成为广大中青年农民的选择,尤其是对那些只有劳动力而无经营本钱的农户而言,更是如此,通过打工获得收入成为小农的理性选择。小户退出的另一个原因是农业经营主要是经济作物种植的投入大收益低,并且风险大,很难获利。也就是说,小户为什么会退出,一方面是农业市场的挤出,另一方面是劳动力市场的吸纳,总之是市场配置资源的结果。

总之,地方政府的发展项目很难撬动民间力量,只能靠国家政策、项目以及外来资金。地方政府主导的发展能否成功,就在于其是否具有公共性,群众参与才能具有公共性,群众不参与就没有公共性,公共性的载体是公共空间。从经济发展的角度来看,群众并没有参与,群众以家庭的方式参与到市场经济中去,而地方政府主导的产业开发,则只能是通过动员大户的方式来进行,这就是一种私人化的方式,私人化才能具有激励效果。

(四) 政府主导的乡村发展困境

地方政府主导农村经济发展,经济发展靠项目推动,靠政府扶持的产业发展是常态。贫困地区的农村经济发展,主要靠政府的扶贫项目,而这些项目和普通农户则没有直接关系。

1. 地方发展型政府

政府主导的市场化,体现了政府对经济发展的管制。政府对生猪屠宰的管制,对种植结构的管制,都还在维系,地方政府对经济发展的管制在其他地方不存在了,比如山东河南,都不存在这种管制了。

学界称地方政府发展经济的权力为发展权,实际上并没有一个所谓的发展权,仍然是管制权而已,政府的管制权依然值得研究,比如行政审批就是典型的管制,但对农村经济发展而言,地方政府的管制越来越少,尤其是农业经济发展,地方政府介入很少。常见的种植结构调整已经非常罕见了,这在1990年代非常普遍,现在主要由市场调节。

但在恩施农村,地方政府对小农经济的管制依然存在,比如烟叶种植,比如生猪屠宰。管制体现了农民与政府之间的关系。对烟叶种植的管制也越来越少了,烟叶种植也从管制转向了激励,对规模种植有相关的激励政策。从管制到激励,从管制到服务。比如土地流转,就不再是强制性的,而是采取激励手段推动土地流转,而不是采用行政命令。

乡镇各类发展计划对村庄的影响,这是一个非常有意思的视角,我们在河南乡镇的调查发现,对于一般的农业型乡镇而言,发展和招商都不再是其主要职能,维稳成为其主要职能,但是,在湖北调查时发现,发展还是其主要职能,尤其是在宜昌、恩施地区的乡镇,这一职能仍然非常突出,对乡镇的发展职能,及其部门载体,还需要调查。这是中部地区乡镇的发展,如果对经济发达地区的乡镇做调研,会对政府经济发展职能有更进一步的洞察和了解。

笔者在咸丰调查时有一个非常明确的感受,就是乡镇政府主导的发展与农民家庭的发展是两条线,甚至是矛盾的,并且政府主导的经济发展主要是为了税源,而农民主导的发展则是为了家庭致富。这是两个逻辑,笔者已经非常明确地意识到了这个问题,这一点在其他地区农村表现也很突出。

就忠堡镇的情况来看,政府主导的经济发展主要是资源经济和经济作物,比如方解石、烟叶,这也都是当地特有的资源,也主要是为了税源。农民从方解石开发中直接获益的少,因为需要资本的投入,更多的老百姓是受害,主要是环境破坏。

而烟叶种植行情好的时候,农民也从中受益,而现在,行情不好,劳力投入大,一旦有了更多的就业机会,农民不再从事烟叶种植,而是外出务工,通过向资本出卖劳动力获得更多的收入。

当前,烟叶种植面积迅速下滑,矿产资源开发粗放,资源浪费严重,新的经济作物种植比如黄金梨还没有见到成效。

所以,乡镇政府一方面要发展工业,招商引资,甚至要在乡镇建设工业园区；同时，继续围绕种植结构调整做文章，种植经济作物，比如烟叶、生姜。种植结构的市场化更加自觉了，政府的强力推进少了，但项目主导的推进多了，比如黄姜、烟叶、黄金梨，等等，多以项目为载体推进，尤其是扶贫项目，现在的扶贫项目是产业扶贫。

总之，这里的发展欲望是非常强的，从乡镇到村，也许是贫困县的缘故，贫困县有扶贫项目，造就了一个发展的图景。

2. 地方发展型政府的自利性

对贫困地区而言，政府主导的发展有两类，一是地方党政核心主导的经济发展，以招商引资为主，党政核心部门发展经济的手段是干部管理，通过干部考核来撬动经济发展，发展是第一要务，并且与地方政府的财政收入挂钩，从而调动地方政府的积极性；二是部门主导的发展，比如扶贫系统的扶贫开发，财政系统的农业开发项目，国土部门的国土整治项目，国家的重大建设项目，以及其他部门主导的发展项目，项目是部门主导发展的手段，也是部门治理的手段，部门如何进行治理，公共政策和公共项目是主要手段。

过去，经济发展以地方党政主导的发展为主，作为中心工作和核心议题加以推进，并进行严格考核[①]；现在，部门主导的发展开始凸显，部门主导的发展甚至成为主导，地方政府的经济发展职能弱化。

扶贫开发项目是最成熟的部门主导的发展，也是最典型的，扶贫项目中的问题，是现在项目下乡正在发生的问题，也是部门主导发展模式的问题。在扶贫开发中，民众是消极的、被动的、参与不进去，主动性发挥不出来，更多是部门在发挥作用，是资本在发挥作用。扶贫项目是越扶越贫，扶贫项目导致路径依赖，扶贫项目是贫困的源泉，扶贫项目致贫。

> 案例1：烟叶80年代种得多，现在种得少，6组只有1户种了10亩，现在种在田里都死了，一些地块已经不适合种烟了。政府要求种烟，其实是为了培植税源，收烟的时候把价格压低，垄断行业，必须卖给他，又不能吃，又拉不出去。种烟还不如自己去打工，

[①] 马戎等主编：《中国乡镇组织变迁研究》，北京：华夏出版社2000年版，第167—186页。

农民用脚投票,用自己的行动做出了选择。①

烟叶与辣椒不同,辣椒纯粹是市场流通,但烟叶却不是真正的市场流通,本本主义,地方政府为了税源,会采取手段,强制把烟叶留在当地,这在 80 和 90 年代是常见的事,比如山东农村种植棉花,会限制棉花流通,只能出售给镇里的棉厂,为此会在主要道路上设卡拦截;河南遂平在 1990 年代也种烟,对于将烟叶卖到外地的农户也会采取措施。所以,这样的经济作物,实际上是税源作用,地方政府强力推行,是为了税源的考虑,为了地方财政收入考虑,而不是为了农民致富着想。

以扩大税源为导向的经济作物种植,并不能给农民带来好处,农民无法从中受益,农民种植的积极性不高,甚至抵制种植,种烟并不能够致富。

案例 2:你发展地方经济跟我有什么关系?每年收烟叶,政府阻止外出卖高价,不让外流,他说他是发展地方经济,实际是为了财政收入,压价,外面价格高。②

乡镇各类发展计划对农民的影响很小,农民没有参与到发展中去,而是自己摸索出了另一条发展道路,即外出务工,这两条道路并行不悖,因而是三元经济。从此出发,可以对政府主导的发展进行反思,这种发展还有存在的必要吗?扶贫有必要吗?招商引资有必要吗?很显然,没有。取消政府主导的各类发展计划,取消财政收入上的排名和竞争,是当前经济发展的当务之急。

学界过去将重点聚焦在 GDP 上,其实根本不是 GDP 的问题,抽象的理念没有问题,而是地方政府的财政收入问题,不是经济增长,而是财政收入的问题,是目前的财政体制使然。财政收入绑架了经济发展,误导了经济发展。从县乡看得非常清楚。

而恰恰是西部,发展话语更甚,这种发展在地方政府职能上仍占主

---

① 来自访谈资料编码 XWH20110709。
② 来自访谈资料编码 XWH20110709。

导地位,不是为了GDP,GDP都是数据,中央政府才需要数字,地方政府只需要税源和收入。发展为重,还是稳定为重,在地方政府的党政考核上看得非常清楚。

忠堡镇是山区发展的样本,主要有矿产资源的开发,国家扶贫项目主要是农业开发。经济作物种植,以及退耕还林项目,政府主导的发展主要是这两个途径,关注的不是发展话语,而是发展实践,是地方政府主导的发展实践,扶贫项目是国家主导的。

乡镇在主导发展上并不专业,多是破坏环境,竭泽而渔,引发纠纷和社会矛盾,是一种粗放的掠夺式开发,或者截取公共项目资源,主要是为了培养税源,增加任期内甚至年度内的财政收入,而非可持续发展,非民众所需要的发展,这种发展是要不得的。

要在财政视角下对地方政府主导的发展重新进行审视,对地方政府而言,所谓的发展问题,就是地方政府的财政收入问题。

3. 群众反对发展

板桥村的扶贫开发是另一种政府主导的发展,是部门主导的发展,扶贫办直接与村对接,进行产业扶贫,主要是种植结构调整,种植经济作物。这种发展给乡村带来了什么?村民有自己的看法。

> 案例:在村民看来,油茶树,黄金梨,农民去栽,上骗项目资金,下骗老百姓,政府得利。生姜基地,要么自己种,要么租地种,我们的地不搞,宁愿荒那儿,我们都不知道。
>
> 上面政策,下面对策,把优惠资源吸走了,扶贫项目资金被俘获。这些项目都不是真正为农民的。扶贫项目,老百姓得不到实惠,政府腐败。[①]

政府大力调整结构,是为了收取农业特产税,获取税源,从而增加本级政府的财政收入,名为发展地方经济,实际上可能与农民的利益相悖。很多地方的经济作物种植都存在这方面的问题,都是为地方政府的财政收入,而非农民的收入,非农民的利益,而是政府的利益。姑且

---

① 来自访谈资料编码 XWH20110709。

假定地方政府财政代表的是公共利益,农民收入代表的是个体利益,公共利益与个体利益之间并不总是一致,甚至会出现激烈的冲突。地方政府主导的发展会牺牲民众的利益,比如资源开发、土地征用、重大项目以及种植结构调整,都会导致激烈的冲突,包括群体性事件。农民不仅不热心,不支持,而且会强力阻挠。这背后就是利益冲突,也有环境问题,项目征地对地方来说是最难的。

也就是说,发展是最难的,地方政府主导发展是最难的,为什么呢?地方干部一般认为群众维护自己的利益,不配合政府。但是,群众的确不配合,是因为他们知道,他们并不能从这种发展中获益,他们是有多次体会的,比如种植结构调整,比如征地,并不是钉子户漫天要价的问题,而是何谓发展,发展为何的问题,这是最为根本的问题。可以说,不管是发展,还是稳定,都不是为了群众的利益和需求,而是为了地方党政领导干部的利益和需求,都是政绩考核的需要,而非群众的需要,考核是指挥棒,群众的利益被忽视,甚至被牺牲。这个根本问题不解决,就不能一味指责群众,这是没有道理的。

所以,仅仅从事件和政策本身,还不能对发展和稳定问题进行讨论,必须引入组织的视角,才能把这个问题看清楚,所谓的发展和稳定,都是政府考核之下的发展和稳定。比如发展,一是上级党政的考核,二是本级党政的财政收入。实际上群众的利益和诉求是缺位的,甚至是相悖的,要牺牲群众利益,最后埋单的还是群众,现在还有环境的问题,征地会破坏低成本生存的条件,征地补偿款无法支付高成本生活所需要的资金,污染企业会破坏生态,影响群众的身心健康。所以,发展最难。这样的发展之所以难,因为违背了群众的利益,没有从群众的利益出发,群众也没有发言权。所以,群众会反对发展,对地方政府而言,发展最难,最容易产生矛盾。

4. 发展主义的公共道德

案例:村级工作抓经济发展,板块农业,基础设施建设,水、路、沟、渠;大的方面抓稳定,社会治安;计划生育已经形成了规矩,一般可以生两个,土家族自治州,原来拆屋下瓦赶猪罚款都搞过,现在不隔 4 年再生二胎,写申请。①

村级治理的重点竟然是经济发展,这是贫困地区村级治理的重点,在宜都山区的农村也发现了这一点,笔者称之为第三波发展,这是有道理的。这一波发展能否取得成效,是值得关注到。并且这一波发展还是政府主导的发展,是一种传统的发展模式,这一发展模式在苏南地区曾取得成功,在宜昌一些地方也取得了成功,能否在恩施取得成功呢?

可以判断的是,基层政权主导经济发展的时代已经过去了,也就是地方政府公司化的做法已经过时了。苏南模式都已经转型了,潘维所倡导的由乡镇扮演农民与市场桥梁的做法已经无法维系了。② 一是乡镇自身的逐利性;二是制度空间收紧,乡镇政权根本没有权力了;三是农民不再认同这种模式,这种低成本的经济发展模式已经成为高成本模式,基层政权主导的发展会引发不稳定。

对基层政权主导的经济发展模式进行反思,也就是所谓的第三波发展,反思这一发展模式的出发点是经济发展的道德性,经济发展如何促进当地群众的幸福,也就是公共幸福。所谓的经济发展道德就是公共幸福,从公共幸福的角度来审视基层政权主导的经济发展。

本章将经济发展视为道德现象,从家庭幸福的角度审视了农民自发的经济行为,从公共幸福的角度审视了基层政权主导的经济发展行为。

从家本位的再生产及其秩序来看,这个地方实际上不需要政府主导的发展,也不需要权力来治理,不发展才是硬道理,无需权力的秩序。笔者发现了家本位的自发秩序,包括经济秩序和社会秩序。这里将讨论家本位的经济秩序,从家本位出发,从道德的角度讨论当地政府主导的经济发展。一方面从道德的角度讨论农户的经济行为,同时,也从道德的角度讨论地方政府主导的经济发展。也就是说,从道德角度来讨论农村经济的发展,是道德的经济解释,也是经济的道德解释。在笔者看来,经济发展是一个道德现象。

---

① 来自访谈资料编码 XSJ20110713。
② 潘维:《农民与市场:中国基层政权与乡镇企业》,北京:商务印书馆 2003 年版。

丁书记所构想的板桥村经济发展计划,其实质是从农村提取资源,以发展的名义从农村提取资源,以扶贫的名义将农村的资源资本化,从而实现短期的变现,最终损害了山区落后群众的长远利益。落后地区的经济发展都面临这一问题,第三世界国家的发展都面临这一难题。

忠堡镇的开发可能是资源流失,比如矿山资源开发。要发展,关键是谁发展,为什么发展,以群众为主体的发展,确立发展的主体性,是为了实现共同富裕的发展,而不是为了地方财力和少部分人的发展。发展的正义性,发展要实现公平正义,离开了公平正义,离开了人民群众的主体性,这样的发展就是不道德的。

参与市场竞争,积极进行市场谈判和市场保护,使当地的人民群众能够最大程度地享受发展成果,增强人民群众的获得感。资本下乡,中国农村的劳动力商品化,土地商品化,生态环境商品化,建筑和人居商品化,古村落的开发成为热点,所谓重新发现乡村的价值,就是站在市场和资本的角度来讲的,这样讲没有问题,但同时又要确保发展的主体性,确保发展的公平正义。否则,这一轮发展只能是对农村资源的掠夺,最终会损害人民群众的利益,一定要站在人民的立场来讨论发展问题,不管什么时候,这一个立场都是没有问题的。

所以,不能盲从当前的乡村发展热,比如古村落活化,乡村旅游,生态农业,土地流转,宅基地流转,等等,这样的乡村建设实际上是资本主导的乡村建设,是农村资源的资本化。所谓重新发现农村价值,是可以资本化和货币化的价值,这种发展不是农民想要的,不能跟风,应该对这种发展进行批判,而不是认同,对这种资本主导的乡村发展进行批判。

乡村发展要使乡村充满活力,使乡村获得资源,获得公共空间和公共生活,从而使得乡村生活成为一种有吸引力的生活方式,而不是成为赚钱的工具。从长三角一带的古村古镇开发模式来看,很显然,就是资本的盛宴,在这里,根本看不到当地人,看不到公共生活的营造。所以,乡村建设就是要营造公共生活和公共空间,使得村庄实现善治,实现公平正义。这才是乡村建设应该做的事情,这才是真正的社区营造。从这个角度来看,经济合作社也是可以的,但不是为了资本赚钱,而是为了社区的营造,而今天的合作社基本上是资本＋农户,是为了赚钱,为了实现农村资源的资本化,这与乡村建设的目的根本是背道而驰的。农民要的不是这样的乡村建设。

所以,笔者要提一个建议,立即停止贫困山区的被开发,转换发展思路,否则,投入再多的资源也是枉然,国家的项目资源会被俘获,导致"越开发越贫困",转换发展思路才能实现真正的发展。

当前农村资源的资本化会带来新的不平等,为什么发展会引发矛盾,就是这种发展本身是有失公平正义的。在资本之间,资本与当地群众之间,引发了激烈的社会矛盾,征地拆迁、环境污染带来的社会矛盾,实际上就是这种无道德的发展模式所导致的。发展也要讲道德,而资本是不讲道德的,政府是讲硬道理的,群众是讲利益的,谁来讲道德呢,没有道德的发展已经很难维系了。

发展一定要具有公共性,一定要具有公共道德,否则,发展就是没有道德的,就是没有合法性的,就会造成更大的社会矛盾,导致资本与社会之间的尖锐对立,这已经成为中国发展的普遍现象。环境污染当然是这种没有道德的发展的体现,食品安全也是,群体性事件也是,很显然,当前,这种没有道德的发展越来越难维系了。群体性事件就是最直接的体现,这还不是一个社会冲突治理的技术问题,而是道德问题,社会冲突背后是道德冲突。

所以,发展不只是经济行为,还是道德行为,要从道德尤其是公共道德的角度,重新审视乡村发展与乡村建设。本书将公平正义视为最大的公共道德,正如板桥村委会办公室的墙上所写:公平正义比太阳还要有光辉。

(五) 重新集体化的需求与悖论

1. 小户退出与经营主体再造

小户退出之后到哪里去了呢,参与到城市经济发展中去了,为城市经济的发展提供了充足的劳动力,服务于城市建设,从而带来了城市的繁荣与乡村的凋敝。小户退出经营,也就退出了农业农村经济的发展,退出了乡村建设,对乡村建设造成了影响。

小户退出能够为大户经营创造条件吗?能为规模经营开道吗?当

前国家的农业政策培育新型经营主体,倡导大户、合作社、公司经营农业。小户退出,这是新型经营主体能够成功的条件,不能因为看到了小户退出就悲观,这里面实际上蕴含着中国农业发展的机会,恰恰为大户经营创造了条件。

小户退出经营成为常态,成为一个趋势,并且小农是自发退出的,笔者在调查中多次听到农民讲,他们根本不想种地。关键的问题不是小户退出,而是小户退出之后,农业生产如何经营,农村经济如何发展。当前农业发展面临着一个绝好的机会,家庭农场经营,合作社经营,还是公司化经营,究竟哪一种模式能够成为主流。

小户退出经营与国家再造经营主体,这是农业经济发展的一体两面,小户退出要求国家农业发展战略转型,小户退出意味着中国农业发展进入了一个新阶段。

农业供给侧改革根本不是小户的供给侧改革,如果不能再造经营主体,农业供给侧改革就不可能成功,因为小户已经退出了农业经营。农业供给侧改革成功的关键是再造农业经营主体,即所谓的新型经营主体。

今天的集体经济已经蜕化为物业经济,而非集体主义,集体经济的实质是合作经济。东部沿海地区多是物业经济的模式,从产业经营转向物业经营,基本上退出了竞争性领域,而物业经营比资本经营的风险小,收益稳定。笔者在东阳夏程里村已经发现了这一点,而中西部农村则不具备这样的条件,这反而为发展真正的合作经济提供了机会,可以发展合作社经济或者服务业,或者发展生态集体经济,成都市郊的宝华村已经走出了一条新路。

板桥村的设想是综合农协,而非当前苏南的新集体经济。苏南的集体经济不是集体经营,更非集体劳动,就是集体资产和资源,集体经济就是租金经济,虽然还打着集体经济的名义,但已没有集体经济之实,集体产权改革对集体经营性资产量化到户后,集体经济就更加无法实质性运转了。

不管是经济发达地区,还是欠发达地区,真正的集体经济都不复存在了,所谓新集体经济乃是去集体化的经济,发达地区的集体经济名实分离,经济欠发达地区的集体经济无名也无实。所谓共有制也是告别

七、集体经济与公共生活　　**259**

集体经济,去集体化。

所以,新一轮集体经济发展的出路在于中西部农村,而非东部沿海农村,可以说,东部沿海农村的集体经济已经异化为物业经济,集体产权制度改革之后,就更加没有希望了,农业集体经济和合作经济的希望在广大中西部农村。

2. 集体经济的困境

真正要解决问题,还要靠集体经济而不是靠行政资源。村集体靠自上而下的行政资源开展治理是没有办法的办法,靠扶贫项目进行产业开发,但小户退出,群众参与不足,发展集体经济难上加难。要想从根本上解决板桥村的治理困境,就要重新集体化,发展集体经济。板桥村的三个创新,取得初步的成效,但并没有从根本上解决问题,反而出现了行政吸纳自治,也面临着正当性危机。只有通过集体经济才能从根本上实现村民参与,增强村民的义务感,使村民自治运转起来。

> 案例:乡镇管理需要创新,治理手段缺失,乡镇缺乏抓手,他开出的药方是提高组织化程度,建立农民专业合作组织,专业合作社、乡镇干部、村干部、农户、农业服务中心以及外面的公司可以整合在一起,如果能够把乡镇干部、村干部、农户三者之间的关系打通,比私营企业老板更有智慧,干部的积极性也能发挥出来,干部入股,通过产业联系起来。①

政府集资,整合国家项目,比如黄金梨产业发展基金 102 万元,把分散的土地统起来,把明星村的 1000 亩土地流转过来,搞蔬菜项目。目前分的层面考虑得多,统的层面考虑得少,而现在的农村集体产权制度改革,更是往分散的层面走,更加剥夺了集体经济发展的可能性,全部资源、资产确权到户,当前的农村集体产权改革实际上极大地限制了集体经济,土地、山林、资产全部确权到户,市场经济非要确权到户吗?因为集体经济的发展正是得益于集体产权的存在,集体产权也是集体所有制的基础,土地到户以后,家庭经营,但集体产权依然存在,集体资

---

① 来自访谈资料编码 XZF20110718。

源依然存在，比如集体土地、集体山林、集体经营性资产。集体产权制度改革以后，重建集体经济的机会就没有了。也就是说，集体产权制度改革对农村集体经济的影响是决定性的。

这就是笔者此前讲的发展权，基层组织的发展权没有了。为什么发展权没有了，就是集体经济的解体，农村经济发展只能靠国家资本和私人资本，集体经济几乎不可能了，集体的发展权就没有了，发展只会带来矛盾，基层干部就会规避发展集体经济，而国家倡导资本下乡则加剧了这一现象。

由此看来，不管是三权分置，还是集体产权改革，都是为了私人资本扫清道路，这一点还是非常清晰的。私人资本的发展，能否把资源留在当地呢？这是一个问题。

此前，我们也提出了发展的道德问题，并且质疑当前的发展主义。实际上，质疑的是为了谁的发展，谁主导的发展，中国农村当然要发展，当前发展面临的问题是，私人资本主导的发展，还是集体经济主导的发展。苏南模式是集体经济主导的发展，而当前农村发展很显然是私人资本主导的发展，而非集体经济主导的发展。一些明星村，都是集体经济主导的发展，而不是私人资本主导的发展。

今天的发展，国家资本下来之后，也要与私人资本相结合，因为集体经济没有能力去承接国家项目，只能由私人资本去承接国家项目。也就是所谓的利益俘获，实际上是一种发展俘获，扶贫也会出现扶贫俘获。所以，发展一定要防止发展俘获，应该说，离开了集体经济，农村发展必然会出现发展俘获。不是精英俘获，而是发展俘获，私人资本俘获。发展俘获出现的原因，是私人资本的兴起，集体经济的衰落。

3. 再造集体

集体产权不但承担经济功能，还承担社会功能，承担治理功能。乡村建设一定是综合性的，乡村建设一定五大建设同步推进，集体经济和合作经济特别重要，不能排斥经济建设，而经济建设也不能排斥社会、文化和生态，这是一种整体发展，每个维度都很重要，合作社、集体经济以及普惠金融都很重要，乡村建设一定是一个整体。

当然，整体性也恰恰是集体经济的长处，乡村建设的整体论不是村庄论，而是集体论，集体是可以再造的，再造集体，不管是新农村建设，还是美丽乡村建设,都应坚持整体论,都应再造集体,而非固守村庄。

集体经济发展可以放到集体产权制度改革这一框架中来,集体产权改革和土地改革都是非常重要的改革,都要放到乡村建设的框架中来,也可以说是社区营造的框架,就是一个综合方案。

探索中国农村发展的道路,社区营造是小农经济的发展进路,城市化背景下小农经济发展的道路,因为社区营造是一个综合方案。乡村建设一定是一个综合方案。新农村建设就是一个综合方案。乡村文化建设也应该是一个综合方案,必须要考虑乡村文化建设与经济建设的关系,不能就乡村文化建设谈乡村文化建设,这是我们的一个主张。

当前,新型农村社区建设、专业合作社、土地改革、集体产权改革都不是综合方案,都是部门主导的专业方案,这是值得检讨的乡村建设与乡村改革思路。笔者更认同综合农协的思路,杨团和温铁军主张的综合农协更适合乡村建设的需求。综合农协不同于传统村落共同体,也不同于集体经济,实践和理论层面都还需要探索。

农民合作社与农村文化建设的协同机制,这是一个真问题。一方面在前期的乡村文化建设试验中,已经发现了合作社与文化建设的协同现象,合作社能够提供资源,而文化建设则能够聚人气。

农村集体产权改革后,集体经济就被改造为合作社经济,也可以说是重返合作社经济,共有制改革也是合作化,在今后的乡村建设中,合作社可能是一个方向。合作社成为主要的新型经营主体,这是目前的农业政策大力倡导的。这里讲的合作社是综合合作社,中国农村的出路一定是合作社,家庭经营的红利释放完毕,必须再造经营主体,也就是新型经营主体,也就是再造集体,合作社是乡村建设的重要内容,也是社区营造的重要内容,与乡村文化建设具有协同效应。

新农村建设本来就是一个很好的思路,后来的改革背离了新农村建设的整体思路,尤其是各地的新农村建设各行其是,各有特色,但都背离了整体思路,新农村建设是一个整体方案,任何成功的可持续的新农村建设,都必然是一个整体建设的方案。农村综合改革也要服务于新农村建设,而不能服务于城市化,这一点一定是要明确的。当前的农村改革已经转型,前一阶段的农村改革以减轻农民负担为核心,而新一轮农村改革则以城市化为核心,不管是土地,还是集体产权,还是新型社区建设,还是乡镇区划改革,都服务于城市化。农村改革一定要服务于作为整体的乡村建设,这是讨论农村改革的出发点。

这样,就找到了合作经济对于乡村文化建设的意义,也就是集体经济对于乡村建设的意义。过去,认为文化和教育是乡村建设的重要组成部分,尤其是乡村公共文化建设,是乡村建设最根本的。甚至一度认为合作经济并不重要,因为并没有看到合作社的意义,一些合作社研究者也没有讲清楚合作社的意义。合作社的意义,对于乡村建设而言,并不是利润最大化,并不能一味遵循资本和市场的逻辑,而应该服务于村庄整体的逻辑,这也是温铁军教授所讲的综合合作社,而非专业合作社,合作社一定服务于村庄建设,是综合性合作社。[1] 但还是没有说清楚合作社是如何服务于村庄建设的。杨团研究员也认为合作社经济是有意义的,倡导综合农协[2],但合作社经济的意义到底何在,鲜有说清楚的。

现在就可以说清楚了,合作社经济的真正意义在于集体劳动,通过集体劳动重建了公共义务,既是公共参与,同时也是一种集体体验,这才是合作社经济的真正意义所在,也是集体经济的意义所在。合作社经济并不是追求利润的最大化,而是服务于生活本身。

(六) 集体经济与公共生活

调查发现,当地的种植结构还是自然经济,改革开放 30 年了还是自然经济,30 多年的烟叶种植没有改变自然经济,人口流动也没有改变自然经济,政府的农业产业结构调整也没有改变。那么,农村经济如何发展呢,在返乡青年农民身上看到了希望,他们应该能成为地方经济发展的主体,而地方政府应该转换职能,政府主导的产业发展模式应该难以为继。

只靠政府项目支持肯定是不行的,也不能简单地靠大户,政府项目

---

[1] 温铁军:《综合性合作经济组织是一种发展趋势》,《中国合作经济》2011 年第 1 期。
[2] 杨团:《综合农协:中国三农改革的突破口》,《西北师大学报(社会科学版)》2017 年第 3 期。

对接大户，会有违公平正义。所以，必须要靠集体的力量，要重建集体经济和集体劳动，只有依靠集体经济和集体劳动才能破解自然经济的困境。

改革开放30多年来，之所以还是自然经济，就在于集体经济的解体，要想真正破解自然经济的困境，就必须要重建集体经济。而自然经济与家本位文化也是一致的，自然经济，也就是家户经济决定了家本位文化。同时，外出打工并没有瓦解家本位文化，因为家庭作为生产单位虽然弱化，但作为消费单位却强化了。所以，外出打工反而强化了家本位文化。集体经济对应着公共生活，要想重建公共生活，就必须要重建集体经济，并积极探索集体经济的有效实现形式，比如合作社经济。经济与文化的关系，不仅是打工经济，还包括自然经济，还包括集体经济。关注集体经济，是关注集体经济与公共文化的关系。

同时，我们会对农村的公共生活进行分析，现在的问题是，农村经济除了影响家庭道德与家庭幸福，对农村社会的公共生活有直接影响吗？能否找到农村经济与农村公共生活的关系呢？

一种处理策略是，从农村经济找到单向度的家本位，从单向度的家本位再找到农村社会的公共生活。另外一种处理策略是，基层政权主导的经济发展对应着公共生活，正是基层政权主导发展模式的解体，才导致了公共生活的萎缩，这种经济决定论的解释似乎也是成立的。乡村建设派也是在这个意义来定位合作社发展的，也即所谓的村社理性[1]，这个说法也是成立的。一个完全没有集体经济的社区，会有健康的公共生活吗？似乎很难。

集体经济与公共生活的关系，不仅仅是提供了公共生活所需要的成本，集体经济本身就是一种凝聚机制，就是一种公共生活。不能从公共生活成本的角度来理解，那样的话，公共生活也会失去活力的，村民一定要有参与感。

对农民来讲，集体经济的意义不只是分红，更重要的是一种社区经济，是一种参与式发展。今天很多地方的集体经济都已经异化为分红

---

[1] 温铁军等：《村社理性：破解"三农"与"三治"困境的一个新视角》，《中共中央党校学报》2010年第4期。

了,是一种没有参与的发展,专业化的经济发展失去了参与式发展的意义,这已经不是真正的集体经济了。农户是被动的,根本没有参与,所谓无法撬动民间机制,就是没有公众参与的基层政权主导的经济发展,不只是恩施农村如此,苏南农村也是如此,集体经济的发展异化为专业化发展,不再是参与式发展。集体只是出租土地,建设工业园区,建设专业化市场,从而获得租金收入。今天的集体经济发展已经异化为租金收入,也就是经营土地,很少直接经营企业了,即使经营企业,也是专业化发展,普通农户几乎没有任何参与,只是享受分红的权利。

这样的集体经济再发达,也不可能带来公共生活的发达,本章所倡导的集体经济,很显然不是这种集体经济,集体经济是合作社经济,是参与式经济,是能够带来公共生活和公共幸福的经济,而不只是增加个人幸福的集体经济。今天的新集体经济只是增加家庭的幸福感,而无法增加公共幸福,无法营造公共生活。

公共空间的营造不仅对于农业型村庄适用,对集体经济发达的村庄更加适用。在华西村和蒋巷村看到,这些村庄的集体经济发达,但公共生活并不发达,这些集体经济发达村庄的公共生活依然萎缩,和其他村庄并没有什么两样。集体经济与公共生活的关系较为复杂,不是简单的单线式关系,公共生活本身有自己的规律,有些村庄的集体经济并不发达,但却有发达的公共生活,有些集体经济发达的村庄,公共生活却严重萎缩。

总之,经济发达不一定公共生活发达,经济发展不一定带来发达的乡村公共文化,关键是要看何种经济发展,是经济发展的性质,而不是简单的经济发展水平。离开了集体经济,经济越发达,农民的原子化程度越高。而集体经济若离开了农民的参与,也不可能有发达的公共生活。这一发现启示我们,发展乡村文化,不一定是加大投入就能够解决的,不只是投入的问题,只有农民充分参与的集体经济才可能带来发达的公共生活和公共文化。

八、社会治理与集体义务

在放松管制的背景下,基层组织的管制权弱化,出现了信访难题,形成了维稳困境。基层社会治理需要创新,资源下乡也为重建管制权提供了契机。重建管制权的核心是重建集体义务,从维稳式管制转向回应性管制。管制不是强制,农民要认同管制,就要有集体义务,在集体义务的基础上才能有集体行动,才能进行真正的社会治理创新。

(一) 社会管制弱化

1. 社会治理模式的转换:放松管制

社会治理的核心是社会管制,是秩序管制。所谓的村庄权力,实际上是管制权,而不是什么基础性权力和专制性权力。本章考察的就是管制权,就是基层管制模式的转换。所谓社会治理创新,就是社会管制模式的转换。

社会治安综合治理是一种社会管制类型,平安建设也是如此,社会治理也是如此,维稳也是如此。社会治安和信访都属于社会治理的范畴,本书研究的不是一般意义上的基层管制,也不是泛泛的公共管制,因为公共管理学所讲的公共管制是专业化管制,是产业管制。本章讲的以基层组织为主体的综合管制,实际上就是社会管制。基层社会治理的变化就是社会控制模式的变化,而不是抽象的治理转型,当然,更不是治理资源的短缺了。温铁军先生从治理资源不足的角度观察基层治理,很显然还是没有抓住核心。① 而笔者此前将管制权作为治权的一个部分,除了管制权,还有发展权和调解权。实际上,所谓的发展权和调解权,都是管制权,治权就是管制权。

当前社会管制模式的转型,就是放松管制,这种放松管制不是西方的放松管制,不是市场导向的政府再造,处理的不是政府与市场关系,管制经济学所讲的放松管制处理的是政府与市场关系。② 本书讲的放松管制,主要是针对国家与社会关系,这里的社会管制更接近社会控制,但又不同于社会控制,称之为社会管制更精准。当然,综合管制除了社会管制,还有产权管制、生产管制、生育管制,这些管制都可以说是综合管制。

当前,综合管制解体,专业化管制能力不足,比如食品安全、环境保护、安全生产、土地管制等都是专业化管制,要借助于综合管制,而综合管制却解体了。这里的分析要将综合管制与专业管制区分开来。

农村社会治理的两次创新是一致的,这也是农村社会治理的特点,即在治理资源不足的约束,社会治理创新也就是要解决这一问题。而现代社会治理又是一种积极的治理,不是传统社会的无为而治。建国初期就在探索,发展出合作社,也是要解决社会治理的资源问题。这一时期的合作社并不单纯是与经济发展联系在一起的,而是与基层治理联系在一起,直至发展出政社一体化的人民公社。

人民公社体制解体以后,基层治理资源不足的基本国情并没有变化,并出现了社会秩序的混乱,社会治安综合治理兴起。税费改革后,综合治理无法维系,管制弱化,基层治理陷入困境,一个突出表现就是农民上访数量的急剧增长。这正是当前基层治理面临的困境,也正是忠堡镇基层干部的探索,也正是社会治理创新要解决的问题,板桥经验正是在这个维度上的探索。

如何解释农民上访数量在税费改革后的急剧增长呢,从基层治理的角度来看,就是管制权的弱化,也就是放松管制。笔者此前的解释是

---

① 温铁军:《中国农村基本经济制度研究》,北京:中国经济出版社 2000 年版。
② [美]丹尼尔·F. 史普博:《管制与市场》,余晖等译,上海:格致出版社 2008 年版。

八、社会治理与集体义务 **267**

治权弱化导致农民上访①,这里的治权就是管制权。我们对乡镇的调查就呈现了管制的弱化及其后果,上访潮只是其后果之一。

以税费改革和乡镇改革为核心的农村综合改革的内在精神,不是弱化权力,也不是所谓从管理到服务,而是放松管制。基层治理40多年来的最大变化,就是从重建管制到放松管制,税费改革是放松管制,乡镇改革也是放松管制,目前的服务型政府是继续放松管制,农村土地改革和集体产权改革,也是进一步放松管制,计划生育改革也是放松管制。虽然村委会行政化,但国家与农民关系的调整却是沿着放松管制进行的,行政化与放松管制同步进行。

人民公社时期是总体性管制,所谓总体性支配,就是总体性管制。人民公社体制解体之后,总体性管制解体,重建了综合管制,这是基层治理的一个变化,即从总体性管制到综合管制。税费改革后,放松管制,综合管制解体,计划生育作为唯一的管制也在2016年宣告解体,基层政权的管制权彻底解体。当然,税费改革后,计划生育管制的维系已经很难了,乡镇计划生育服务中心也在转型,从管制向服务转型。

2. 治理资源与社会管制

社会治理创新解决的是治理资源不足的问题,治理资源不足就会引发一系列的问题,因为今天是现代治理,对治理资源的需求量大,与传统时期根本不同。

仅从治理资源的角度来解释社会治理创新,是行不通的,是治理资源的问题吗?表面上可能是,但实际上并不是。因为资源充足也会引起上访,甚至更可能引起上访,上访根本不是治理资源不足引起的,要是这一判断成立,落后地区的上访多,发达地区的上访就会少,实际上并非如此。所以,治理能力弱化导致农民上访增多这一判断,应该说是非常粗糙的,但方向还是对的,是管制权,而不是治理资源。

从信访到综治,从基层治理到社会控制,应该说还是有内在线索的,信访和综治都属于社会治理,准确地来讲,本章考察的是农村社会治理的变化,而不是基层治理的变迁,关于社会治理的分析框架就是社会管制,就是放松管制。此前也提出了秩序管制的概念,实际上就是社

---

① 申端锋:《乡村治权与分类治理:农民上访研究的范式转换》,《开放时代》2010年第6期。

会管制,接近社会控制。这样,从治理资源和治理能力出发,逐步摸索出了社会管制的概念。

放松管制,导致农民上访增多,不是因为惠民政策导致农民上访增多,而是因为放松管制所致。那么,如何应对呢,从实践中来看就是综治维稳,板桥经验给我们启发,应该是社会治理创新,板桥实际上是重建管制权,综治维稳也是重建管制权。放松管制背景下的重建管制,这就是难题,板桥经验的成功之处在于其重建了集体义务,而在乡镇层面,很显然还没有建立公共义务,还没有细致到这种程度。如何重建公共道德,重建公共义务,这将是破解维稳困局的根本出路,否则,根本不可能破解维稳困局。

严格地来讲,乡镇政府的职能并不是从管理到服务,而是从管制到服务,这可能是基层政权发生的最大变化。由于管制权的丧失,乡镇政府要想重建管制几乎是不可能的,比如,综治维稳一直试图重建管制权,但并没有成功。乡镇治理的最大变化,就是从管制到服务,从管制到激励。

管制权的解体,有多个原因,最直接的是集体管制权的解体,其次是法律义务的缺位,再就是人口外流,人口外流之后,强制性义务就更加失去了载体。所以,当前重建管制权的努力是徒劳的,这也是公共道德面临的最大问题。

> 案例:在外头打工,每年都有个把两个在外面打工的时候被抓,年轻人怕苦怕累,没钱了就想歪点子,一些年轻人不搞正经打工,名义上是打工,实际上抢劫、诈骗、传销。出门了你讲不清楚,有的在广州那边搞传销,也听说在外面做小姐的,但讲不清楚。①

人口外流,村里对流动人口的管理无能为力,所谓强制性义务就更加难以为继,村集体的管制权就更加形同虚设。这是乡村治理 40 多年来最大的变化,这一变化导致乡村治理的种种乱象,不是什么治理危机的问题,而是管制权弱化导致的治理变化。

---

① 来自访谈资料编码 XSJ20110713。

3. 管制权与强制性义务

案例：感觉以前的社会治安比现在好得多，公安局长或许还没有民兵连长的权力大，阶级斗争，四类分子，押到大会上，现在的公安局长也不能随便抓人。那个时候，平常不遵纪守法，违纪，刁民，不听话就捆起来，可以随时开批判会，游街，游田埂。开个会背诵毛主席语录，四类分子有活动要向队长汇报请假。①

在人民公社时期，集体拥有管制权，阶级斗争强化了集体的管制权，在村支书看来，集体的管制权比现在公安局的管制权还要大。相应的，村民对集体有义务，村民对集体的义务属于强制性义务。强制性义务与集体管制权是一体两面的，强制性义务对应的不是公民权利，而是集体的管制权。所以，分田到户以后，尤其是农村税费改革之后，随着集体管制权的逐步解体，强制性义务也就无法维系了。

现在的乡村社会，就是村集体的管制权解除之后，如何重建公共生活，这才是一个根本的转型，现在的基层干部都还在怀念过去的管制权，在乡镇调查时，乡村干部对管制权的弱化深有体会。乡村管制权弱化之后，正在经历从管理到服务的转型，公共服务均等化，而农民的强制性义务也随之解体了，新的义务观却没有建立起来，也就是与公共服务相配套的公共义务却没有建立起来，也就是与公共消费相匹配的公共义务没有建立起来。

管制权弱化，在农民上访及其治理中体现较为明显，基层干部在讲述农民上访时，提到最多的就是管制权弱化，也就是我们此前所谓的治权，治权的核心就是管制权，乡镇干部所谓的"犁不住也能耙住"，就是指的管制权，乡镇管制权的核心是综治维稳，村集体的管制权是集体经济发展与治理。

管制权对应的是强制性义务，一些基层干部试图重建管制权和强制性义务，制度环境不允许重建管制权，社会舆论也不允许重建管制权。没有管制权，就无法要求农民履行强制性义务，村民不履行强制性

---

① 来自访谈资料编码 XSJ20110713。

义务,基层干部就认为村民一盘散沙,甚至作出"刁民"的判断,这是不妥的。

(二) 从维稳式管制到回应性管制

维稳是一种什么规则,维稳就是不讲规则,维稳就是平息事端,摆平,这样的维稳是高成本的。如果维稳成本过高,便会导致维稳困局,当前的维稳困局就是维稳成本太高,而不是没有原则,不是没有规则,摆平也没有问题,关键是摆平的成本太高,不是不要摆平,而是降低摆平的成本,这才是需要去解决的问题。其实,关键的不是什么规则之治,而是低成本的治理,也就是要降低治理成本,这就是利益时代和资本时代的治理之道,也是治理现代化的方向,就是要降低治理成本。

如何才能降低维稳成本呢,如何才能避免一个上访户要20万的现象呢,这才是当前维稳要解决的核心问题。如何才能降低治理成本,功利论和权利论都无法解决,只能助长,解决维稳成本过高的途径,就是重建公共义务,这就是我们提出的义务论。

1. 维稳与管制

维稳是什么？实际上,维稳就是重建管制,维稳的困境是在放松管制的趋势中重建管制。所谓维稳体系就是一个管制体系,过去的管制是严打,现在的管制是维稳,从严打到维稳,这是我国管制体系的变迁。

维稳是刚性的,还是回应性的,维稳不同于严打,维稳是回应性的,花钱买平安也有回应性,但维稳并没有理清楚。信访为什么异化,乃是维稳使然,这样的稳定就不是社会所需要的稳定,而是各级党政所需要的稳定,与群众无关,压制了社会的活力,也无助于问题的解决。群众不参与,群众为什么不参与,因为与群众无关,不是群众的素质问题,而是这样的维稳根本与群众没有关系。

信访不是稳定问题,要将信访从稳定的框架解放出来。信访为什么进入稳定的考核体系,信访考核应该考核解决了多少问题,而不是信访量和信访层级的考核,通过考核体系重塑信访制度,当前出问题的不是信访制度,而是信访考核,是维稳导向的信访考核,背后的价值取向出了问题。

所以，不能取消信访，要取消当前维稳导向的信访考核，从而使信访制度回到自己的位置。作为学术研究而言，要弄清楚，信访是如何进入维稳体系的，信访是如何被维稳体系绑架的，不是治理被信访绑架，而是信访被维稳绑架，信访工作被稳定绑架，这一转换是如何发生的，是需要给出解释的。尤其对地方党政而言，政法部门被维稳体系绑架，各级党政通过维稳绑架了政法部门，绑架了信访，甚至绑架了社会治理，这是最为严重的问题。

在乡镇，信访工作为什么无解，司法调解为什么退化，社会治安为什么强化，社会治理为什么以控制为导向，网格化管理为什么能够盛行，一切都是因为维稳成为他们的主要职能，维稳考核成为指挥棒，问题就是无解的。可以在乡镇层面，把各个部门是如何进入维稳体系的，把这个事情说清楚，把政法口的部门研究清楚，这个问题也就清楚了。

在乡镇看得非常清楚，所有的问题都被装进了综治维稳中心，所有的工作都被装进了维稳的口袋里，这就是最大问题所在，司法部门的职能无法发挥，政法部门的职能异化，综治办的工作强化。

在信访治理中，越重视，投入越大，工作越来越系统，上访越多，也就是典型的维稳，越维越不稳，治理的难度越来越大，为什么会这样呢？如何破解越投入越难治理的困境，如何走出越投入越难治理的恶性循环，就是要通过社会治理创新，就是要通过重建公共道德，通过德治，通过公共义务来解决公共治理难题。

否则，放松管制之后，信访的口子就会越开越大，就会没有任何原则，稳定成为最高原则，信访就会无限膨胀，信访人的行为无法得到规范。信访人有自己的权利，但信访人的义务呢？

2. 维稳式管制

学界普遍认为，社会治理创新是要解决治理资源不足的问题，国家政权建设是为了从农村提取治理资源，现代化需要资源，乡村治理的资源极其匮乏，社会治理就是在这一背景下展开的。晚清和民国在这一问题上做得不好，农村破败，出现治理的内卷化，人民公社也是为了解决这一问题。分田到户以后，也一直在探索，一是综合治理，二是乡镇企业，也就是集体经济，二者共同创造了基层治理所需要的资源。税费改革后，基层治理的治理资源和治理手段减少了，失去了原来的治理手段,集体经济的发展也失去了机会,在这一背景下,如何创新?社会治理创新就是要解决资源不足背景下的乡村治理困境。

那么,忠堡镇维稳是否可以按照这一逻辑来分析呢?即按照社会治理创新的思路来展开对信访治理和惠农政策的研究,很显然是可以的。

忠堡镇的信访治理,为什么能够成功?是如何展开的呢?社会治理模式如何运转呢?这与板桥村面临的问题是一样的,都是社会治理模式转换过程中的问题,实际上是社会管制模式转换的过程中发生的问题。无法有效地进行社会治理,导致社会矛盾和纠纷大量发生,上访增多,那么,在乡镇层面该如何创新呢?社会治理创新要解决的核心问题是什么呢?同样是治理资源不足的问题,于是社会治理创新也就围绕着这一问题展开。

增加工作经费,加大奖惩力度,先稳定后发展,把主要资源投入到综治维稳上来;其次是加大综合治理考核力度;再次是创造社会治理的氛围,加大对无理上访的打击力度,从而树正气,营造良好的氛围;最后,解决问题,能解决的一律主动解决。

社会治理创新就是要解决治理资源不足的难题,建立综治维稳中心,就是一种加强管制的思路,综治、信访、司法等部门合署办公,加强治理力量,集中使用资源,就是为了加强管制。在放松管制的背景下尽可能加强管制,通过流程再造强化管制。其实,乡镇成立综治维稳中心就是为了强化管制,但这种维稳式的管制为什么是低效的,并没有建立管制权,并没有建立集体义务,因而这种维稳式的管制是低效的。

从中心工作的角度明确"先稳定后发展",维稳成为中心工作,这是从组织管理的角度,将维稳作为组织目标,并在考核中体现出来。

社会治理的强制性不足,如何树立权威,这是一个问题,靠制度本身也不行,靠对无理上访的打击,树正气?对村一级的奖惩,考核,调动其积极性。通过这些方面,才能扭转形势。

再一条思路是把惠农政策作为治理资源,如低保、扶贫搬迁、危房改造等,转化为自己的治理资源,但这种办法有局限性,并不符合政策要求,用得不好,会引起更多的上访,因而,以上条件应该相互配合,才能发挥作用。

一是制度化,成立综治维稳中心,从制度上加强应对;二是多方筹集治理资源,解决群众反映的实际问题;三是梳理基层组织的权威,树正气,解决无理上访的问题。通过以上三个方面,有效解决治理资源不足的问题,从而实现了社会治理模式的创新。

3. 从维稳式管制到回应性管制

> 案例1:乡镇党委书记提出了刚柔相济的维稳原则,他认为太刚则折,太柔则靡。一些上访户直接给省长写信,该打击的要打击,原来太刚了,现在太软了。原来太刚不行,现在太软了更不行。原来收钱有问题,现在发钱更有问题。他认为刚柔相济能够有效化解社会矛盾。[①]

刚柔相济能够解决当前社会治理的困境吗?不能,这个乡镇党委书记也太自信了,其实根本没有什么实质性的制度创新。刚柔相济只是一种工作方法而已,一种治理技术,并没有解决政府与农户之间的关系问题。刚柔相济只是一种管制原则,还是在原来的管制模式里做文章,在放松管制的制度环境下,其效果只是暂时的。

所以,完善管制并不能根本上解决问题,刚柔相济是管制原则,只靠管制是不行的,管制思维并不能解决问题,当前的维稳思维依然是管制,靠管制解决问题。当前的制度环境是放松管制,强化管制的合法性有限,只能是土办法。

在当前放松管制的背景下,所谓刚柔相济实际上是强化管制,为什么基层干部会强调管制呢,因为当前的管制权弱化。乡镇干部认为,在纠纷中,决不能让步,一部分群众兴风作浪,不要怕,不能太软,要刚柔相济,这里的刚柔相济包括两个方面,一些乡镇强调的是管制,一些乡镇强调的是摆平,刚就是管制,柔就是摆平,刚柔相济,侧重点不同而已。

从管制的角度来看,所谓刚柔相济并没有太多的新意,只是表明了

---

① 来自访谈资料编码 XZF20110718。

乡镇党委书记的态度和方法而已,如何才能从根本上解决问题呢,不是重建管制,放松管制是大势所趋,要想从根本上解决问题,必须要重建农民的集体义务。

刚柔相济是回应性管制,刚是管制,柔是回应性。乡镇党委书记讲的刚柔相济是一种工作方法,转换成学术概念就是回应性管制。

> 案例2：胡张绣是上访的领头人,周边乡镇的上访户都找他取经。10多年前,处理纠纷的时候,派出所长扭了他的手指,扭伤了,当时没处理好,成为各种由头。去北京上访5次,每次乡里都派人坐飞机去接,坐火车回来,至少每人三四千元。
> 政府怕他了,县领导伤脑筋了,开一个办公会,赔他20万,什么事都不要再找了。迅速蔓延开来,那两年,每年都有七八个去北京上访。去年又不满足,为他女儿的事。冉书记过来后,劳教了胡张绣,坚决不留余地,不能惯着他,要引导他。[①]

> 案例3：有一个民办教师,为身份反复上访,达六七十次之多。做他的思想工作,引导他,息讼罢访了,没有再搞。他没有理由去要低保,不惯他,坚决不能,否则,会起反面作用。[②]

> 案例4：矿产资源开发引起的矛盾多,陈老大自己开了一个洞,政府要收回统一经营。他把遗书写好,叫老婆孩子到镇里去上访,自焚,喝农药。后来政府只好买断,赔偿他300多万。[③]

这些上访案件都是历史遗留下来的,很小,当时推诿。这里的人很执着,事情得不到解决不罢休。一个事情处理不好,影响很大,要是原来处理好,不会发生这样的事情。冉书记来了之后,不推不拖,着眼于解决问题,在一些老的信访案件方面做了很多工作,信访量明显减少。

---

① 来自访谈资料编码 DSJ20110720。
② 来自访谈资料编码 DSJ20110720。
③ 来自访谈资料编码 DSJ20110720。

2009年,全镇每年都有6、7个赴京访,2010年开始没有赴京访。规范,公平公开,需要解决问题的就解决,不助长歪风邪气,在镇一级就能解决问题。

这是乡镇综治办工作人员讲述的三个典型信访案例,为什么会形成老上访户和赴京上访呢,他认为原因有两个,一个是遗留问题,当时没有处理好,留下后遗症,导致后来解决的难度增大;另一个是政府没有能坚持原则,在访民多次赴京上访的压力下,政府采取了花钱买稳定的办法,结果起到了不好的示范作用,反而让政府陷入了信访困境。

这两个原因是有道理的,新的乡镇党委书记来了之后,直面问题,不推不拖,坚持原则,依法劳教了一名赴京访的老上访户,扭转了该镇的信访形势。为什么能够成功呢,就是重建了管制权,而不是花钱买稳定。

这些信访案件还有一个共同点,就是都是官民矛盾引起的,不同于一般的村民之间的矛盾。正如乡镇信访办同志所讲,90%的上访都是政府处理不当引起的,都是由官民纠纷引起的,而不是由村民之间的纠纷引起的。

官民矛盾为什么容易转化为上访呢,因为官民矛盾不受共同体义务的约束,发生矛盾的双方不在同一个共同体生活,超出了熟人社会的范围。官民纠纷的主要解决手段是利益,而非义务。这就可以理解了,为什么官民矛盾引发的上访主要通过利益手段来解决,利益手段无法奏效时,就要诉诸于法律手段。

这就是农民上访的政治化,地方政府信访解决的利益化,可以利益化解决是大部分地方政府的手段,除此之外,还可以重建管制权,这是地方政府呼声比较高的做法,但面临着合法性挑战。

所以,信访管制不是过去的强制性管制,而是一种新型的回应性管制,通过回应性管制能够解决当前信访的难题。

(三)资源下乡与回应性管制

社会治理创新的核心是平安建设,将平安建设作为抓手和突破口。平安建设实际上是重建管制权,平安建设与资源下乡联系起来符合行政化治理的逻辑,它也迎合了项目需要,迎合了村民的需要,因而这种管制是一种回应性管制。

平安建设不是简单地重建管制权,而是建设了回应性管制。这种回应性管制,笔者觉得是解决基层治理困境的一个秘诀,不是简单地回应,也不是简单地管制,而是回应性管制。纠纷管制如此,信访管制也是如此,不能简单地通过重建管制来解决问题,也不是抽象地讲刚柔相济,最具操作性的是回应性管制。

那么,什么是回应性管制,这种管制着眼于满足管制对象的需求,服从管制就能够满足需求。同时,回应性管制是一种柔性管制,而不是过去的强制性的管制,会充分调动管制对象的主动性和积极性,管制对象不是被动接受,而是自愿选择。

1. 资源下乡与平安建设

> 案例1:现在是最好处理干群关系的时候,上面那么多资源,你可以拿过来与老百姓打交道,而不是钻营,真正把资源放到最需要的地方去。
>
> 如何改变群众的生产生活,没有项目推动,很多事情不能落在实处。没有资源优势,没有人口优势,我们怎么抓项目,通过打造平安建设品牌引项目,项目方要把项目放到一个安全的地方,群众不支持,项目方也不会把项目放下来。
>
> 我把项目引进来,我就腰杆挺直了。接下来就是怎么发动院落,发动小组,平安建设针对家庭,项目建设针对村组和院落。去年推上来18个,今年有34个。建一个项目库,各个小组自己找需求点。平安建设搞得好,先给你项目,你靠自己,不是靠关系,送两条烟,喝一顿酒。你通过平安建设考核,我就给你项目,平安建设就成为义务,这也是没有办法的办法。①

丁书记的做法非常聪明,他非常敏锐地抓住了项目制的需求和村民的需求,项目的实施需要村民的配合,需要良好的环境,这一点是项

---

① 来自访谈资料编码 DSJ20110720。

目业主关心的问题,因为现在项目建设容易引发社会矛盾,导致社会不稳定,这个平安建设类似于项目启动前的风险评估,一个良好的平安建设品牌当然更容易争取到项目。而对于集体经济空壳化的村庄而言,要想改善生产生活基础设施,就只能依靠项目资源,村民当然希望自己所在的自然村能够争取到更多的项目资源。

丁书记很显然抓住了这两个需求,项目业主需要良好的平安建设,而村民则需要更多的项目资源,村干部就在这两个需求之间做了个经纪人,村民要想得到更多的项目资源,就要积极配合平安建设,而平安建设做好了,就能争取到更多的项目资源,就能更好地满足村民的需求。这就是一个良性循环,项目和村民双方的需求都获得了满足。这是资源下乡背景下的乡村治理创新,配合平安建设成为村民的义务,这个平安建设不是强制性管制,而是回应性管制。

> 案例2:村里的纠纷处理,让老百姓明白,把道理说清楚。用一种办法去制约他,要控制住。平安建设,给一个底线,有后果,有一个牌,从源头上解决问题。
>
> 二组的万姓李姓两家因孙儿破坏烟叶苗子的纠纷。刚开始做工作,毁烟苗的要赔偿,第一次没调解好,第二次再调解,先宣布几条纪律。然后纠纷双方一个一个地说,不能编造。不讲道理,平安建设不过关,以后不能享受惠农政策。因为你们纠纷没有调解好,先把水渠项目停掉。组长去开群众会,看怎么处理。[①]

如何才能解决纠纷,解决纠纷实际上就是社会控制,如何才能控制呢,村干部手里缺乏控制手段,所以纠纷解决的效率不高。要想解决纠纷,就要增强村干部的控制手段,行政资源的分配就成为村干部进行社会控制的手段。这种解决纠纷的办法就是重建管制权,正是由于纠纷解决的私人化,重建纠纷管制才显得如此重要。

资源下乡背景下的乡村治理,发钱搞不好治理的根本在于村级治理主体性的缺失,项目制的弊端。项目建设怎么样才能成为乡村治理

---

① 来自访谈资料编码DSJ20110720。

的资源,这是一个最为关键的问题。

在治理资源不足的结构性约束之下,资源的转化是乡村治理中的关键问题。在80年代,乡村治理的办法特别多,比如通过税费征收、土地调整、计划生育、综合治理等制度手段的综合性使用,来创造性地开展治理,而这种综合管制的办法逐步解体,乡村两级的治理手段逐步被解除。而当下的乡村治理能否重新找到自己的治理手段呢,从板桥村的经验来看,是可以的。将自上而下的资源作为治理手段,如各种项目。乡村两级都有一定的主动性,因而,部门主导、乡村主持的治理模式,基层会在治理中发掘出更为有效的治理手段。

人民公社体制解体以后,特别没有办法,后来发展出办法,就是综合管制,所谓综合治理,就是综合管制,此治理非彼治理,过去的治理就是管制,已有研究忽略了这一点。而综合管制的办法在税费改革后解体,从管制转向服务,而非从管理转向服务,建设服务型政府,实际上取消了基层政府的管制权。税费改革之后,管制权解体之后,基层治理需要找到新的办法,而这种探索目前正在进行中,基层政府试图重建管制权,试图重建公共义务。

但基层政权这种重建管制权的努力实际上并没有得到制度的支持,大的制度环境仍然是放松管制,仍然是建设服务型政府。所以,基层政府重建管制权的努力与放松管制的制度变迁是相悖的,基层政府重建管制权的努力实际上是一种错位治理,通过这种资源的错位配置来重建管制权,错位配置不同于错误配置,是一种治理智慧。

2. 综合管制:重建集体义务

再来看板桥村的社会治理创新,板桥村在村级层面将惠农政策与平安建设挂钩,从而探索出了一条社会治理的新路,非常具有代表性。在项目实施之前,先进行社会治理评估,进行平安建设评估,同时也是信访风险评估,如果平安建设做得好,就优先发展,而不是简单地争取项目,也不是凭私人关系或个人好恶安排项目,而是根据平安建设来进行再分配和公共项目的安排,从而将平安建设作为一项义务,作为每一个家庭的集体义务。正如在前面所分析的,这一做法是有效的,实际上也是重建基层组织的管制权,但这种管制权也面临着正当性危机。

这种做法具有有效性,但合法性不一定强,从有效性来看,不是简单的项目下乡,也不是简单的平安建设,而是将二者结合起来,一方面会推动公共项目,另一方面也会推动平安建设,平安建设就与经济发展、公益事业联系起来了。这种思路,相互结合的思路,就是综合管制的思路,这种综合管制是 80 年代以来乡村治理的核心经验。人民公社体制解体之后,基层组织的管制权弱化,但在农业生产、税费征收、土地调整、计划生育、公益事业等方面还是存在的。在社会秩序方面管制权的弱化还是非常明显的,为了强化管制权,社会治安综合治理是一个抓手,乡村治理的很多工作都与社会治安综合治理联系在一起,通过社会治安综合治理强化管制权,强化农民的集体义务,从而确保各项工作的推进。板桥经验的创新者丁书记,曾长期在综治办工作,并且怀念过去的强硬手段,他的社会治理创新,实际上是延续了这种综合管制的理念和思路,也就是通过综合管制建设集体义务。

综合管制的主要抓手是社会治安,也就是平安建设,不过过去是提取资源,现在反哺农村,但通过平安建设重建集体义务的做法是一贯的。这就是所谓的社会治理创新,是有效的,并没有看到其他有效的做法,板桥经验呢,恐怕也是综合管制的思路,社会治安的最大经验就是综合管制,从社会治安到平安建设,再到社会治理,其主要做法就是综合管制,网格化管理并没有做到这一点,只做到了信息搜集,也就是维稳的层面,维稳相对于综治,很显然是退步了。因为维稳只是政府的责任,中央通过考核强化了地方政府的维稳责任,但地方政府却没有手段,也就是没有建立管制权和集体义务。基层干部所讲的,干部无法,没有强制手段,都是指的管制权的缺失。

当然,这种管制权是三农问题形成的直接原因,所以,包括税费改革和乡镇改革在内的农村综合改革,就是要解除基层组织的管制权,弱化管制,这是农村改革的主导思路。在弱化管制的过程中,集体义务自然也就解体了。直到现在,基层改革的主导思路仍然是弱化管制,建设服务型政府就是弱化管制,我们此前已经多次逼近了这一问题,包括村民小组的制度性权力,也就是弱化管制,不是权力上收,不是悬浮,而是弱化管制。此前提出来的拆散基层,实际上就是弱化管制,也就是放松管制,不是拆散基层,而是放松对农民的管制,是拆解基层。如何来拆散基层呢,就是通过放松管制来拆散基层,当前的农村集体产权制度改革也是进一步放松管制,放松产权管制。但是,乡村治理同时又需要加强管制,我们就经常看到一些地方重建管制权的努力,比如板桥经验,当然,更多重建管制的努力都失败了,或者受到了质疑,比如防火,比如防上访。

综合管制是一种低成本的管制,对基层来讲,但综合管制的合法性不足,受到了制度环境的制约,重建综合管制的做法很难推广。但当前的乡村治理又需要管制,不仅仅需要服务,还需要管制,比如食品安全,比如安全生产,比如环境污染,比如土地保护,比如地下宗教,都需要加强管制,这种管制应该是专业管制,部门管制,而不是综合管制。但专业管制的力量又比较薄弱,在基层,还需要基层组织采取类似于综合管制的办法,但综合管制的办法效果大打折扣,或者几乎没有任何效果。综合管制失效,专业管制失能,导致监管职能的缺位。

今天学界关于政府管制的研究,都是专业管制、部门管制,不管是经济性管制,还是社会性管制,典型的如公共事业管制、环境管制、食品药品管制、安全生产管制等,随着市场经济的持续推进,呼唤加强政府部门的专业管制。[1] 本书讲的管制是整体性管制,是综合管制,尤其对城乡基层治理来讲,管制是核心,管制是理解基层治理变迁的核心。

重建综合管制权的核心是重建集体义务,离开了集体义务,综合管制权是不可能维系的,农民要认同并接受管制,就要有集体义务,这是综合管制的奥秘所在,就是要建立集体义务。板桥创新之所以能够成功,就在于建立了集体义务。实际上是重建了集体道德,所以,乡村治理看起来是科层制治理,送法下乡,实际上还是道德治理,是德治,所谓一盘散沙,所谓只讲权利不讲义务,都是从道德的角度来讲的,都是道德话语,不管是基层干部,还是农民,他们在公共治理中的话语都是道德话语。所以,乡村治理就是德治,但德治并不等同于人情和关系,乡村德治最关键的是集体义务,而不只是人情手段的应用。也就是说,综合管制的核心是义务,是德治,道德在乡村治理中的作用,远远超出我们的想象,乡村治理最重要的资源是道德。

---

[1] 王俊豪主编:《管制经济学原理》,北京:高等教育出版社 2007 年版。

(四) 社会治理创新：从行政任务到集体义务

1. 平安建设中的集体义务

平安建设有考核指标，比如纠纷，比如上访，一些家庭因为与邻居发生纠纷，就评不上平安之星，评不上荣誉村民。采访到了这样一个案例，因为邻里纠纷没有评上平安之星，没有那个平安家庭的牌牌，这个牌牌是一个荣誉，关系到一个家庭在村落社区中的荣誉，更关系到村民享受惠农政策。村里将平安建设分解到户，将每一个家庭都作为平安建设的主体，都有平安建设的义务，这一个做法是相当聪明的，不是只将平安建设作为基层干部的任务，而是将平安建设作为每个家庭的义务，将任务变成义务，将指标变成义务，从而解决了当前的治理困境，这是一种德治的办法。

为什么基层治理出现了困境，管理方法的确进步了，各种考核指标，各种绩效考核，各种一岗双责，但这种管理上的高效，却无法带来治理绩效的提升。笔者曾将这种现象归结为基层干部只是自己搞自己，而无法动员群众，学界将基层干部与群众之间的这种关系称之为"悬浮"[1]，称之为制度化联系的中断，称之为动员失灵，也是管制权的缺失。这才是基层治理的真正问题，如何才能解决这一问题，如何让群众也能参与到治理中去呢，就是要重建公共义务，让公共治理不只是政府的任务，而且也是农民的公共义务。

> 案例：我参加工作多年，对过去的治理有体会，动不动抓起来打一顿，没有人权。后来尤其是这几年，工作重心转向服务，注重人权。
>
> 农村治理发生了明显变化，经济建设多了，人的思想素质变化步伐慢，人的素质、思想观念没有提升。我原来在乡综治中心上班，接触各方利益诉求，制度缺失，除了法律法规，还有很多治理盲点。

---

[1] 周飞舟：《从汲取型政权到"悬浮型"政权》，《社会学研究》2006 年第 3 期。

怎么样要求老百姓,怎么去规范,这是困惑我们的问题,体罚、学习班都是不可取的。现在惠农政策多,农户对政策执行不理解,投入的越多,反面的东西越多。应该得民心,事实上反了,不成正比。

我去村里担任支部书记之后,我有工作经验,我也想突破,用平安建设考核手段实行治理突破。要找到群众的需求点,群众希望国家的投入越来越多,希望能够享受更多的惠农政策。平安建设考核与惠农政策实施联系起来,提高惠农政策投放的准确性,瞄准目标。

惠农政策是为了促进发展,但在政策实施过程中,全被村民混为一谈,政策实施不加以区分,凶狠的反而能得到更多实惠。好的村民坏的村民一视同仁是不可行的,要改变。用平安建设把人区分出来,在区分的基础上进行政策投放,并给予其改变的余地。

平安建设的考核分为优秀、合格、不合格三类。优秀主要起导向性的作用,突破面子观念,从精神上刺激,引导好婆婆、好儿媳,有一个标准,有一个榜样;考核合格,在某一个点获得一张门票,能优先享受国家惠农政策;对考核不合格的农户实行一票否决,不能享受惠农政策。

平安建设的一票否决,是对基层政权的要求,也可以对每一个家庭进行一票否决。我建立一道底线,你不能触碰它。有一道不能触碰的底线,他就有行为规则,观念就要发生根本性的变化。否则,治标不治本。考核不合格的农户必须改正,才可以拿到门票,才能享受惠农政策。

平安建设分层考核,从点到面延伸,村、组、院落、家庭,90%的细胞都合格。平安建设考核内容包括道德和政策执行,道德包括邻里关系、家庭和谐、公益事业建设,政策主要是计划生育。平安建设包含了乡村治理的主要内容,是完全可以衔接的。

2010年有10户没有达到合格标准,5户是计划生育超生没交罚款,另外几个是打架斗殴,不服从调解,提出无理要求。一户是因为宅基地纠纷;一户是不配合修路,不拿土地出来,因为修路得

八、社会治理与集体义务

罪整个院子的人；另外两户打架，都考核不合格，乌百平经常挑事，太讨厌了；另外一户在烟站有关系，在烟叶收购中扰乱了工作秩序。我去每个组开群众会，村组干部去摸情况，综合考虑。这10户都上了黑名单，他们知道自己错在哪里，不服可以上诉，动态管理。

用平安建设来作切入点，取得了初步的成效。但目前做得还比较粗放，还在摸索中。在法律体制之外，如何借鉴村规民约，怎么与和谐社会建设衔接，还没有论证清楚。①

丁书记所谓的一道底线实际上就是社会治理的底线，类似于村规民约，若村民触碰了这道底线，就要受到惩罚，也就是一票否决。虽然丁书记说这个原理还没有论证清楚，但已经取得了初步的成功，引起了上级的关注。笔者对它的总结就是重建了集体义务，使平安建设成为每一个家庭的义务，而不只是基层干部的任务，所谓底线就是义务底线。

通过平安建设重建村民的集体义务，维护集体利益，这没错。但将之与惠农政策的实施挂钩，平安建设考核一票否决，不过关就不能享受惠农政策，这一点不妥。这一做法的实质是将惠农政策转化为村级组织的治理资源，这不符合惠农政策的要求，或者说这是村干部的土政策，如果群众上访反映，肯定会被叫停。为什么村干部要将惠农政策转换为治理资源呢，这是因为村级组织掌握的治理资源较少，无法对不遵守村规民约的村民进行有效制约。

所以，板桥村的这个创新还可以进一步完善，就是要彻底重建集体义务，用集体义务替代管制，取消对平安建设考核不合格农户的管制，加大对考核优秀家庭的奖励力度，主要在舆论上限制未通过考核的家庭。通过平安建设重建村民的集体义务，实现从行政任务到家庭义务的转换，这是一个创新。这个创新不是行政创新，不是法治创新，而是德治创新。通过德治创新，为解决当前乡村治理的困境提供了一个新思路。

---

① 来自访谈资料编码 DSJ20110722。

2. 基于集体义务的纠纷解决

案例1：老百姓对院落中的地位特别敏感，暗地里较劲。你喂两头猪，你杀100斤，我杀150斤，我要赛过你。在院子里，我的房子最气派，子女在外面有出息。都积极向上，都有面子感。在院子里追求地位，要找一定的地位感，他害怕因这一点小事破坏自己的形象，背后有群众的力量是最管用的。

老百姓在一个院子里，不可能没事情找别人帮忙。老人抬棺材需要帮忙，你出去打工，家里要有人照应，低保户需要大家投票。害怕大家都讨厌我，因一个人得罪大家的利益。群众路线，群众管理群众，不是怕干部，而是怕群众，在院子里处理不好，一辈子都完了。

控制一个人，要知道他的七寸在哪里，控制他的需求感，也是人的弱点，可以引导过来。你处理纠纷的时候，他们非常谨慎，他们怕平安建设一票否决。平安建设一票否决成为一种控制手段，这种氛围形成了，纠纷就好解决了。今年就好解决了，刘主任出面就可以了。[1]

丁书记非常清晰地论证了基于集体义务进行纠纷管制的原理，即为什么把纠纷解决在共同体层面是有效的，因为共同体内部是熟人社会，是人情社会，村民彼此之间负有义务。村干部做的工作就是通过行政资源的配置强化这种义务，通过强化村民义务来制约村民行为，从而促进纠纷的解决。

另外，还有一种力量可以放大这种义务，就是面子机制，这是一种隐性竞争机制，这种竞争能够激发村民的义务感。对集体尽义务的人才是最有面子的人。之所以这样做，这与村级治理缺乏资源有关，启用的实际上是道德资源，道德资源也是资源。丁书记成功地启用了道德资源。面子竞争产生共同体义务，没人来捧你场，你也没什么意思。这种面子是共同体熟人社会里特有的面子。

---

[1] 来自访谈资料编码 DSJ20110720。

板桥村重建纠纷管制的努力是成功的,其成功之处就是在集体义务的基础上重建了纠纷管制权。纠纷解决实际上诉诸于集体义务,从而对村民行为构成制约。这样一来,义务就成为村民的七寸,抓住义务就抓住了主动权,义务就成纠纷管制的手段。板桥村通过资源输入强化了这种基于集体义务的纠纷管制,纠纷管制不同于泛泛的社会控制,纠纷管制比社会控制更精准,比纠纷调解更精准。

案例2:矛盾和纠纷要到村里来,我参加的次数多,种类多。执政引起矛盾,官民纠纷;小事情,家庭纠纷和邻里纠纷,如被邻居家的狗咬,小孩打架。

组长和治安中心户长是"离火源最近的一桶水",将矛盾消灭在萌芽状态。很多事情听之任之,不管不问,无限扩大。很多人都是冲动,气一消,话一说明,什么事情都没有了。反应的速度一定要快,第一时间解决,群众感觉自己受到了尊重,他就会理解村干部,就不会计较。①

丁书记的思路是对的,面对纠纷,他强调要及时回应,强调纠纷解决的第一桶水的作用。及时回应是有效的,老百姓感觉自己受到了尊重,也就不那么计较,因而有利于矛盾的解决。为什么及时回应能把矛盾解决在萌芽状态,除了丁书记所讲的能够赢得村民的认同之外,最重要的是把矛盾在共同体层面、在熟人社会里解决。一旦拖延的时间过长,村民便会中断人情,中断义务,纠纷解决就变得非常困难。这种纠纷管制属于回应性管制,其有效性取决于共同体义务。

案例3:邻居姓万,他的屋修在坎上,水流到我家的地里,把田淹了。开始我给他好说,他不听,我骂他,吵架,对方61岁。我不叫他往地里排水,4分地。他说天灾人祸,书记叫他排。两个吵架,口头上吵架。我不满意,我把他家的坎砍掉,出口骂人。村里解决,说水往低处流,书记和他们是亲戚,一个姓刘的主任也是他

---

① 来自访谈资料编码DSJ20110720。

们的侄子,老书记是他们的娘家人。找老书记解决,他偏道理。

去年发生纠纷,他家房屋修了两年。不来往,不讲话,原来有人情的走动,现在没有了。他排沟,我就不砍了,他不搞,我就到田里搞,干活的时候砍一下。我也不找村里了,因为事情不大,一个小事情。

村里每一户都有一个"平安家庭"的牌子。口角言语吵架,我们没有你有,我儿子在外面打工为啥没有。他没有下乡,他不了解情况,别人家外出打工的都有。我问他,他没说什么。

他有平安家庭,我没有,别人家打工有,我儿子为什么没有,2006年就立户了。这两个事情我都找过书记,没答复。当时我不在乎,后来我心里不服。个人又忙,凭自己的手艺找钱,当时不在乎。

两家扯皮,两家都没得,一个村只有几户没得,太打击人了,名声问题,就是去年评了一次,超生的没得。在名声上,我心里很不舒服,为什么他有我没有,是个名声问题,其实有牌无牌,无所谓。①

从这位访谈对象的讲述中得知,他与邻居之间发生了一起纠纷,村里去调解,他不认同村里的调解,认为村干部不公平。最有意思的是,村委会将纠纷调解放到平安建设的框架里,你与邻居发生纠纷,且不服从调解,邻里关系不和谐,就不能被评为"平安家庭",全村有少数几户家庭没有"平安家庭"的牌子。从这位访谈对象的表达来看,这一措施还是有效的,认为太打击人了,是名声问题。应该说,平安家庭建设的目的达到了。

平安家庭建设不仅仅是挂牌的问题,实际上是巧妙地将平安建设的责任落实到了户,落实到了家庭,平安建设不仅仅是乡村干部的责任,而且是每一个家庭的义务,通过挂牌,重建了每个家庭对平安建设的义务,对村庄和谐的义务,这种义务就是一种集体义务。这一做法是有效的,并且也具有合法性,实际上是对村庄舆论的调动,这是加强文

---

① 来自访谈资料编码 WM20110713。

化建设的有效举措。

在纠纷调解中,如果纠纷双方都强调自己的利益,就很难调解,传统的纠纷调解调动的也是村庄舆论,你不能太过分了,村里没有人理你。所以,每个人都会有所忌惮,村庄舆论会让人明白,自己对邻里和谐是有义务的,否则就会受到制裁,当然,这种义务是共同体义务。现在共同体义务弱化,仅靠共同体舆论还无法制裁,这就需要集体出面,集体的作用就是明确家庭的义务,否则,就要代表舆论对之进行惩罚。这就是平安建设的意义所在。

平安建设该如何进行,通过平安家庭的挂牌,调动每个家庭的参与,虽然这是一个老办法,但做好了的确有效,通过给每个家庭挂牌,并大张旗鼓地进行表扬,就能够将平安建设转换成为每个家庭的责任,每个家庭都对和谐社会和平安建设有义务,否则,就会受到惩罚。所谓平安家庭,就是每个家庭都对平安建设有义务。这样,平安建设就能够取得成效,这也是社会治理创新能够成功的原因所在。平安建设并不是直接的秩序管制,而是通过重建每个家庭的集体义务,使平安建设落实到每个家庭,从而实现了每个家庭的参与。

当然,如果村民没有完成平安建设任务,就无法享受到惠农政策,比如一事一议、危房改造、学生补助等,这样做就不妥了,二者并不能挂钩,不能因为上访或者发生了邻里纠纷,就不能享受惠农政策,两者不能挂钩,这种挂钩是非常危险的,也是不符合政策要求的。这是传统综合治理的思路,"我犁不住你,我能耙助你",这是基层治理过去常用的手段,虽然有效,但却扭曲了政策。这是赤裸裸的管制思维,目前的制度和政策是不支持这种管制思维的。

3. 重建集体义务

板桥村的这个治村理念说得非常清楚,我们过去称之为小氛围,或者是原则,这都不够准确。准确地来讲,这种解决纠纷的办法,实际上就是重建村民对共同体的义务。通过发掘村民在社区中的地位感,也就是荣誉感,重建村民对社区的义务感,这种义务感与村民在村落共同体中的地位感密切相关。

纠纷研究这么多,如何解决纠纷呢,纠纷解决背后的思路是什么呢。并没有看到清晰的思路,或者学者并没有将这一思路总结出来。

民间纠纷解决的思路是什么呢,或者说民间纠纷解决为什么是有效的,为什么又失效了呢,这一点并没有说清楚。为什么没有说清楚呢,因为受到了法治思维的影响,带着法治的视角是没有办法搞清楚的。如何有效解决纠纷,法治,还是阶级,板桥经验背后的思路到底是什么,看到的只是形式,是制度文本,而没有找出制度文本背后的理念。

笔者认为丁书记说的非常好,他非常清晰地表达出了他的理念,就是重建义务,通过人情网络,重建了村民对集体的义务,通过重建村民的社区义务,使得纠纷解决变得容易。板桥村是如何重建公共义务的呢,除了利用村民在人情网络中的位置感。还有惠民政策和公共项目,有控制手段,也有激励手段,将惠农政策作为激励手段,将村民的荣誉感作为控制手段,重建公共义务。通过公共义务来规范村民的行为,从而使得纠纷调解变得容易起来。

法治也好,阶级斗争也好,都不是最直接的,都必须通过重建公共义务来发挥作用,而不能简单地通过强制手段来解决,也不能简单地通过花钱的手段来解决。当前解决纠纷和信访,往往是这两种思路,要么花钱买稳定,要么依法治理,其实,这两种思路都过于简单粗暴了。

我们主张在技术治理之外寻求问题的解决,也就是在合法性的层面寻求问题的解决。在国家与农民关系中,对国家而言,合法性就是认同,而对农民来讲,合法性同时也意味着义务,民众让渡一部分权力交给国家,这就意味着民众对国家的义务。公共义务应该是国家政权建设的重要内容,过去学界看到的只是国家的整合,有些学者指出了公民权利的维度,但既有的研究都忽略了公共义务的维度。公共义务就是合法性的维度,就是公共道德的维度。

比如,农民为什么要交公粮,为什么农民认为皇粮国税是天经地义的,这里面就是农民对国家的义务感。税费改革的最大效应实际上是取消了农民对国家的义务,而不是弱化了乡镇的权力,不是乡镇的权力弱化了,而是农民的义务解体了。在税费改革和乡镇改革之后,一些学者很快指出了乡镇权力的弱化,实际上并非如此,乡镇权力并没有变化,变化的是农民的义务,农民对集体和国家的公共义务解体了。也正是基层干部所讲的,现在的农民只讲权利,不讲义务,现在的农民一盘散沙,为什么会这样,就是因为公共义务的解体。

板桥村是如何重建公共义务的呢,除了人情网络和惠农政策,再就是村务公开。通过村务公开来确保公共义务的合法性,使得公共义务内化,而不仅仅是强制性义务,否则,公共义务是不可持续的。

板桥村在治理中重建公共义务,也是被逼出来的,因为村集体的资源有限,没有集体经济,没有集体劳动,创造性地调动资源,一类资源是道德资源,一类是国家资源。道德资源就是共同体义务,国家资源就是项目资源。

(五) 集体义务与乡村德治

维稳实际上是一种利益调整机制,维稳围绕利益问题展开,利益成为基层治理的核心议题,离开利益是无法理解治理转型的。只谈原则政治是不合适的,政治不能回避利益,任何回避利益的政治都是不可能的,维稳是利益治理之道,实际上是利益治理。

从利益的角度来看纠纷和上访,只有利益而无权利,无义务。功利主义大行其道,是利益社会的典型现象。利益社会,该如何追求公平正义,板桥村进行了探索,纠纷和上访的解决也是围绕着利益展开,利益治理是手段。集体义务也是在利益治理中完成的,也就是说,集体义务是有条件的,这个条件就是利益,没有利益,也就没有集体义务,也没有共同体义务。

如何在社会治理中重建义务,这是利益治理的核心之道。过去有一个清晰的集体利益,而如今,解构了集体利益,明晰了个体利益,在集体利益解体,个体利益强化的背景下,利益治理出现了困境,为了解决利益治理的困境,就要重建利益治理中的义务。这样,就把义务论与功利论进行了整合,只有功利论也是不可行的,治理成本过高,必须通过引入义务论来降低利益治理的成本。这是文化建设的根本。

板桥村丁书记提到惠农政策实施要区分好人和坏人。什么是好,什么是坏,怎么让坏变成好,靠法律?靠原则?还是靠利益?这也是探索的问题,其实都不是。要靠义务,让变好成为一种义务,而不是让变坏成为一种自由和权利。

好也好,坏也罢,都不是村民之间的关系,而是村民与政府之间的关系,村民不尽义务,不能说村民就不好。在治理中,所谓的好与坏,一般来讲并不是针对法律来讲的,更不是针对原则来讲的,而利益更加说不清楚。在社会治理实践中根本没有权利话语,权利话语只是学界的框架。

学界有人提出了分类治理的解释框架。[①] 分类治理主要是针对义务来讲的,只要尽义务,就是好人,只要不尽义务,就是坏人,这就是人际关系的一个法则。也就是说,地方政府如何区分村民呢,根据义务区分村民,义务,而非利益,更非权利。地方干部的视角很显然不是权利的视角,而是义务的视角,但是,这个义务现在是虚的。

笔者一直探索的就是区分好坏,凭什么区分呢,就是要通过义务进行区分,而不是通过法律进行区分。分类治理是德治的办法,而非技术治理的办法[②],靠法治和行政化治理是没有办法进行分类的。这就是德治的视角,乡村德治,通过德治来解决当前乡村治理面临的困境。我们此前在分类治理基础上提出来的原则治理,实际上就是义务,义务是乡村治理中的最大原则,义务原则,而非政治原则、非法治原则、非行政原则。

这样一来,社会治理的问题找到了解决方案,通过德治的办法重建集体义务。义务本位的文化,对应的就是德治,而非法治,权利本位的文化对应的才是法治。所以,我们倡导通过乡村德治重建乡村公共文化,乡村公共文化的核心是乡村德治。这样一来,就将乡村文化建设方案操作化了,就是乡村德治!

板桥村平安建设为什么能够成功呢,就在于将平安建设的任务分解到户,使得平安建设不再只是基层干部的行政任务,而是每一个农户的集体义务,通过集体义务把小农动员起来。

乡村治理为什么会陷入困局,就是因为无法动员群众,只是行政部门的任务,而与群众无关。比如秸秆禁烧就是典型的行政化治理,看起来与过去的中心工作模式相同,实际上根本不同。过去是动员式治理,现在是行政化治理。

[①] 申端锋:《乡村治权与分类治理:农民上访研究的范式转换》,《开放时代》2010 年第 6 期。
[②] 渠敬东:《从总体支配到技术治理》,《中国社会科学》2009 年第 6 期。

所谓动员指的是群众动员,是相对于行政化治理来讲的,不能将动员泛化。秸秆禁烧无法沿用过去的模式,是典型的行政化治理,无法动员群众。过去,基层组织是如何动员群众的呢,革命时期靠的是阶级动员,分田到户以后,靠的是义务动员。

基层治理的转换,分田到户后,从革命动员到义务动员。税费改革后,义务动员解体,行政化治理崛起,乡村治理过去是村民义务,现在是行政部门的任务。行政化治理伴随资源下乡、项目下乡和公共服务均等化崛起。要想破解治理困局,就要将行政任务转化为村民的义务,这就是社会治理创新的逻辑。

平安建设实际上是乡村德治创新,而非法治创新。平安建设也不能强制,有效的治理创新,只能是德治创新。现在不是要不要德治的问题,而是如何建设德治的问题,是乡村德治创新的问题。重建集体义务,除了重建集体劳动,也可以通过乡村德治创新来实现。重建集体劳动只是一个倡导,而乡村德治创新则是一个成功的实践。

九、村民自治与公共参与

村民自治的核心特征是村民参与,没有村民参与,就没有真正的自治。当前村庄治理出现了行政化和私人化的双重趋势,挤压了村民自治的空间,导致村民参与不足,公共生活衰落。村庄治理的开展只能依靠行政部门和私人关系,无法动员民众力量,导致治理能力弱化。要想完善村民自治,就要重建村民参与,实现参与式治理。通过文化建设促进村民参与,提升村民公共素质,是实现村庄善治的有效途径。

(一) 村庄治理的行政化

学界关于基层治理的研究基本上是在行政思维的主导下展开的,不管是基层组织研究,还是治理过程研究,基本上没有自治的视角。我们的研究就是要找回自治,找回自治就能解决很多治理难题。

从实践来看,当前的基层治理的确是行政主导,公共项目下乡实际上是行政主导,是部门下乡,部门成为乡村治理的主导。群众参与不足乃至缺失,就是村民自治的缺失。村民自治异化不只是社会基础的原因,还有行政化治理的原因,基层治理资源短缺,不得不求助于行政化,但行政化挤压了自治的空间,使得村民自治萎缩,行政化治理吸纳了自治。

1. 村民自治组织的行政化

案例1:铁厂溪村地形是三沟两岔,下辖6个村民组。2005

年合村,3个村合在一起,2010年分开。我是这村的人,那个村的人不接受,资源向大村集中,村干部有依赖思想,主职干部放在中心村,对小村不利,也不利于开展工作,冉书记提出来分开。①

原来3个村合成一个村,现在又分开了,现在国家项目以村为主申报,分开有利于项目申报。②

税费改革的时候合村并组,五年之后,又返回了原来的模式,小组长恢复了,合并的村庄又分开了,为什么呢,为了更好地争取项目,争取更多的项目。

  案例2:村级工作:换届选举,计划生育,收购烟叶,收取合作医疗资金。③

从村级的主要工作来看,就是配合行政部门的工作,而没有村民自治的内容,这表明,村级治理已经行政化了。村级治理创新也必然围绕行政化治理开展,一个村干部主要考虑的,就是如何落实行政化治理的任务,而不是村民自治。

  案例3:村里运转靠财政转移支付,种植烤烟返回来一点税收。村级组织没有收入,年终考核,800元,综治维稳,农村矛盾纠纷,搜集信息,150元/月。村级建设非常困难,收入来源少。④

原来村委会只有一张破烂的办公桌,桌上都是尘土,墙壁很黑。厕所是粪坑式的,上厕所的时候粪水要弹上来。房屋上的瓦片随时会掉下来,很凄凉破败的感觉。

我积极申请项目资金,组织部有一个组织建设的项目,申请到村级办公建设专项资金2万元,镇里配套5万元,共7万元。对村委会办公室进行了整修,购置了办公设备,并在细节上完善。设立

---

① 来自访谈资料编码 ZZR20110707。
② 来自访谈资料编码 DSJ20110711。
③ 来自访谈资料编码 DSJ20110720。
④ 来自访谈资料编码 ZZR20110707。

便民服务室,墙上有一个服务流程图。村里买了一台复印机,按成本收费,打印2元每张,复印5角,原来办事要专门花一天时间复印,极大地方便了群众。对村委会厕所进行改造,建成全县第一家村级公厕,可以洗手,功能齐全,干净清爽。

现在村委会的面貌很好。老百姓说,丁书记你来了,就是不一样。①

丁书记加强村级组织建设的一个举措,就是通过争取组织部门的专项资金,加强基层组织建设,主要是办公机构的建设,使得村委会办公机构的面貌得以大大改善,提高了服务群众的能力。过去的村级办公机构建设主要是村民集资,税费改革后,村级组织失去经费来源,村级组织的办公机构成为全村最破败的建筑场所。村级组织建设的资金也主要来自组织部门的专项项目,也需要财政转移支付。这就进一步强化了村级组织建设的部门化,不管是村委会选举,还是办公场所建设,还是村民自治过程,都是上级部门主导的。

案例4:我自己对自己有信心,我自己求的不是大官,我自己的理想,放到一个平台,探索一个和谐的样板,建成一个理想的状态。务实,先做起来,不搞虚的问题,宏观的问题。很多东西大踏步往前冲,镇里支持,做了找上面解决,综治办、民政办解决这些问题。②

丁书记的行政能力非常强,有想法,有办法,他作为下派干部,是适应当前的行政化治理要求的。在行政吸纳自治的背景下,只有适应行政化治理才有出路,这也是村干部职业化管理的必要性。行政化治理对村干部的行政能力提出了要求,否则,就无法完成当前行政化治理的任务。

---

① 来自访谈资料编码 DSJ20110720。
② 来自访谈资料编码 DSJ20110720。

九、村民自治与公共参与

2. 公共品供给的行政化

我们先后考察了乡村水利、文化等公共品供给,一个很明显的变化,就是从公益事业到公共事业,公益事业以村组集体为主体,而公共事业的主体则是政府部门。从村组治理到部门化治理,这也是行政化治理的一个表现。

> 案例1:这两年上面支持很多。村里有转移支付资金,根据村庄人口,15元/人。集体山林退耕还林,1.8万元/年。再就是向上面争取资金,大家都在争取,靠名片、品牌争取资金,做成亮点,引起上面的注意,成为上面的典型,会带来资金注入。①

一直以来,乡村治理的核心都是资源提取,从农村提取资源,满足现代化建设的需要。乡村治理的主要矛盾就是资源提取,即税费征收,在80和90年代表现为农民负担问题。为了减轻农民负担,国家启动了税费改革,并最终于2006年全面取消了农业税。乡村治理的主要矛盾发生了变化,从过去的资源提取转换为资源下乡。资源提取是村组主导,资源下乡是行政主导。

今天的乡村治理主要围绕资源下乡展开,从上级行政部门争取项目成为乡村治理的中心工作,项目制只是资源下乡的一种途径。资源下乡包括公共项目、惠农政策、公共服务等,是典型的政策主导和部门主导,即行政主导。当前的乡村治理主要是行政化治理,而不是过去的经济模式抑或村民自治。

资源下乡促进了村民自治的发展,还是行政化治理的发展?这是一个问题。

农村基础设施建设全部依靠项目,这是税费改革后乡村公共品供给的新常态。② 而项目制则是行政化治理的主要实现形式,项目制不是村民自治的实现形式,而是行政化治理的实现形式。公共品和公共服务都是通过公共项目来供给的,村民自治的空间就更小了,当前的村

---

① 来自访谈资料编码 DSJ20110711。
② 渠敬东:《项目制:一种新的国家治理体制》,《中国社会科学》2012年第5期。

民自治就是服务于行政化治理的需要。但是,离开了村民自治,项目制就失去了制约,也很容易出现腐败。板桥村的支书一心为了村庄的发展,这个全靠自觉,这么多的项目资金下来,全靠村委来操作,靠自觉不行的,必须要加强监督,村民自治就是最好的监督制度。

案例 2:老田是土沟,以前的渠道都坏了。小组报上来的 34 个建议里,三分之一是渠道维修。忠堡镇有一个万亩灌溉计划,渠道全部新修,水利项目投入很大,现在等项目。我们争取县开发办项目资金 9 万元,修了关庙坪的渠道,每一条渠道灌溉上百亩,灌溉问题解决了。

案例 3:政府项目修的水池,水管、水表要 200 多元,都是统一买一个师傅的。开会说管子送到屋,有的沟挖起来没有送。以前都是自己挖,5 弟兄安的,每户 200 元,花了 1000 多元,引的山泉水。①

现在吃水靠项目供给,过去靠农民合作供给。

案例 4:扶贫办的整村推进项目,连续五年,每年 100 万元。产业调整,基础设施建设,镇里定三个村中的一个,板桥村中了。没有社会管理创新这样一个平台,是不可能争取过来的。②

扶贫开发也是通过项目来实施的,因而,扶贫开发也是典型的行政化治理。

项目申请下来以后,取得群众的同意和配合之后,项目就由村里发包给个人,由个人组织施工。

案例 5:村里执行发包,承包给个人,由村委决定,镇里备案,

---

① 来自访谈资料编码 LM20110721。
② 来自访谈资料编码 DSJ20110720。

镇里讨论了三次。2组由老向承包,3组由高次林承包。①

所以,农村公共品由项目提供,从项目的申请,到项目的实施,都是村委一手操办的,群众会完全没有参与。可见,项目制是一种典型的行政化治理,群众会只是服务于项目实施的需要。这是当前乡村治理的另一个特点。

> 案例6:为了修3组的1500米路,村里玩了一点把戏,在王家坳发展100多亩烟叶,和别的村竞争,争取到烟草公司的配套项目资金8.6万。烟叶任务要完成,更重要的是套取修路资金,种烟叶亏了也亏不了多少,修这条路是最大的收获。
> 一个大户搞的,3组组长王友贤,村里抬起来的。股东有5个,包括村干部、烟草站、大户,每人投入7千元。王友贤任车间主任,烟叶栽种、管理全部由他负责,打着他的旗号去做,请劳力,技术由烟草站提供。一个阶段一个阶段召开股东大会,大家有问题提出来,议一议,解决。收益平均分配,参加劳动的付工资。②

丁书记作为下派支书,确实聪明,他非常明白如何争取项目资金,通过规模种烟,争取到烟草公司的配套资金。其用意并不在烟叶种植,因为烟叶种植的收益下降,其用意在修路,只要争取来项目资金,对村里来说目的就达到了。

有意思的是,村委搞这个事情,完全没有群众参与,而是由村委、烟站、组长和少数大户来操作这个事情,这就是典型的包装项目。当然,村委包装项目不是为了个人私利,而是为了村里的公益事业,为了公共品供给。

所以,不管是项目的实施,还是项目的包装,村民都没有参与,主体不是村民,而是村干部和项目方,这是典型的行政化治理,而非村民自治。这种行政化治理挤压了村民自治的空间,也使得村庄治理去公

---

① 来自访谈资料编码 DSJ20110720。
② 来自访谈资料编码 DSJ20110720。

共化。

案例7：环村公路是1991年修的，当时花了1200元，是烟草公司修的，为了收烟，现在种烟的少了，烟草公司就不出钱修路了。今年2月份重新修的环村公路，共1里路，县扶贫办开发资金4万元，村里出7千元。这条路村民盼了10多年。

老支书向武涵承包的，他接下来，向武涵找的向万华，请挖机，找民工修，找了很多个，谁得空找谁，干了30个工，70元每天的工资。断断续续从2月份搞到7月份，工资没结完，都是熟人，工资要付。镇里来检查，前天返工，县里今天来验收，还没来，承包商先垫资，验收完了，再拨付资金。

一里路4万，有钱赚，我们这边是自己修的，那边是国家出的钱，请人。工程量大一些，矮山炸平，有车，有挖土机，从外面买的石子，机器打好的，下头用大石头铺好，再撒一些碎石头，我们这边只炸了一些大石头，撒点泥巴。

乌家人背后讲，乌家的意思是修他们那边，把路修好，政府的意思是把路打通，去年腊月来开会，开了3次会，举手表决，一户一个人，乌家有些人不举手，他们要求把那边的路整好。另外4户也没有举手，对他们也没有什么利益。①

现在修路主要靠项目，村组不再出面组织修路，公共品主要由部门供给，村民自发进行的公益事业也很少了。公共品供给部门化，这是行政化治理的一个表现。通过部门项目来修路，这是现在农村公共品供给的常态，在这种行政化治理模式中，农民就由义务相关者转换为了利益相关者，义务关系就转换成为了利益关系。农民出工就要有工资，不会出义务工，更不可能筹资，虽然一些项目还有筹资筹劳的要求，但形同虚设，根本不可行。同时，农户对项目实施的看法，也主要是基于自身的利益，一切从自身利益出发，这就是行政化治理的逻辑。

对于乡村治理的变化，基层干部感慨颇多，主要是感叹农民缺乏集

---

① 来自访谈资料编码 WM20110715。

体主义精神,一盘散沙,牵涉到项目占地还会乘机要价。为什么会这样呢,这背后实际上是乡村治理的转型,即行政化治理的崛起,这才是最为根本的转型。行政化治理就意味着治理逻辑的转变,即是从过去的义务机制转向利益机制,参与者也从义务相关者转型为利益相关者。

案例8:我坐公交车的时候有群众说,丁书记你把吃水问题解决了,那就不得了。以前吃水靠挑水,耽搁时间,水源不稳定。最干旱的时候去三岔河拖水,30元/车的运费。

镇水利服务中心投入13.5万元,镇里一事一议补助6万,共计19.5万元,打捆使用,修了3个水池,管道7000多米。在1000多米高的山上建水池,用管道引山泉水,有一股很小的山泉水,老百姓自己找的,一个水源一个水池,从四个地方引来泉水。解决了三个村民小组的吃水。

一事一议要交钱的,人平15元。我在群众会上讲的,我不让你们交钱,你们一定要守口如瓶,上面来检查的时候,你们一定说交钱了,这属于违规操作。

老百姓出钱,从主管道到户,自己买水管、水龙头、水表,从几十元到300多元不等,一般要百把元钱。每家都有水表,按1元/吨收费,后续管理由组长分辖区进行管理,收钱维修。

主管道分布是一个总体规划,农户离管道有远近,有村民有意见,说能不能近一点。我说你们不能太贪心。一位50多岁的妇女说,原来我以为水管要送到家里,我说他们哪有那么好的孝心。把我们当儿子骂。我在会上说,老百姓把我们当儿子,但每个人都有尊严。我去解释,为什么没有装到户,资金没有那么多。老百姓的事情,你没有必要计较那么多,很伤感,要有阿Q精神。[①]

村委通过争取项目解决了三个组的吃水问题,这是一个好事。虽然一事一议要配套,但村里没有收,也收不起来,一般都是老板垫资施工,验收后再通过项目资金支付。一事一议为什么名不副实呢,这是因

---

① 来自访谈资料编码 DSJ20110720。

为村民认为公共品供给是政府的事情,而不再是自己的义务,也就是说村民的集体义务缺失。集体义务是带有强制性的,没有强制性,集体义务就无法维系,但是,在制度设计上,一事一议又强调自愿,只要有一户不愿意,一事一议就无法实施。这就是一个悖论,一事一议要想成功实施,需要村民配合,也就是村民要尽义务,但一事一议又强调自愿,不能强制,而集体义务必须具有强制性。这样一来,集体义务无法维系,一事一议无法实施。现在的基础设施建设,全部靠项目投入,村民几乎没有参与。

这个案例有意思的是,项目资金只够水池和主管道建设,从主管道到各家各户的管道、水龙头和水表需要农户自行购买,根据距离主管道远近的不同,花费不同。这个具有操作性,因为村民的花钱都是自己使用,是私人物品,而非公共物品。但村民对之也有看法,认为这个钱不该自己出,应该由项目资金出。村民为什么会这样想呢,就是集体义务的缺失。项目建设方便了生活,但村民还是不买账。

所以,当前农村公共品完全通过项目供给,这是典型的行政化治理。在这种行政化治理中,村民集体义务是缺失的,这也是村庄治理去公共化的一种表现。

3. 行政吸纳自治

低保是民政部门的业务,低保治理也是行政化治理的一种表现,低保治理困境实际上也是行政化治理的困境。行政化治理不同于行政管理,也不同于公共政策,而是综合了这些要素,行政化治理的关键是行政与社会关系,也不同于国家与社会关系,是更加具体的行政与社会关系。

行政化治理的弊端在低保治理中特别明显,这是行政部门在同社会打交道时的困境所在。

案例:去年评低保,老三提名低保,离婚,两父子生活。我母亲78岁了,却没有提名,理由是我有车。标准是什么,村干部说家里有车的,有电器的,有在外工作的,都不能评低保。你什么逻辑,混账逻辑,我哥40岁,我母亲78岁。他说这是国家规定的,我拍着巴掌与他理论,我就这样。5组在学校开群众会,矛盾很尖锐,

九、村民自治与公共参与　　**301**

以后开会不再去了。①

这是一位村民对民主评议低保的看法,较之于低保的行政化分配,这种民主化分配应该说是为了努力做到公开公平。但农民并不买账,公开公平并没有解决低保分配的困境。这与民主评议程序无关,主要是与低保分配标准有关,虽然是民主评议,但标准却是行政部门决定的,而行政部门给出的标准并不适合农村,农民不认可,这种行政化标准加上民主化评议,反而引发了更多的矛盾,如果暗箱操作,矛盾还不能激化。一旦公开,就成为焦点事件,就会成为矛盾的中心。

问题不在于民主化治理,而在于行政化治理,行政化治理为规避矛盾,就试图采用民主化的办法,但是民主化治理是有限的,不能够通过民主决定资源配置的规则,也就是低保的标准,这实际上不是完全的民主化治理,而是一种半民主化的治理,而这种半民主化治理反而引发了矛盾,农民并不买账,反而觉得行政化治理要好一些。这是有道理的,因为这种民主化治理是不完全的。

资源下乡,通过民主化的办法进行资源分配,这是一个好的思路。关键是,资源通过部门下乡,部门为了管理,对资源分配规则做了严格的规定,并且有严格的检查和评估。这实际上极大地限制了民主化治理,只是服务于行政化治理,民主化治理的优势发挥不出来。所以,农民反而不愿意去开群众会了,为什么不愿意呢,不是因为政治冷漠,也不是因为平均主义,而是因为参加了也没有用,民主评议的空间非常有限,没有实质性作用。

我们的结论是,如果民主化治理只是服务于行政化治理,那么,这种民主化治理的效果是有限的,甚至是形同虚设,行政主导的民主,很容易沦为假民主。这是行政部门的民主,而不是农民的民主。这就是所谓的治理民主,即行政民主,而非政治民主,行政民主是行政吸纳政治的一种具体形式。也许暂时能够起到一定的作用,但村民一旦明白过来,就很难持续。

所谓协商民主,实际上是行政民主,是行政部门主导的民主,围绕

---

① 来自访谈资料编码 XWH20110721。

着行政任务进行协商,协商民主如果说是有效的,那也是在行政民主的层次上来讲的,在行政化治理的层面来讲的,是行政有效性,而非民主有效性。板桥村的治理创新之所以引起关注,成为先进典型,也是从行政有效性的角度来讲的,是服务于行政化治理的。

所谓基层协商治理和协商民主,也是典型的行政吸纳治理。在板桥村调查时,就听上级来调研的干部讲,板桥的社会治理创新就是村民自治,笔者深以为是。问题是,板桥村的村民自治为什么能够有些新意呢,就是他在资源下乡的背景下,将资源下乡与村民自治结合起来,为村民自治提供了资源,也更好地落实了资源分配的任务。

我们在与忠堡镇党政领导讨论的时候,他们也认为,板桥村的创新就是资源下乡与村民自治的结合、与平安建设的结合,从而解决了当前基层治理资源困乏带来的困境,增强了基层的治理能力,增加了治理手段,也就是将资源和平安建设转化为村干部的治理手段。治理创新的成功就是行政化治理的成功,其有效性就是行政化治理的有效性,而非民主化治理的有效性。

如何来提炼这一探索呢,就是行政吸纳自治,将村民自治纳入到了行政化治理的范畴,所谓社会治理创新就是行政吸纳自治,最典型的是用平安建设吸纳自治,结果反而挤压了自治。村庄公共性缺失,就是行政吸纳自治造成的。所谓管制,也是行政化。各种管理创新主要是行政化。

(二) 村庄治理的私人化

1. 村庄权力结构的私人俘获

案例1:8月份支委选举,10月份村委选举。年轻化,实力化,把一些有影响有能力肯干事的人选上来。支委选举简单些,党员10个人,打个招呼就行了。

村委选举实行海选,复杂,帮派串联,贿选拉票,我买一点烟和礼品,每家每户送一点,让我搞村干部,出现过这种情况。我们这里有宗派势力,姓向的选出来,家族办事方便多了。①

贿选不是一件小事情,贿选意味着选举被私人关系俘获,选民和候选人的行为都不是基于公共关系,而是被私人关系俘获了。这也是村庄治理私人化的表现形式之一,村委会换届选举要坚决杜绝贿选。我们过去的调查研究主要出于理解的视角,而失去了正当性的视角,村庄政治研究必须要重新引入正当性的视角。贿选的危害非常大,破坏了选举的正当性。治理能力导向的研究都忽略了正当性,行政化治理注重的是有效性,而非正当性,自然会忽略甚至有意屏蔽掉正当性的维度,比如贿选。从行政化治理的有效性出发,他们也自然能容忍村干部的私人俘获。

> 案例2:在我们看来,我当不当无所谓。但在老百姓看来,村干部还是有吸引力,脱产干部每年收入1.5万;资产资源资金管理,国家项目投资,都有空子可钻,平时老百姓办事也有送人情的,隐性收入说不清楚;另外,一人得道,鸡犬升天,亲朋好友方便得利。②

为什么要当村干部,当然是要服务于村庄公共治理,但是,如果是获取私人好处,厚亲优友,私人利益高于公共利益的考量,那么,村干部职位就被私人利益俘获了。这也是村庄治理私人化的另一个表现。

村支书可以肆无忌惮,在弱整合的乡村社会,他影响一批人。因为弱整合,很难有人挑战他的权威,政府也就没有办法。派系斗争不突出,这就导致乡镇政府对某一个人的长期依赖,而找不出合适的替代者。

这就是为什么要培养后备干部,宜昌培养后备干部,恩施叫跟班,因为民间很难自发产生这样的权威,必须通过组织培养,这也导致组织对某一个干部的依赖。很显然,这里没有派系,如果有派系,就不用培

---

① 来自访谈资料编码DSJ20110720。
② 来自访谈资料编码DSJ20110720。

养后备干部了,如果有派系,政府就非常好介入了,就不会过度依赖某一个人。

案例3:村干部具有决定性权力,对村干部的监管不是很到位,主要负责人栽跟头的很多,只是没有揪出来。一些老书记经营几十年,江湖地位很牢固,办一件事,翻手为云覆手为雨。老百姓不敢说,不敢提出来,但心里不服,造成隔膜,造成不稳定因素。

主要干部为什么不怕民意,经营多年,有了可信赖的一批人,有一群人可利用,有一层网牢不可破,站出来碰这张网的人很少。老百姓是被动的,他们很胆小,很怕事。我祖辈生活在这里,一直扎根下去,我碰了以后,以后什么事都不敢做了。只好忍气吞声,反过来助长了村干部的气焰。

一直发展下去,后果将非常严重。这个势力长期经营下去,能否控制得住,村庄被一个势力控制,会引发民怨,政府非常头疼。村干部认为即使我错了一点,你抓不到我的把柄,你不敢动我,只要我不出大事情。

组织上也一般不会去碰这个人,政府这个层面有矛盾性,一方面他明知道有问题,想改变,但不敢改变。乡镇的任务多,开展工作靠他们,听之任之,无可奈何,不出什么大事情都好。

政府去解决,反而造成不稳定。他没有违法,他经营这么多年,他懂得很多内幕,他下来以后上访,找政府的麻烦。他的利益被触动,他有失落感。他们会想尽办法把新当选干部压下去,新干部如果不能坚强地站住,他会重新站出来,或推出代理人,卷土重来,大姓之间的争斗常存在这种情况。

原来有过一个干部,做了几十年村支书。他做到这一地步,一把手过来可以谈一下,其他人过来可听可不听。换下来,下来又上去,后来没有办法,又培养他的儿子继续做下去。

板桥村当时也有这种情况,老支书的派头十足,我们对他非常客气,称他为地主。他很圆滑,聪明人,满足他利益,他积极,不满足,他会消极地做。阻力和压力一直都有,花了很多心思做工作。做不了多久就会卷起铺盖回家,或者扎下根来。那个地方水泼不进去,陷进去了,是很难爬出来的。①

这是作为下派干部的丁书记对村庄权力结构的一个看法,他的主要观点是,村支书在村庄权力结构中具有绝对的威权,他们长期经营自己的关系网,通过私人关系网使其权力固化。乡镇依赖他们,村民有意见也奈何不了他们。可见,村庄权力结构一旦固化,就很难改变。

这里的问题是,村支书通过经营私人关系网络来开展治理,而非通过建设公共关系开展治理,这对村庄治理产生了深刻的影响,导致村庄治理私人化。村庄权力结构被私人关系俘获,一个村支书,他所依靠的并不是公共关系,而是私人关系,一个私人关系网络。

这个私人关系网络就是人情网络,村干部和村民之间的关系是私人关系,他们之间的互动基于私人义务,而非公共义务。其他没有和村干部建立私人关系的村民就会受到不公正对待,村庄治理失去公平。这必然导致大量的矛盾越过村庄转化为上访,形成上级政府眼里的社会不稳定。

农村的家族关系是相当弱的,其实也只是一种想象。丁书记在讲到治理时,用的词是"一张网",这一张网到底是什么呢,是一张人情网,基于家本位的人情网,这与弱整合的判断也是一致的。

个人的关系网是如何编织的,村干部的关系网是如何编织的,比如老书记的关系网,要特别灵活才能建构起这张关系网,这张网是人情之网,是义务之网,而非利益之网。这张网是一张"软"网,有韧性,易变动,具有很大的弹性,也很容易被突破。经营得好,可以发挥大作用,这张网的经营性特别强,向武涵经营了这张网,这张网是乡村治理的人情之网,不是文化网络,不是利益网络,而是人情网络。

院落自治也依据人情网络,人情网络兼具私人性和公共性,人情网络在乡村治理中的作用,值得认真分析。丁书记作为外来的书记,作为下派的书记,他感受到了这张无形的人情之网,他并没有去突破这张人情网络,也没有去建构自己的人情网络,而是试图通过强化行政化治理来替代这张人情之网。

---

① 来自访谈资料编码 DSJ20110720。

案例4：大姓村干部坚实的基础；有影响力，有威信；经营他的网，很多人服他，喜欢他，另外一部分百姓畏惧他。上面来一点救济，几个人坐下来商量，分给张三李四，老百姓说：我们家没有人当干部，怎么会得。村干部用压制的办法去做，有魄力，有的服，有的怕。老百姓主动参政议政的能力差，很多人认为谁来做都好，不关我的事。①

由于村干部经营私人关系网络，村民敢怒不敢言，导致村庄治理被私人俘获。

村干部依附于乡镇，村干部有脱产干部与不脱产干部之分，村庄非常散，下派干部都可以发挥作用，大学生村官可以担任村支书。

乡镇强势，分配利益，乡镇主导的发展，村庄的主体性呢？在治理中扮演什么样的角色？普通村民不关心村庄治理，村民的力量非常散。村庄政治颇有寡头政治的感觉。村级治理寡头化需要引起注意，村庄政治寡头化是村官腐败的根源。

此前讲的私人化，实际上就是寡头化，村庄政治寡头化值得警惕，防止乡贤成为寡头，成为村霸。

案例5：上任支书把家产都卖了，钱没有看到。不参与，选举没得人去，你去了有什么用，他上面有人。②

不参与，除了家本位，公共性弱之外，还与权力本身有关系，大学生村官能够担任村支书恐怕也是如此；但是，权力大，群众一定不参与吗，不是，山东河南的农民就不会不参与，因为有家族势力，权力必须尊重，必须尊重地方性知识；但是，西南、西北、东北的群众之所以不参与，与无组织化的群众有关，传统的组织也没有，权力更霸道，更自由，更专横。权力的自由就是专横，权力太自由，群众就没有自由，在基层社会，

---

① 来自访谈资料编码DSJ20110720。
② 来自访谈资料编码XWH20110709。

权力是自由还是会有所收敛,与基层社会的组织化程度有关,不管是现代组织,还是传统组织。权力的任性程度还与市场化有关,与市场经济的发展有关。

权力为什么可以任性,权力如何才能不任性。外出打工会助长权力的任性,不利于基层政治与治理生态的完善。所以,基层政权建设也要面对这一问题,回应这一问题。外出务工、人口流动会影响基层政权建设,农民工可能既脱离了农村基层政权,也脱离了城市基层政权,从而游离在基层民主建设之外,失去了为民主建设作出贡献的机会,从而使农民工成为没有公共性的一个群体,他们只能出卖自己的劳动力,他们只关心自己的家庭,他们只为过上好的生活打拼。这也是所谓的个体化。个体化是在这样一个背景下发生的,这样的个体化不是在与国家主义或集体主义的斗争中产生的,而是在游离国家或集体的过程中产生的。所以,这种个体化带来了公共性的困境,阎云翔有注意到这一问题,但并没有很好地解释这一问题。当前城乡基层政权建设和基层治理中的公共性困境,是个体化困境使然,这是一个很严重的中国问题。

中国社会公共性或者说政治性的弱化,实际上与中国社会的个体化有关,个体化导致公共性的丧失,没有公共性的个体化,西方的个体化是有公共性的,中国社会的个体化是没有公共性的,如何重建公共性的确是最大的问题所在。

2. 村庄治理的私人化

案例1:乌北平前年自己修路,从大路上接到他家里,请的活路,俩年轻人修的,开工资,花二三千元。他修路自己走路方便一些,他家的房屋在高坎坎上,有一天晚上做完泥瓦活,开摩托车回来,路上有一坨牛粪,他以为是石头,车把一拐,拐到田里,一丈多高,把腰摔得淤青。

他发奋修路,想和另外三户一起搞,他们舍不得田土,自己一家修了。他自己找村民调地,出钱请人修路。路修好后,乌北平不让其他人走他家的路。乌北平人好一些,组里做好事他不阻拦,他最早买摩托车,经常到路上打石头,现在骑车的人多了,他不去搞了,自己的利益不明确了。①

如果部门提供的公共品不能覆盖,又不能通过合作来达成,那就只能靠自己来提供了,这就是公共品的私人化供给,也就是家庭的自我供给。个人修自己家的路,这和湖北沙洋农民自己打井抗旱是一个道理。公共品的自我供给与村民自治的缺失有关,与共同体的脆弱性有关,与私人义务的局限性有关,同时也是公共生活衰落的一个表现。

> 一个单姓人,一个大姓人,大姓人家修路占一点田土,单姓人家不肯,大姓绕了一下修通,大姓人家规定单姓人家不能走。单姓人家在路上骑摩托车,被大姓人家抬走,把摩托车扣下来,打一顿。②

这位农户想修路,单姓人家不配合,单姓人家也能受益,为什么不配合呢,这是共同体义务的局限性。一旦农户认为自己没有义务修路,他就会采取不合作的行为,而对这些不合作行为的农户也没有制裁力。所以,农户修路就成为纯粹的私人行为,公共品就成为私人物品。

在本案例中,只是因为这位自行修路的农户比较强势,他采取暴力使得这条路具有了排他性,没有参与修路的农户一旦走这条路,就把摩托车扣下来,并打一顿。这当然不妥,也体现了私人义务的局限性。

也就是说,在项目供给不到的地方,村民有公共品的需求,但由于共同体义务的局限性,有共同利益也无法达成合作。一些村民就采取了自我供给的模式,这种自我供给的公共品很显然私人化了,公共品供给的私人化是村庄治理私人化的另一种表现形式。公共品供给私人化使得家庭成为公共品的责任主体,同时也使得社会矛盾多发。

案例2:我解决过一起案例,王姓和祝姓是邻居,院坝之间有公共通道。王姓买的村委会的地盘,王姓认为我出钱买了,有村委

---

① 来自访谈资料编码 WM20110715。
② 来自访谈资料编码 DSJ20110720。

在背后撑腰。王家打围墙把公共通道占了,祝家过不去。两家发生纠纷,镇里去了十几次,花费了很大力气解决这个问题,做不下来。本来没必要发生的,两家差点打起来。最后,祝姓在城里找了一帮混混,把墙拆了。叫了一车人,6、7个,以恶制恶,再动打死你。他自己解决了,共产党没有解决。①

纠纷解决的私人化,是村庄治理私人化的另一种表现。乡镇出面调解无法解决,村民只好自己想办法,借助于黑社会的力量,成功地解决了两家的纠纷。政府部门解决不了的私人纠纷,却通过黑社会的力量解决了。

纠纷解决的私人化有两种表现形式,一种是通过人情中断来解决,这是一种消极的纠纷解决方式;另一种是通过引入黑社会力量来解决。纠纷解决的私人化是村庄治理私人化的另一种表现形式,纠纷解决私人化越来越成为纠纷解决的常态,我们所观察的纠纷解决,主要是私人化解决。

当然,也有大量的纠纷寻求公权力的解决,这正是平安建设要解决的问题,但政府在纠纷解决上的效果并不好。正是因为公权力的纠纷解决效果不好,才导致纠纷的私人解决成为主流。不只村民与政府之间的纠纷,政府解决起来有困难,就连村民之间的普通纠纷,村级组织解决起来都很困难。我们在调查中看到,虽然村干部也参与调解了一些纠纷,但只是暂时平息了纠纷,纠纷双方仍然心存芥蒂,并没有从根本上得到解决。

为什么纠纷解决私人化,因为公权力纠纷解决能力的弱化,大量的纠纷无法得到及时解决,转化为上访。现在农村的纠纷比过去少了,过去的纠纷多,但能够得到及时解决,而现在的纠纷无法得到及时解决,公权力解决不了,只能通过私人来解决,私人解决解决不了,就转化为上访。

这里的问题是,为什么村级组织解决纠纷的能力弱化了呢?这是一个非常现实的问题。现在看起来,主要是因为村民自治权的弱化,我

---

① 来自访谈资料编码 DSJ20110720。

们在调查中发现,小组长越来越成为行政信息员,基本上退出纠纷解决,虽然板桥村强化了小组长和治安中心户长,但效果依然有限,也就是说,纠纷发生之后,离纠纷最近的小组长反而无法发挥作用,导致纠纷无法得到及时化解,越拖越大。等到村干部和乡镇介入的时候,纠纷已经发生了,且造成了后果,解决的难度增大。

为什么纠纷解决的难度会增大呢,在共同体内部进行纠纷解决,可以诉诸于共同体义务,每个人的行为都受共同体义务的制约,每个人都对共同体的和谐有义务,从而会收敛自己的行为。但是,一旦纠纷突破共同体的范畴,就无法再调动共同体义务,而只能诉诸于法律和政策,诉诸于利益。发生纠纷的村民之间的人情中断,不再对彼此有义务,只有利益和伤害,只有计较,这个解决难度自然就会增大。

纠纷解决有两种趋势,一是私人化,一种是政治化,私人化的解决方式包括中断人情和暴力解决;政治化的解决方式主要是上访,把事情闹大,通过引起上级机关的重视来寻求问题的解决。

纠纷解决私人化与政治化都与基层组织的弱化有关,基层组织的弱化,也就是村民自治权的弱化,导致大量的纠纷无法在共同体内部得到解决,从而导致纠纷解决的私人化与政治化。

同时,纠纷解决还与共同体义务的弱化有关,共同体义务对纠纷双方有制约作用,但随着共同体义务的弱化,纠纷无法得到解决。农民上访增多不只是因为治权弱化,更重要的是共同体义务的解体。农民上访实际上中断了共同体义务,就如同纠纷中断人情一样。人情中断之后,纠纷如何得到解决呢,就要通过暴力、利益或者法律来解决。

案例3:我和老支书同龄人,和他妹夫关系不好,70年代的事情,现在和他妹夫关系好了。1981年超生,人家交2元,他表扬,我交40元,他不接我的。我和他关系不好,很多优惠的东西我享受不到。

现在政策好,2005年修沼气,我儿子给县长留言,都答复了。老书记管沼气,镇里今年过来打招呼,瓷砖、灶具、管子,原来我去找过两次,他没答复,县里一户补200元,钱放老书记那儿,去找,还没有修好,说放我那儿,再找,取消了。村里,国家好多政策,瞒

九、村民自治与公共参与　**311**

住老百姓,老百姓不知道。

  有些老百姓都当面骂他,搞事情不公平,偏向。我们这儿的老百姓,不得罪人,他是干部,你得罪不起,怕干部整你,不和你吵,不和你闹,最后还是个人吃亏。莫去问老支书,得罪他,为了 200 元钱,镇沼气站的同志说的。①

  这位访谈对象认为,自己之所以受到了不公正对待,乃是因为自己与老书记的关系不好,过去不好,现在还是不好,为什么会这样呢,因为缺乏公共道德,大家最后诉诸于私人关系和私人道德,这实际上也是一种解释。这种解释从私人关系的角度展开,而不是从公共关系的角度展开。

  村庄治理私人化的基础是家本位的文化。在一种家本位的无结构的语境中,当村民与政府发生关系时,他们会选择什么样的行动呢。由于家本位的主导,在村民与政府之间缺乏中介,缺乏有效的沟通渠道和机制,村民疏离干部,对干部不信任,但也不反对,这就是我们提炼出来的"四个不",不关心、不信任、不参与、不对抗,这就是家本位的社会秩序,独立性强,有自身的主体性,自然村内部和谐,有一定的行动能力,可以进行公益建设,想要低保,也不会和村干部说,说了也没有用,没有参与意识。村民们都是自己过自己的日子,追求幸福生活。

3. 村庄治理:私人化与私人义务

  案例:丁书记来了之后,规范多了,讲原则。原来讲喝酒,不能提意见,骂人,整你。老书记从人民公社一直搞到今年,老百姓有意见,镇政府排斥新干部。我二弟杨振和,泥瓦工,2002 年,群众选为村主任,干了三年,掌不了权,书记是老向。我二弟心直口快,嘴巴多。二弟选上以后,镇里、村里都排斥。不支持选举干部,依赖老干部以及下派干部。选举没有用,老百姓都不去,选上也没有用。老百姓过自己的日子,自己过好就行了。我只参加过两次,集中选,下乡选举。

---

① 来自访谈资料编码 WM20110713。

老书记太不行了,私心太重。上面来了政策,不给老百姓说,自己决定,关系好的给一定好处,一手遮天。他的妹夫乌云阳选上书记,他很生气,他就是要搞,亲妹夫篡党夺权,两人闹翻了。开会让陈恭华传达,会后又说谁说的,不算数,老向说:不让他干了,回家。然后就干不成了。

陈明达最凶,自私太严重,老百姓提意见。村里资产变卖,房屋卖给私人,没有公布账目,林场、菜场,也不知道开支到哪里去了,"其他"开支比较多,再就是"生活费""招待费"。

群众奈不何,迁户口,嫁姑娘,盖房子,都需要村里盖章。不愿意得罪他们,怕他们公报私仇,卡脖子,不签字不盖章。村干部应该公事公办,村干部代表国家。

村民对原来的干部意见大,都闷在心里,他不说,都闷在心里,说了也没有用,他是一把手,与镇上有一种关系,很少直接发生冲突。有时候想说,有时候怕事,闷在心里算了。我看到了我也不说,阴着搞,走到门前,还喝一杯。说了也没有用,人得罪了,事情没搞好,还恨你一辈子。他说一句算一句,你说了等于零。你不说心情还好一些,表面上挺好。

工人有文化有理性,他找政府扯。农民没得文化,没得知识,取证的时候,不知道咋说,就无语了。你恨他,我恨他,背后说小话。[①]

从村委会选举到治理过程,村民自治都严重缺乏公共规则,不透明,群众有意见,但有意见也没有反映渠道,都是背后说,明面上还要尊重村干部,和村干部搞好私人关系,怕自己吃亏。这就是私人化治理的典型特征,缺乏规则,村干部靠私人关系网络开展治理,村民和村干部之间的互动遵循的不是公共规则,而是私人关系的规则。

这种私人化治理不是依据公共规则的治理,不是规则之治,而是义务之治,是基于私人义务的治理。不只是村民没有集体义务,村干部也没有集体义务,村干部只有私人义务。所谓私人化治理就是靠私人义

---

① 来自访谈资料编码YXL20110717。

务展开的治理,村干部和村民之间,村民与村干部之间,都是私人化的互动,而不是基于公共规则与公共关系的互动。

这种私人化治理就会带来一系列弊端,私人义务渗透到公共治理中去,就会导致私人关系对公共治理的侵蚀,就会损害公平正义,很容易导致权力运行的私人化,权力无法受到制约,就会出现权力寻租现象。村干部会利用权力谋取私利,而村民也会倾向于积极建构和村干部的私人关系,从而获得好处。尤其是在资源下乡的背景下,大量的惠农政策、财政资源如何配置,全靠村干部,如果村干部谋私,就很容易导致村官腐败,严重损害惠农政策的实施效果,损害公平正义的实现。村庄治理私人化是村官腐败的根本原因。

村庄治理私人化,村干部和村民之间按照私人义务进行互动,并且乡镇也依赖这一私人网络,无法建立公共生活,村干部的行为私人化,对村民的影响极大。这实际上是私人社会的治理逻辑,公共性的缺失在村民自治中表现为公共义务的缺失,私人义务的盛行。没有公共义务,就会严重影响村民对政府和政策的认知,严重影响公平正义的实现。

老书记干了30多年,私人关系主导,群众对他的意见极大。丁书记来了之后就是重建公共性。这就更加印证了私人社会的存在,公共性的缺失,以致公共治理私人化。乡村社会就是家本位主导的私人社会,需要的是公平正义,这是公共文化建设的根本目的。

丁书记如何建设公平正义呢,还是非常有智慧的,一方面是建立公共规则,以实现程序正义,让村干部的行为遵循公共义务;另一方面是要规范农户的行为,通过平安建设,重建村民的公共义务。

4. 重建村庄权力的公共网络

在板桥村发现了村庄治理的两个趋势,一个是行政化,一个是私人化,从国家的角度来看,就是行政化,从社会的角度来看,就是私人化。在行政化与私人化的双重夹击之下,唯独没有村民自治的空间。

村庄治理私人化是研究重点,也就是公共生活的私人化,村庄权力结构被私人关系俘获,村庄公共性就失去了保障。村庄权力结构是村庄公共性的载体,完善村庄权力结构是建设公共生活的重要途径。

案例：从本地推选出来的干部，做事会碰到一张网，我依然可以遇见这张网。这张网主要是人，基层的群众是很散的，每个院落都有起号召力的人，一个人可以控制一个院落。政府去号召种烤烟，他只要一说不种群众就不种了。

院落头面人物包括几种情况：经济头脑好；为人处世好，公正，有威信；带有强势力的那种，看上去粗鲁的那种，敢出头，胆小的怕不要命的；组织去培养，把他推上来，让他手中有一定的权力。

我刚来，大家来看我，说你是做事，还是其他。我说我是做事。这一批人的素质低，需要引导。你有想法有办法，抓住组长这条战线，把他们引导过来，为村里做事。也有顽固一点的，但可以更换，换了一些组长。

村里的堡垒就是组长和中心户长，在体制上建成一个系统，可以发挥他的作用。组长和治安中心户长，处于调解第一线。纠纷调解，进出人的信息，防火防盗，都按片区走。合作医疗费征收，他们白天干活，晚上去跑，跑一块，帮忙代收一部分，其余的村里再去收。面对火情，他们就是第一桶水，组长得力的话，后面的故事很少。如果他们不得力，后面的故事会成为长篇小说。

小组长有一定的影响力和号召力，有60%—80%的群众服从他的安排。上传下达，组织群众去开会，搞一些临时性的工作。没有经费，没有保障，现在的体制没办法去经营这个事情，主要靠精神上的鼓励，告诉他们这里的老百姓需要你，鼓励他，显得吃力点。误工补助20元/天，每年三五百元，在经济上的促进作用很小。他们素质是很高的，还要做自己家庭的事情。

小组长大致可分为三种类型，第一种类型的组长负责，党性强，占三分之一多一点；第二种类型的组长不负责任，年龄大，没心思，无所谓；第三种类型的组长太忙，没时间，没经费，做你的事情，没有好处，不做没有坏处，何必去得罪人呢，多一事不如少一事，应付为主。①

---

① 来自访谈资料编码 DSJ20110720。

过去的村庄权力结构被私人俘获,村支书主要靠私人关系和私人义务开展治理,这是村庄公共性缺失的原因。丁书记上任之后也要面对乡村社会的私人网络,他对村级干部队伍建设有清晰的思路,立即启动了村庄权力结构的去私人化,重建村庄权力结构的公共网络。具体途径就是打造新的干部队伍,包括村组两级干部队伍,村干部队伍吸收了两个年富力强的脱产干部,在小组层面,重建小组长和治安中心户长体系。村干部是村庄公共性的载体,村干部队伍建设的意义重大,由于村集体经济空壳化,村级组织掌握的治理资源有限,当前村干部队伍建设仍然面临激励不足的困境。

(三) 村民自治中的村民参与

1. 重建村民参与

村民自治实现的关键条件是村民参与,现在的村民是被动的,认为当官的是管我的,不参与、不信任、不积极。村民参与不足就是此前讲的单向度家本位,家庭本位就是以家庭生活为中心。村民自治就是要促使村民从家庭生活中走出来,参与到公共生活中去。家庭生活与公共生活之间的鸿沟,通过村民参与得以弥合。

> 案例:老百姓思维是,你当官的就管我老百姓。分田到户以后,我只考虑我的生产,其他的我都不管了。在这种情况下,面对30年来分散的老百姓,怎么管理,怎么服务。当前惠农政策多,国家尽了仁义,为什么在这种情况下,政府和民众还不能沟通,我们自己怎么做,才能建立民众对政府的信任。我想做一些探索,从源头上,从执政理念上。
> 一是民主管理。全村25个村民代表,村民代表会议决定村里的重大事项。通过民主管理创新,让更多的人参与进来,提高村民参与程度。我学习毛泽东时代的群众路线原则,从政府管理民众到民众管理民众,群众来监督群众,政府从旋涡中站出来,不要把矛盾集中在3、5个村干部身上。
> 二是村务公开。过去村干部不团结,书记说了算,老百姓有意

见。低保很容易暗箱操作,很容易引起上访,镇民政办曾一天接待30起因低保引发的上访。现在村务全部公开,财务公开,资源分配公开。老百姓的要求不高,公平正义就行了。

三是便民服务。老百姓认为当官就是管我。乡镇的观念转变过来,就是搞服务,便民服务。原来看老百姓,站在高处看,现在改变视角,从俯视变平视。服务型组织,以人为本,这是一个转变。尊重民意,你有什么想法,我去做一些服务,有一个服务的理念。设立便民服务室,群众说事的场所。村干部做名片,上面印着"便民服务员"。让群众知道我是做服务的,引导群众转变观念。

四是文化建设。三个代表之一是先进文化的代表。以群众喜闻乐见的形式,大力弘扬主流文化,提倡爱国主义和传统美德。毛主席说:这个阵地我们不去占领,别人就会来占领。农民素质达不到,每一个人都想享受优惠政策。要通过文化建设促进农民灵魂深处的改变,理念的改变,在不断的宣传、教育之下,农民素质逐步提高。

刚开始很模糊,没有一个概念。2010年6月,县综治委来检查工作,他归纳为社会管理创新。我现在做的是社会管理,思路清晰了。如何推动,如何做实,如何保持连续性,依据是什么,有一个基本的思路出来了。

达到了两个目的。在上面,毫不夸张地说,在县里有一定的名气,在镇里相当重视。搞了一些创新的东西出来,来检查、学习的多,县里平安建设现场会,民主管理现场会;来看的越多,支持越多,县委组织部又给配备了广播设备、投影仪,这又进一步推动了我们的工作。[①]

所谓的社会治理创新,实际上就是村民自治的实现。村民自治是如何实现的呢,村民自治实现的关键是村民参与。所谓治理创新,实际上就是为村民参与创造条件,使村民参与成为可能。这些制度包括民主管理、村务公开、便民服务、文化建设等,通过这四个方面,为村民参

[①] 来自访谈资料编码 DSJ20110711。

与创造了条件,也为村民自治的实现创造了条件。

板桥村的社会治理创新是促进了村民参与,村民参与是村庄公共生活的核心。过去讲的公共生活是抽象的,实际上就是村民参与,没有村民参与就没有公共生活,也就没有村民自治。

此前也注意到了村民自治与行政化治理之间的张力,这一张力是客观存在的。村民参与可以促进对这一张力的分析,村民参与的有效性越高,就越能够促进村民自治的实现,村民参与如果是形式化的,那就是对行政化治理的配合。

2. 村务公开与村民参与

> 案例1:村委会门口安装了电子显示屏,0.8个平方米,1680元,耗电量两个60瓦的灯泡。宣传上墙更换不及时,宣传内容有限,电子显示屏可以滚动播放。政策宣传,使村民有知晓权;服务村民,天气预报,安全生产,健康生活;引导舆论,平安之星,荣誉家庭。没有专门请人管理,靠自己用一点心,用电脑来管理,很省事。[1]

村务公开是增加治理透明度的手段,电子显示屏是村务公开的技术创新,属于行政化的治理创新。相较于墙上公开,确实有进步,内容丰富,更新及时,吸引眼球。但这只是技术创新,不是制度创新,村务公开的制度创新仍然没有突破。

> 案例2:低保分配以前全部暗箱操作,图简单,图省事,也有一部分照顾关系户的情况,老百姓一直耿耿于怀。今年年初,县委组织部配了一部投影仪,对低保申请进行民主评议,把每一户的情况照相,用投影仪播放,操作出来相对公平。原来没有公开,没有玻璃罩效应。群众不知道,不接受,不知晓。要找到群众的需求点,他追求的是一种公平公正,在视线范围内看到公平公正。[2]

---

[1] 来自访谈资料编码 DSJ20110722。
[2] 来自访谈资料编码 DSJ20110722。

板桥村治理创新的主要做法就是村务公开,村务公开是公共生活的主要内容,通过村务公开,充实了村庄公共生活。村庄公共生活不只是村民的文化娱乐活动,更重要的是村务公开。村务公开包括两种形式,一种是单向度的村务公开,比如电子显示屏;另一种是双向的村务公开,即村民参与,比如低保的民主评议。两种形式的村务公开都很重要。

案例3:今年增加26个低保指标,群众各有各的困难,村干部自己拍板,老百姓有意见。村里把老百姓关心的焦点问题公开,通过"一推两议"评低保。群众自己提出来,每个片区开会,推出83名。村干部每个人负责1、2个小组,入户调查收入、住房等情况,家里有新房、冰箱、猪的,都用相机拍下来,有伤的也拍照。村民代表、党员20多人组成评议团,83户群众也来,坐在后面听证。

把照片用投影仪放出来,家里有小洋楼的,放出来,一片嘘声。无记名投票,现场评比。这样操作下来,99%的人是不会有意见的。把基层组织的压力转化,不要把矛盾和矛头集中在自己身上。从源头上解决社会矛盾的产生,程序要规范、公开。[①]

民主评议低保是村务公开的制度创新,程序公开和群众参与是其典型特征,充分体现了村民自治的精神。村务公开既有制度创新,也有技术创新,投影仪就是技术创新,技术创新有利于制度创新,有利于村民自治的落实。

村务公开的核心是村民参与,从村干部的角度来看是程序公开,为什么程序要公开,公开是为了参与,只有程序公开了,村民才能参与公共生活。

案例4:社会治理创新的理念是公平公正,要有一个程序,通过制度建设落实理念,这是我的前提。只要你公正,没有办法能破

[①] 来自访谈资料编码 DSJ20110711。

你。在农村和群众打交道,公正最重要,潜规则不重要。①

丁书记认为社会治理创新的关键是公平公正,只要做到这一点,与群众打交道就比较容易。群众最在乎的就是公正,这一点没错。但是,群众的公正观到底是什么呢,公开就能做到公正吗？从调查来看,只有村务公开似乎并不能做到公平公正。

这与两个因素有关,一是村民的公平观,是一种平均主义的公平观,只有平均主义才是真正的公平,如果无法做到平均主义,就很难取得所有村民的信任,这在低保分配中体现得非常明显；一是村务公开的局限性,村务公开并不服务于村民自治,而是服务于行政资源的配置,服务于行政化治理的需要。当然,即使服务于行政化治理,这样的村务公开依然是有意义的,村务公开比不公开要好,但在这种村务公开中,村民参与仍然是有限的,并不服务于村民自治,因而其效果是有限的。

村庄治理创新围绕村务公开展开,试图通过村务公开实现公平公正,比如民主的低保评议,发源于河南邓州的4＋2工作法也是着眼于村务公开。但是,也不能无限夸大村务公开的有效性,因为服务于行政化治理的需要,村务公开的作用有限。

案例5：开群众会,在家的村干部全部参加,每户一个人参加。开会的时候我们讲,我们板桥村来一个项目不容易,你们一定要抓住机会。思想上的引导起了关键作用,提升素质很关键,素质高了就不用去解释了。

可以搞了,问群众,你们自己看,修好就修,不好就不修。老百姓有争议,有人认为修路无所谓,有人认为修路是好事。反对的声音主要来自三类人：没有享受到,自身收益不明显；不关心公益事业；占田土太多,有顾虑。

开群众会,找出来问题何在,他们的看法就是矛盾点。刚开始争执得很激烈,占田占土,思想不通。开群众会,群众做群众的工作。再开群众会,举手表决,群众通过后开始测量土地。老百姓没

---

① 来自访谈资料编码 DSJ20110720。

有出一分钱,没有出一个工。①

项目申请成功之后,村里召开群众会,为什么要召开群众会呢,不是为了筹资筹劳,而是需要群众的配合。因为修路会涉及占地问题,有些村民可能会不同意。所以,项目的申请可能不需要村民的参与,但项目实施却需要村民的配合。召开群众会就是为了取得村民的配合。这个群众会的目的是非常明确的,就是配合项目的实施,就是为了配合行政化治理的需要,因而并不是真正的村民自治。

3. 参与式治理

案例1:集镇卫生是老百姓意见最大的问题,原来村里直接去做,现在成立集镇卫生委员会,3个人去做,群众的反响相当热烈,把问题解决了。②

通过成立集镇卫生委员会来解决集镇的垃圾治理问题,将村民自治落到了实处。村民自治是如何实现的呢,村民自治是通过村民参与来实现的,没有村民参与,村民自治很难运转,村庄治理就只是行政化治理。

村民为什么参与垃圾治理,这与村民义务有关,每户村民都对保持社区卫生整洁有义务,这是基于村民义务的村民参与,通过村民参与实现了公共品供给。

案例2:丁书记把街上的卫生搞得好,2010年5月1日开始做的,当时开了群众会,有什么问题请大家提,首先就是卫生的问题,群众举手表决的。成立了一个卫生管理委员会,由3个人组成,义务服务,负责收取卫生费,街道住户每人每月两元,交给村里。专门请了一个困难老人负责打扫卫生,一开始每月支付150元,后来增加到每月200元,从卫生费中支付,对老人也是一种照顾。每个月的卫生费有220元,除去工资开支剩余的用来购买铁

---

① 来自访谈资料编码 DSJ20110720。
② 来自访谈资料编码 DSJ20110711。

锹、扫帚、垃圾桶等工具。

  原来每天都有垃圾,我开超市,我天天打扫。卫生委员会成立之后,街道卫生有明显变化,丁书记做了一件好事。街上有3、4家不交费,包括当时第一个提出卫生问题的人,执行的时候反而不交费。这几家不交钱,逼着解散管理委员会,农村有这样的人。我们不是干部,我们没得资格去说他们。[①]

  村庄集市是村庄的中心,村委会驻地,商户也多,住户反映垃圾问题,在丁书记的主持下,成立了卫生管理委员会,负责集市卫生管理,主要是打扫并清运垃圾。这个管理委员会完全是民间自治,自我管理,自我服务,委员会的三个人是义务服务,集市上的每个住户交费也是尽义务,这也就是说,集市垃圾治理完全是靠义务来支撑的,其治理机制就是义务机制。

  这是一个通过义务来进行公共事务治理的案例,与义务修路遵循相同的机制,即义务机制。集市上的每一个住户都是义务相关者,都对集市环境整洁有义务,而管理委员会的三个人是义务积极分子。但仍然有人不尽义务,不交卫生费,卫生管理委员会也没有办法,他们认为自己不是干部,没有权力去说,这种义务实际上是私人义务,私人义务的局限性。

  在基于义务的治理中,如何制约那些试图逃避义务的农户呢,现在看来并没有好的办法,因为义务全靠自觉,解决问题不能靠强制,要靠自觉,要通过教育和思想工作培养这种义务自觉,比如道德讲堂,这也是乡村文化建设的重要功能。义务治理为解决乡村治理困境提供了一个新思路。义务治理的关键是要培养义务自觉,在共同体生活中,是有一定的义务自觉的,这是乡村治理的文化资本。但义务自觉并不总是奏效,需要不断地去培养、去巩固,应该怎么样去巩固义务自觉,从而促进义务自觉的再生产,乡村文化建设是义务巩固的主要渠道。

[①] 来自访谈资料编码 YXL20110717。

案例3：集镇卫生，群众意见很大。是一个体制的问题，搞了一个清洁委员会，开了几个群众会，搞了一次大扫除，以后专人打扫，这个事情最直接，最看得见。

定时清运，专人打扫，按月收费。集镇这一块的都要交，在家的实际人口人平2元，门店10元。委员会由群众自己推选，群众会容易接受一些。现在村里接手过来，运转正常。也有不交卫生费的，环卫费考核纳入平安建设考核范围。①

为什么村里接手过来，因为有人不交卫生费，仅靠私人义务很难运转，清洁委员会是一个自发的草根组织，体现的是基于共同体义务的垃圾治理，但这个并不能维系。将卫生费征收纳入平安建设考核，实际上是把私人义务转换为公共义务。这表明，私人义务是有局限性的，在公共治理中，需要重建公共义务。

平安建设成为一个武器，治理手段，这是80年代和90年代的常态，一些治理难题都是通过社会治安综合治理来完成的，比如计划生育、税费征收等。得有办法，才能治理，对骂是解决不了问题的，要有制度化的手段，现在特别缺乏行之有效的制度化手段。

现在，平安建设是特色，是品牌，但平安建设是不是过度使用了呢？当然，已经不是过去的强制了，而是回应性管制，回应项目方和村民的需求。通过平安建设获取项目，通过项目促进平安建设。通过平安建设入手，进行社会治理创新，的确是抓住了当前乡村治理中的主要问题。问题的解决不是重建管制，而是重建公共义务。

（四）以文化建设促进村民参与

1. 惠农政策与农民素质

案例：惠农资金直接打到老百姓的一本通账户上。村民见到村干部就问：我们的钱到了没？

---

① 来自访谈资料编码DSJ20110720。

惠农政策致使农民素质降低,国民素质降低,群众的主体性和积极性降低,农民对政策一知半解,农民不可能完全理解政策,中央投入好多亿,你们乡镇干部怎么搞的?

所以,发钱带来了不少问题,工作量还要大一些。政策越好,农民越不好管了。宣传、教育严重欠缺,接受的反面的东西多一些,是一种自发的接受教育。老百姓对政策和法律的选择性理解,只讲权利不讲义务,大家都认为是这个样子,政策误传。

老百姓理解不全面,对自己有用的死死咬住不放,"我是老百姓,我又没素质,没文化,我只知道这一点,你又何必与我们一般见识呢。"他觉得自己是受害者,没有全面理解事实的真相。①

按照乡镇干部的说法,惠农政策使农民的素质降低,果真如此吗?惠农政策使得农民与乡镇干部的关系疏离,而不是农民素质降低,正是农民与乡村干部的疏离,使得政策性腐败高发。农民无法监督干部,干部也管不住农民,尤其是后者,非常突出,基层干部所抱怨的,就是没有管理权了,管不住农民了,"管不住"的逻辑凸显出来。乡镇干部抱怨农民一盘散沙,指责农民没有公益心,素质下降,学者所看到的农民无法合作,都是这种"管不住"的表现,先是管不住部分钉子户,后来整体上管不住。管不住是事实,素质论是逻辑,是乡镇干部对事实的解释。

素质论是税费改革后乡镇干部对农民的一种解读,惠农政策降低了农民素质,是乡镇干部的普遍看法,这一看法成立吗?政府官员对公众素质的单方面指责总是值得怀疑的,就像公众仇官一样,政府官员和公众之间相互仇视,这是最糟糕的状态。实际上,根本不是素质的问题,不是道德的问题,是政策和治理转型带来的不适应。素质论掩盖了真正的问题,素质论只是一个解释,而不是事实。

村民自治搞不好,认为是农民素质低;惠农政策落实不好,认为农民素质低。素质论是一种什么样的论调?为什么素质论在乡镇干部那里如此有市场?如何理解惠农政策降低了农民素质这一观点?乡镇干部讲这句话的时候,他背后的逻辑是什么?他又是如何推导出这一结

---

① 来自访谈资料编码 ZZR20110707。

论的？在过去的调研中，有大量的材料来对这一假设进行验证，主要体现在公共品供给和惠农政策实施过程中，甚至体现在所有的公共事务治理中。

所以，对于乡镇干部的一些观点，不能全盘接受，不能不假思索地加以接受，可以将之作为一个假设，去检验。不管是学界主流的观点，还是乡村干部和群众的观点，都要将之作为假设，经过检验之后再给出判断。也就是说，不管显性知识，还是隐性知识，都应该经过检验。显性知识并不具有天然的正当性，隐性知识也是如此，不管是显性的共识，还是隐性的地方性知识和实践性知识，都要经过检验。其实，地方性知识和实践性知识也是共识，只是一部分人群的共识而已，是实践者的共识，而非研究者的共识，所以，所有的概念化都代表着共识。

文化活动是典型的参与，在乡村建设中，为什么文化建设最容易见效呢，因为文化活动最容易实现村民参与，村民参与就有人气，就有公共性。文化不是抽象的，而是非常实在的，首先是能够促进村民参与，通过村民参与增强集体认同，增强公共性。文化调动的是情感，最容易实现参与，所谓凝聚人气就是参与的直接效果，没有参与，何来人气。文化参与是最容易实现的一种村民参与形式。经济参与是最难实现的参与形式，治理参与的难度居中。首先实现文化参与，再逐步实现治理参与和经济参与，这是发展村民参与的路径。

2. 文化建设促参与

案例：2010年3月份来村里上任，刚来的时候也没有底，原来在乡政府很多部门做过，一直和农村打交道。在广东企业打工的经历，对我有一种激发，歌曲和文化活动，让你感受到企业的理念，感受到企业文化的力量，让你抗干扰。这对我有启发，共产党执政的时候能否借鉴企业文化建设。我和同事开玩笑：共产党把这种方法用到工作上，能够扭转我们的工作和面貌，造成很好的凝聚力。

综治维稳是大局，事情的解决要通过一些活动，我想做一个大型的活动，属于村民自己的文化活动。活动主题是"平安乐"，活动很新，包括六大块内容：平安知识竞赛、歼灭十大恶习游戏、和谐杯拔河比赛、全家乐、亲子游戏、力争荣誉套圈游戏。

拔河比赛增强了团队意识,使村民感觉到了集体的力量,加强了乡邻之间的友谊;歼灭十大恶习游戏就是投飞镖比赛,靶子是"十大恶习",如不忠不孝、打架斗殴、赌博嫖娼、家庭暴力等,加深了村民对这些不良习气的痛恨;力争荣誉套圈游戏,村民用套圈去套好风尚、好行为,比如团结互助、尊老爱幼、反对邪教、热心公益等,鼓励村民争夺荣誉,争创文明;全家乐和亲子游戏让家长与孩子一起参与活动,家人一起享受活动的乐趣,增强了家长与孩子之间的感情;平安知识竞赛加深了村民对平安建设、乡规民约、道路交通、校园安全等知识的了解,普及了法律法规。

玩的人相当多,共700多名村民参与,从早上9点一直玩到下午4点钟。那一天,村民们真的很快乐,是他们自己的文化节。通过娱乐性和教育性结合的文化活动,村民学到、领会到了一些东西,集体意识强化。不足是老百姓还比较被动,小商小贩的主动性强。有知识有文化的村民都外出打工了,老年人的素质跟不上。

在活动结束后,我们对这次活动进行了总结:一是群众需要内容丰富、切实农村生活实际的文化活动;二是利用文化活动载体对平安建设、交通安全知识是一个见效快、有深度的宣传方式;三是活动结束后群众普遍反映,通过活动沟通了基层组织和群众之间的密切联系,许多群众告诉我们从来没有参加过这样的活动,觉得非常有意义,并希望继续举办;四是借助活动开展对村组干部进行了一次潜移默化的培训,无论是在组织工作、宣传教育、沟通群众工作能力方面都有了很大的提升;五是为全村平安建设工作成效奠定了坚实基础,使全村村民思想素质和对平安建设的意识有了极大的提高。①

我现在想做的是,向移动公司给每位村干部和党员定制手机彩铃,"和谐板桥欢迎您",每月收费5元。给普通村民每户一本挂历,上面印和谐家庭的故事。和谐是一个家庭的最大财富,用理念

---

① 来自访谈资料编码DSJ20110711。

凝聚人心。①

丁书记借鉴企业文化建设的做法,成功进行了乡村文化建设。这次文化建设内容丰富,符合农村实际,娱乐性和教育性相结合,取得了较好的效果。文化建设成功的关键是村民参与度高,尤其是以家庭为单位参与,平时村民生活以家庭为中心,通过这次文化活动,家庭充分参与了公共生活。家庭是村民日常生活的中心,文化活动也突出了和谐家庭建设,彰显了乡村社会的核心价值观。通过文化建设来逐步凝聚人心,营造氛围,从而增强了集体意识,增强了家庭之间的友谊,也密切了干群党群关系,为村庄治理的改善提供了丰富的文化资本。

文化建设形式有利于村民参与,文化建设内容有利于增强村民义务。文化建设在实现村民参与的同时,增强了村民义务观念。文化建设就是为了实现村民参与,这才是文化建设的根本。如果没有村民参与,文化建设就徒有其表,文化是最好的参与,只有参与,才有文化,文化是抽象的,但文化参与是具体的。文化建设的根本是文化参与,这才是文化建设的微观机制。文化建设的核心机制是文化参与,这也是当前文化建设最缺乏的,不管是文化资本化,还是公共文化服务,都需要村民参与,没有参与就没有意义。

资源下乡的背景下,村庄治理陷入困境。为什么?板桥村如何通过营造公共空间破解了当前乡村治理的这一瓶颈性难题。这是本书要搞清楚的事情。

农村的公共文化较为贫乏,板桥村的文化建设实质上是为了营造氛围,将文化建设与社会治理创新联系起来,从而相得益彰,将乡村文化建设落到了实处。

这是乡村文化建设的特点,乡村文化并不是孤立的,而是与村庄治理的其他方面联系在一起的,乡村文化建设要想取得成效,必须要将乡村文化建设嵌入到作为整体的乡村治理中去。

本章要考察的就是板桥村的文化建设与社会治理是如何协同创新的,这个案例是较为完整的,社会治理面临着问题,村支书从文化建设

---

① 来自访谈资料编码 DSJ20110711。

切入,营造氛围,提高村民素质,倡导民主管理,从而取得了较好的效果。文化建设不是孤立进行的,而是与社会治理协同进行的。

这个案例的核心是什么呢?就是通过文化建设来破解当前的治理难题。一盘散沙的村民,单向度的家本位,使得村庄缺乏公共性。当前乡村治理的难题,就是单向度家本位造成的。那么,乡村文化建设就是要重建公共性,重建公共生活,通过重建公共生活实现了村民参与,增强了村民义务,提高了基层治理的合法性与有效性。

文化建设使基层民主运转起来,将村民自治落到实处。文化建设使平安建设落地,使和谐社会成为现实。主要是文化建设做得好,离开了文化建设,离开了氛围的营造,这种做法是无法维系的。

3. 村民素质与村民集体义务

板桥村通过文化活动实现了村民参与,凝聚了人气,为了确保并巩固村民参与的可持续性及其效果,就要进一步提高村民素质,建设与村民参与相匹配的村民素质。所谓村民素质就是村民义务,村干部口中的提高村民素质就是增强村民义务观念,尤其是村民自治中的义务。

如何增强村民义务观念呢,板桥村进行了较为系统的探索,用文化活动进行宣传教育,用奖惩机制直接去刺激。具体来讲,一是抓党员的带动作用,二是抓模范村民的示范作用,三是抓违规村民的警示作用。

> 案例1:抓骨干力量,抓党员,全村1500口人,30个党员,党员与群众的比例为1:50,一个党员影响50个老百姓。七一建党节召开党员大会,重温入党誓词,上党课,放一下电影"雪豹"的片段,发放纪念品,去年是雨伞,印上"支部纪念",今年发杯子,上面印的是"牢记党员使命",造成视觉冲击。中秋节搞茶话会,准备些月饼、水果,党员们在一起谈谈心。
>
> 经各村民小组群众会推荐,并经村支部大会审议,2011年评选出了"荣誉村民"6名,包括好婆婆、好媳妇、好邻居、致富带头人、诚信村民、热心公益村民,评选出"平安之星"共8户。村里对荣誉村民和平安之星进行表彰,分别授予奖牌和现金100元。并在七一建党节大会上表彰,拍照留念。做一个电子显示屏,滚动播出。这样做的目的是反复宣传,刺激村民,把老百姓的文明意识激

发出来。评选荣誉村民,都是身边的人和事,对大家有一个触动的作用。有些村民嘴上说着无所谓,其实心里很在意,面子观念都还是有的。

评上的村民认为,在一个垸子里,荣誉比经济收入还重要,政府的肯定是用钱买不来的。文明家庭的影响力大,村里希望获得荣誉的村民和家庭发挥榜样的作用,带好头,起到模范带头作用。希望全体村民以他们为榜样,讲团结,讲和谐,热心公益事业,为打造和谐板桥做贡献。①

这两种手段主要是正面引导,发挥榜样的带头示范作用。第三种手段是惩罚手段,对未通过平安建设考核的家庭进行制裁,这种制裁又可以分为两种情形,一种是不给挂"平安家庭"的牌子,别人家都有,你家没有,你家不是文明户,激发村民的耻辱心,从而形成一种舆论上的监督,这是舆论制裁;另一种是将平安建设与惠农政策和项目建设挂钩,并实行平安建设一票否决,凡是平安建设考核未通过的农户一律不能享受惠农政策,如果小组有平安建设考核不通过的农户,则在项目安排的优先序上往后排,平安建设搞得好的小组优先安排公共项目建设,这是一种利益制裁机制。

案例3:去年平安建设考核,有10户没有通过,没有评上"平安家庭",没有挂上文明户的牌子。计划生育超生、重复上访、打架斗殴、违法等,我们是不允许的,制定一个标准。村里将考核结果用在其他方面,住宿生补贴、低保、危房改造等,未通过考核就不能享受惠农政策,用得非常好。

3组有一个农户因为与邻居发生纠纷不接受调解,没有通过平安建设考核,没有挂上文明户的牌子,对此耿耿于怀。1组有打架的,不服从调解,平安建设不合格,搞危房改造投票的时候,一票否决。一个姓吴的村民,住宿生补贴没有评上。这对群众的影响很大,设了一个电网,底线不能碰,多米诺骨牌效应,让他们自己不

---

① 来自访谈资料编码 DSJ20110711。

敢去碰。

项目建设与平安建设挂钩,2组搞得好,给他们两个项目。州规划局给村里支持了一批物资,每户两份,没发,等平安考核的时候再发,每一家都通过考核的时候再发。

村民的素质一天天发生变化。3组修路的时候,一农户心中有疙瘩,不让占地。我们和他发生了激烈的冲突,群众一起来谴责他,我感到很自豪。用群众监督群众,群众来管理群众,民风逐步转换。①

案例3:有村民患了肾衰竭,有群众打电话说想帮他一下。我觉得这是一个机会,利用这个事情和大家做交流。村里组织3个人到各个小组募捐,全村70%的农户都捐了钱,募捐1.2万元。②

这次募捐对村民来讲,也是一次参与,大家都参与到对病人的帮助中,也增强了村庄的凝聚力。为什么募捐能够成功,这也与村民义务有关。村民参与成功的关键就是村民义务。

通过激励和制裁两种手段,在提高村民素质方面取得了较好的效果,增强了村民义务观念,促进了村民自治的发展。所谓提高村民素质就是增强村民的共同体义务和集体义务,让村民从家庭生活中走出来,参与到公共生活中去。在单向度家本位文化中,村民以家庭私人生活为中心,缺乏公共生活,也就是素质不高,这个素质实际上就是良好的公共生活素质。对大部分村民来讲,他们生活在家庭中,他们的私人生活素质是非常高的,家庭是生活的意义来源。提高村民素质,就是使村民突破单向度的家本位文化,突破单向度的家庭义务,增强共同体义务和集体义务,这是公共生活和公共文化的核心。

---

① 来自访谈资料编码 DSJ20110711。
② 来自访谈资料编码 DSJ20110711。

十、高成本生活与生存伦理

在消费主义下乡的背景下,农民的生活成本提高,传统的低成本生活方式难以为继。为了满足高成本生活的需要,生产方式围绕着消费需求展开,乡村文化不再是以生产为中心的农耕文化,并且出现了生存伦理的异化。在高成本生活的压力之下,农民受生存理性的支配,缺乏公共性,这对乡村文化建设提出了挑战。

(一) 高成本生活

不同年龄群体的生存理性是不同的,老年人是低成本生活的生存理性,中年人是高成本生活的生存理性,高成本生活是家庭生活的高成本,所谓养家,就是要跟上这个时代,养家的成本就是高成本生活。所谓的养家,是高成本的,而所谓的高成本生活,不是抽象的,而是家庭生活。

低成本生活和高成本生活,都是在家庭生活中发现的。如何测量生活成本呢,就是通过对家庭生活的成本进行测量,而不是对个体的生活方式进行测量。也就是说,我们提出的所谓低成本生活和高成本生活,具体是指家庭生活,低成本的家庭生活与高成本的家庭生活。所谓单向度家本位,乃是因为家庭生活的高成本引发的。

1. 建房成本

案例1:家里负担很重,勉强维持,不出么事,欠债,借了三四万,在银行贷了万把块,9厘的利息,找亲戚借钱不要利息,建新房完全是没有办法的选择。①

为了支付高成本生活所需要的成本,不少家庭要欠下债务。这些债务为生活债务,而非生产债务,所谓生活债务,更多是消费支出所欠债务。

案例2:老屋不行了,烂了,没得办法,门是买的,花四五万元买材料,贷款,找亲戚朋友借。借了2万多元,再去找钱,慢慢还。②

建房成本是生活成本的主要组成部分,是高成本生活的体现。如何降低建房成本呢,就是以家庭劳动替代资本。

案例3:房子4万多,砖是自己烧的,沙子是自己的,水泥是买的,请活路,请师傅,那时候工价不贵,20元/天的工资,5、6个人,向亲戚借了两三万,向银行贷1万,已经还完了,银行利息高,亲戚每年都要还一点。③

建房成本很高,自己建房降低了人工成本,材料成本还是非常高的。村民建房都要借贷,包括向银行借贷和向亲戚借钱。

建房是当地村民的一个很大的支出,我们在调查中发现,很多村民都没有房子,住在父母的老房子里。

案例4:用了一年时间建房,我是搞建筑的,个人搞不赢,喊活路,开了几千元的工资,材料贵,全部买的,没有借钱,这么多年没有搞建设,儿子各自出2万。④

---

① 来自访谈资料编码 CM20110710。
② 来自访谈资料编码 CM20110710。
③ 来自访谈资料编码 WM20110712。
④ 来自访谈资料编码 WM20110713。

喊活路就是雇工的意思,建房的人工贵,材料也贵,建房成本高。

案例5:大儿子在北京搞电焊工,打广告,一个月有时候一两千,有时候七八千,冬天要回来。一年回来两趟,手续都是以大儿子的名义办的,户口都立出来,前年冬天修的,自己不会,请人修的,老房子住不得了,在别个屋里住了三年。

我们都不会建房子,花了七八万,借了三万,贷了三万,本身只有万把块,向私人借了3万多,亲戚朋友,私人的全部还完了,信用社的还没还。私人的重要些,别人又是生产,又是学生,负担也大,银行的可以往后推,先还利息。①

这里贷款建房较为普遍,贷款较为普遍。几乎所有的建房户都有贷款。包括购买汽车,也有贷款。这是一个特别有意思的现象,建房贷款属于消费贷款。建房开支是农民生活消费开支的大头。

2. 教育成本

案例1:吃的用的都是最好的,学步车都有,三辆车。薯片,娃哈哈。我们可以要两个孩子,培养不好等于白生,现在费用太高了,很多都是要一个孩子。我们小时候不饿着不冷着就行了,现在的观念不同,花钱可多,鼓励生两个,要看自己的实力。②

农村子女抚养城市化,从生活方式来讲,高度趋同,农村子女的抚养成本大增,原来是给口饭吃就行,现在抚养成本高。所以,很多地方,年轻的夫妇都是只要一个孩子,抚养成本上升是一个非常重要的变量,计划生育全部放开,也不会生太多孩子。

案例2:大孩子10岁,小的8岁。两个孩子都要读书,一个一

---

① 来自访谈资料编码 WYX20110714。
② 来自访谈资料编码 YM20110707。

年级,一个三年级,两个人的儿童保险要100元,书本费要200元。两个孩子都在板桥读书,中餐两个人要6元,不允许自己从家里带饭。一天的零花钱要2元,有的孩子拿3、5元,买点雪糕,买点水。读到哪里,就送到哪里,读不到就算了。没什么打算,有学生,送孩子读书,哪里有活路就去搞,挣点钱养家。①

案例3:等小孩断奶后,为了小孩,为了自己的生活,必须出去找钱。1、2岁没上学,等3、4岁孩子上幼儿园的时候,我会回来带他。如果有能力,我会留在家里。会送小孩子到县城读书,我们这里80%都是送到县城读书,城里的教育条件好些,对于孩子,我们有多大能力就供到哪个阶段,谁也不知道他有多大的造化,社会以后会变成什么样子。我不会逼孩子,让她自由发展,强扭的瓜不甜。②

这位年轻的妈妈对孩子的教育非常重视,同时也不逼孩子,真心为了孩子好。如果80%的农村家长把孩子送到县城读书,农村教育系统正在面临着一场剧烈的变化,这是一个根本性的变化。

为什么会这样,笔者还不是很能理解年轻父母的选择,新生代农民工为什么倾向于把自己的孩子送到县城读书?他们是怎么想的?

案例5:送学生花的钱多,农村的经济条件不怎么好。让小孩读书,85%的人都会支持。以前不重视读书,读高中的都少,2000年以来,对学生读书重视,打工的人出去以后意识到教育的重要性。

村民从幼儿园开始就把孩子往城里送。自己没文化,打工吃亏,送小孩进城读书好一些。没有文化,以后打工只能做苦活路,多读书,有文化,比别人轻松一些。

乡下的教育太差了,政府不重视。虽然实行了九年义务教育,

---

① 来自访谈资料编码 WM20110715。
② 来自访谈资料编码 WMS20110709。

农村学校教学水平低,国家对农村教育要改革,教师不能在当地教书,家里有地,不能专心教书。①

这就是一个矛盾,农民更加重视教育,但农村学校教育质量下降,农民纷纷把孩子送到城里读书,在农村读书不花钱,宁愿到城里花钱读书,这充分体现了农民对子女教育的重视。但由于农村教育质量的下降,农民实际上并没有享受到九年义务教育的好处,农民对子女教育的开支反而增大了,教育开支成为农民的主要开支。农民也提出来了,国家必须加大农村教育的支持力度,努力提升农村教育质量,减少农民的教育支出,使得集体消费真正落到实处,提升农民的获得感。

案例6:我们板桥过去没有几个大学生,很少,一般小学毕业。②

这说明农民过去对子女教育不够重视,教育投资占得比重少,而现在,教育投入是主要的开支。教育投资增加,是劳动力商品化的必然要求。接受一定水平的教育,才能在劳动力市场上找到好工作。这与在农村不同,农村干活不需要太高的文化,但外出打工就不同。农民的教育投资实际上是为资本提供更好的劳动力。

这种对教育的重视,也是高成本生活的一部分,是生活成本的一部分,我们把对子女教育的重视也放在劳动力市场和高成本生活的框架下来理解。

拓展一点来看,子女教育成本的上升也对生育提出了挑战,生活成本的增加对计划生育的冲击,高成本生活之下的计划生育,计划生育的转型实质上是高成本生活促成的。

经济学家主要从劳动经济和人力资源的角度关注人口与计划生育问题,关注人口红利的消失,而笔者则从高成本生活的角度关注人口与计划生育,生活成本的提高,使得生育抚养小孩的成本大大提高,从而

---

① 来自访谈资料编码 YXL20110717。
② 来自访谈资料编码 SM20110712。

十、高成本生活与生存伦理 **335**

使得生育意愿和生育行为发生了明显的改变。

人口与计划生育也是乡村文化的一部分,即生育文化,为什么会变化,也是高成本生活使然,所以,高成本生活与农村发生的所有变化都有关系,这是一个非常好的视角。

3. 消费主义下乡

2007 年,我们在江西农村调查时发现,一个农户家里有冰箱,冰箱里有瓶装的矿泉水,主人拿出矿泉水招待我们,他们自己也喝矿泉水。这就是食物消费的变化,过去喝井水,现在喝瓶装水。2014 年在河南调查时发现,一个村有几个超市,超市以食物消费为主,超市下乡也意味着农村食物消费的变化。

> 案例 1:修房造屋,建新房的都是在外面打工的,有些新房子还装了太阳能,要 3000 元;送孩子读书,生活费开支大,一个星期要 100 元;看病的支出,尤其是大病;还有人情开支,有的一年甚至要上万元。①

> 案例 2:我买一双特步运动鞋,他们就不能理解。②

90 后的消费观受到了消费主义的影响,看品牌。

> 案例 3:杂货门市部,经营商品包括零食、面、米、油、五金、饲料、猪药、蜂窝煤、烟酒等,主要是满足村民日常消费的需要。红金龙 2.4 元一盒,桶装枝江酒 11 元一桶,一桶 3 斤。自酿的苞谷散酒,土家族老酒,老年人喝散装酒,3 元一斤。酒席上的饮料,啤酒,3 元一瓶。消费水平不高,经济来源差一些。

从这个商店经营的商品来看,农民日常消费的商品化程度很高,主要是食物消费,食物消费的商品化程度高,说明农民的开支大。当然,

---

① 来自访谈资料编码 SM20110712。
② 来自访谈资料编码 ZX20110719。

从价格上来看,这里的商品还是比较低端的,可以说是低端食物消费,从低端食物消费的特征可以看到,一个低端消费社会的形成。消费主义的确已经进入乡村社会,但并不是通常理解的高端消费主义,可以将消费主义分为低端消费主义和中高端消费主义,目前农村的消费主义是一种低端消费主义,低端消费主义不同于低消费,低端消费主义也是高消费,对农民来讲就是高消费,是乡村社会的高消费,只不过乡村社会的高消费在整个消费主义的框架里,可以被定位为低端消费主义。

低端消费主义的特征是商品化、价格低、山寨化、品质差,农民消费的商品质量得不到保障,只有现代化的表面包装,而商品的品质和质量在整个商品体系中是最差的,有很多假冒伪劣产品,很多三无产品,很多过期产品,很多城市里淘汰下来的产品,能够满足农民低端消费主义的需要。实际上却大大降低了农民的生活质量,甚至极大地影响了农民的身体健康。

对消费社会的研究,学者大都注意到了城市里的消费主义,这是一种中高端的消费主义,强调品牌和品质。但还较少有学者注意到农村的消费主义,这是一种低端消费主义,强调包装和大气,忽略品质,既要有城市商品的形式,价格也不能太贵,这是一种低价格低品质的消费主义,用户体验较为粗放,这就是典型的低端消费主义。

在以食物消费和礼品消费为主的日常消费中,这种注重形式的低端消费主义表现较为明显,在耐用品消费中,农村消费同样也表现出了低端消费主义的特征,比如汽车下乡,电动车下乡。能够受到农民欢迎的产品,都是价格较低的产品,不可能过于追求用户体验和舒适度,他们的用户体验和满足感主要来自于其他村民的羡慕,而不是来自商品本身。在进入低端消费社会之后,农民的消费观念是有和无的差别,而不是品质上的差别,能够以较低的价格尽快享有丰富的商品,和城里人用的一样的商品,这才是最主要的。

中国乡村社会已经进入了消费社会,只不过这一消费社会是低端消费社会,低端消费社会的特征已经充分展现出来,并且极大地影响了农民的日常生活,也是乡村建设需要充分考虑的问题。低端消费社会具有非常重要的研究价值,低端消费主义和平均主义、集体主义一样,成为影响乡村建设的三个主要价值观,是乡村文化建设的主要议题。

案例4：院子里有3、4个冰箱，基本上都有洗衣机，一台几百元。现在都是21寸彩电，黑白电视没有卖的了。小孩想买电脑，没有互联网。一家有太阳能，他们在外头，找的钱多一些。你们银行的钱多一些，我们有一个用一个。我们队好东西不多，彩电一般都是几百，千把，2000元以上的液晶电视几乎没有。

家电作为耐用品开始进入寻常农家，洗衣机基本上都有，彩电淘汰了黑白电视，有一户还安装了太阳能。家电下乡表明，工业化的耐用消费品开始大规模进入农村，这意味着消费社会在农村的崛起。但同时，这里的村民也明确指出，农村的高档产品并不多，都是针对农村市场的低端产品，这就是所谓的低端消费主义。

低端消费主义是消费主义进入农村的一种策略，也是农村消费主义的特有形态。低端消费品是厂家的产品定位和营销策略，也是农民对消费主义的渴求和模仿。是资本开拓市场的需要，也是农民对美好生活的向往，资本和消费主义迎合了农民对美好生活的向往。这就是低端消费主义形成的内在机制，家电下乡如此，汽车下乡也是如此，超市下乡更是如此。

随着消费主义下乡，农村也出现了炫富型消费。农村炫耀性消费体现在诸如汽车、住房、手机等消费上，红白喜事讲排场，也是炫耀性消费的体现，农村消费不只是生存性消费，开始出现炫耀性消费。农村老人的消费属于生存性消费，以自给自足消费为主。

（二）低成本生活

本章不是将生活区分为传统生活与现代生活，而是将生活区分为低成本生活与高成本生活，这是对乡村生活的分析进路。乡村社会除了高成本生活，还有一个低成本生活。对乡村社会的研究，突破传统与现代的二分，引入低成本生活与高成本生活的二分，这更有助于对乡村生活的研究。

1. 种养结合

案例1：喂两头猪，4个月就可以卖。养殖主要是自己吃，没有规模养殖。①

家庭养猪主要是废物利用，循环经济，是与农业相配套的副业。

案例2：自己养一头猪，过年杀一头年猪，吃一年。②

过年杀猪，自给自足的程度很高，这也是以劳动替代资本的做法。

案例3：养3头猪，用自己家地里产的洋芋、红苕、玉米喂猪，不用饲料，两个月出栏，个人留一头吃，其他卖。③

很多农户家里都养猪，也是低成本生活的特点，养猪的话一般留一头给自己吃，其余的可以卖掉换取货币收入。而地里的粮食又可以用来喂猪，这实际上是一个循环经济，地里的粮食用来喂猪，对粮食进行了转化，获得货币收入，同时可降低生活开支。

农户养猪是低成本生活的特点，不过，在很多地方的农村，散户养猪的越来越少，散户养猪向规模养猪转型，这也意味着低成本生活的解体。

案例4：养猪要上规模，养少了划不来。一般农户种点洋芋、苞谷，用来喂猪，只能养2头猪，多了没有东西喂，卖一头，吃一头，个人家里吃。2组有一户养了30头。④

如何才能降低生活成本，自给自足，低成本生活一定是自给自足、

---

① 来自访谈资料编码 ZM20110708。
② 来自访谈资料编码 CM20110710。
③ 来自访谈资料编码 CM20110710。
④ 来自访谈资料编码 XSJ20110713。

自力更生的生活,全部靠自己的劳动获得生活资料,而不是靠货币获得生活资料。比如自己养猪、种粮食,自己建房,等等,都是靠劳动获取生活资料,以劳动替代货币,这是低成本生活的核心特征。

2. 自己建房

> 案例 1:1980 年左右,两个冬天,打夜工,点煤油灯,夫妻俩先把矮山打平,用石头垒起来。用了 4 年时间打屋,没有钱了,就停下来。沙子是河里挑的,请人,不开工资,互相帮忙,现在不行了。房屋封顶也要请人做,自己做不了,一天就可以了。①

自己建房是一个普遍现象,夫妻俩自己建房,不用花人工费,只需花一些材料费,最大程度地降低了建房成本。

> 案例 2:自己盖房,夫妻两个,一个大工,一个小工,一年的时间建起来,材料费花了五六万,两位 60 岁的老人把房子建起来,没得办法,省了人工费。②

自己盖房,能把工钱省下来,两位老人能把房子建起来,自己建房,这在当地并不是个案。这是减轻生活成本的做法,这是一种自力更生的做法,也是自然经济的做法,是低成本生活的做法,用劳动力替代资本,弥补资本不足的劣势,这不是市场经济的做法,这也是低成本生活的好处,能够规避市场化高成本生活的弊端。

> 案例 3:自己建房子,老屋子不行了,老婆做小工,我是搞建筑的。没有劳力,没有金钱的,就搞不起这个屋,如果请人搞,工钱需要 1 万多,每天每人要 80 元。自己建房需要半年的时间,没有钱,经济落后,都是个人修,个人不搞,怎么办呢?个人做不了的

---

① 来自访谈资料编码 LM20110711。
② 来自访谈资料编码 CM20110709。

事,还是要请人帮忙。①

建房子都是自己建,像这样的情况并不少见,笔者在板桥村见过几个案例。为什么自己建房很普遍呢,小农经济的自力更生?为什么没有帮工现象呢?由于劳力外出,换工不可能,并且换工不具有操作性,专业性强,劳力外出,不好交换。不是经常建房,隔的时间长,不好换算。

自己建房,是典型的以劳动替代货币的做法,是降低生活成本的做法。农民的生活智慧,一方面要去挣钱,另一方面要去降低生活成本,也就是开源节流。

案例4:沙子是河里挑的,请人,不开工资,互相帮忙,现在不行了,挖洋芋,喊活路,都要开工资,没有钱做不了,喊不到活路,自己搞。1997年以后,喊活路要钱了。②

为什么要自己建房呢,换工少了,相互帮忙的少了,这一点在山东农村也看到了,过去盖房,邻居们相互帮忙,管顿饭,不用付钱的。那时候生活困难,吃不饱饭,能管顿饭就可以了。现在,换工现象基本上不存在,全部都是包活,都要支付工资。因为劳动力值钱了,同时,货币支出的压力增大了,劳动力要获得货币,劳动力商品化了。

劳动力商品化,导致家庭之间的换工减少了,农民之间的相互合作也减少了,人们之间的关系发生了变化,互相帮忙的人情味自然就淡了,过去可以用劳动换取劳动,现在则只能以货币换取劳动。人与人之间的关系不再是以劳动为媒介,而是以货币为媒介,这是劳动力商品化带来的一个变化。

在货币下乡的过程中,劳动力商品化是一个关键因素。自己建房充分体现了自然经济的自给自足,为什么不帮忙建房呢,大家都去找钱了,都出去打工了。

---

① 来自访谈资料编码 CM20110710。
② 来自访谈资料编码 LM20110711。

3. 低成本生活：以劳动替代资本

所谓自给自足这个说法，不是自然经济的做法，而是以劳动替代资本的做法，不管是自己建房，还是自己种地，还是自己养年猪，都是以劳动替代资本。以劳动替代资本，是降低生活成本的做法，不管在何种经济形态之下，都是有效的。

以劳动替代资本，这是一种生产生活方式，受到了劳动力商品化的冲击。劳动力商品化导致以劳动替代资本的范围萎缩，资本开始替代劳动，生活成本提高，而高成本生活直接带来了乡村道德的变化。

劳动力商品化导致以劳动替代资本的做法萎缩，导致低成本生活萎缩，导致高成本生活成为生活的新常态，高成本生活带来了道德和文化的新变化。这个逻辑还是非常清晰的。

（三）务工与生存伦理

1. 家庭流动模式

农民是如何流动的呢，除了举家外出模式，还有其他两种常见流动模式。这三种家庭流动模式所需要的条件，以及对村庄生活产生的影响，各不相同。人口流动能否冲破自然经济的结构，能否带来村庄社会文化的变化，这取决于人口如何流动，尤其取决于家庭如何流动。笔者考察的是家庭流动，而非泛泛的人口流动。

A模式：夫（妻）——夫（妻）+小孩。这是最先出现的模式，家庭的再生产完全在农村完成，打工挣钱是为了在农村生活得更好，农民的价值和意义都在农村，这是一种最保守的人口流动模式。

其固有的缺陷，是不符合人性，家庭生活不完整，产生留守妇女问题，会影响夫妻感情，容易出现家庭不稳定和离婚现象，这一点在不少地方都出现了，比如湖北，打工把婚姻打散了，这一模式要求女性有极强的家庭责任感。这一模式在很多地方越来越被淘汰。

B模式：夫妻——老人+小孩。这种模式越来越成为主导，需要老人的无条件支持，这是一种代际之间的支持，代际分工与合作，山东、河南农村多是此种模式，外出打工者的生活重心仍然在农村，村庄的主体性较强。

因为子女越来越少,父母越来越年轻,这种模式有极强的现实可能性。所以,B模式是第二代模式,A模式不具备这样的条件,一般子女较多,父母看不过来,父母年纪大,债务重,只能将压力推给小家庭。

这种模式会造成留守儿童和留守老人,子女的教育问题,爷爷奶奶只能提供物质上的照料,吃饱穿暖,而无法提供教育,文化的代际传承中断,容易产生问题青少年。

C模式:夫妻+小孩——老人。新家庭的人口再生产完全在农村之外进行,老年人在村庄生活,村庄与现代化的关联度较低,只有老人从事农业生产,这样的村庄文化必然是衰落的。

这一模式规避了前面两种模式的不足,但这种流动模式把老人留在农村,新家庭脱离村庄,与村庄的联系非常弱,这种流动和农村发生的关系很少,流动是流动,小农是小农,很难改变乡村社会,咸丰样本表明,这种流动模式导致农村还停留在自然经济的阶段。这就是笔者前面所谓的举家外出模式,在这一模式之下,小农经济的维系是比较完整的,是真正的老人农业。老人的问题最突出,老年人的精神归属何在?老年人也最自立,最看得开。

> 案例:一家人打工还可以,一个人打工是不行的,不如不去。在浙江那边打工,生活水平高,都要租房子,房租贵,单间一个月要100多元,有120、150、180,三室一厅的一个月要400多。一个人打工没钱存,两个人打工可以存一个人的工资。[①]

一家人一起打工才可以存到钱,一般来讲就是夫妻两个一起打工。一个人打工很难挣到钱,为什么呢,因为劳动力再生产的成本高,两个人一起就减少了开支,从而可以挣到钱。在工资低生活成本高的情况下,就要两个人一起打工才划得来。这也是年轻人一个人在外打工无法挣到钱的原因所在,因为年轻人的生活开支大,尤其是男青年,他们还要谈恋爱,谈恋爱是一笔很大的开支。而这些生活开支都要由工资来支付,这样来看,工资是不够花的。

---

① 来自访谈资料编码 WM20110714。

这实际上是劳资关系的残酷,需要两个人一起打工,才可以攒到钱,两个人一起到城里打工才可以在农村完成劳动力再生产,家庭再生产同时也是劳动力再生产。劳动力商品化之后,劳动力再生产就成为考察农民工的一个重要视角,这属于劳资关系的内容,劳动力商品化必然带来劳资关系的问题,而劳资关系则是城乡关系的体现。

所谓打工能否挣到钱,怎么来理解呢,挣到多少才算挣到钱呢,就是能够满足劳动力再生产的需要,也就是能够满足家庭再生产的需要,比如盖房子、娶媳妇、生育并教育小孩,还包括赡养老人。在家庭再生产中有点失衡,就是偏向下一代,对老人的赡养较少,老人的生活保障较差。

农民打工很难挣到多大的钱,也就是能够养家,能够生存下去,也就是此前讲的生存理性。今天的生存理性是劳动力商品化和劳资关系之下的生存理性,是城市化时代农民的生存理性,而不是传统小农经济时代的生存理性。农民的行为在生存理性之下展开,代际关系和老人自立也都是城市化背景下生存理性的体现。

生存理性是理解农民行为的关键,今天这种生存理性依然存在,也就是说,小农并没有摆脱生存理性,只不过从农业社会的生存理性转型为城市化时代的生存理性,转型为劳动力商品化之下的生存理性。这种生存理性看起来是为了满足家庭再生产的需要,从农民的角度来讲,是为了满足农民家庭再生产的需要,从城市化和资本的角度来看,这种生存理性是为了满足劳动力再生产的需要,典型就是工厂出现的夫妻房,是服务于劳动力再生产的。

在城市打工以满足在农村完成家庭再生产,这就是劳动力商品化之下农民的生存理性。是劳动力商品化和消费商品化背景下的生存理性,是城市化和消费主义背景下的生存理性。

2. 举家流动模式

案例1:老二在广州开车,食用菌,西部农村开发公司,今年才去。15挑,1000多斤,地课给别人了,送给别人了,夫妻俩在那边做事,小孩也带过去。[1]

---

[1] 来自访谈资料编码 SM20110709。

年轻夫妇带着小孩在广州做事,老人在家里帮忙看家。

案例2:一家人都在一个小厂里打工,住在一起,租了3间,200元/间/月。休息的时候看电视,逛一下。①

一家人在一起打工,住在一起。

案例3:全家人出去打工就没种地了,把学生接出去。②

案例4:我出去打工肯定会与他在一起,有个照应,在同一个地方打工,下班后可以在一起,在一起总比分开好,嫁鸡随鸡嫁狗随狗,他去哪儿我就去哪儿,同样的工作,我肯定会和他在一起。③

这是新生代农民工的一个特点,他们都有外出打工的经历,在外出打工的过程中相识相爱,结婚生子,他们在婚后也倾向于一起打工。

而第一代农民工多是婚后才开始外出打工,他们在一起的少,多是一方留守在家。新生代农民工选择一起打工,既有感情的需要,也有现实条件的支撑。夫妻俩一起打工也是为了减少开支,减少消费。

铁厂溪自然村从2006年开始大规模外出务工,全村498人,54户外出务工,在家里的不足200人。在家里收入太少了。很多都是整户外出,当地的模式一般是自己先出去,再把老婆孩子带出去。

恩施农村与东阳农村明显不同,当地的条件差,种田没有收入来源,只能到外面打工谋生存,并且都是夫妻俩一起出去打工,主要是出于经济上的考虑,并且主要是在工厂里打工,普通工。对孩子的教育较为重视,一般将孩子带到身边读书,但农民工子弟学校的教育质量有限,也不是非要逼着孩子考大学,只是希望自己的孩子过得好一点,最

---

① 来自访谈资料编码 SM20110712。
② 来自访谈资料编码 WM20110713。
③ 来自访谈资料编码 WMS20110709。

好不再从事农业生产。这里的人认为,经济决定一切,是人们首先考虑的问题。

出去的年轻人不想回来,认为不知道回来干什么,目前农村的条件无法支撑高成本生活,缺乏收入来源,收入不是绝对的,不是唯一的变量,收入与支出放在一起才有意义,收入低主要是开支大,开支大是因为高成本生活。

由此,这里的农民如何挣钱,便清晰了,农民主要是夫妻一起外出务工挣钱,这是主导模式,即举家外出模式,这一理想类型,为什么要举家外出,举家外出的效应值得关注。

在举家外出模式中,家庭的再生产是在流动的过程中完成的,而非在城市或者乡村完成的。这种模式对当地农村的影响非常小,乡村与都市的交流是单向的,即外出的村民受城市的影响很大,而外出者对农村的影响非常小,这种流动模式导致乡村社会内部的变化并不大,包括种植结构、市场观念等。因为举家外出模式脱离农村比较彻底,不再从事农业生产,与农村的纽带较弱,导致农村的经济形态和生活方式保留得比较完整,是真正的老人农业、自然经济,低成本生活。并且家庭的再生产完全在农村之外进行的,老年人在村庄内生活,低成本生活保留得很完整,村庄与市场经济的关联度较低,劳动力市场对村庄的影响也较小。

举家外出模式还导致一个问题,即新家庭全部外出务工,村庄里就只剩下老人了,形成一个以老年人为主体的人口结构,而这个人口结构又与种植结构相一致,与低成本生活相一致。

同时,正是如此,举家外出的人口流动并没有冲破这种自然经济的贫困结构,这种流动模式与种植结构也是匹配的。

在举家外出模式之下,外出务工的村民都不回来,把自己的小家庭带出去,常年不回来,有的甚至10多年不回家。笔者访问的一个老太太,儿子去了广西,不回家,导致父母无人照料,成了村干部的难题。

在恩施,向外流动的多,返乡的少,这是一种单向度的流动,这种单向度流动其实是非常保守的,这里的村民要么出去,要么留下,没有在城乡之间的来回穿梭,留守的人不想出去,出去的人不想回来,这是大山深处的二元图式,出去的很彻底,留下的也很彻底,都能找到典型的个案,留下的个案是小卖铺的付师傅,和大学生村官聂荣。大山深处的人并不是一味地想出去,而是完全出自经济的考虑。所以,举家流动模式并不带来村庄的消失,这一点是出乎我们的意料的。

这样一来,对村庄和人口流动的理解就会有新的视角,就不会过于浪漫主义,学者比农民工更富有浪漫主义,一切判断都要回到现实条件上来。

3. 外出务工的生存伦理

本研究对乡村社会文化的考察,是通过农民工来进行的,而农民工的核心则是人力资源,是劳动经济,劳动力商品化是其背后的动力机制,真正的机制是劳动力商品化,几乎所有的农民工研究都没有注意到这一基本事实,不管是生存说,还是权利说。

> 案例1:在家里只能养活人,没有办法维持生活,在我们这里,出去打工是没有办法的事情。全村700多人在外面打工。[1]

为什么打工是没有办法的事情,家里有田,能解决吃饭,但就是没有钱花,只能解决温饱,解决吃饭的问题,不能支付高成本生活的需要。外出打工完全是生活所迫,不是饥饿所迫,而是高成本生活所迫。

他们不是因为失去土地才去打工,才去出卖劳动力,为了过上好日子,他们必须去出卖劳动力。

> 案例2:这里的水利条件差,现在没渠道了,下暴雨就涝了,一干就早。靠天吃饭,全部种苞谷,空气好,找不到钱。五兄弟只有老四、老五在家,其他三家的老小全部出去打工。
>
> 老屋都过时了,屋子没搞拢,把屋做了,没有屋媳妇都娶不来。在屋里修不起屋,修一个猪圈都要1万多,两层楼要10多万,工价、物价太贵了。出门打工是没有办法,是为了生活,打工挣钱回来,都愿意在家里。屋修起,孩子读书,就不会出去了。[2]

---

[1] 来自访谈资料编码 ZM20110708。
[2] 来自访谈资料编码 LM20110721。

案例3：杨某夫妇都在台州打工，在同一个工厂里上班，每月3000多元，小孩开支每个学期5000元，父母年纪大了，没办法帮忙照顾小孩，3年才回来一次。

夫妻两个在同一个车间上班，现在是工厂的淡季，带着妻儿回来给父母过生日。这次请了四天假回来，回来一趟至少也得5000元，若老人去世之后，我是不会回来定居的。丈母娘把宅基地都留好了，我一直没同意。2006年，岳母要我在她那里修房子，我们没修，在来凤做生意，开鞋店，赔了12万。只好又出门打工了。

在家里生存感到吃力，在外面还好。在外面肯定想家，但现在回来不具备条件，没有生存的条件，如果有条件，有项目，还是愿意回来的。不会做农活，不熟悉，没有基础，在家里搞不下去。[①]

所谓在农村老家没有生存的条件，是不具备维持高成本生活的条件，也就是非农业的生产方式，而是工商经济的生产方式。

家庭流动是为了维持家庭的高成本生活，不愿意回来，一回到农村，就意味着不具备维持高成本生活的条件，包括孩子的教育开支。家庭流动保持了家庭的完整性。

家庭流动在保持家庭完整性的前提下过上高成本生活，也就是说，家庭完整性与高成本生活并不矛盾，两个人在一起打工可以减少开支，也便于孩子的教育，因而是一个理性行为。

家庭流动对农村的影响较小，很少回来，几年回来一次，家庭的人口再生产主要在农村之外完成，与农村的脱节较为严重，从一开始就是脱离农村的，在打工中会强化这一离心力。

案例4：我们考虑不上一个体面有尊严的生活，我现在考虑不到那个层面，我们考虑眼前的、最现实的。我在外面打工，挖下水道我都干，只要你给我钱就行。倒退10年，没活了，我就喊几个人玩牌。30岁成家，成家以后，就现实了，就知道锅是铁打的，在外

[①] 来自访谈资料编码 YM20110707。

头求生存。父母80多岁了,生病了我不用借,我可以拿钱出来,没有钱不可能治病。①

在农村老家肯定可以活下去,现在已经解决温饱问题,为什么还要背井离乡去打工呢,因为家里只能过一种低成本生活,在老家获得的收入不足以支撑当前盛行的高成本生活。笔者将此前所谓的以货币为基础的幸福生活称之为高成本生活,更为合适。

农民正在追求的是一种高成本生活,不是体面而有尊严的生活,也不是幸福生活,幸福生活是有争议的,但高成本生活是没有任何争议的。幸福生活不易检验,但高成本生活则是易于衡量的。

农民必须面对的,并不是幸福生活,说幸福是一种奢侈,说高成本生活则是事实,农民必须应付当前的高成本生活。不是泛泛地过日子,关键是过什么日子,日子的过法,已经不是传统的自然经济之下的过日子,而是高成本生活之下的过日子。

市场经济对农民生活的影响,就是高成本生活的出现。高成本生活就是市场经济和消费主义之下的生活形态和生活方式,任何人都无处可逃,中国人过日子的内容已经发生了变化,过的高成本生活的日子,而非低成本生活的日子。

案例5:夫妻和谐,家庭和睦,把小孩培养好,也就差不多了,平平安安,平平淡淡,也不想着发大财,靠自己的双手。

这是人的心态问题,好像没有什么压力,人只要活得开心就行,人要活在现实之中,不要活在虚无缥缈之中。②

在这个年轻人身上,我们看到的生活态度是当地人生活态度的延续,并没有极端,而是一种原生态的生活态度。

曾经心怀梦想的青年人之所以回归当地的原生态生活,主要是回归了现实,多年的打工生涯使他们认识到,靠自己的双手发大财是不可

---

① 来自访谈资料编码 YM20110707。
② 来自访谈资料编码 WMS20110709。

能的,靠出卖劳动力发大财是没有任何机会的,资本家以及全球分工之下的利润分配,决定了农民工工资的低廉,只能维持自身的生活,以及劳动力的再生产,不可能据此过上大富大贵的生活。所以,他们回归家庭,把日子过好,把孩子培养好,不再活在虚无缥缈之中。

(四) 务农与生存伦理

1. 种植结构

我们将种植结构分为 ABC 三种模式。

A 模式:粮食作物,品多量少,属于典型的自然经济,自给自足,规避风险。

B 模式:粮食作物,品少量多,品种单一,规模种植,粗放管理,多属粮食主产区,市场经济之下的选择,大宗粮食作物种植,青壮年劳动力主要外出务工。

C 模式:经济作物种植,如柑橘、茶叶、大棚蔬菜等,一村一品,农业产业化经营,典型的市场经济,农户通过种植经济作物获得货币收入。

忠堡镇是典型的 A 模式,农民种的品种多,但量都很少,农民奉行的是规避风险的保守思路,是一种追求自我保障而非比较优势的道路,这一种植模式对应的是低成本生活。种植结构中套种盛行,精耕细作。

在忠堡镇,政府想发展,但留在村里的农户仍然遵循小农经济的行为逻辑,因而,政府主导的发展面临的问题是,如何动员农户参与到政府主导的发展计划中来,政府发展经济的思路,市场经济和资本赚取利润和追求比较优势的逻辑,而农民遵循的则是规避风险的保守思路,是一种追求自我保障而非比较优势的道路,不符合市场经济的逻辑。

遂平县是典型的 B 模式,沙洋县也是如此,粮食主产区都是此种模式,种植大宗粮食作物,如水稻、玉米、小麦等,有一定的规模收益,属粗放管理,简约生产,粮食生产属于简约生产,主要是为农民外出打工赢得时间,节约时间。这一模式多在平原地区的粮食主产区,通过政府主导的历次结构调整而最终选择了单一的粮食种植模式。这是在市场经济规律支配下形成的,是农民自发调整种植结构的结果,而不是政府主导的结构调整的结果。

宜都是典型的C模式,通过种植经济作物,参与市场竞争而获得收益,直接参与市场竞争,是为了获得货币,这一模式受市场经济的影响最深最直接,参与程度最高。

有意思的是,观念结构必然体现在种植结构上,通过种植结构可以研究观念结构。

A模式:种的杂粮多,高粱、芝麻、土豆、油菜,农户不是理性的经济人,其行动逻辑是规避风险,其行为选择是保守的,属自然经济,不参与市场,不吃商品粮,不用花钱去买粮食吃。咸丰只种一季,收益较低。

A模式多存在贫困县,往往观念落后,比平原地区的农村落后一步。笔者的老家山东菏泽农村在1990年代中期以前,也是如此,种的杂粮多,高粱、芝麻、绿豆,普遍实行田间套作,2000年以后,基本上不种杂粮了,改成了大面积的小麦和玉米,或者种植经济作物。

B模式:90年代以来,开始调整种植结构,小麦产区种植两季,国家出于粮食安全,给予财政补贴,而劳动力则外出务工,国家的补贴强化了这一模式。在这一模式之下,人们的观念具有二元性,种粮可以保证口粮,同时,也可以获得一定量的货币收入,而主要的货币收入则来自外出务工,存在两个经济系统,两种观念。

C模式:经济作物,比如宜都、寿光、赣南,农户是经济人,积极参与市场,形成了特色的有一定规模的经济作物种植,所谓一村一品。

2. 小农的生存伦理

板桥村是一个落后山区农村的样本,是一个低成本生活的样本。经济较为落后,但追求财富的热情同样强烈,年轻人大多不在村,村内凋敝,老年人自立,交通不便,有些年轻人长期不回家,呈现了一个落后山区农村的样本。为什么板桥村呈现出如此情形,这里的农民是如何追求现代幸福生活的,带着这样一个问题,对小农的生存伦理进行了讨论。

案例1:家里地宽,没有荒的还有六七亩,现在山上有野猪破坏,地里种植稻谷、玉米、红苕、土豆、黄豆。①

案例2:现在水改旱的多,都是老年人在种田,水田需要育秧,天冷,老年人怕冷。种水田还要耕牛,种旱地简单些。水田需要水,沟渠都坏了,就只能种点旱地。②

水改旱,除了水利条件,也与农村劳动力的转移有关。

案例3:老人在毛泽东时代,曾当过村支部副书记,那个时代学大寨,蛮干,开田,当时是省地县的红旗单位,开田开得多,没有机械,全靠人工。

原来的产量低,现在高些,从500斤一亩提高到1000斤一亩,我们这块阳光好。现在有一半买米吃,一半做事,水改旱,牛少了,劳动力少了,种不了水田。③

这里是山区,耕地少,过去农业学大寨,人工开田,解决吃饭问题,现在,吃饭问题解决了,都不种田了,外出务工,水改旱,退耕还林。

案例4:烟叶种植、辣椒种植,只有当公司来收的时候,才会种植。生活要有保证,才敢发展。当年要有收益,才敢种,求稳妥,了解了才会种新品种。④

小农经济为什么会保守,这种保守是低成本生活的需要,经济作物种植有风险,小农要规避风险,单个农户并不适合种经济作物,经济作物一定要规模化,收益更高,并且抵御风险的能力更强。烟叶这种经济作物很特殊,种植户并没有真正参与到市场经济中去,而是地方政府主导的市场化。

---

① 来自访谈资料编码 WM20110714。
② 来自访谈资料编码 ZZR20110707。
③ 来自访谈资料编码 ZM20110708。
④ 来自访谈资料编码 CM20110710。

案例5：反正都要习惯，不乐观也不行，反正都要走这一步。都是活，开心活。①

我们在访谈的时候，发现这位80后女孩特别开朗乐观，特别安详。这是一位特别善良、懂事、听话、乐观的女孩子。她的生活态度还是有山里人的态度，这是一种原生态的生活态度。

案例6：我没有什么追求了，不要求大富大贵，一家老小平安，农村不可能大富大贵。肯定想，关键是想不到，哪个不想。很多事是想得到办不到，胆子小，怕挫折，养殖不敢搞。

穷日子过惯了，现在想得到做得到，没得么撒要求，慢慢奋斗，慢慢找钱。这样的生活我就满足了，没得法，你必须满足，你只有这个条件，不满足也得满足。②

案例7：绍兴出师爷，我们这里出土豆。这里的人才真的很少，原因在于缺乏理想，做大生意的也没有，做生意的都是外地人。③

这里的人跑了很多地方，观念不保守，但行为很保守，政府不支持，还是民众不开化？这是一个问题。很简单，生存理性使然，生存理性并不代表他们没有见过世面，他们在工商社会经历过，但作为劳动力，他们无法实现自己的梦想，只能回归生存理性，这是一种理性选择，与落后无关。

这个地方无法满足生存（指高成本生存），如果能，他们就会留在家里，起码对中年的第一代农民工而言是这样的，他们选择走出大山，出于非常现实的考虑，不是为了什么理想和追求，而是出于一种无奈的现

---

① 来自访谈资料编码 WMS20110710。
② 来自访谈资料编码 LM20110721。
③ 来自访谈资料编码 XWH20110709。

实选择,这种求生存的现实态度也会影响到他们外出务工的选择。

这个地方没有理想主义,很难出什么大人物,有点接近于四川人的生活态度,没有执着的追求,不走极端,其行为都出于现实的考虑,是一种高度的现实主义。这种高度现实主义的生活态度,就是生存理性。这主要体现在两个方面,一是自己对未来的追求,一是自己对下一代的期待,对自己和下一代,都没有一个非常明确的最高理想,如当大官发大财,只有一个底线要求,如不犯罪。这是一种真正的生活的态度,服务于生活本身,生活本身就是意义,而不是来自生活之外的人生目标。

这里的人思想没有解放,历史上的教化就不足,现在思想很难解放,政府治理也很难撬动民间,农民很难摆脱原来的生活形态,从而保留了一种原生态的生活。不像东部地区,很早就解放思想了,如河南、山东、江苏、江西等。江西一位农村妇女说,你们是要钱还是要权,她自己的答案是权比钱重要。地方政府的发展理性很难主导群众的生存理性。

这种生活态度恰恰是现在所提倡的,需要回归的,但这里的人之所以具有这种生活态度,不是现代化之后的回归,而是现代化之前的原生态,一种原生态的生活态度,这种原生态的生活态度为什么在市场经济冲击下仍然能够保留,这与当地的经济社会结构是相匹配的。这也是本研究要揭示的一种原生态的生活,在咸丰找到了一种原生态的生活样本,在东阳找到了现代生活的样本,原生态生活样本不是价值评判,不一定是好的或者不好的,为什么会有这种原生态生活,其存在的条件是什么,带来的结果是什么,原生态生活是一个理想类型,它是中国农民的一种生活样态。原生态生活,是低成本成活的一种形态,其背后是生存理性。

忠堡镇农民的保守非常明显,但激进就好吗?非要秩序解体、道德败坏、逃离农村吗?农民非要牺牲伦理、价值和尊严去追求现代化的幸福生活吗?中国农民到底要什么样的生活?这不是一个哲学之问,必须做出经验上的回答。

这是一个自治的地方,一个垸子里非常和谐,秩序良好,井然有序,人们积极乐观,是一个世外桃源,几乎看不到政府的影子。这里的人积极乐观,人人都很开朗,笑容灿烂,调查时看到一个姑娘,脸上洋溢着笑容,显得安静、祥和,这种笑容和生活状态,笔者此前只在广东河源农村看到过,他们非常坦然,虽然辛苦,但非常努力地生活。

在恩施农村和河源农村,之所以能够看到人们脸上的笑容,是与自然经济的存在有关,自然经济又带来了低成本生活,也就是所谓的原生态生活。也就是说,低成本生活有自己的经济基础。而在河南、山东以及湖北,为什么没有看到人们脸上的笑容呢,人们为什么都非常焦虑呢,因为这些地方的小农经济整体上都进入了市场,没有了自然经济,即使种植粮食作物,也是面向市场的,这些地方的市场化程度高,席卷了一切。

而河源和恩施,这些地方反而保留了自然经济的空间,为低成本生活保留了经济基础,这是显而易见的事实。

所以,生活风格的多样化,道德形态的多样化,实际上是由经济基础决定的,在恩施这些农村,保留了自然经济,经济形态多元化,三元经济,导致了生活风格的多样化,为低成本生活保留了空间。

3. 自然经济与生活风格

在怎么挣钱这个问题上的差别还是非常大的,从挣钱模式可以看出这个地方的财富伦理还是正常的,还是自然经济的勤劳致富在起主导作用。自然经济的核心特征是:自给自足、勤俭持家、规避风险。

这里的自然经济仍然存在,会消失吗,市场经济会全面主导吗?目前仍然是三元经济结构,自然经济的特征还是非常明显,其存在具有合理性,对农民尤其是农民中的弱势群体有保护作用。也正因为如此,该地农民对市场经济的风险才有较强的规避能力,自己建房是最明显的体现,这种自然经济的存在,是非常有意思的现象,是低成本生活的载体,民间互助也是自然经济状态下特有的现象。

该地仍处在由自然经济向市场经济过渡的进程中,自然经济的特征和问题表现还是很充分的。同时,又没有出现市场经济渗透在其他地域所表现出来的一些缺点,这一点非常有意思,让我们更加综合地去思考一些问题。

自然经济不仅是一种经济形态,也是一种生活方式,一种原生态的生活方式,也是一种低成本生活,是一种依附于自然经济形态上的生活方式,根本不同于小资们所向往的生活方式。自然经济中农民的心理特征和行为逻辑：保守,怕担风险,不坚持,随遇而安。

这种自然经济特征之所以还能在恩施的大山深处保留,一是由独特的山区宜居环境决定;二是有国家扶贫政策的保护,扶贫反而保护了一个自然经济出来,这是扶贫的效应。

华北农村和华东农村已经完成了从自然经济向市场经济的转变,一是粮食作物,二是外出务工,三是经济作物,自然经济形态已经终结,山东、河北农村,表现尤为突出,浙江农村也是如此。

小农经济在传统社会是一种自然经济,在毛泽东时代,自然经济被集体经济所取代,分田到户后又回到小农经济状态,但小农经济却不是传统的封闭的自然经济,而是受到了市场化的深刻影响。地方政府进行种植结构调整,推广经济作物种植,这在 1990 年代,还是一种行政命令,直接干预生产,地方政府为什么这么做,有税收的原因,直到税费改革后,种植结构才完全受市场调节。

而经济和社会伦理的变迁,生活方式的变迁,也正是在自然经济向市场经济转型的过程中产生的,当然,自然经济的转型,不只是农业的转型,对农民来讲,真正的市场转型是劳动力商品化,而不是经济作物,也不是工业经济,非资源经济,他们通过参与到劳动力市场中完成了自身的市场化。因而,对经济与社会伦理的考察也一定在劳动力商品化框架下考察,实际上是一种劳动伦理,最核心的是劳动,而不是生活。

生产方式决定生活方式,物质决定精神,对经济伦理的考察,一定要放在劳动经济中来进行,实际上是在劳动经济中考察经济伦理。用劳动经济替代劳务经济,这是一个更加科学的概念,也是一个非常有价值的问题,是可以建构起来的一个问题。劳动决定生活,劳动决定道德。

(五) 劳动与生存伦理

1. 劳动的二元结构

小农经济在不同区域的表现也不同,小农经济的形态要与外出务工联系起来进行思考,小农经济与打工模式是一种共变的关系,务工模式会影响小农经济模式。

在上文考察了务工与务农,小农家庭的务工结构与小农经济的种植结构,种植结构就是务农结构,怎么务农,也就是怎么种庄稼的问题,也就是种植结构的问题。

这两个是共变的关系,不是决定的关系,二者都值得研究,并且都对农民的生活形态有直接的影响,二者决定的农村面貌并不相同,这是一种新二元结构,是真正的二元结构,真正的二元结构不是城乡结构,而是务工结构与务农结构。种植结构对应的生活方式,务工结构对应的生活方式,分别把务工经济和小农经济具体化了,真正抓住并回应了这个时代乡村社会的最大变化。

所以,要对小农经济的形态也就是种植结构进行比较研究,进行多案例的比较研究,小农经济的核心是种植结构,什么是小农,从种植结构入手,种植结构是一把钥匙,把小农经济的研究操作化,而不是泛化。

种植结构是生产方式,也对应着不同类型的生活方式,比如,汝南、寻乌、荆门,等等。经济伦理也正是随着种植结构和务工结构的变迁而变化,正所谓生产方式决定生活方式。我们发现的是劳动的二元结构,而非宏观的城乡二元结构,

> 案例1:在外面打工,不要本钱,干一天赚一天的钱,在家里干要投入。这一个队,我们这个年龄的只有我们两个在家里,打工有钱赚,在外面打工的收入高一些。[①]

这就是两种模式,一种是劳动力商品化,外出打工,靠出卖劳动力获得收入,只要有劳动能力就能获得务工收入,只需要干活就行,不需要操心;另一种是务农,种植粮食作物和经济作物,在农闲时打些零工,务农操心多,要想赚钱还需要投入,投入还不一定能够赚钱,只种粮食简单,但收入少,现在的小农是一个理性小农。

两种模式的权衡之下,更多的农民选择了务工,而非务农,很简单,就是因为务工获得的收入多,以较小的投入获得最大化的收入,这是一种理性选择。而当今乡村文化的变化,正是由务工造成的,而过去的小农文化则是由务农决定的。今天乡村文化的面貌主要是由务工塑造

---

① 来自访谈资料编码 WM20110715。

的,人们的生活风格也是由务工决定的,所要呈现的,也就是务工对乡村生活方式造成的影响。

  案例2:我1996年出门,2.5亩地租出去,每年给250斤粮食,去年给300斤稻谷。我一直没有种地,一算账没有收益,从经济上考虑划不来,菜都没种,买一点就完了,跑车方便。打工一个月挣200元,都比在家种地强,向武阳身体不好,不能出去,才在家里种了20多亩地,谁都不愿意种地。①

  农民为什么出去打工而不是种地,主要算的是经济账,对农户经济行为的分析,也应该多一些经济分析。当然,除了经济账,还有感情账,还有生活账。算经济账,就必须要出去打工,这是没有办法的事情,种地收入远远低于打工收入。如果种地收入能与打工收入持平,很多农民就会选择留在家里。农民也会算生活账,比如有老人,有小孩,也会留在家里。

  中青年农民算经济账多一些,老年人就会算文化账,返乡养老。每一位农民都有两本账,经济账和文化账。外出打工算的是经济账,返乡算的是文化账。

2. 劳动结构与道德

  生产方式决定生活方式,其实就是劳动决定道德。不是抽象地谈生产力决定生产关系,生产方式决定生活方式,也不是三元经济抑或二元经济,也不是经济因素对道德的影响,本研究的框架是劳动决定道德。在劳动结构中,劳动力商品化是最为显著的特征。

  二元经济甚至三元经济的现象,不能将务工作为小农的一部分,的确是一家两制,农和非农的性质不同。我们的调查发现:

  大宗粮食作物+外出务工,存在于遂平、曹县等地;经济作物+外出务工,存在于宜都、寻乌、汝南、青州等地;粮食+经济作物+外出务工,存在于咸丰;经济作物+外出务工,存在于英山;粮食作物+外出务工,存在于沙洋。

---

① 来自访谈资料编码XWH20110721。

这个劳动结构是市场经济背景下的劳动结构,农村社会与文化的变化都是由这个劳动结构引发的,这是一种变量解释。乡村道德文化的变迁是由劳动结构的变迁引发的,这是核心解释。劳动结构是如何形成的,又是如何发生变化的呢,劳动结构的变化是由劳动力商品化引起的。

农村经济的发展,在集体经济解体之后,向三个方向发展,一是部分农村仍然坚持集体经济,这种类型的村庄在当前占少数,典型如南街村、华西村等;二是部分农村回归到自然经济,这种类型的农村在分田到户之初占大多数,随着市场经济的渗透,逐步减少,但仍有一部分农村是自然经济;三是部分农村参与到市场经济中去,在分田之初占少数,但逐步增加,有相当一部分农村完成了从集体经济和自然经济向市场经济的转型。

在自然经济/集体经济向市场经济转型的过程中,出现了一些中间形态,如半自然经济,既保留了半自然经济的基本特征,同时又有市场经济的因素参与进来,板桥村就是这种类型。

再就是半市场经济,具有市场经济的主要特征,但又不同于典型的市场经济,农业生产并非由市场直接决定,而是受国家政策的直接决定,农业生产受劳动力市场直接决定。这种半市场化经济形态有国家政策、劳动力市场两个影响变量,粮食主产区的农村经济就属于这种半市场化的经济形态,这可以回应黄宗智的问题。

而半自然经济的影响变量主要有:产业结构调整,因为非粮食主产区,国家粮食安全政策影响不大,因土地规模较小,外流劳动力对农村经济的影响较小。

所以,关于农村经济的研究,可以区分出以下几种类型,即自然经济区、经济作物区、粮食主产区。在笔者调查过的地方,山东青州、湖北宜都以及江西寻乌就属于典型的经济作物区,而湖北咸丰、英山则属于典型的自然经济区,山东曹县、河南遂平、湖北沙洋则属于典型的粮食主产区。

经济是文化的基础,文化不能没有经济,文化建设不能不考虑经济变量,目前的农村经济,一个是小农经济,一个是务工经济,一个是集体经济。要探究的不是如何破解自然经济,而是探讨自然经济对文化建设的影响,各种经济形态对文化建设的影响。文化是有条件的,义务是有条件的,不能将文化单独出来,尤其是农村文化,一定要有整体论的视角。

3. 劳动与意义

什么是三元经济呢,包括小农经济、务工经济和集体经济,不同的经济形态对应着不同的道德义务,对道德义务有着不同的影响。

前文也初步分析了集体经济与公共生活的关系,集体经济与公共生活有什么关系呢,值得进一步展开分析。集体经济与公共生活的关系,具体体现为集体经济与公共义务的关系,集体经济需要什么样的公共义务,也就是集体劳动与公共义务的关系,集体劳动的确能够再生产公共义务。

小农经济和务工经济对应着什么义务呢,当然对应着私人义务,尤其是家庭义务,当然,小农经济也有公共义务,比如税费,比如种植结构调整,务工经济也有对工厂的义务,也就是职业义务,但我们并没有去呈现这种职业义务,重点讨论的是家庭义务。

劳动与义务的关系,就是为什么劳动,就是劳动的价值,农民为什么劳动,当然是为了家庭,这是私人义务使然,除了私人义务,还有公共义务,还有职业义务。中国农民的生活意义就来自义务,中国人人生的圆满,就是较好地尽到了自己各方面的义务。

农民生活的意义系统,实际上是一个义务系统,重建农民的生活意义系统,就是重建义务系统,包括私人义务和公共义务,义务是乡村文化的关键词。

农民怎么样劳动,农民为什么劳动,农民是为了义务而劳动,农民追求什么样的生活,追求幸福生活,所谓幸福生活就是尽义务的生活,尽义务才能幸福,才是圆满,这就是中国农民生活的意义系统。

> 地少了,只能养活人。[①]

当地的自然经济是生存经济,只能维系低成本生活,是一种低成本

---

① 来自访谈资料编码 XWH20110709。

生存。在城市化和市场化的背景下,这种低成本生存的空间越来越小。很多学者还在怀念低成本生存,这是传统农村社会的生存之道。他们将传统小农的低成本生存与市场社会中的高成本生存对立起来,试图重建低成本生存。殊不知,农民工的高成本生存也遵循了传统的生存之道,他们将传统小农的低成本生存复制到了高成本生存。

咸丰农民的自然经济就是典型的低成本生存,品多量少的种植结构正是低成本生存之道,以规避风险为特征,符合安全第一的生存伦理。而咸丰的劳务经济同样是典型的生存之道,只不过是高成本生存,在当今的农村社会,除了老人可以实践低成本生存,其他人必须面对高成本生存。

生存的逻辑并没有改变,只是从农业社会转移到了工商社会,应该对工商社会的生存逻辑进行研究。首先,就要对生存逻辑进行祛魅化,将之从传统农业社会的低成本生存中解放出来。农民工不是农业劳动力,而是工商业的劳动力,学界研究重点仍然是小农社会,而非现代工商社会。研究小农,并非要坚持小农社会的视角,这是自缚手脚,无视城市化和市场化的现实,这样的研究是没有生命力的。

对工商社会中生存逻辑的研究,仍然以行动者为分析单位,农村市场化和商品化的核心是劳动力商品化,即农民工进入劳动力市场,在现代工商社会求生存。进一步来讲,中国人的实践智慧,实际上是生存智慧,体现为生存理性和生存行动。

(六) 生存伦理的异化

生存伦理不是自然经济背景下的生存伦理,而是市场经济和消费社会中的生存伦理,生存伦理体现了其适应性,但也有异化的一面。本节主要从婚姻伦理和社会风气两个方面来讨论生存伦理的异化。

1. 离婚

家庭离婚率上升,现在很流行,"我爸妈离婚了",对下一代的影响大。两地分居对婚姻影响大,两口子一块打工,可以稳定婚姻,但又造成留守儿童和老人。

案例1：搞集体的时候，小儿子没有人看，烧伤了，五官不正，三级残废，在外面打工，进厂不要。媳妇，宣恩县的，条件差，一起出去打工了，都有一个小孩，闹离婚，不补钱，离婚没签字，去年的事情，没解除，婚姻法放得宽得很。

金钱时代，哪样都能办得成，奈他们何，村干部素质差，强制执行，补抚养费，10年，250×12×10＝30000，补一半，1.5万元，他说他没得钱，2岁都留下，没得感情。官逼民反，你不懂法，我是一个老百姓，更不懂法，用钱塞了，武断。①

这是一个离婚的案例，男主人是残疾人，他妻子娘家的条件差，女方在一起外出打工的过程中找到了更合适的，向法院提出离婚。

案例2：2010年离婚，老二在屋里做田土，媳妇去浙江打工，孩子2岁的时候外出打工，打工两三年就回来离婚，我们都不晓得他们离婚。老二没读书，媳妇识字，骗他签字，按手印。在外头找了一个，也是本地人，也是姓王，又结婚了，条件也不怎么好。离了就离了，只能看，不抚养。原来感情挺好的，不知道为什么离婚。②

夫妻单方面外出打工，容易导致婚姻的不稳定。这样的案例很多，都是由于女方在外打工，遇到了条件更好的，回来就离婚。

案例3：兄弟四个，老二、老三都出去打工了。老三离婚了，小孩1岁多就离婚了，小孩今年20岁，老三44岁。老三屋里有一个姐姐，把她带走了，嫌家穷，老三讲话粗声粗气。请人去接她不回来，老三提出离婚，在法院离婚，老三抚养小孩，女方一分钱抚养费都没给。

在外奋斗多年，没有挣到钱，哪个跟你过。第一次婚姻不好，都有后遗症，有小孩，后遗症特别大，很难过好，家庭和谐很重要。

---

① 来自访谈资料编码 CM20110709。
② 来自访谈资料编码 WM20110712。

我崇尚古典式的婚姻,很多东西都考虑进去了。原来正统一些,现在不行,我不赞成现在的婚姻,太草率了,今天结婚,明天离婚。①

案例4:杨某,一个刚从外地回来探亲的年轻人,27岁。据他讲,15年前,说离婚很奇怪,现在觉得很正常,30岁以下离婚的比较多,30岁以上比较稳定了。有一个女的出去打工,在深圳,有一个3岁的孩子,与一个小老板好上了。都是经济在作怪,人都是向往高处,采取离婚的方式,牺牲也很大。如果家里的经济条件较好,就不会出现这种情况。②

所以,离婚不是由感情不合造成的,不是感情问题,而是经济问题,是由经济问题造成的,是由高成本生活引起的。这将是笔者对离婚的一个新解释。生活成本增高引发离婚潮。这一时期的离婚与此前的离婚潮明显不同,建国初期,婚姻法颁布引发离婚潮,是以翻身为指向,而非感情指向;打工潮以来的离婚潮,同样不是以感情为指向,而是以生活成本为指向。

对感情问题的非情感解释路径,而不是阎云翔所讲的私人感情范式的兴起,在农民的生活里,根本不是这样的逻辑,笔者在打工者的生活里,在流动人口的家庭里,根本没有看到感情。情感生活的非情感化特征,还是非常明显,已经凸显出来。这是工商社会中生存理性的异化。

2. 社会风气

案例1:改革开放后,搞不好,性开放,坑蒙拐骗。现在的年轻人没有吃苦精神,图享受。③

在外出打工的过程中,的确有一些负面现象,比如做小姐,但这不

---

① 来自访谈资料编码 ZM20110708。
② 来自访谈资料编码 YM20110707。
③ 来自访谈资料编码 XWY20110719。

是主流,学界过去观察中国农村,问题导向有失偏颇,负面、边缘以及失范问题成为观察的主要对象,从而遮蔽了对主流社会的观察,这就有违研究的初衷了,本来是要通过边缘来折射主流社会的。

此前乡村文化研究的最大问题,就是过于关注一些负面的失范的边缘的文化现象,而遮蔽了主流社会的文化。

案例2:没有读书,没有技术,年轻人容易学坏,年轻人有钱就消费,及时行乐,有一个用一个,没有钱就想歪门邪道。来钱快,走上犯罪道路。浙江一个镇上外地人口占70%,3、4个人在外面,团伙,20多岁,抢手机、项链、耳环,敲诈勒索,在外面犯了案,就往老家跑,挣了钱也回家。家长管不了。女孩子学坏的还比较少,大部分进厂。①

青年农民工容易受到不良风气的影响,一旦没有村落文化和家庭的约束,他们很容易走上灰色生存甚至犯罪的道路,这不是乡村文化造成的,而是城市文化和消费文化造成的。

案例3:毛泽东那个时候纯净一些,现在社会风气不行了。生活水平提高了,有几个闲钱,日嫖月赌,去县城嫖赌,坐车几元钱就到县城了。他们出去就知道去嫖了,只能意会不能言传,说白了也没意思,有些问题要私下摆。

他去没去过,不能讲,中国文化很含蓄的,不像西方文化那样直白。聊天的时候带出来的,说出去花了多少钱,今天玩几个。挖桩的摆两件事,今年赌了好多,到哪里嫖了几个,你说成何体统。几十岁的人说这个,太无聊了。

我晓得几个人原来都不做这件事,现在都好上这口了,现在都有这些事。有些老婆知道,奈他不何,男人强势一些,女的弱一点,男的就出去玩了,女人强势的,都不敢去。有些人借钱都要去,有些人根本不考虑那些事情,只图一时快乐。

---

① 来自访谈资料编码 YM20110707。

我出去做活路的时候听说,二中的女学生都学坏了,100元的事。这两年社会风气特别坏,前几年没这么严重,原来暗娼,现在明摆着的事。10几岁,60多岁都有,最便宜的几块钱,最贵的几十元到一百元。女的做这个都去外地,出门打工了,咸丰的不是本地的,不能在本地做。

　　农村人都晓得社会有多坏,没有人站出来说,除非国家有人管。没得哪个说,要惹祸上身,关你么事,没吃你的,没穿你的。老百姓有钱,过一天是一天,得空打牌,得空都去赌几盘,不好,奈不何,这个社会把他带坏了,这不是一个人的事。这种风气长期下去不是好事情,不管是谁执政。①

　　据这位中年村民讲,现在社会风气不好,主要表现为嫖和赌,都是私下说,没有人管,这也是乡村文化建设需要回应的问题。

　　但这个社会风气并不是村庄内部的风气,而是城市社会的风气,是城市里不好的风气对一些农民的影响,是城市消费主义的异化现象,而非乡村文化的异化。

　　这个问题看起来很严重,很哗众取宠,但并不是乡村文化自身的问题,是城市消费文化的问题,更不是所谓的乡村社会伦理性危机。正如一些村民讲的,在外面做不合乎道德的事,但在乡村社会里不会,回到村里就很乖,这说明乡村文化还能够约束村民的行为,村民也认同乡村文化。乡村道德文化并没有异化,异化的是城市消费文化。

　　为什么村民在村里守规矩,在外面却越轨,这一方面体现了乡村文化的作用,在共同体内部,乡村文化能够有效约束村民的行为;另一方面也体现了乡村文化的局限,乡村文化是共同体文化,只能在共同体内部发挥作用,一旦超出共同体的范围,其对村民的约束力就没有了。

　　所以,所谓伦理异化,都不是在农村里发生的,都是在城市里发生的,乡村文化自身是没有问题的,是城市文化和消费文化的问题。对乡村文化而言,是外部文化的问题,而非乡村文化内部的问题。当乡村外部的城市文化和消费文化发生问题的时候,乡村文化的功能就显得更

---

① 来自访谈资料编码 XWY20110719。

加重要。虽然农民工也会将外部消费文化带入乡村社会，但这并不会对乡村文化造成冲击。礼失求诸野，在今天更加重要，更加贴切。

（七）家本位的生存理性

学界过去对乡村文化的研究，重在文化与秩序、文化与权力、文化与治理，更多是社会人类学和政治学的路径，是一种社区整体论，强调文化的公共性，强调社会团结，而忽视了文化的私人性，及其与日常生活的关系。

由此，在对访谈资料进行编码时，常用的代码是：宗族、仪式、人情、权力、治理、秩序、结构、村庄、地方性知识、宗教，等等。这些更多是人类学关注的议题，甚至是后现代论者关注的议题。咸丰调查时笔者已经意识到，乡村文化变迁中，家族、村庄这些传统议题均不凸显，这些议题越来越不具有操作性。

在咸丰农村，村庄和宗族历史上发育都不成熟，乡村文化变迁不是村落文化和宗族文化的逻辑，凸显的是生存文化的逻辑。既有传统社会的生存，也有现代工商社会的生存，学界对小农的关注多是传统自然经济状态下的生存逻辑，而非现代工商社会里的生存逻辑。在咸丰农村看到了传统社会的生存逻辑，更看到了现代工商社会的生存逻辑，并且观察的重点就是农民在现代工商社会里的生存之道。

本书考察的农民打工赚钱，就是农民在现代工商社会里的生存之道，而非传统社会里农民的生存之道，农民研究一定要走出经典，谱写新篇。这里的生存伦理是一种新型的生存伦理，不是低成本生活的生存，而是高成本生活的生存，同样，都很脆弱，甚至今天农民家庭面临的风险更大，家庭的脆弱性，以及社会的不确定性。风险社会，也是农民追求高成本生活的一个背景，不仅是高成本，而且是高风险。

1. 将生存理性代入分析的中心

在社会科学研究中，生产是一个重要的视角，不仅经济学研究以生产为中心，社会学和政治学也以生产为中心，比如，马克思、涂尔干、韦伯等关于经济社会的研究，都是从生产的角度进行的，马克思关注的是商品、资本和劳动力,涂尔干关注的是分工,韦伯关注的是新教伦理[①];另外一种研究路径是以生活为中心的,比如西美尔关于生活风格与货币哲学的研究[②]。

受此影响,国内的研究往往在生产中心和生活中心之间徘徊,比如劳工研究,先是受西方学者的影响,接受了劳动过程的政治,即生产的政治,后来重拾生活的政治,从日常生活研究劳工抗争。

西方生产与生活的二分,容易导致生产的异化,也就是劳动的异化,马克思早就发现了这一点。而中国社会并没有生产与生活的二分,生产与生活是一致的,生产与生活统一在生存中,生产理性不发达,体现为职业理性不发达,对农民工而言,既缺乏职业生涯管理的理性,也缺乏阶级形成的理性。

笔者此前曾提出农民工的生活理性,这个生活理性是模糊的,实质是生存理性,农民工的理性不是生产理性,也不是生活理性,而是一种生存理性。我们的解释也不是以生产为中心,不是以生活为中心,而是以生存为中心。

今天讲的生存理性,不是传统小农的生存理性,而是农民工的生存理性,是劳工的生存,这种生存理性不仅仅是农业社会的生存理性,更是工商社会的生存理性,工商社会的生存理性在城市化和市场化的背景下大放异彩。

如何从生存理性的角度,对农民工进行研究,对新农民进行研究,而不是幸福的角度,也不是生活的角度,城市化和市场化背景下的生存,是一种高成本生存,而非低成本生存。高成本生存,是农民工面临的问题,也是每一个劳动者必须面对的问题。

为了生存,农民必须到外面打工找钱,打工对农民来讲也是生存经济。为了生存,必须要出去打工。生存一词在笔者的访谈中反复出现,成为一个重要的类属。劳务经济实际上是生存经济,农民打工是为了

---

① [德]马克思:《资本论》(全三册),北京:人民出版社 2004 年版;[法]埃米尔·涂尔干:《社会分工论》,渠东译,北京:生活·读书·新知三联书店 2000 年版;[德]马克斯·韦伯:《新教伦理与资本主义精神》,于晓等译,西安:陕西师范大学出版社 2006 年版。
② [德]西美尔:《金钱、性别、现代生活风格》,刘小枫编,顾仁明译,上海:学林出版社 2000 年版。

求生存,这种生存经济不是传统的自然经济状态下的生存,而是城市化和市场化背景下的生存,这种生存不是传统社会的低成本生存,而是现代工商社会的高成本生存。

因而,城市化和市场化背景下农村的文化是生存文化,以生存为中心的文化,这一点没有改变,这是一种实体主义的视角,是西方经济学无法解释的。乡村文化是一种生存文化,这是日常视角的解释。

至此,笔者从农民的生活追求出发,最终找到了生存理性这一核心概念,生存弥合了生产与生活的二分,乡村文化就是农民的生存之道。传统村落文化是农民的生存之道,今天的乡村文化同样是农民的生存之道。乡村文化是生存文化,是以生存为中心的文化,乡村文化研究要从生存出发,不是从生产出发,也不是从生活出发,西方社会科学中有生产中心的解释,也有生活中心的解释,但缺乏生存的视角,缺乏以生存为中心的解释。

打工是典型的生存,宗教信仰也是为了生存,城市化和市场化背景下,人的行为以生存为中心,生存以家庭为中心。我们的分析以行动者的行动和过程为中心,而这个行动就是生存行动,以及相应的生存理性和过程,从而将生存带入乡村文化研究的中心。

斯科特提出"安全第一"的生存伦理[①],他所谓的生存是一种低成本生存,恰亚诺夫所谓的家庭生计也是低成本生存[②],而今天农民面对的是高成本生存,高成本生存是工商社会里的生存,而不是农业社会里的生存,也就是说,中国的农民工将农业社会里的生存之道复制到了工商社会,从而实现了生存理性的创造性转换。农民工出卖劳动力同样是为了家庭生存,这就脱离了传统小农的逻辑,使生存理性脱离了传统小农的范畴。

农民工之所以能够在工商社会里生存,并不是完全接受了工商社会的规则,而是将农业社会的逻辑复制到了工商社会,从而实现了自身的城市化,也促进了中国经济的发展,农民工的生存理性是中国奇迹的源泉。

许多学者都注意到了日常生活,以日常生活为中心进行研究比如

---

① [美]詹姆斯·C.斯科特:《农民的道义经济学》,程立显等译,南京:译林出版社2001年版。
② [俄]A.恰亚诺夫:《农民经济组织》,萧正洪译,北京:中央编译出版社1996年版。

劳工研究，从关注劳动过程，到关注日常生活，从生产的政治到生活的政治，在生产中心和生活中心之间徘徊，而无法抓住生存这一核心概念，把生产分析和生活分析结合起来就是生存分析。应该弥合生产和生活两个视角，将生存带入分析的中心，从而将生产方式与生活方式统一起来。

笔者此前曾关注农民的生产方式，也就是种植结构，后来也关注农民打工的方式，这些都是在生产的范畴考虑问题。后来，将关注的焦点聚焦到生活方式和生活伦理，实现了从生产到生活的转变，并提出了高成本生活的概念。实际上，不仅仅是关注生产和生活，而是将生产和生活统一起来，就是生存，在生存视角下，农民的种植结构，打工方式，致富方式，都具有重要的学术意义。

在中国社会，并不存在生产和生活的截然二分，而是存在一个清晰的生存文化。笔者此前曾提出以家庭为分析单位，家庭分析的核心不是关系与结构，而是生存，家庭是分析单位，生存理性是分析框架。生存分析以家庭为基本单元，而不是以个体为基本单元。

生存理性不是农民的，是农民工的，从生存理性的角度，从行动者的角度，对农民工进行研究，从而把劳动经济、人力资本等视角和知识整合进来。

工商社会的生存理性具体而言就是在现代企业、商业以及农业组织中的生存理性，农民工并不是为了抽象的权利，不是为了阶级，而是为了具体的生存，为了家庭的生存、高成本生存，生存理性是农民工行为的核心。而学界忽视了农民的生存理性和行为，所以，无法理解当下农民工的行动逻辑。不管是生产政治，还是生活政治，都赋予了农民工太多的外在意义。

生活成本才是核心变量，生活成本的提高直接促成了生产方式和生活方式的变迁，生活成本提高，农民才被迫外出务工以获得货币收入。笔者此前提出来的感性促进发家致富实际上指的是这种生活成本引发的致富行为，你追我赶的致富行为，不是由生产理性决定的，而是由生存理性决定的，这种生存理性指的就是生活成本。不是感性，而是生存理性，这种生存理性不同于生产理性，从恩施调查来看，这里的农民充满了生存理性，而非生产理性。

中国农民或者并不具备生产理性,但一定是具备了生存理性的,农民是从生存理性出发进行生产活动,进行经济活动,生产理性并不凸显,生存理性却非常凸显,这是农民理性的一个非常有意思的特点。中国农民的生产理性不发达,职业理性不发达,但生存理性却非常发达,生产理性和生存理性的二分及其不均衡,是理解农民理性的出发点。

这种生存理性不同于传统的农民理性,不是传统农业生产和自然经济状态之下的农民理性,而是市场经济背景下的生存理性,是市场经济触发的生存理性。这一时期的农民理性不是来自于小农经济,而是来自工商经济,来自消费社会。

对农民理性的探讨都是从生产的角度切入的,舒尔茨的理性小农理论就是指的农业生产[①],恰亚诺夫的小农理论的确是以生计为中心的,农民以生计来安排生产。但是,这样的生计更多是小农经济背景下的生存,而不是市场经济和城市化背景下的。今天的中国农民已经不再是以低成本生活为目标的道义小农,我们从农民生计出发,从农民的高成本生活出发,综合了舒尔茨和恰亚诺夫的理论,提出了生存理性的解释。在生产理性中,男性农民是主体,在生存理性中,女性成为主体,女性向来是生存理性的主导。

当前的农村社会,不再以农业生产为中心,而是以高成本生活为中心,农民的生产场所转移到了工厂,转移到了城市。以生存为中心,而非以生产为中心,将生存理性带回分析的中心。

传统的农村文化是农耕文化,是以农业生产为基础的文化形态,而今天的农村文化不再是传统的农耕文化,而是市场经济和城市化背景下的文化,是工商社会和消费社会中的文化。

这里的农民出去打工是为了挣钱,迫不得已,挣钱是目的,一切为了生存,这是一个分析框架,农民工的行动至今并没有摆脱生存框架。这种生存理性不同于小农经济之下的生存理性,而是市场经济下的生存理性,是劳动力商品化的生存理性。

2. 家本位的生存理性

今天的家庭主义,实际上是一种功利性的家庭主义,是一种生存理

[①] [美]西奥多·W.舒尔茨:《改造传统农业》,梁小民译,北京:商务印书馆2010年版。

性主导的家庭主义,这种市场经济背景下的生存理性,不同于传统小农经济中的生存理性,是一种现代生存理性,这种现代生存理性就是功利型道德。

生存理性就是为了让自己的家庭过得更好,更幸福,这就导致了家庭关系和家庭伦理的一系列变化,比如孝道,比如婚姻,比如子女抚养,等等。生存理性还带来了财富伦理的变化。实际上是整个乡村社会的变化。

从生存理性和功利型道德出发,发现了单向度的家本位,实际上是传统家本位在市场经济条件下的自我调适,家本位本身就是一种道德体系,单向度的家本位也可以说是传统家本位的异化。

中国农村应该都是家本位,只是家本位的表现不同而已。这里的家本位,不同于修身齐家治国平天下中的家庭,这样一个链条,是连续的,从家庭可以到国家和天下,但今天,家国不再一体,家国一体被打断,家国之间是断裂的。

在今天的家本位中,家庭既是出发点,也是目的,这是市场经济中的家本位,是市场化和城市化中的家本位,而非传统小农经济和自然经济体系中的家本位,是一种新家庭主义,它与国家是断裂的,是生存理性至上的,新家庭主义是生存理性至上,而不是集体理性至上,更不是天下理性。

家庭生存理性,类似于单向度的人,不是西方工业社会造成的,而是市场化和城市化造成的。不是单向度的人,而是单向度的家庭,家庭和公共性之间失去了链接,单向度的家庭,是生存理性至上的家庭,是缺乏公共理性的家庭。

过去的家国一体,使得家庭的扩大化超越了家庭本身,而外推到社会和国家。今天的家本位,很显然做不到这一点。今天家本位不同于传统家本位的地方,就在于家本位的单向度,从家国一体的链条中滑落出来,这是一个非常有意思的问题。这种单向度家本位,一方面使得中国乡村社会保持了团结和韧性,另一方面又使得中国社会缺乏公共性的生产机制,导致了整个社会公共性的不足。

保卫家庭,保卫什么样的家庭,这是一个前提。单向度的家本位,新家庭主义,生存理性主导,公共理性缺失,这是笔者研究中国乡村社会的切入点。不是笼统地讨论家本位,而是发现了家本位的时代特征。

  案例:家庭流动是生存主导,主要出于经济考虑。我先出去,她也出去。夫妻两个一起去打工,比一个人打工存得住钱,一个人的开支可以两个人用。一个女同志在家干活也不行,犁田、插秧、收割,很辛苦,没有谁给你帮忙。一个在家,一个打工,这种情况维持的时间较短。

  一个60多岁的村民种了4亩田,带两个小孩,现在可以讲分家,也可以讲没分家,儿子夫妻俩都在外面打工,田就是一年的口粮,不用到外头去买,稻谷600斤/亩,玉米800斤/亩。[①]

在家庭流动模式中,家庭理性发达,这种家庭理性,是在家庭流动中形成的,是在外出务工的过程中形成的,也就是劳动力的家庭理性。生存理性是家庭理性,而非个体理性。

家庭理性,非个体理性,这就促使不仅个人成为劳动力,而且家庭都成为劳动力,以家庭的方式进入劳动力市场,即夫妻二人都成为劳动力,都进入工商社会,而不是传统的夫妻分工,这种模式就会终结留守妇女现象,也会终结留守儿童现象。

为了高成本生活,家庭理性决策,家庭流动必将成为主导模式,而年轻人一代在打工中恋爱结婚,也为这一模式提供了条件,新生代农民工本来就是在打工中恋爱结婚的,他们当然在婚后一起打工,因为工商社会已经把他们都训练成了合格的劳动力,他们的结合,一方面符合家庭完整性的需要,也符合资本和劳动力市场的需要,因而这是一个理性选择。

因而,可以预言,家庭流动模式必将成为农民工流动的主导模式,不仅仅是家庭理性使然,而且也是资本理性使然,并且具备了现实条件。

家庭流动模式必将对乡村社会变迁产生影响,对城市化进程产生巨大影响。笔者关注乡村社会,关注城市化,主要是从人的角度切入,

[①] 来自访谈资料编码 YM20110707。

从农民工的流动模式切入,这也是以人为本的乡村建设和新型城镇化的应有之义。

那么,农民工的主体性如何体现呢,农民脱离了农村,又没有融入城市,他们在哪里呢,他们在工厂,他们在单位,他们如何重建自己的主体性,这种主体性不只是个体化,更是公共性。从个体的角度来看,农民工的主体性是自己的家庭,从家庭中获得了意义,除了家庭呢,除了家庭,他们实际上了脱离了城市和乡村,对于城市和乡村公共生活,他们都是被动的,并没有产生积极的行动和意义。

今天的工作单位,已经不是原来的单位制,已经没有可能产生公共性了,企业是盈利的,个体也是为了盈利。

那么,工厂呢,农民工在工厂里能否产生一种新的主体性呢,也就是当下学者所讲的阶级,这种阶级化的实质是一种公共性的重建。从目前笔者关于农民工的访谈来看,并没有看到这种公共性,也就是这种主体性,笔者看到的只是家庭主体性,并没有看到超出家庭之外的主体性,也就是所谓的公共性,即阶级性。

本研究发现了农民工的主体性问题,农民工的主体性不同于市民的主体性,也不同于农民的主体性,脱离了城乡公共性的语境,而回到了家庭之中,强化了家庭主体性。所以,对农民工而言,最重要的是主体性的重建,而不是个体化,个体化只是一个方面。关注的是农民工的主体性,即农民在市场化和城市化的过程中如何重建自己的主体性,看到的只是家庭主体性的凸显,公共性的重建需要时间,因为目前的农民工还处于一种两头不挂的状态,这种状态值得关注。不能只在乡村社会寻找主体性,也不能只在城市寻找主体性,也不能只在工厂里寻找主体性。

乡村文化研究从农民的生活追求出发,找到了农民的主体性,并提出了家庭主体性,此前所谓的新家庭主义,就是指的家庭主体性。最后,在家庭里找到了农民工的主体性。

这个过程,是在乡村社会的语境里进行的,访谈对象也多是返乡的农民工,而不是正在城市里的农民工,或者已经融入城市里的农民工。这种家庭主体性不仅适用于返乡的农民工,也适用于城市里的农民工,或者已经融入城市的农民工。他们融入城市,是以家庭的方式融入,融

十、高成本生活与生存伦理　　**373**

入的标准,也更多地是家庭的标准,也就是能够在城市里成立家庭,能够在城市里有完整的家庭生活,即能够在城市里重建这种家庭主体性。他们在城市里重建的是家庭主体性,而不是其他,比如个体化,比如公民,比如阶级,他们不是通过这种方式进入城市,并找到自己的主体性的,他们通过家庭进入城市,并通过家庭找到了自己的主体性,即家庭主体性。这种家庭主体性,就是生存理性。

3. 保守的生存理性

这个地方好不好?这个地方生存是没得问题的。但很难发展,这些年几乎没有发展,靠农民自己是不可能的,国家要扶持,缺乏内源发展的自觉和自信,在发展面前被打败了,老百姓的心态是:我自己种好这一点田,饿不着就可以了。

贫困山区,民众的心态较为保守,干部要发展,要创新,政府动而民众不动,这里农民的观念图式是什么样的?我们可以找到不同区域农民的观念。

乡村两级经济发展的呼声非常高,但并没有真正撬动民间的力量,像宜都那样撬动民间。在宜都的调查发现,民间的力量真的被撬动了,宜都的柑橘种植为代表,笔者两次在宜都调查。宜都农民很自豪地说,我们都吃商品粮了。

恩施小农经济主要是老年人在做,老年人无法成为劳动力市场上的劳动力,只能通过农业劳动从事农业生产。恩施的农民不吃商品粮,市场化程度较低。自然经济的剩余很少,人均占有耕地少,并且只能种一季,在过去,温饱都是问题。这种贫困的自然经济之下的农民心态,非常值得关注。

农民的观念结构有区域差异和代际差异,不同地方的农民观念结构不同,恩施这个地方农民的观念很有特点,总体上是一种小农经济的保守观念,以生存为主,很难发展,创业的少,外出务工对自然经济的影响较小。这与其他地方的农民观念有较为明显的差别。

年青一代的变化还没有看出来,因为家庭流动模式导致农村青年对农村社会的影响很小,他们也认为这个地方发展不起来。

案例:在外面没得资金,没得关系,北京上海再好,我没想过。

我还是想回来,在外面见了世面,都没有闯出一片天地。我们吃苦耐劳,有上进心,思想上穷别扭,面对具体问题的时候,面对困难的时候,选择了退缩,我壮大不起来,我守住这个地方,我回来。①

这里的农民大都选择落叶归根,对城市生活并不向往,认为还是家里好,外出打工是迫不得已地求生存。进城也好,返乡也好,农民对未来的选择,虽然在年轻的时候也有浪漫主义和理想主义,也有对城市生活的憧憬,但支配他们行动的最终是生存理性,生存理性压倒了一切,所有的梦想都要屈服于生存理性。

这种生存理性有别于生产理性和生活理性,在生存理性的支配下,他们在生产上吃苦耐劳,在生活上有向往和追求,但又不会被生产和生活所吸纳,他们没有成为完全的无产者,也没有成为完全的消费者,工业社会和消费社会的逻辑并没有彻底改造他们,而是服务于他们的自我建构,而这一自我建构是在生存理性的支配下进行的,生存理性带来的是生存社会和文化,而不是消费社会和文化。这样,在现代工商业之上,并没有产生出一个消费文化,而是形成了一个生存社会文化,农民成功地将传统社会的消费理性复制到了现代工商社会,从而形成一个生存文化。

中国乡村家庭中的确有个体化,但这种个体化并没有扩展到公共层面,并没有成为社会构成和政治生活的主导原则,企业更专制,农民工对之毫无知觉,农民工只要赚钱。这是一个只有生存理性的经济动物,这个生存理性在市场经济的背景下不会引发反抗,也就是没有政治理性,成为纯粹的去政治化的一个人群。在消费主义和高成本生活的压力之下,生存理性使得农民成为经济人,严重缺乏公共理性,这是乡村社会缺乏公共性的根本原因,是乡村文化建设面临的最大挑战。

---

① 来自访谈资料编码 XWH20110709。

十、高成本生活与生存伦理

十一、代际传承与家本位文化

家本位文化是理解乡村社会的一个基本视角。在城市化的进程中,农民出现了明显的代际分化,学界普遍认为新生代农民工不同于老一代农民工。实际上,代际分化中也有传承,家本位文化非但没有消解,反而进一步强化,表现出了超稳定性,农民也在代际传承的价值链中获得了人生的圆满。但家本位文化也有局限,就是无法发育出公共性和主体性,成为单向度的家本位文化,乡村社会形成了靠私人道德维系的秩序,这正是乡村文化建设需要解决的问题。

(一) 代际分化中有传承

本章运用代际比较分析,对农民的生活追求进行研究,农民到底要什么样的生活,这是最初的问题意识,所观察的,就是农民对幸福生活的追求,在中国农民的家庭里,找到了农民的生活,也就是所谓的过日子。

不管社会如何变化,日子还是要过的,过日子是中国人的生活方式,农民的生活追求体现在过日子中,体现在日常生活中。我们不是泛泛地讨论中国人的过日子,而是引入代际比较的视角,对不同年龄群体的过日子进行比较分析,不是强调代际分化,也不强调代际传承,而是代际比较,通过代际比较分析,可以看到代际分化,也可以看到代际传承,在分化中有传承,在传承中有分化。

1. 生产认同的代际比较

通过对农民如何打工进行代际比较分析,发现,中年农民工从事的工种主要是普工、建筑工,中年农民工从事建筑业的居多;而青年农民工从事建筑业的几乎没有,青年农民工从事的工种主要是普工、技术工;老年人出去打工的几乎没有了,60 岁以上出去打工就没有人要了,找不到工作了。

本研究并没有使用所谓新生代农民工,而是使用青年农民工和中年农民工这一概念。这样更为准确,因为新生代农民工也会成为中年农民工。任何一个农民工,都会经历从青年到中年、再到老年的转换。人的想法和价值观并不是固定的,而是随着年龄的变化而变化,不同的年龄阶段对应着不同的价值观,对应着不同的生产、生活方式。

> 案例:50 后和 60 后的想法就是种田,80 后和 70 后有一定的共同语言可以交流。70 后打工赚钱,成家了,有小孩,建房,养小孩。80 后买房子建房子,买车,有房有车是最基本的,80% 的都会这样想。80 后只能靠自己的努力才能达到,家庭条件基本上不成熟。90 后的父母年轻,条件可以,家庭条件成熟。侄子是 90 后,他的消费水平比我高一个档次,其父母年轻,家里一切事都不需要他管,做一个花一个。[①]

不同年龄阶段的人的生活追求是不同的。中年人很现实,"穷怕了",考虑家庭更多一些,考虑自己少一些,生活方式很现实;新生代农民反感种地,与村里的居住环境和生活环境格格不入,想干点有特色的,不想在一亩三分地上打拼,主要是进城打工;老年人对生活要求低,能吃饱就行,生病了有钱医,这里的老年人很自立,不要子女守在自己身边,80、90 岁的老人还自己下田劳动,老年人也很现实。

2. 消费认同的代际比较

消费是理解乡村生活的一个视角,从这个视角出发,可以对乡村社会重新进行研究,这是一个有分析力的学术视角。不同年龄群体也是

———————
① 来自访谈资料编码 WM20110714。

通过消费完成代际认同,代际分化与代际认同是通过消费得以体现,消费是代际分化,也是代际认同。老年人的自给式消费与认同,中年人的家庭消费与认同,青少年的个体消费及其认同,消费的阶层分化并不明显,代际分化非常明显,不过,代际分化的效果也是为了实现代际整合,不同年龄阶段的人群实际上也是通过消费整合在一起,共同服务于家庭的再生产,也是劳动力的再生产。

农村老人的低消费认同,是个体消费的自我认同,退出了家庭之间的消费竞争。农村青年的消费认同,个体消费,城市社会的消费享乐主义,还没有参与到家庭消费竞争中来。农村中年人的消费认同,家庭消费的认同,家庭主义的消费认同,而非个体消费的认同。对中年人来讲,如果是个体主义的消费,而非家庭主义的消费认同,是不道德的,是不被鼓励的,是不被认可的行为,家庭主义的消费认同,是以家庭义务论为道德基础的。

中年人的消费是家庭主义,住房和小汽车都是典型的消费现象,是家庭消费的重头戏;手机则是个体化的消费,尤其是年轻人消费的重头戏;老年人的消费是低消费,消费的重头戏则是医疗消费,老年人的消费崇尚节俭,这在老人自立中有体现,老人不只节俭,而且勤劳。

教育医疗住房等消费都是为了劳动力的再生产,如果消费成本太高,就无法完成劳动力再生产,如何来降低消费成本呢,一是降低私人消费成本,二是降低公共消费的成本。

在相当长一段时间内,消费的城乡二元化还是很明显的,不管是私人消费还是公共消费,消费的城乡二元显著降低了消费成本,使得劳动力再生产在低工资的背景下仍能维系。但随着城乡一体化,公共消费和私人消费都出现了城乡一体化。

同时,消费的代际二元现象也很明显,即中青年和儿童的消费与老年人的消费差别,老年人的消费明显属于低消费,老年农民退出高成本生活,消费开支非常少,这也降低了私人消费的成本。在农村,代际消费的一体化还没有实现,代际消费的二元化有进一步加剧的趋势。

3. 家庭消费主义

青少年农民外出打工,就是好玩,没有养家的压力,自己挣的钱自己花,他们的生活方式和城里人没有什么差别。青年农民工的消费观念和消费方式是城市化的,他们穿的衣服,他们使用的手机,和城里的同龄人并没有什么差别。当然,青年农民除了城市化的消费,还有学习,他们怀有梦想,他们是脱离村庄生活的。但成家之后,当青年农民成为中年农民之后,他们会回归父辈的生活轨迹。

中年农民工有养家的压力,他们个人的开支少,并不追求城市化的消费,中年农民的消费主要是家庭消费,而非个人消费。这种家庭消费也是消费社会的一种形态,非集体消费,非个体消费,而是家庭消费,中国农民的主要消费是家庭消费,消费文化是家庭消费文化,消费主义是家庭消费主义。家庭消费是理解中国消费社会的一个重要视角,西方消费社会学并没有注意到家庭消费这一特有的消费方式。家庭消费,或者家本位的消费文化,这是乡村社会的消费文化,家本位的消费主义,消费是围绕着家庭再生产展开的。

所谓家本位的消费主义,乃是以家庭再生产为核心的消费主义。消费文化的主流不是西方的个体主义的奢侈品消费,从个体主义的角度理解不了中国的消费主义,消费主义一般认为是个体主义的,和个体主义相关的,而乡村的消费主义则是家庭主义的,是家庭本位的,也不是集体主义的。过去对消费主义的理解是片面的,费老所谓的消遣,实际上是一种社区消费,是一种集体消费,西方的消费是个体主义的,而中国乡村的消费是家庭化的,家庭是消费的基本单位,而不是个体,这样一个显而易见的事实,却被忽略了,家庭,而非个体,应该是消费研究的基本单位。农村的消费服务于家庭再生产,而不是个体的兴起,而不是个人享受,消费背后实际上是义务。服务于家庭再生产的消费,而不是服务于个人享受的消费。

(二) 价值链与家庭圆满

1. 价值链:乡村文化的内核

本书的多案例表明,代际分化与传承同时存在,代际背后是价值链。

案例：70后和80后，都是为了钱，守财奴，活得不值。90后，前卫，有个钱花个钱，有多少花多少，想是想过，攒不住钱。70后出去打工是为家庭出一把力；90后出去是为了玩。①

这不是代际差异，而是年龄差异，不能无限夸大代际差异，更多的是代际传承，这在人生价值链上看得非常清楚。人生的价值链，结合生命史理论，可以建构一个价值链分析模型，只有在这样一个价值链中才可以把不同年龄之间的差异同代际差异区别开来。

以生命史为参照框架，以成家、抚养子女等人口再生产为节点，建构了价值链的大致框架，价值链是由一个个价值节点组成的，成家是一个价值节点，抚养子女是一个价值节点，抚养孙子是一个价值节点，这是非常典型的家本位的价值链。在不同的人生阶段，有不同的价值取向，进行着不同的价值实践。

在分析中，我们把代际差异和代际传承，转换成了年龄的差异，转换成了人生的不同阶段，从而建构了价值链分析，价值链分析以年龄差异为分析的重点。年龄差异不是一个人的年龄差异，不是个体的年龄差异，而是一个群体的年龄差异，不是静止的年龄差异，而是动态的年龄差异，包含了代际差异和代际传承。也就是把不同年龄阶段的访谈对象的价值特征串联起来，组成一个价值链，这个价值链当然是不断发展着的。

从访谈到的不同年龄阶段的村民来看，有显著的差异。年龄越大越现实，年轻的时候就是为了好玩。在不同的年龄阶段，有不同的价值取向，不同年龄阶段的价值就构成了一个完整的价值链。

60后说，我们连梦都没有做过，就是为了生存；70后，一天一个梦，最后又回到原点，现实；80后，起初有憧憬，现在看得透，没有钱才出去，赚到钱就回来；90后，混呗，还是回来。

不同年龄阶段的人群对应不同的生产方式和生活方式，即三元经济，对应着价值链上不同的节点，有不同的价值诉求和价值创造。咸丰农村的价值链是家本位的价值链，是生存理性的价值链。

---

① 来自访谈资料编码 XWH20110709。

完整的价值链,需要再生产和维系;断裂的价值链,飘忽的人生,无根的人生。价值链的完整,价值链的断裂,价值链的再造,这是价值链的三个议题。代际分化、代际传承与价值链的关系,这是考察的重点。

这样就把乡村社会的价值链研究得非常清楚,人生的完整,就是价值链的完整,不能研究一个人的完整的一生,但可以通过代际之间的分化、传承把不同年龄阶段的价值说清楚。这样,就把代际问题操作化为年龄问题,操作为不同年龄阶段的问题,这样就不会把代际差异固化,把代际冲突转化为代际传承与合作,把价值冲突转化为价值传承和转化。也就是从价值失衡转化为价值平衡。

研究生产方式(打工)是为了寻找背后的生活意义和价值,从而发现了价值链的存在。价值链是乡村文化的内核,乡村文化建设应该围绕价值链展开,围绕价值链的维系、修复、转换、再造来进行。

我们的文化课题就是在寻找各地农民日常生活中正在实践的价值链,生活状态和生活风格背后是价值链,文化现象背后不是结构,而是价值链,我们用价值链分析取代了结构分析,这是价值研究的一个操作路径。通过价值链,将价值研究操作化,解决了价值研究的操作化难题。

2. 价值链与生命连续统

处在不同生命历程阶段的个人和家庭,他们的意义系统和情感体验是不同的,这不是代际之间的差别,而是人生不同阶段的差别,我们通过生命连续统来分析这一问题。

在连续统的基础上再看有无代际分化,否则,代际分化的视角就太机械,很多时候可能并不在代际分化,代际分化只是学者的想象,事实上只是一个圆形的生命历程而已,只是在人生的不同阶段做出了不同的决策和行为而已,这个连续统上的内容可能会被改变,但连续统本身是永远存在的。当然,也有村民会从这个生命连续统上逃脱出去,从而进入到另外的生命连续统中去,但这并不影响原来的那个生命连续统的存在和运转。

文化是什么,文化就是一个生命连续统,村庄也是一个生命连续统,只要这个生命连续统存在,村庄就存在,文化就存在,生命连续统更多是一种代际传承和接力,而非代际分化。

文化变化的确是由经济变化引发的，但文化的实质不是经济，文化的实质是一个生命连续统，这个生命连续统在新的时代条件下如何延续，是值得关注的问题。

乡村文化研究就是要找出不同类型的生命连续统，中国社会文化具有超强的自我平衡能力，其变迁一定不是线性的，也不是所谓复线的，而是圆形的，呈现出一个圆形的生命连续统。西方文化是线性的连续统，中国文化则是圆形的连续统。

在那位45岁留守妇女的讲述中，个人情感让位于家庭情感，为了家庭，为了子女，夫妻感情被牺牲了。所以，不能只从年轻人的婚恋来看感情，如阎云翔、费老关于先结婚后恋爱的判断也未必成立。传统家庭模式中没有感情，是所谓的合作社模式，现在有感情了，个人感情凸显了，这是阎云翔书中的观点，但情感的这种线性演变逻辑似乎并不能成立。

中国社会文化变迁的图式不是直线，是一个圆形。在生命连续统的不同阶段，会有不同的形式，不能仅看到某一个阶段的现象，就将其无限放大，中国人的生命是一个圆，中国的文化也是一个圆，一定会画上这个圆的，是有这种自我平衡的能力和追求。其实，这就解释了笔者此前看到的一些现象，比如，小姐在外面挣了钱就回家做点生意。当然，能否画上这个圆，可能会担心，比如谁来种田了，年轻人不会回去了，回不去的一代了，其实，他们是能回去的，他们回去不仅是无奈，而是为了回去画上这个圆，这就是中国文化的平衡能力。

绝对不是阎云翔所讲的那种线性变迁，而是一个圆形的轮回。阎云翔只是考察了年轻人的情感体验，而没有考察中年人和老年人的情感体验。[1] 不过，阎云翔的确抓住了当下的一些问题，这只是一个片段上的问题，要在人生连续统中来看待某一个片段上的问题。

这个圆形的生命连续统，是为了达到人生的圆满，中国人最想要的生活状态是什么，是圆满，而不是幸福，圆满才是人生的追求。圆满不仅仅是个体感受，而且具有社会性。

这个所谓的生命连续统，就是价值链，从代际，到生命史，再到生命

---

[1] 阎云翔：《私人生活的变革》，上海：上海书店出版社2006年版。

连续统,最终找到了价值链这样一个核心概念和操作工具。

3. 家庭圆满

本书要研究的并不是农民如何赚钱,而是农民的生活追求和生活状态,赚钱是生活状态的一个重要变量,即笔者思考的农民到底要一种什么样的生活,有钱的生活,幸福的生活,圆满的生活,什么样的生活才是圆满的,他们如何才能达到圆满,这是要回答的问题。有了这一问题意识,才真正进入了农民生活的核心,进入了中国社会文化的内核。

建设什么样的乡村文化,这个问题已经解决了,从单向度家本文化,得出了建设乡村文化的路径,建设能够满足群众需要的乡村文化,要建设的乡村文化是义务本位的文化。

中国农民追求家庭圆满,而不是个体的自我实现,是家庭价值的实现,而非个体价值的实现,这就是中国人的追求,中国农民还没有到追求自我实现的层面,还停留在追求家庭价值实现的层面。我们一直在探索,中国农民到底在追求什么样的生活,最终发现,中国农民追求的是家庭圆满,而非个人的自我实现。

青少年自小就被教育认同家庭价值最大化,这是家本位文化,也是一种家庭主义,即家庭价值,家庭价值是相对于个体价值的,也不同于家庭结构。在不同的阶段,对家庭价值的认同程度会有差异,青年农民工摆脱了家庭的束缚,追求自我价值的实现,他们对小农家庭价值的认同程度最低。但也发现,很少有青年农民追求自我价值能够成功,他们只能回归家庭价值,成家后,他们转而追求家庭价值,基本上放弃了自我价值的实现。中老年农民更是如此,他们就是追求家庭价值的实现,所谓养家就是家庭价值,所谓为了下一代也是家庭价值,这是非常正面的价值。

家庭圆满就是家庭价值,家庭幸福也是家庭价值,文化建设要增加人们的幸福感,中国农民的幸福感是家庭幸福感,来自家庭价值的实现,家庭价值的实现程度越高,人生也就越圆满,也就越幸福。农民的幸福就是家庭幸福,而非个体幸福,但家庭幸福不是在家庭层面就能够实现的,不是靠单个家庭的努力就能够追求到幸福的。每个家庭都在追求幸福,但仅靠一个家庭的努力就能获得幸福吗?家庭价值虽然相对于个体价值具有优越性,这种优越性是显而易见的。家庭理性也许优于个体理性,但家庭理性同样是有局限的,仅靠家庭理性就能够获得家庭幸福吗?不能,家庭理性之上还有公共理性,必须借助于公共理性才能实现家庭幸福。仅靠家庭理性无法实现家庭圆满,在现代社会尤其如此。在现代社会,如果仅靠家庭的力量就能够实现家庭幸福,这不是一个笑话吗?

正如我们所发现的,虽然家庭在追求家庭价值上具有有效性,但也有局限性,突出表现在公共事务治理上。家庭幸福除了要靠家庭去追求,还要借助于公共治理,而公共治理需要公共理性,除了家庭理性,还有公共理性。家庭理性表现为家庭义务,而公共理性则表现为公共义务,公共义务的缺失则是公共理性的缺失。公共理性的缺失,最能够影响弱势家庭的幸福,尤其是老人的幸福,老人幸福受公共理性的影响最大,因为家庭理性导致老年人地位下降,老年人福利受损。

(三) 家本位文化

家本位不是核心家庭,也不是原子化,更不是无功德的个人,中国社会的个体化这一判断绝对是误判,本研究发现的是家本位的超稳定性。集体主义解体之后,不是个体主义文化,而是家庭主义文化,这个发现可以与阎云翔的研究对话。[①]

1. 家本位的表现

同样是家庭,学界对家庭的理解并不相同。家本位是个抽象的概括,家本位的社会结构,家本位的代际关系,家本位的意义系统,家本位的宗教信仰,家本位的生活态度,家本位的价值链。其具体机制更丰富,更有意思。

板桥的经验非常有启发,家本位而非个人本位,有很多现象,都是围绕着家本位发生的。与家本位相关的是:现实主义、生存至上、没有超越性理想。这恐怕是中国人生活的逻辑,也是生产的逻辑,是中国人的行动逻辑。这个是可以放大的,城里人、农村人,老中青概莫能外。不是抽象地讨论家庭本位,而是将家庭本位与生存理性结合起来,来解

[①] 阎云翔:《中国社会的个体化》,上海:上海译文出版社 2012 年版。

释中国农民乃至中国人的行动逻辑。

农民外出打工是为了家庭,两地分居的夫妻感情可以维系,不会影响感情。也是因为家庭,双方都是为了家庭而艰苦奋斗,齐心协力把家庭搞好。这是夫妻之间的合作,对大多数家庭而言,夫妻之间只有通力合作,才能把家庭搞好,才能过上高成本生活。夫妻之间的合作,不是出于个人情感的需要,而是出于家庭情感的需要。

老人支持儿子,帮儿子带小孩,而且没有怨言,这是家庭的代际关系。代际之间的合作较好,代际合作与接力是新家庭主义的一个方面。也是高成本生活使然,同时也是家庭的延续性使然,是理性选择,也是超越性情感在发挥作用。

代际合作与接力,保持在三代之内,三代人是一个整体。三代一体,并不是纵向的一体,而是横向的一体,不是来世一体,而是现世的一体,这就是纵向关系的横向化。因为家庭本位导致横向整合的缺乏,所以,纵向关系横向化,弥补了横向整合与合作的不足,从而增强了家庭的适应能力,这就是纵向代际关系的横向化。横向化就更多是合作、协商,而不是传统的命令与服从,纵向关系横向化是代际关系的特征,这是新家庭主义的一个根本特征,即代际关系的横向化,它弥补了横向团结不足,共同体解体的弊病。是对市场化和城市化的一个应对,也是家庭自身平衡能力的体现。

农民对小孩的教育很重视,送到县城的学校去读书,或者带到城市里读书。为什么要重视下一代,重视小孩的教育,是为了养儿防老,还是为了提升家庭地位,改变家庭命运,把儿子培养成人才。很多地方的家长都重视小孩教育,但目的并不相同。有些地方是为了提升家庭地位,功利性非常强;有些地方则纯粹是为了子女日后的生活。在咸丰,没有看到这种功利性,似乎是一切为了孩子,是为了让孩子过上好日子,老人对子女们的付出是没有功利的,并且男孩女孩一样。过去培养小孩是为了自己,现在培养小孩就是为了让小孩过得好一些,有好的工作和生活。

村庄主体性不强。凸显的是家庭,而不是个人,也不是社区,在很多地方,村民回来不是在家里,而是在街坊邻居的酒桌上;在北方,首先要融入村庄,然后才有家庭,但咸丰显然并非如此,这里是少数民族,村庄发育不成熟。这里的村民回来不是回到村里,而是回到家里,是为了家人而回来,或者为了家人而离开。

村干部的服务性强,权威性不强。与很多地方相比,这里的村干部最不像干部,因为家庭很重要。调查发现,村里的干部很年轻,在职干部随时跳伞,下派支书很普遍,大学生村官能当支书。

家本位导致村庄公共性不强。村庄治理不好抓,政府很难撬动民众,一盘散沙,很难对付,因而,上访很难治理,政府狠的时候,好治理,政府和谐的时候,很难处理。

政府很难撬动民间,一是表现在观念结构上,二是表现在种植结构,三是表现在社会结构上,这里的社会结构也很有特点。以自然经济为主导的种植结构,以家庭为主导的社会结构,家庭主导不是一个偶然事件。

家庭观念强。因为有小孩、老人,中年人可以留在村里不出去打工,比如张主任;男人出去打工,立住脚,再把老婆和孩子接出去,也有女人先出去,立住脚,再把丈夫和孩子接出去,一家人在一起,举家流动模式较为普遍;80后返乡也能够适应村庄里的生活,他们可以回来;一位70多岁的老人说男人应该负责任,把家撑起来,不能让自己的老婆和孩子受苦,有这种家庭观念是非常难得的。

阎云翔认为,个体权利观念凸显[①],而本研究则看到家庭观念的凸显,家庭观念在现代化进程中不是弱化了,而是强化了,这就是家本位文化的生命力。

2. 家本位的社会团结

家本位体现在两个维度,一是生活意义,二是社会结构,此前笔者思考更多的是社会结构,现在把思考的重心放在生活意义系统层面。差序格局是社会结构,伦理本位则是生活意义,伦理要解决的首先是生活意义问题,而非结构问题,对家庭的研究是在生活意义层面进行的,而非在社会结构层面进行的,研究的是作为意义和价值系统的家庭,而非作为社会整合和构成单元的家庭。

家本位的社会结构,这一点社会人类学家已经多有研究,费孝通的

---

① 阎云翔:《中国社会的个体化》,上海:上海译文出版社2012年版。

研究,如熟人社会、差序格局①,主要是从社会构成的角度进行的观察。家庭处在社会团结的中心,家庭本位的社会整合,非个体本位,亦非村庄本位。

家本位的价值系统,就是价值链,是对价值的研究,这一路径的研究一直没有突破。价值链是家庭本位的,非个体本位的,亦非集体本位的。本研究从社会结构分析走向了价值链分析,任务是描绘价值链,而不是找出结构。笔者此前所谓的生命连续统,就是价值链。

在对中国社会转型的观察中,缺乏对价值与结构的区分,学界的观察和评论往往将二者混淆在一起,比如阎云翔的观察,很犀利,但他没有区分结构和价值,比如他关于个体化的研究,是结构上的还是价值上的,并不清晰。结构上的观察,却得出了价值维度的判断。

以家庭为中心的横向团结。家庭提供的是一种以人为本的随时随地的联结纽带,而那种超越性的强烈纽带则是家庭无法提供的。所以,以家庭为中心的社会团结并不紧密,无法提供一种强烈的团结,只能是一种松散的团结,这也是我们此前看到的家庭外出务工对村庄影响较小的原因所在,也是村干部威权程度较低的原因所在,人们离开村庄的实质是离开家庭,回到村庄也是回到家庭。这种以家庭为中心的社会团结非常有特点,公共生活必然不发达。

汉族人社会的家族则非常发达,团结程度高,家庭并不是主导的团结方式,比如东阳农村,有家族,有村庄,公共生活较为发达。板桥村是土家族,家族构成不像汉族人社会那样成熟,对中国社会的分析都是以汉族人社会和儒家社会为理想类型的,少数民族地区的社会构成很显然不同,家本位的逻辑并没有推演,而是停留在家庭内部,保持在三代以内,没有形成差序格局。

西方是横向团结发达,中国则是纵向团结发达,甚至横向团结也是由纵向团结决定的,比如宗族社会。所以,中国的家本位社会是一个纵向团结的社会。

以家庭为中心的纵向团结。这里的农民不知道啥是基督教,只知道祖先和毛主席。以家庭为中心很难产生终极信仰,祖先崇拜是一种

---

① 费孝通:《乡土中国》,上海:上海人民出版社 2006 年版。

什么样的信仰,终极性还是现世性。我们考察村庄团结,偏重于考察横向团结,如差序格局,而忽视了纵向的团结,如代际关系和祖先崇拜。横向团结基于理性,纵向团结基于终极性。

这里对老年人的葬礼很重视,村民很在乎这样的事,讲究,要请道士,棺材提前做好,在村民家中随处可见,坟墓也讲究。

祖先崇拜与宗教信仰的共生抑或替代关系,很显然,祖先崇拜与民间信仰是共生的,祖先崇拜与外来宗教是矛盾的,外来宗教比如基督教是反对祖先崇拜的。

宗教信仰主要解决纵向的问题,还是横向的问题,或者民众主要通过宗教信仰解决什么问题。人们为什么会选择基督教,是要解决现世的问题,是横向的问题,而非纵向的终极问题。所以,笔者认为各种宗教之所以能够传播,乃是因为它们承诺解决的是现世问题,解决的是横向团结的问题,而无法解决纵向问题,中国农民的纵向问题仍然是中国式的解决办法,或者说中国文化的延续性仍然不是用西方宗教来解决的,这与中国农民选择宗教多出于现实考量也是一致的,中国人的宗教信仰多出于现实问题的需要,比如家庭困难、生病、求子、求财、求健康、求平安、求功名,都是现实问题。

中国人的终极性是怎么来解决的呢,中国社会与文化的纵向延续性是怎么完成的呢,板桥经验提供了一个思考的对象。中国人的终极性就是家庭的延续性,就是纵向团结,这在中老年村民那里体现得较为明显。这种家庭的延续性如何表达,老人对下一代的无私奉献,下一代对祖先的无限怀念,这都是超越现世层面的情感。

家庭的延续就是中国社会与文化的延续,就是所谓的纵向整合。家庭的延续与劳动力的再生产重合了,这是一个非常有意思的现象,家庭的延续与人口生育、人口红利、劳动力的再生产,与中国乡村文化的延续性,可以得到更有效的解释。

为什么劳动力再生产能够以较低的成本进行,为什么老人能够带孩子,能够抚养两代人,这主要是家庭的延续性使然,也就是说,这不仅仅是一种经济行为和市场行为,而且是一种文化行为,这种文化行为支持了市场行为。看起来是理性的,同时也是情感,是现世的,也是终极性的。如果没有这种终极性的支持,这种理性行为就是非理性的,就是不可理解的,由此,从中国家庭的延续性出发,从这种纵向的终极性出发,对家庭的外出务工,对劳动力的再生产,对代际关系,有了更为贴切的理解,进行更为紧凑的解释。

3. 家本位的扩展性与内敛性

家本位的扩展性。如何从家庭扩展到更大的社会层面,社会关系如何从初级关系扩展到次级关系。这有不同的类型,遵循不同的路径,当然,有的并没有扩展出去,比如咸丰。

中国人的社会关系并不是从自我个体推展出去的,而是从家庭推展出去的,因为个体在社会关系中并不具有合法性,个体在社会关系中的合法性一定是在家庭中实现的,因而,社会关系的扩展一定是从家庭出发的。很多时候是两家的关系,而不是两个人的关系。

这实际上是对差序格局的一个发展,一个具体化。从家庭出发,人们如何构建社会关系,有不同的类型和路径。比如人情,比如宗族,比如小亲族,等等。东北的社会关系更具扩展能力,因为有一个积极的"处",从家庭扩展到村庄,从私人生活扩展到公共生活。不管哪种类型的社会关系建构,家庭都是出发点,家本位是共同点,不同类型的社会关系建构,也会对应着不同风格的家本位。

由于个体在社会关系中并不具有合法性,必须依托于家庭,从这个意义上来讲,阎云翔所谓的个体化只是家庭中的个体化,而不是社会关系中的个体化,个体化在社会关系中并不具有合法性。

家本位的内敛性。家本位除了扩展性,还有内敛性,差序格局只注意到了家本位的扩展性,而没有注意到家本位的内敛性,中国人的关系之所以愈外推愈薄,恰恰证明了家本位的内敛性。这种内敛性在咸丰农村表现得非常明显。

在咸丰农村,家本位的社会结构,家庭处在社会关系的中心,家庭与村庄之间是断裂的,在社会层面,无法从家庭推展到村庄,这种社会结构导致了治理的特点,更难参与治理。

家本位的保守性、脆弱性、内敛性、内向性、非扩展性,村民行为的收敛,社会关系的收敛,经济行为的收敛,可控的、规避风险的行为,内敛的社会关系,而非扩展的社会关系。经济最大化与风险最小化相结合。

家本位文化具有稳定性、保守性和内敛性,此前发现的自然经济的特点,实际上是家本位文化的特点,将经济的特点转化为文化的特点。自然经济所揭示的实际上是文化的特点,而非经济的特点,所谓的心理结构,实际上是家本位文化的特点。

家本位的保守性、内向性、内敛性,经济行为的收敛,行为保守,可控的、规避风险的行为,导致公共性缺失。恩施农村的道德和文化是一种保守的文化,追求安全的行为,这恐怕是发展滞后的原因所在。

4. 家本位文化与小农的自主性

小农的生存需求,追求家庭幸福生活,同时,小农的保守性也是非常明显的,这就是小农的二元特征。小农经济剩余有限,必须要外出打工才能满足生存需求,同时,小农经济又有保守性。

第一代农民工的社会关系都在农村,并且有农业生产经验。第二代农民工则基本上没有农业生产经验,他们在成家之前外出打工,他们试图融入城市,在消费上和城里的同龄人没有什么太大的差别。消费趋于城市化,生产上工业化,虽然融入城市有困难,有时还要面对城里人的歧视,但这些都不妨碍他们在消费上模仿城里人,尤其是对年轻人而言,年轻人打工就是为了个人消费,攒不住钱,他们很难在职业发展上有所突破,但很容易在消费上突破,消费城乡一体化,从消费的视角能看到一个全新的乡村。

第一代农民工返乡没有困难,新生代农民工返乡有困难吗?他们的确不会再像父辈那样种田,也可以为乡村建设注入新的活力,同时,他们在消费上接受了城里人的消费方式。随着消费下乡,城市化消费在农村也可以享受到。所以,新生代农民工返乡并没有困难,不管是在生产上,还是在消费上,他们都可以返乡,并且能为乡村建设注入活力。

乡村建设倡导青年返乡是有社会基础的,返乡青年可以大有作为,不能简单地说第一代农民工可以返乡,第二代农民工回不来,第二代农民工也是可以返乡的。第一代农民工返乡继承父辈的生活,而新生代农民工返乡不想再重复父辈的生活,他们一般想创业或经商,从而为乡村建设提供新的动力和活力,他们注定要过不一样的生活,不管是在生产上还是在消费上。

第一代农民工还保留着"我是农民"的认同,而第二代农民工则是新农民的认同。所以,当前特别需要一个乡村教育运动,因为城市化已经为乡村建设提供了新的机会,一些地方的农民已经抓住了这次机会。乡村建设不仅是工业反哺农业,而且是城市反哺乡村,乡村建设面临的不仅是公共财政下乡,而且是私人资本下乡。当前乡村建设缺的不是资本,而是人才,必须启动新一轮乡村建设人才培养计划,不管是教育,还是培训,都是面向城市的,都是为城市培养人才,而不是为乡村培养人才。

为乡村建设培养人才,大有可为,社区大学和平民教育的重点是培养乡村建设人才,乡村建设,最缺的是人才。从客观上来看,农民工返乡是有条件的,从社会基础来看,农民工返乡是有条件的,这里的农民工愿意回来,他们为什么选择回来,这是我们探索的一个问题。

回来可以,但不能以失败者的身份回来,乡村文化建设就是要帮助他们树立尊严,劳动者的尊严,我们讲的教育,正是乡村文化建设的重要组成部分,教育是文化建设的组成部分,尤其是继续教育和终身教育。农民工目前返乡的逻辑就是失败者的逻辑,为什么返乡,在城市里待不下去了才返乡,这是一种城市失败者的返乡逻辑,不是衣锦还乡,而是失败者返乡。

乡村文化建设除了为留守群体服务,还要为返乡青年服务,留守老人和妇女主要是要打发闲暇时间,主要是文艺活动,而青年人需要教育。乡村教育尤其是社区大学要改变失败返乡的逻辑,乡村文化建设要为乡村建设服务,为返乡农民工服务,这是乡村文化建设的另一块内容,就是平民教育和社区大学。文化建设要有针对性,乡村教育是乡村文化建设的重要议题。

农民工的认同是流动的,很难说是乡土认同还是城市认同。返乡更多是一种无奈,而非落叶归根,非衣锦还乡,如何让无奈者不无奈,这是文化建设可以有所作为的地方。"一天一个梦,最终又回到原点",有一种无奈,有一种失败感,有一种无力感,他们返乡之后,可以成为乡建的力量,但必须通过教育,他们非常需要乡建教育。乡村教育如何开展,返乡青年是对象,乡村教育过去是以离乡农民为对象,现在需要以返乡农民为对象,通过教育,帮助返乡青年重拾信心,并学习技能,从而投入到乡村建设中去,返乡创业,从这个角度来讲,返乡创业是可行的。

当然，他们也需要帮助。

农户的家庭再生产不只服务于劳动力商品化，而且服务于乡村建设，为什么离开农村，是因为在农村挣不到钱，这个问题现在能够解决了，返乡就可能了。培养新型职业农民是非常有价值的一件事情，新型农民不是想当就能当，不只需要资本投入，还需要相应人力资本的投入，新型职业农民必须要经过培训。

外出—返乡都服务于家庭再生产，个体最终回归家庭，他们在家庭中找到了人生的意义，个体意义在家庭中得到了实现。家庭实际上是一个意义系统，也是一个认同与归属系统，使得个体避免了在市场经济中的异化，在家庭中找到并保留了自己的主体性。打工生活对农民工来讲是一种历练，同时也是一种摧残，家庭是一个港湾，对于社会稳定的作用是显而易见的，对中国经济增长和社会稳定具有正功能，当然也有局限性。

家本位文化对小农是一个保护，使得个体在市场经济中的异化得以避免。个体对城市社会的不适应其实就是劳动力的异化，包括性格上的异化与分裂，而返乡则是一种保护，是对异化的避免。人不仅是作为商品的劳动力，还是可以自主生产的小农，并且以小农的自主性避免了商品化劳动力的异化。家本位文化帮助农民找回了小农的自主性，这就是家本位文化的价值。

外出打工使得小农的劳动力商品化，而返乡则使得农民获得了小农的自主性，农民工返乡并不是人的身体回来了这么简单，重要的是从意义系统上回来了，从心灵上返乡。农民外出—返乡都是基于家本位文化，他们之所以能够回来，并且愿意回来，就在于家庭的意义，家本位文化提供了一个意义系统，让之能够回来，家本位文化是一种本体文化。

小农的自主性，不能说好不好，小农并不意味着落后，对生活的预期不高，保守、规避风险，恰恰构成了小农的自主性。乡村文化的核心就是小农的自主性，这不好吗？这类似于古希腊的古典哲学生活，他们的想法很简单，就是从土地中获得生活。

小农在农业资本主义中如何找到自己的主体性，今天的乡村社会处在市场经济和消费主义的影响之下，农民进城，资本下乡，消费主义在农村兴起,农业生产和乡村生活发生了根本性变化。在这种情况下,如何找到小农的自主性,家本位文化很关键,这种小农的自主性就是劳动者的主体性,劳动者的尊严。找回小农的自主性,就是乡村文化建设的目的,劳动者的文化,而不是弱者的文化。

家本位文化是找回小农自主性的关键,个体如何安放自己,回归家庭是一个选择,回归家庭才能找到小农的自主性,从而避免异化。

5. 家本位文化的自我平衡

此前我们在乡村文化研究中提出了伦理性危机的概念,注意到了伦理与人心秩序的问题,其实这个问题更多是宏观层面的问题,而非微观社会的问题。

本研究并没有采用伦理性危机的失衡范式,在进行乡村社会的微观研究时,已经批判了这种失衡范式。在乡村文化研究中,进行更为精细的微观研究,放弃伦理危机范式,采用家本位文化的范式。

家本位文化面临着危机吗?当然没有。家本位文化并没有面临危机,在市场经济和消费主义的冲击下,家本位文化反而强化了,所谓的伦理性危机实际上并不存在,包括代际关系并没有失衡。有问题的是公共道德,而非家庭道德,家庭道德才是中国的最大红利。中国社会为什么保持稳定,中国经济为什么能够增长,廉价劳动力只是经济因素,文化因素是家庭道德,家庭道德促进了经济增长,延缓了社会危机,从这个角度来看,只能是正面解释。

家庭是中国人的港湾,今天中国乡村文化的问题不是家庭文化造成的,家庭道德不再是改变的对象。在国家权力范式的主导下,家庭道德一直是被改造的对象,这种思路一直延续到今天,比如阎云翔提出了"无公德的个人",乡村社会的道德必须要重建,家庭道德是有问题的,是需要重建的。要放弃这一思路,中国乡村文化的问题恰恰就是在各种外部力量的干预下出现的。

今日中国乡村文化的问题是由外部因素造成的,比如国家与农民关系,比如劳资关系,笔者认为任何批判家庭的问题意识都是站不住脚的,都是弄错了问题的方向。中国社会的整合靠的是家庭自身的力量,中国社会道德和文化的大部分都与家本位文化有关,比如节庆仪式,尤其是春节,都是围绕着家本位文化展开的,离开了家本位文化,就无法理解中国社会。家在中国文化中的重要性远远超过了西方。不能在西方社会学的框架里来理解家庭，更不能将家庭作为一个变量来解释道德异化现象。

中国家庭的变化都是由外部因素引发的，中国家庭即使有问题，也很快能够进行自我平衡，林耀华先生所讲的文化的平衡，[①]就是指的家本位文化的平衡，即金翼之家的文化平衡。我们讲的平衡是家本位文化的平衡，是一种微观平衡机制，而非宏观的社会平衡，要缩小分析范围，不是泛泛地分析中国社会与文化的平衡，而是分析中国家本位文化的平衡。

当然，家本位文化与宏观社会的平衡也是有关系的。中国社会的弹性，其秘诀就在家本位文化上，正是家本位文化才使得中国社会具有了弹性，中国社会的弹性是通过家本位文化得以维系的，对中国社会弹性的研究是通过家本位文化来切入的。此前所谓的伦理性危机，农民自己讲的社会风气坏了，实际上不是针对家庭伦理，而是讲的社会伦理，但在后来的讲述中，将之转换成了家庭伦理危机，这是不妥的，当时并没有注意到这个问题，并没有明确区分家庭伦理与社会伦理。

但很多学者的研究混淆了二者的区别，将伦理问题完全当成了家庭伦理问题，这是严重不妥的，甚至是不负责任的。今天家庭伦理出现的问题，不是家庭自身的问题，而是外部因素造成的，社会学研究把家庭伦理的问题归结为家庭自身的问题，而忽视了家庭的外部因素。还美其名曰从村庄来研究村庄，从家庭来研究家庭，从农民来研究农民，从道德上也许能够打动人，但在学理上是无法成立的。乡村社会的变化肯定是乡村之外的变量引起的，农民的变化也是由农民之外的变量引起的，家庭伦理的变化也是由家庭伦理之外的变量引发的，而不是由其自身引起的。

外部因素包括国家、市场等因素，只有具备这样的外部视角，才能真正揭示乡村社会的变化，才能有批判的力量，否则，就非常容易把乡村社会的问题归结为乡村自身的问题，这种解释进路是行不通的。也

[①] 林耀华：《金翼：中国家族制度的社会学研究》，北京：生活·读书·新知三联书店 2008 年版。

就是说,如何寻找对家庭伦理的解释呢,是从家庭内部,还是从家庭之外,这个要根据实际情况,不一定非要在家庭内部,如果确实是家庭内部的变化引起的,那就从家庭内部现象之间的关系来寻求解释,如果确实是由家庭外部的变量引起的,那就从家庭外部现象与家庭内部现象之间的关系中来寻求解释。涂尔干认为社会学研究方法的准则,就是寻求社会现象与现象之间的关系,但在家庭研究或者村庄研究中,就容易操作为家庭现象与现象之间的关系,村庄现象与现象之间的关系,这就遮蔽了另外一半的视野,就是家庭现象与家庭外现象之间的关系、村庄现象与村庄外现象之间的关系,而作为一种立场的从村庄来研究村庄,就更加容易遮蔽外部因素。

(四) 单向度的家本位文化

从农民追求美好生活出发,我们发现了单向度的家本位文化,发现了家本位文化的优点,同时也发现了家本位文化的不足,家本位文化的不足有两个,一是公共性的缺失,二是主体性的缺失。由此看来,家本位文化是乡村文化的底色,这也是乡村文化建设的基础,但只靠这个底色很显然是不够的,必须在家本位文化的基础上建设乡村文化的公共性和主体性。

1. 单向度的家本位

家本位,家庭是出发点,也是目的,麻国庆的研究揭示了这一点。[①] 邻里关系、人情往来都是以家庭为中心进行编织,家庭的完整、和谐、富裕、幸福是追求,齐心协力建设好自己的家庭,这是最大的社会正确,这在市场经济背景下非但没有弱化,反而进一步强化。

市场经济并没有带来个体化,反而带来了家庭价值的凸显,家庭价值的凸显,是生存理性使然。这也是人生意义归属所在,若小家庭不幸福,则不具有合法性,这在熟人社会尤甚。

家本位的社会正确,就是笔者找到的家庭理性的合法性。市场经济真正把农民从村庄和国家的控制中解放出来,也真正使得家庭本位

[①] 麻国庆:《永远的家:传统惯性与社会结合》,北京:北京大学出版社 2009 年版。

和生存理性具有至高无上的合法性和正当性。

虽然家本位是一个事实，但今天的家本位不再是传统的大家庭本位，而是小家庭本位，单向度家本位在结构上的一个体现，就是核心家庭化。今天，追求家庭利益，让家庭过上幸福的生活，具有合法性，这里的家庭不是大家庭，而是小家庭。

家本位是符合道德要求的，家庭责任是道德，这个并没有变，内核并没有变，中国社会文化的内核并没有变，中国道德的内核并没有变。家本位是乡村道德的核心，乡村道德就是家本位道德。

在调查中发现，乡村道德有变化，但也有不变，乡村道德的内核并没有变，乡村道德的外围发生了剧烈的变化。家本位作为乡村道德的核心，并没有发生变化。但家本位在收缩，家本位从公共生活中收缩，退回到核心家庭中，成为单向度的家本位。

家本位收缩为单向度家本位，这是一个非常剧烈的变化，农村社会发生的所有问题，包括所谓无功德的个人，都是这一剧烈变化的表现形式。学界对这一变化的捕捉和表述，均不够精准。

单向度家本位，意味着中国乡村社会的巨大变化，过去的研究基本上没有精准捕捉到这一变化，甚至误认为家本位的复兴与强化，实际上是家本位社会的一个转折。这个转折不仅是家庭结构上的变化，如核心家庭化，还包括家庭道德的变化，比如生存理性与功利型道德，还带来了人际关系的一系列变化。

可以这样说，改革开放以来，在市场经济背景下，中国乡村社会发生了剧烈的变化，大江南北的农村都是如此，用三千年未有之大变局来形容一点都不过分。那么，这个剧烈变化到底是什么变化呢，研究者往往语焉不详。如果非要给当今中国乡村社会一个整体概括的话，这个概念就是单向度的家本位，这是当今中国乡村社会的核心特征，并且外延足够广泛，体现在乡村社会的各个领域。

所谓单向度家本位，指只有私性而没有公共性的家本位。这个公私关系不同于过去的讨论，是市场经济背景下的公私关系，过去在家国一体框架下，家庭是可扩展的，因而具有公共性的产生机制，可以扩展到家族，可以扩展到国家；而今天，家庭是内敛的，不再具有外推性，就是小家庭，核心家庭，家本位的公共性也就丧失了。一盘散沙不只是一个结构概念,更是一个道德概念,今天的中国乡村社会比任何时候都更加一盘散沙。

本书要考察的是,家本位的公共性是如何丧失掉的,以及保留的程度。家本位丧失了公共性之后,就成了单向度的家本位。那么,在单向度家本位之下,如何建设乡村文化呢,很显然,就要建设公共性的文化,而不是私性的文化,从而弥补单向度家本位的不足。乡村文化实际上指的是乡村公共文化,这个公共文化是非常难得的。

所以,单向度的家本位文化是一个非常好的概念,所有的分析、批判和建设都是基于这一点进行的,这是研究乡村文化的一个主要发现。为什么是单向度的呢,因为它失去了公共性和超越性,充满了私人性和现世性,这就使得乡村文化出现了所谓的伦理性危机。

本研究发现了家本位文化的优点,同时也发现了家本位文化的缺点。家本位文化的缺点有两个,一个是公共性的缺失,二是主体性的缺失,前面论证了公共性的缺失,即单向度的家本位文化,由此推导出公共文化建设进路。

也就是说,从家本位文化的再生产出发,提出了单向度的家本位文化,发现了乡村文化中公共性与主体性的不足。因而,乡村文化建设就是要解决两个问题,一个是公共性不足,一个是主体性缺失,乡村文化建设也就是要围绕公共性和主体性建设来展开。前面主要论述了公共性与集体经济、公共空间以及集体义务之间的关系,探索出了建设公共性的一个进路,即通过重建集体义务来重建公共性。应该说这一认识触摸到了文化建设的根本。除了公共性,还有一个主体性的问题,二者相辅相成。

2. 单向度家本位的公共性扩展

农民返乡,这是乡村文化的一个重要条件,事关乡村文化建设的方向与内容。农民为什么会返乡,这不只是一种无奈,更是一种文化。

我们的判断是,农民之所以愿意返乡,因为农民是保守的,是内敛的,这里试图要解释的是,农民为什么是保守的,为什么是内向的?

在回答这个问题之前,可以先来看看,农民自己是怎么来理解这个问题的。不同的人有不同的解释,不同年龄阶段的人有不同的回答。

打工是一件很不自由的事情,打工不自由,很枯燥,青年农民为了追求自由而外出打工,但他们在打工生涯中并没有找到自己想要的自由。

外面很复杂,城市融入困难,这是社会适应;挣不到钱,没有条件在城里安家,这是客观条件;因为家庭,家里有老人需要照顾,家里有孩子上学;外面夏天太热,我们这里凉快,宜居;家里好玩,这是一位 90 后讲的话。

总之,中国农民为什么会返乡,归根结底是家本位文化使然,中国农民的保守和内敛,也是因为家本位文化。中国农民为什么返乡,以前的研究多是从经济的角度,从制度的角度,但没有从文化的角度,从乡村文化的角度来看,中国农民之所以返乡,乃是因为家本位文化使然。不同年龄阶段的农民都有可能选择返乡,这体现了家本位文化的传承。

家本位就会带来人的行动的保守性、内敛性,村民们愿意回来,不仅仅因为不思进取。这里挣钱不好,但生活挺好,属宜居之地,当地也在进行旅游开发,试图把恩施打造成武汉和重庆的后花园。

江汉平原上很多人不回来,鱼米之乡的人为什么不愿意回来,那里的劳动力更容易以一种极端的异化的方式参与到市场经济中去,而忠堡镇的劳动力愿意回来,反而说明了对原有价值链和价值体系的坚守。为什么会这样,这是值得研究的问题,需要进行挖掘,宜居只是个表面解释,要进入价值层面,宜居更多是价值上的宜居,而不仅仅是气候上的宜居,气候是价值的一个方面。

爱家乡是一种现代公共性,从热爱自己的家庭,到热爱自己的家乡,这是单向度家本位的扩展,这种扩展是一种现代性的扩展,不是传统家本位的扩展。过去的爱家乡实际上是与家族观念联系在一起的,体现了光宗耀祖的价值。官员退休后回乡居住,在家乡公益事业中发挥积极作用,成为乡村士绅,这是乡村公共性的一种体现。倡导新乡贤,实际上是在倡导爱家乡,新乡贤是文化建设的主体和载体,而不仅仅是为了发展经济,为了募捐,背后的一种文化,是一种道德,即爱家乡。

而今天的爱家乡实际上并不清晰,爱家乡作为一种价值,还停留在倡导中。爱家乡作为乡村建设的一个活动,非常有价值,不仅青年大学生要爱家乡,所有外出务工的农民也要爱家乡,通过爱家乡从单向度家本位中扩展出公共性来。因而,爱家乡是乡村文化建设的一个抓手。但如何爱家乡并不清晰,爱家乡不同于返乡创业,返乡不一定爱家乡,爱家乡是返乡的动力,也是其道德规范,农民返乡是因为他们爱家乡,而不仅仅是因为在城市里待不下去了才返乡。现在的农民返乡,往往是在城市里待不下去了才返乡,这过于消极了。返乡不是消极行为,不是无奈之举,而是积极的,是有追求的,其背后的价值就是爱家乡。

所以,今天的爱家乡不是为了光宗耀祖,而是热爱一种生活方式,在城市化的背景下,热爱一种生活方式,并去建设这种生活,这是爱家乡的现代价值,比如生态农业建设。以爱家乡为载体,可以发育外推出公共性,发育出公共文化。

3. 单向度家本位的主体性重建

家本位文化不是消极的,而是积极的,家庭不是弱者的港湾,积极的家本位文化是劳动者的文化。这种积极性就是主体性,就是劳动者的文化自信。那么,如何来认识这种主体性呢?就是生产性,家本位文化过于被动,过于消极,过于保守,在前面也揭示了家本位文化的内敛性,这种内敛性就是求稳,没有大的追求,这是在前面重点论述的,就是小农的文化心态,小农的家本位文化是一种保守的文化。

笔者一开始将保守性当做自然经济的特点,其实不然,这是家本位文化的特点,为了生活,缺乏职业维度,缺乏公共性维度,导致家本位文化的保护作用是非常突出的,但进取心不足,主体性不足,就是前面所讲的内敛和保守,这就导致乡村文化成为弱者的文化,也就是失败者的文化。现在看来,山东农村的文化最具有公共性和主体性,有公共性才有主体性,二者是一个问题的两面。学界只关注到了公共性,而忽视了主体性。

那么,如何重建乡村文化的主体性呢?学界还没有找到相应的路径,在编码的过程中,我们注意到乡村文化的主体性问题,主体性是一种尊严,是一种价值,也是一种自我认知,尤其是在与城市文化相比较的时候,乡村文化的一种自我认知。家本位文化能够提供乡村文化的主体性吗,家庭能够重建乡村文化的主体性吗,很显然不能。家本位文化根本不能对抗消费主义和城市文化,家本位文化是温和的。

农民追求美好生活,形成了单向度的家本位文化,导致公共性和主体性的缺失。前面对公共性的论述颇多,学界也注意到了公共性的不足,但较少注意到主体性的问题,主体性是与公共性相联系的问题,否则为什么讲公共性,公共性能够促成主体性的再生产,不是为了公共性而公共性,离开了主体性,就没有公共性。在城市化的背景下,主体性成为一个尤其突出的问题,主体性比公共性还要重要,今天乡村文化建设的重点,是建设乡村文化的主体性,公共性是主体性的一个方面。家本位也是主体性吗?家本位是家庭的主体性,但不是劳动者的主体性,除了建设家庭的主体性,还要建设劳动者的主体性,建设乡村社会的主体性,也就是村集体的主体性。当前的土地改革、集体产权改革以及村民自治有效实现形式的探索,都是在破坏集体的主体性,当前经济和政治改革都是在祛除村集体的主体性,这对建设村集体的主体性提出了挑战。如何重建村集体的主体性,这才是当前乡村建设的最为根本的问题。乡村社会的主体性包括劳动者的主体性和村集体的主体性,村集体主体性是劳动者主体性的外推,劳资关系取消了劳动者的主体性,农村改革取消了村集体的主体性,这是乡村文化建设要解决的根本问题。

如何来认识这种主体性呢?就是生产性,家本位文化过于被动,过于消极,过于保守。现在的家本位文化已经蜕化为弱者的文化,蜕化为失败者的文化,在城市社会的失败者,返回乡村,家本位文化为失败者提供了港湾,他们是城市化的失败者,以返乡70后和80后为例,他们认为自己是城市化的失败者,而乡村社会则成为失败者的乐园。经济学家则认为乡村社会是农民的保障,农民,不管作为一种职业,还是一种身份,几乎成了失败者的代名词,不仅是落后的代名词,还是失败者。在这种情况下,如何建设乡村文化呢?乡村文化建设的根本目的,就是要让农民有尊严,让乡村生活有价值,有吸引力,而不是落后和失败,更不是愚穷弱私的代名词,乡村建设就是要解决晏阳初先生所谓的愚穷弱私。

我们在前面也揭示了家本位文化的内敛性和保守性,这种内敛性就是求稳,体现了家本位文化的特点,此前着力刻画的自然经济的心理结构,实际上就是家本位文化的特征,而非自然经济的特征。虽然年轻人外出务工,他们并没有改变家本位文化。家本位文化为他们提供了一个港湾,但并没有为他们提供精神支撑,是为他们提供了义务,而没有提供精神,这就导致中国农民有义务而无精神。这恰恰是文化建设要解决的问题,农民不能只埋头于义务的负担,而应该有自我实现的动力和价值。过去传宗接代光宗耀祖不只是一种义务,而且是一种精神,今天的老人自立和代际义务失去了这种超越性,而只是一种现世性,这就是家本位文化的特点,也是家本位文化的不足,不能去歌颂这种家本位文化。家本位文化维系了社会的基本的整合,但却无法为这个乡村社会提供超越性的精神,今天的家本位文化是一种现世性文化,而非超越性文化。

乡村文化一定是小农的文化,离开了小农,乡村文化就失去了主体性,乡村文化之所以是乡村文化,就是小农的文化。否则,乡村文化就只是形式,只是服务体系,而这些公共文化服务体系则脱离小农的需求。乡村文化,就是小农的文化,我们已经成功地找到了小农,并且通过代际分化呈现了小农的文化需求。

所谓乡村文化的主体性,实际上就是小农的主体性,而小农的主体性也就是劳动者的主体性,而所谓公共性服务于小农的主体性建构,因为只靠家庭文化是无法实现小农主体性建构的。在城市文化的冲击下,只靠家本位文化,是无法再生产小农主体性的,必须要通过公共文化建设,通过公共性来建构主体性。

所以,乡村文化建设就是要建设小农的文化,就是要重建小农的主体性,作为劳动者的小农的主体性,这是分析了小农家家本位文化的限制之后得出的结论。通过分析,发现了家本位文化不足以再生产小农的主体性,只能服务于劳动力的再生产,但却无法建构劳动者的主体性,无法建构小农的主体性,甚至进一步弱化了小农的主体性,从70后和80后返乡农民工身上看得非常清楚。

在城市化和消费主义的背景下,当前的家本位文化服务于劳动力的再生产,而不服务于劳动者主体性的再生产,尤其是小农主体性的再生产,这是一个显而易见的事实。这也就是当前乡村文化的主体性不足,能够支撑中国经济的增长,但却无法支撑小农的主体性,乡村文化建设就要围绕建设劳动者的主体性展开。

如上所述，乡村文化建设的另一个途径就是要建设乡村文化的公共性，这也是为了弥补单向度家本位文化的不足。乡村文化的公共性和主体性不是截然分开的，二者互为条件，相得益彰。有公共性才有主体性，公共性是主体性的条件，而主体性则是公共性的保障和方向。

十二、结论

在城市化的进程中,农民的道德义务经历了两种不同的变化,一是私人义务的强化与扩散,二是集体义务的弱化与重建。乡村文化建设应该促进私人义务的均衡,并重建集体义务。本书在费孝通先生"文化自觉"的基础上,提出了道德自觉的概念,道德自觉就是义务本位和义务自觉。道德自觉不是道德立法,乡村文化建设应该在道德自觉的基础上确定方向和方案。

(一)单向度家本位与公共文化建设

1. 单向度家本位文化

乡村研究多是从制度和社会的视角展开,鲜有从道德的视角。乡村研究要实现从乡村治理、乡村经济到乡村文化的转向。乡村社会自身的发展,也进入了乡村文化建设的阶段,过去的乡村建设集中在政治、经济、社会建设阶段,而如今进入了乡村文化建设的阶段,新农村建设、美丽乡村建设的实质是乡村文化建设,而不是基础设施建设,乡村建设从基础设施建设进入到了文化建设的层面。

必须从更深层次的角度研究乡村问题,就是从乡村文化与道德的角度。乡村道德是对乡村文化的操作化,什么是乡村文化,乡村文化就是农民对美好生活的追求,就是乡村道德。本课题在田野调查的基础上,呈现了城市化背景下乡村文化变迁的机制与逻辑,在研究劳动结构决定道德的同时,也揭示了消费社会对乡村社会文化与道德的影响。

劳动力商品化引起了一系列道德行为事实的变化,表现为代际关系、生存理性等方面,而对这些道德行为变化的总结,就是单向度的家本位文化。什么是单向度家本位文化呢,就是向内的文化,就是一种私性文化,就是以家庭再生产为本位的文化,只服务于家庭再生产,但却无法生产公共性。

单向度家本位实际上解释了农村公共性的缺失,也就是公共生活的缺失。这样一来,结论主要有两个,一是劳动力商品化导致单向度家本位,二是单向度家本位导致公共生活缺失。这就是乡村文化变迁的核心逻辑。

以家庭为中心的分析实际上是私人道德的研究,以村级治理为中心的分析是公共道德的研究,私人道德与公共道德是乡村道德的两个方面。对私人道德的研究通过家庭生活来呈现,对公共道德的研究通过村级治理来呈现。

公共道德研究关注村干部与村民之间的相互评价,这种相互评价来自治理事实,但又不同于治理事实,这种相互评价是公共道德,这是乡村道德变迁的另一个面,即公共道德的变迁。私人道德出现了单向度的家本位,公共道德出现了公共空间的萎缩。

本研究发现了一个道德悖论,在私人关系中非常讲道德,讲义务,但到了公共领域就非常冷漠。不讲义务,自私自利,公德匮乏。① 私人道德有余公共道德不足,这一状况并没有改变,在市场经济背景下反而强化。私人社会也就是费孝通所谓的"礼俗社会",私人道德对公共领域和公共生活是无能为力的,导致了公共生活危机。公共生活不同于私人生活,乡村文化建设就是在私人生活之外建设公共生活。

2. 乡村文化建设:从家本位文化到合作文化

如何才能生产公共性,通过合作生产公共性,只有通过合作才能生产公共性。乡村文化建设主要针对单向度的家本位文化,建设公共性文化,也就是合作文化,通过建设合作文化重建公共生活,从而避免单向度家本位文化的不足。

当前,乡村文化建设的重点是要建设合作文化,农村最需要的是合

---

① 梁启超:《新民说》,沈阳:辽宁人民出版社1994年版,第16页。

作文化，乡村文化建设就是要建设一种合作文化，通过合作文化来营造公共生活，来降低生活成本，来提升公共治理水平，从而提升幸福感。

乡村文化建设要建设合作文化，而不是抽象的公共文化，不能泛泛地讲公共文化，乡村社会最需要的是合作文化，建设合作文化，不管是对私人生活，还是对公共生活，都具有非常重要的意义。建设合作文化也具有针对性，改革开放40年来，集体主义解体，合作消解，不管是私人生活，还是共同体生活，还是公共治理，出现的问题都是合作文化缺失造成的。合作文化弥合了私人文化与公共文化的分野，乡村文化不只是私人文化，也不只是公共文化，而是合作文化，这是我们的研究结论。合作文化才是应该研究的乡村文化，也是在当前最值得研究的课题。为什么乡村社会最需要合作文化，因为广大农村在生产上实行小农制，在治理上实行自治，因为小农制，乡村社会并没有正式的组织系统，因而更加需要合作文化，只有通过建设合作文化，才能避免原子化。乡村建设并不是像过去那样组织起来，并不是建设正式的组织体系，乡村社会曾经进行过大规模的正式组织建设，今天告别了正式组织体系，今天的中国乡村社会更多是一个文化共同体，而非正式组织体系，对于这个文化共同体，合作文化就特别需要，小农社会的合作文化建设。

为什么倡导合作文化，从微观来看，合作文化能够降低生活成本，合作文化能够降低治理成本，合作文化是乡村建设的基础，没有合作文化，乡村建设就无法维系，乡村治理也会陷入困境。从宏观来看，家庭承包经营实际上就是小农制，小农制特别需要合作，传统社会如此，现代社会更是如此，在同样实行小农制的日本、韩国和台湾地区，均倡导合作文化。

中国农村的合作文化，是以义务为本位的文化，而不是以权利为本位的文化，这是合作文化的特点，合作文化是义务文化，包括私人义务和集体义务，没有义务，便没有文化，这不仅是乡村合作文化的特点，恐怕也是中国文化的特点。中国文化就是以义务为本位的文化，而非以权利为本位的文化。所以，家本位文化是小农文化的底色，合作文化是乡村文化建设的方向。

通过本项研究，发现了乡村社会的双重整合，即私人社会整合与公共社会整合。过去，对乡村社会的研究不够精细化，只有私人社会的视角，而没有公共社会的视角,这次发现了三重社会,即家庭、村落、公共社会,家庭生活和村落生活都很重要,在这两个层面都有新的发现,也就是随着市场经济和消费主义的渗透,家庭生活和村落生活并没有解体,反而带来了家庭义务的强化,反而在新的条件下表现出了新的社会整合。家际整合也是靠的私人义务,自然村落并没有解体。

由此可以回应村落终结论,村落并没有终结,家庭并没有解体,这就是所讲的平衡,私人社会在市场经济背景下表现出了惊人的自我平衡能力,对学界盛行的村落终结论进行有力的回应。乡村文化建设的目的是阻止村落的终结,使得村落生活充满活力,这才是乡村文化建设的真正意义所在。文化建设就是要服务于乡村社会的再造,服务于乡村社会的再组织化,这才是最根本的。

3. 乡村文化建设:探索公共生活的准则

差序格局可以说是私人生活的准则[①],而非公共生活的准则,学界并没有探索出公共生活的准则,乡村文化建设就是要探索公共生活的准则。

此前学界的研究,一直探索的是私人生活的准则,从费孝通到阎云翔,都是如此。本研究致力于探索乡村公共生活的准则,包括乡村文化建设在内的乡村建设,就是建设的乡村公共生活,乡村建设的抓手和着力点就是公共生活的建设,中国乡村社会的私人生活高度发达,公共生活严重萎缩,乡村建设就是要建设一种公共生活。乡村建设如此,乡村治理如此,就是要建设公共生活,要寻找公共生活的逻辑。

村庄的活力,取决于公共生活,而不是私人生活,当今村落的衰败,并不是私人生活的衰败,而是公共生活的衰败。建设乡村,要从生产范式中走出来,走向生活范式,从生活出发理解乡村建设,乡村公共生活是一个抓手,是乡村建设的抓手。

这样就把关于乡村建设的探索串起来了,此前主张村庄本位的乡村建设,而不是农民本位的乡村建设,就是主张以公共生活为抓手的乡村建设,而不是以家庭为抓手的乡村建设。这一点越来越清晰了,乡村建设就是乡村公共生活的建设。精准扶贫是以贫困家庭为抓手的,而

[①] 费孝通:《乡土中国》,上海:上海人民出版社2006年版。

忽略了公共生活。

过去的乡村建设是以生产为中心,以私人生活的满足为中心,没有公共生活的视角。直到现在,这种状况都没有改变,乡村建设的重心都放在了生产上,放在了私人生活需求的满足上。乡村建设看起来发生了变化,但实际上仍受传统乡建范式的影响,即以生产为中心,以私人生活的满足为中心。

现在的乡村建设仍然将经济发展放在核心位置,将文化建设视为辅助手段。但现实是文化建设的效果最好,经济建设的效果最差,应该是以文化建设为核心,而文化建设则是以公共生活的建设为抓手,以公共空间的建设为抓手。

在晏阳初先生所谓"愚穷弱私"[1]中,经过多年的努力,"愚穷弱"的问题基本上解决了,精准扶贫之后,我国将消灭贫穷,全面建成小康社会。但"私"的弊病并没有得到彻底解决,公共生活的重建仍然是乡村建设的重点。

所以,不管是综合合作社,还是专业合作社,还是生态农业、生态环境,这都不是乡村建设的重点,重点应该是乡村公共生活建设,是乡村文化建设,是乡村教育建设,这是公共生活建设,也是公共文化建设,具有公共性。乡村规划有助于理解乡村公共生活,所谓的公共生活实际上是一个空间的概念,是乡村公共文化建设,突出的是公共性。研究的是乡村公共生活的准则。

(二) 道德义务与公共文化建设

1. 义务本位的道德

乡村社会道德体系的核心是什么,是义务,西方道德的核心是什么,是权利。这是中西方文化的最大差别,西方文化崇尚自由,中国文化崇尚义务,这就是 freedom 和"天下"的真正差别所在。

中国人为什么活着,活着的意义是什么,就是义务。包括私人义务

---

[1] 晏阳初:《关于民众教育的任务》,见郭丽等主编:《乡村建设派》,长春:长春出版社 2013 年版。

和集体义务，不是为了权利而斗争，而是为了义务而奋斗。对一般人来讲，是为了家庭义务，对公职人员来讲，除了家庭义务，还有集体义务，对社会的义务，对民族和国家的义务。

什么是义务，义务就是一种文化自觉，包括私人义务与集体义务，私人义务又分为家庭义务和共同体义务。讨论了小农的私人义务与集体义务，私人义务尚可，但集体义务缺失。家庭义务是一种强义务，共同体义务是弱义务，集体义务也是弱义务。家庭整合是强整合，主要体现在纵向的代际整合方面。共同体整合是弱整合，体现在共同体人情与纠纷两个方面。集体义务就更弱，体现为公共生活的衰落。乡村文化建设就是要建设集体义务。

公共道德和私人道德的核心都是义务，这就是所呈现的二元道德世界，也是乡村文化建设需要面对的二元格局，即不对等的义务观，私人领域的义务只讲义务不讲权利，公共领域的义务只讲权利不讲义务。

熟人社会的核心问题是私人道德与私人义务，而不是共同体，更不是信息上的熟悉，这都是表层，熟人社会的核心是私人社会，本书的分析框架不是熟人社会与陌生人社会，不是社区与社会，而是私人社会与公共社会。私人社会是私人义务主导的社会。

私人义务则根据情感来配置义务，而不是根据契约配置义务，私人义务属于家本位的义务观，也是私人社会的义务观。家庭义务论是情感型的义务论，根据情感原则履行自己的义务，家庭成员之间的义务不对称，典型是代际义务。这种义务观无法适应公共生活，并且会损害公共生活。通过义务观沟通了私人生活与公共生活，家本位文化最有特点的地方也在于它的义务观，是一种非对称的义务观，义务在前，权利在后。

本研究先是注意到了功利论，追求最大幸福实际上是功利论，但在编码中发现了义务论，更多是义务论，而非功利论，中国农民的文化与行为表面上看起来是功利论，实际上占支配地位的是义务论。人们的行为必须遵循某种道德原则，而不是一味追求幸福最大化。

本研究对乡村道德的定位就是义务论，中国乡村社会是根据义务原则整合起来的，纵向义务是无条件的，是为了中国文化的延续，中国文化的延续性，横向义务是有条件的，服务于社会整合，很显然，纵向义务明显强于横向义务,私人义务要强于集体义务,集体义务也属于横向义务,也是有条件的。

过去讲养儿防老,这表明代际义务也是有条件的,但老人自立意味着这一条件不再成立,代际义务成为无条件的义务;共同体义务是有条件的,是家庭之间彼此的义务,表现在人情关系上;集体义务也是有条件的,农民对集体有义务,而集体对农民也有义务,集体义务解体,但集体对农民的义务却在强化。这是当前基层治理困境之所在,就是集体对农民有义务,这种义务强化,甚至通过问责得以强化,但农民对集体却没有义务。

2. 私人义务与集体义务

在公共生活中,人们采取了冷漠的态度,在私人领域,人们采取了义务取向,公私道德分化的背后是公私义务的分化。人们如何才能积极承担义务,这是要考察的重点。在人情中,人们主动承担义务,是一种道德表演,以展示自己的道德品质,如义气,但这仍然是一种私人义务和私人道德,而非集体义务和公共道德。人情是扩大的私,是家本位的扩大化,但仍在私的范围内。

私人生活中的义务分为家庭义务与家庭间义务,家庭义务是家庭成员之间的义务,表现为家庭生活与代际关系,家庭义务是家庭关系的基础;家庭间义务是家庭之间的义务,是主体间义务,典型表现是人情,人情是一种情感表达,其基础是家庭间的义务。

重点考察了乡村道德中的义务承担情况,老人自立体现了一种家庭内部的代际义务,而人情则体现了家庭之间的人际义务,并没有看到集体义务。只是在老人参与村庄事务中看到了一些集体义务。

在中国社会中,人们积极主动地承担的义务,是私人义务,而不是公民义务。[1] 人们为什么重视私人关系,因为人们只能从私人关系中获得自身需要和权利的满足,人们无法通过公共关系获得所需要的生活资料。

要促使人们积极主动地履行公民义务,克服义务承担行为上的特殊主义倾向,就必须大力建设公共社会,克服公民权利匮乏的状况,实

---

[1] 王宁:《家庭消费行为的制度嵌入性》,北京:社会科学文献出版社2014年版,第321页。

现私人道德与公民道德的融合。①

家庭义务论与集体义务论,二者不能彼此替代,这不是依赖,而是缺乏契约意识,在家庭生活中是单向度的义务论,在公共生活中也是单向度的义务论。今日最大的问题是公共消费中公共道德没有建立起来,私人道德有余公共道德不足。

在道德哲学中,义务论指的是行为的正当性来自行为本身;目的论指的是行为的正当性来自结果。正当性的追求属于义务论,而非结果论,绩效合法性是结果论,中国公共生活是需要结果论,还是义务论?今天的问题是片面强调结果论所致,所谓利益相关就是典型的结果论,而忽视了义务论,从而导致了公共生活的危机,今日乡村公共生活危机是由结果论导致的。

在中国农村,私人生活是义务论,公共生活是功利论,乡村道德体系呈现出二元论的特点。家本位是义务论,而非结果论,我们主张义务论,但需要区分公共生活与私人生活,需要重建公共生活的义务论。中国过去曾经成功地建构了公共生活中的义务论,今天需要重建公共生活义务论。

农民工经常回来,不是回到村里来,而是回到家里来,回家不回村,主要是家庭义务使然,而不是其他私人义务,也不是集体义务,从来没有听说过村民因为集体义务返乡的。在税费改革前,村民还有集体义务,他们外出打工实际上是受到管制的,农业生产和两工都是管制,管制产生义务,这是一种集体义务,过去,农民将土地抛荒就是不尽集体义务。而现在,农民没有这一义务了,现在的农民,对集体没有任何义务,没有任何强制性义务,也就是管制性义务,这是政府放松对农民的管制之后出现的一个新情况,这是必然的,管制性义务解体之后,新的自愿性义务也没有建立起来,今天的乡村社会就是一个没有集体义务的社会。

农民工返乡不是因为集体义务,而是因为私人义务,所以,今天的乡村社会纯粹是靠私人关系和私人义务也就是私人道德维系的社会,这就是我们的重要研究发现。基于此,乡村文化建设要调节私人道德,

---

① 王宁:《家庭消费行为的制度嵌入性》,北京:社会科学文献出版社2014年版,第321页。

同时更要建设公共道德。

3. 义务自觉与文化自觉

对农民来讲,因为打工,家人都不在一起生活,对家庭关系造成了冲击,在这一背景下,家庭成员之间的关系如何维系呢,靠的是情感吗?那情感又是如何维系的呢,情感靠义务得以维系,这种义务就是家庭义务,即家庭成员之间彼此担负的义务。

正是由于家庭义务的存在,家庭成员之间的关系才得以维系。家庭义务是考察家庭团结的重要视角,家庭团结和共同体团结同样重要,都通过私人义务得以维系。

通过考察劳动力商品化,已经发现了家本位文化的存在,需要进一步思考的是,家本位文化为什么能够维系,家本位文化的维系实际上就是家庭团结的维系,背后是家庭义务。也就是说,家本位文化背后是家庭义务,家本位文化是义务文化。劳动力商品化是一个背景,乡村文化的机制是义务机制,乡村文化建设机制是义务自觉。

共同体义务是自觉的义务,是通过人情来调节的;家庭义务也是自觉的义务,家庭义务主要是代际义务,通过代际关系来调节。集体义务也是自觉义务,通过组织来调节。

这种义务自觉就是费老所讲的文化自觉,每个人都对自己的义务非常清楚,不管是私人义务,还是集体义务。我们先是称之为义务本位,受费老文化自觉概念的启发,称之为义务自觉,义务自觉比义务本位更合适,义务自觉带有积极性和主动性的一面,具有强大的生命力和韧性,非常适合乡村文化的特点。正是义务自觉带来了家本位,带来了共同体的团结,这就是义务自觉的力量。

对乡村文化而言,义务是最根本的,只要义务还在,乡村社会就没有太大的问题,义务是社会的整合机制,不是家本位,家本位还是比较表面的,大家都能看得到的。透过家本位看到了背后的义务本位,所谓家本位就是家庭义务。

所以,家本位只是义务本位的一种具体表现形式而已,除了家本位,义务本位还体现在共同体义务、集体义务两个方面,就从这三个方面考察义务本位的变化。

乡村文化现象均可以通过义务得到解释,不要再受限制于现象,机制才是王道,将思考的重心聚焦到机制上,现象服务于机制,而不是为现象而现象。乡村文化的机制,就是义务本位。

小农到底追求一种什么样的生活,这是我们的追问,有钱的生活?幸福的生活?圆满的生活?这都是外部视角,这都是精英的想法,小农追求的是一种自觉的生活,小农实践的也是这种自觉的生活。

只有小农能够达到自觉,我们都无法达到自觉,过去所讲的原生态生活,就是这种自觉的生活,自觉本身就是一种很难达到的境界。自觉的生活,是乡村生活的核心特征,城里人对乡村生活的向往,实际上就是向往这种自觉的生活。只有在乡村,才能拥有这种自觉。建设乡村文化,一定不要破坏这种自觉的生活,就是要建设好这种自觉的生活。

已经发现了农民的生活是自觉的生活,只不过这种自觉是一种私人生活的自觉,而非公共生活的自觉,农民工通过在外面打工,依然能够拥有乡村生活的自觉,这是非常难得的,这体现了家本位文化的韧性,体现了乡村文化的韧性。这种私人生活的自觉就是一种文化自觉。乡村文化建设就是要建设这种文化自觉,这是乡村文化的根本,有了文化自觉才有乡村文化,可喜的是,文化自觉依然非常清晰,每一个年龄阶段的农民,都有这种非常清晰的文化自觉。

乡村文化的自觉有三个层面,家庭自觉,共同体自觉,公共自觉。家庭自觉和共同体自觉在不同年龄的村民那里都非常顽强地存在着,但公共文化自觉非常弱,几乎没有。当前乡村文化建设最根本的就是要重建公共自觉。为什么会没有公共文化自觉呢,自觉体现为一种义务,文化自觉的核心是义务,是对自己义务的清醒认识,这就是所谓的文化自觉。

文化自觉,就是本书所讲的义务本位的文化,重点讲的不是家本位文化,而是义务本位,家本位就是义务本位,是义务本位的一种类型。关键词是义务本位的文化,相对于西方的权利本位的文化,这直接回应了阎云翔的研究。这种义务本位就是文化自觉。

从费孝通先生关于文化自觉的论述出发[①],提出了农民的文化自觉,并将之操作化了,农民的文化自觉主要是对自己义务的自觉,虽然

---

① 费孝通:《文化与文化自觉》,北京:群言出版社2016年版。

经历各种外来文化因素的冲击,农民依然保持对自己义务的自觉,这就是文化自觉。文化自觉就是农民的生活自觉。

文化自觉,自觉的义务,家庭义务,共同体义务,集体义务,这是乡村文化研究最为核心的概念,其他概念、资料都要围绕这几个核心概念来组织。

乡村文化建设就是要在家本位文化和共同体文化自觉的基础上,建设公共文化自觉。公共文化缺乏自觉,在公共治理中充满着大量的不自觉,也就是集体义务的缺失,文化建设就是要培养公共生活的自觉,重建集体义务。当前乡村文化建设最重要的难题,就是农民缺乏公共生活的自觉,培养公共生活的自觉才是乡村文化建设的重点,而不是资本化,不是行政化,行政化和资本化都要服务于文化自觉的重建。否则,文化建设就是与农民无关的。

本书研究了文化自觉,村庄的主体性就体现为这种文化自觉,村庄的主体性是不健全的,只有家庭生活和共同体生活的自觉,而没有公共生活的自觉。只有重建公共生活的自觉,才能真正重建村庄主体性。在村庄公共生活解体的背景下,重建村庄主体性是乡村文化建设的根本目的。并不能笼统地说村落共同体的解体,共同体并没有解体,共同体是私人共同体,而村庄的公共性是超越私人关系的,所以准确地讲是村庄公共性的解体。

4. 义务自觉与文化建设

从家本位到义务本位,再到自觉,终于找到了乡村文化的内涵和机制。本书的写作也呈现出这种探索的过程。这种文化自觉更多是私人生活层面的,也就是看到的和谐的共同体生活,每个家庭似乎都很自觉,都在做自己该做的事情,并没有什么不妥之处。

这种自觉不是自信,不是自由,也不是理性,而是一种生活智慧,一种生活态度,其背后是义务,自觉背后是义务,是一种义务自觉,通过义务达致自觉。

这种自觉的文化生发出两个问题,一是自觉能否转化为自信,二是私人生活的自觉能否孕育出公共生活的自觉,这就是自觉文化的转换,也就是文化建设的用力之处。在市场经济和开放社会的背景下,仅有自觉还不够,仅有自觉还不足以抵御外来城市文化的冲击,还必须要有自信,自觉如何孕育出自信?再就是私人生活的自觉能否孕育出公共生活的自觉,从私人生活来看,各个年龄阶层的村民都非常自觉,都有自己的自觉,从横向来看,人们也大体上能够自觉维护自己的私人关系,共同体生活是和谐的。但是,一旦脱离了家庭和共同体,这种自觉就消失了,只有少部分村民有公共生活的自觉,"四个不"就是典型的不自觉,没有公共性,其实就是没有公共自觉,没有集体自觉,也就是没有集体义务,也就没有公共生活。

所以,乡村文化建设,就是要从私人文化自觉中孕育出文化自信,重建劳动者的自信,重建乡村文化的主体性,有了小农的自觉,还要有小农的自信;同时从私人文化自觉中孕育出公共文化自觉,建设一种自觉的乡村文化,通过培养公共文化自觉,建设自觉的公共文化。如何从私人文化自觉中转化出公共文化自觉,这是一个难题。板桥村的文化活动、民主评议实际上都是在培养公共文化的自觉。

二者也是相互联系的,离开了公共文化自觉,是无法拥有文化自信的,离开了公共性很难有主体性。因而,培养公共文化自觉是乡村文化建设的关键。所谓公共文化自觉就是集体义务。

在缺乏公共文化自觉的背景下,基层政府转而试图通过重建管制来重建集体义务,从而重建公共文化,管制能够替代自觉吗?很显然不能,乡村公共文化建设不可能靠管制,而只能靠自觉,也就是靠集体义务。

乡村文化建设的途径是组织建设,让农民组织起来,这是建设公共文化的途径。乡村公共文化建设的途径就是组织建设,就是要把农民组织起来,才能重建公共性和公共生活。当前乡村文化的最大问题就是公共性的缺失,如何重建公共性呢,此前提出通过集体义务重建公共性,这就是机制,即义务机制,具体措施就是组织建设,只有组织起来才可能有集体义务。

为什么组织建设可以重建公共生活呢,因为只有组织起来才能有集体义务,没有组织,何来集体义务。不是泛泛地讲集体义务,而是具体的集体义务,是村民自治组织内部的义务,目前只有共同体义务,但没有集体义务,因为村民是分散的,并没有组织起来。集体义务类似于组织公民行为,是一种自觉行为,不是正式的法律要求,但对组织运行不可或缺。

义务是乡村文化的机制,根据这个机制给出对策。乡村文化的机制是义务机制,乡村文化建设方案是对策。集体义务,不是一般意义上的公民义务,而是集体内部的公民义务,现在最缺的就是这种组织内部的公民义务。公民义务是法律规定的,而组织内公民义务也就是集体义务则不是法律规定的,集体义务是一种自觉的义务,不是法律规定的强制性义务。

集体义务是村民自治组织内部的公民义务,当前基层治理困境,乃是集体义务缺失所致。集体义务对村民自治来讲是非常重要的,村民自治就是靠集体义务来维系的,典型如义务工和村规民约。为什么现在的村规民约形同虚设,因为没有集体义务,村规民约就只是写在纸上贴在墙上的文字,无法生效。组织起来的意义也就在于此,在一个原子化的村庄,村规民约什么用也没有。

组织起来的核心是形成集体义务,农民组织是什么组织,靠什么组织起来呢,不是靠法律规定的科层制,不是靠强制成立的组织,也不是靠利益成立的组织。靠利益并不能组织起来,在抗旱中已经看得非常清楚。农民组织向来是靠义务维系的,农民通过义务组织起来,乡村社会也是靠自觉的义务实现了整合。

学界也看到了组织起来的重要性,以及不组织起来的弊端,但并没有探讨如何才能组织起来,组织起来的机制是什么。不仅提出来要组织起来,而且探讨了如何组织起来。小农如何组织起来,靠集体义务组织起来,集体义务非常重要,没有集体义务,乡村社会就是一盘散沙,中国社会就是靠义务凝聚起来的。

所谓公共文化建设,就是要通过组织建设来重建集体义务,集体义务就是要组织起来,没有集体,何来集体义务,而组织起来的机制就是义务机制,并且这种义务是自觉的。

当前集体义务的确是缺失的,也就是公共性是缺失的,但这个问题并不是特别难解决,一是因为义务是自觉的,二是集体义务的种子还在。为什么家庭义务和共同体义务都在,因为家庭和共同体还在,有家庭和共同体,就有自觉的义务,这就是义务自觉,义务自觉是一个非常强大的量,是乡村文化的内在机制,也是乡村文化建设的依据。为什么

十二、结论　**415**

集体义务缺失,因为集体不存在了,集体义务失去了载体,只要重建集体,也就是重新组织化,自然就会产生集体义务。所以,农民组织化是乡村文化建设最重要的内容,也是最有效的举措。

对一般组织来讲,组织内公民义务是组织管理的有效补充,但对村民自治组织来讲,义务不是补充,而是唯一机制,村民自治组织就是靠自觉的集体义务维系的,其他草根组织也是如此。

(三) 集体义务与公共治理

1. 私人义务为什么在公共领域失效

私人义务为什么会在公共领域失效呢,中国公共社会遵循什么样的逻辑,契约社会?权利取向,还是义务取向?过去有集体义务,现在只有私人义务,急需建设公共道德,公共道德就是集体义务。要建设一个什么样的公共社会,是权利导向的公共社会,还是集体义务导向的公共社会,公共社会是义务导向的,是每个人对集体的义务,然后实现集体权利,这就是集体主义的内涵,所谓集体主义主要是集体义务,每个人都积极主动地去承担自己对集体的义务,这样一来,才能实现每个人的权利。这个集体义务是可以的,但受到了私人义务的侵蚀,受到私人关系的侵蚀,从而破坏了这种集体义务,如何确保集体义务的纯度,这是集体义务的难题,只要解决了这个难题,集体义务就是有效的。否则,集体义务无法维系。集体义务无法靠自愿维系,人们无法积极主动地去承担对集体的义务,就要通过强制来确保这种义务。

而现在,强制性义务越来越无法维系,集体就采用激励的办法,来确保义务,过去也用动员的办法,现在只能采用激励的办法,通过激励确保集体义务,而无法采用强制,更无法采用动员,但激励并不是万能的,现在集体义务缺乏一个清晰的规则,实际上是一个混合模式,有动员,有激励,甚至还有强制。从现在的情形来看,集体义务越来越无法维系,公共文化建设就是要重建公共生活中的集体义务。

而集体义务的不足,导致公共权利违法实现,人们更加依赖私人关系,更加强化了私人义务的正当性,使得集体义务更加难以建立,公共社会更加难以运转。这是一个恶性循环,其结果是私人义务和私人关系的强化，公共社会严重萎缩。这就是单向度的家本位，今天的乡村文化就是单向度的家本位文化。无法建立起正确的公共权利与集体义务，公私不分，公私混淆，私人关系侵蚀公共关系，私人道德代替公共道德。这就是公共生活的萎缩，今天的乡村社会就是一个私性社会，如何重建乡村社会的公共关系和集体义务，也就是所谓的公共性，成为当务之急。

由于公共性的严重不足，导致今天的公共治理也过度嵌入到了私人关系之中，乡村治理出现了明显的私人化，私人关系与私人义务支配了公共治理，绑架了公共治理，这才是当前乡村治理的困境所在，就是集体义务的匮乏，必须重建公共文化。这不是动员的问题，也不是激励的问题，也不是强制的问题，这都是表面问题，实质问题是公共关系与公共社会的问题。今天的公共治理必须借助于私人关系与私人义务才能得以达成，使得公共治理的公平正义无法得到保证。

2. 私人社会如何建构集体义务

在私人社会如何建构集体义务呢，如何建构公共生活呢，私人社会的集体义务只能通过强制，也就是强制性义务，通过强制性义务才能把私人社会动员起来，否则，就是一盘散沙。所谓一盘散沙，就是私人义务主导的社会，私人道德维系的私人社会。

如何才能建构强制性义务，就是靠一个外在的力量，专横权力。在集体时代，通过动员手段建构了强制性义务，一直维系到农村税费改革，现在，强制性义务无法维系了，虽然一些地方试图重建强制性义务，但强制性义务对应的权利却仍然是模糊的。强制性义务并不对应公共权利，只是恩赐型权利，表现为权力恩赐的生活资料和机会，恩赐型权利不是现代公共权利，人们对恩赐型权利只会感恩戴德，如果没有恩赐型权利，也无能为力，人们就只能从私人权利中获得满足。

也就是说，在强制性义务之下，并没有明确的公共权利作为对应，只有恩赐型权利，权利与义务之间并没有清晰的对等关系，也就是契约关系。

另外一种集体义务是宗教性义务，宗教义务超越了家庭义务和私人义务，也具有超越性，通过宗教义务，也能建构公共生活，宗教活动就是典型的公共生活。为什么修路没人捐钱，修庙有人捐钱，愿意出力，这是宗教性义务使然,信徒对自己的信仰有义务,信徒对信仰的义务就是宗教义务。为了履行义务,信徒一般能积极参加宗教活动,主动参加宗教活动。宗教义务对应的权利呢？有什么宗教权利呢？并没有清晰的对等的宗教权利,这个权利也不是靠争取来的,不是由契约规定的,而是恩赐的,如何实现,也是模糊的,只是单方面强调义务,权利是模糊的,是恩赐的,如果权利无法实现,也没有任何补偿和救济渠道,只能说明你义务没有尽到位,信得不够真诚。一旦权利实现,就是恩赐的。虽然农民的信仰是现实主义的,信仰是有目的的,但人和神之间的交换并不是对等的,只讲义务,不讲权利。

总之,私人社会的集体义务有两种类型,一类是强制性义务,一类是宗教义务。这两种集体义务都存在,两种集体义务都缺乏对等的清晰的公共权利,都是一种恩赐型权利。私人社会的公共权利与集体义务之间的关系,有点类似于私人权利与私人义务之间的关系,只讲义务,不讲权利。

如何重建权利义务呢,这是公共文化的核心,西方社会权利义务关系是契约型的,不管是公民之间,还是公民与国家,都按照契约来明确彼此的权利与义务。如何在私人社会重建公共生活,以及公共生活中的权利义务关系呢？应该建设一种协商型的权利义务关系,公共生活的核心不是单方面的公共权利,也不是单方面的集体义务,而是公共权利与集体义务之间的关系。当前公共生活的困境,就是没有能够在公共权利与集体义务之间建立起清晰的对等关系,也就是契约关系。能否通过协商,建立起公共权利与集体义务之间的关系呢？板桥村的村民自治与民主治理就是一种协商治理。

公共权利与集体义务的建构过程,就是公共关系的建构过程,公共关系的建构并不是一帆风顺的,村民对民主协商反而不容易接受,对民主议事不习惯,不认同,还是愿意从私人关系的角度来思考公共问题。

基层组织想重建集体义务,实际上只是单方面重建强制性集体义务,并没有重建公共权利,依然是传统的恩赐型权利,从公共权力的角度来看,他们只是想要单方面的集体义务,而不愿意给予对等的公共权利,而村民只要恩赐型权利,而不要强制性义务。所谓村民只讲权利不讲义务,指的是只要恩赐型权利,不履行强制性义务,权利与义务,指的是,恩赐型权利与强制性义务,而不是公共权利与集体义务。

所以,要重建公共生活,就要重建对等的权利与义务关系,权利和义务一定是双向的,不能是单方面的。进一步的问题是,什么权利,什么义务,公共权利与集体义务,而非强制性义务与恩赐型权利。

3. 通过义务的治理

人民公社是一次社会治理创新,人民公社体制为什么是有效的,就是基层组织具有管制权,农民具有了集体义务,使得农民具有了具体的集体义务,而不仅仅是共同体义务。传统时期的治理,士绅模式,并不是集体义务,而是共同体义务,基层社会也不是一盘散沙,而是按照私人义务组织起来的社会,从家庭义务中发育出了共同体义务,有共同体义务但没有集体义务,所以传统乡村社会是散漫无力的。

学界有两个关注点,一是组织起来,二是国家与社会关系。中国共产党领导的国家政权建设为什么能够成功,就是成功地将农民组织起来,通过人民公社体制完成了对农民的组织[1],通过单位制实现了对市民的组织[2],以致到现在,学界认为农村的问题还主要是组织起来的问题,并试图通过合作社实现这一目的[3]。学界的认识只停留在这个层面,但如何组织起来,按什么原则组织起来,组织起来的机制是什么,缺乏研究。

农民是如何组织起来的,农民的组织很显然不同于科层制组织,不同于公共部门与私人部门的组织。农民组织是一种新类型的组织,是公私部门之外的第三种类型的组织,因而是值得研究的,合作社也是一种组织,而今天的组织社会学研究基本上没有对合作社的研究,合作社不是公司为主体的合作社,而是以农民为主体的合作社,以集体劳动为主要内容的合作社。人民公社体制就是典型的农民组织,学界对人民公社体制的理解过于政治化,这导致对农民组织的认识远远不够。

就国家与社会关系而言,学界一般认为,国家政权建设的成功乃是尊重了社会,尊重了自然村的主体性,这也是人民公社体制成功的原因

---

[1] [美]杜赞奇:《文化、权力与国家》,王福明译,南京:江苏人民出版社2004年版。
[2] 路风:《单位:一种特殊的社会组织形式》,《中国社会科学》1989年第1期。
[3] 温铁军:《中国农村基本经济制度研究》,北京:中国经济出版社2000年版。

所在,认为最基层的治理单位是村民小组,而村民小组与自然村落基本上是重合的。从结构上来看的确如此,但并不是这么简单,自然村落按照私人义务组织起来,但人民公社是按照集体义务组织起来的。人民公社体制解体之后,集体义务也随着弱化,但共同体义务强化了,所谓传统的复兴就是共同体义务的强化,共同体义务强化乃是出于功能的需要,也证明了传统的生命力。

人民公社体制解体之后,乡村社会失序,国家及时重建了基层的管制权,包括村民自治、集体所有制、集体义务制以及综合治理等,实现了治理的重构。

学界的研究更多关注到了村民自治和集体所有制,一个是经济,一个是政治,但却鲜有关注到集体义务制的。而税费改革后,乡村治理出现的困境,更多是由于集体义务制的解体,因为村民自治和集体所有制并没发生根本性的变化,管制权也发生了变化,不过管制权的弱化在税费改革前就开始了,管制权的另一面就是集体义务制,集体义务制解体了,管制权当然也就无法维系了,所以,税费改革后乡村治理的变化,最根本的是集体义务制的解体。集体义务制,而非集体经济所有制,才是问题的直接原因。而管制权背后则是集体义务制。

集体义务制解体之后,基层治理陷入困境,最大的困难是基层干部无法动员群众,出现了干部干、群众看的现象,有基层干部说群众一盘散沙,没有任何集体主义精神,实际上这不是一盘散沙的问题,也不是政权悬浮的问题,而是集体义务制的解体。大部分乡村治理都陷入了应付的状态,同时也在积极进行探索,比如4+2工作法,也只是如何发放资源,其效果有限。最有效的探索是重建集体义务制,重建集体劳动,重建集体义务是乡村文化建设的进路。

当前基层治理的困境就是义务的失衡,要重建农民的集体义务,这一点基层干部已经看出来了,但苦于没有办法,集体义务如何重建呢,不能靠强制,只能通过再造集体来重建集体义务,没有集体,何来集体义务,这是最根本的。如果不能再造集体,农民的集体义务就会缺失,农民就只有共同体义务,而没有集体义务,重建集体义务就只能再造集体。法定义务不同于集体义务,集体义务不是法定义务,集体义务是一种组织内部义务,是个体对集体的义务,作为交换,集体对个体也有义务,从而保持一种平衡。

公共道德就是集体义务,私人道德就是私人义务,乡村社会是义务取向的道德,只要尽义务,就是讲道德的,不尽义务就是不讲道德。这里的义务有私人义务,有共同体义务,也有集体义务,当然,义务也是有条件的。

乡村道德的核心不是权利,而是义务,这是本研究的主要发现。只要尽义务,就不是不讲道德,这是中国道德的局限性。从义务本位走向权利本位?义务并没有弱化的趋向,这一点丝毫看不到,这应该是乡村文化的特点。

义务是道德的核心,也就是文化的核心,家庭义务和共同体义务都有,就是集体义务没有了。集体主义的解体,导致集体义务的消解,乡村社会历来是共同体义务,集体义务是人民公社的制度遗产。集体义务解体给村民自治带来了困扰,集体义务是村民自治运转的重要条件,村民自治没有重建集体义务,农村改革也消解了集体义务。通过管制重建集体义务的办法不可行,管制无法重建集体义务,管制只能重建法律义务,集体义务不同于法律义务,现在只能走向法律义务,走向法律义务与权利的统一。但是由于小农制的存在,必须组织起来,通过合作重建集体义务。

(四) 精神家园:乡村文化建设的价值追求

乡村建设要建设的不只是美丽田园,而是要建设农民的精神家园,这对当前的乡村振兴和美丽乡村建设具有重要的意义。

乡村文化研究,也是为了记述乡村文化的变迁,这关系到农民的幸福,关系到城市化中中国农民的命运,也关系到乡村的未来。乡村文化建设实际上是乡土重建,这种乡土重建是以农民为中心的,关心的问题是中国农民到何处去,这种向何处去是中国农民置身何处,是物理空间意义上的,更是精神家园意义上的。乡村文化研究就是中国农民的精神家园研究,过去欧阳康教授研究过中华民族的精神家园[1],这个课题

---

[1] 欧阳康:《民族精神——人民的精神家园》,黑龙江教育出版社2013年版。

是非常有价值的,实际上是中华民族置身何处的问题,是信仰问题,是核心价值问题,更是精神家园的问题。

农民特别需要一个精神家园,信仰危机就是缺乏精神家园的表现。现在有一个强大的祖国,我们的精神家园呢,中华民族的精神家园呢?文化建设要建设的就是中华民族的精神家园,这是最终目的,文化自信源自哪里?源自精神家园。乡村文化建设就是要建设中国农民的精神家园,这当然是战略性研究,千万不能操作为乡村文化建设的技术,所谓的公共文化服务体系,那是文化部门做的事情,而不是学者应该做的事情,学者还应该是大视野,应该关注中国农民的精神家园,这才是最根本的议题,当然了,中国农民的精神家园也是中华民族的精神家园。

乡村大礼堂是什么?祠堂是什么?文化广场是什么?村史是什么?家谱是什么?村庙是什么?这都是农民的精神家园。不是什么文化治理,而是精神家园。农民的精神家园受到了市场化和城市化的冲击,要重建农民的精神家园。人类学的文化研究指向了秩序与整合,这种功能主义的路径忽视了精神家园的意义,阎云翔看到了道德世界,但并没有看到农民的精神家园。社会学的文化研究指向了个体化的闲暇,而忽视了农民集体的精神家园,精神家园不是哪一个人的,不是个体的,而是团体的,是中国农民的,是中华民族的。

精神家园的研究不是个体化的进路,个体化的进路或者走向了闲暇和文化活动,或者走向无功德个体化的解释,为什么会出现无功德的个人呢,就是因为精神家园没有了。乡村文化建设要做的,就是精神家园建设。而目前的乡村文化建设、新农村建设,以及各种美丽乡村建设、乡村活化、古村开发,都忽视了精神家园。

乡村文化建设试验,不管是政府的,还是民间的,提出了一些有启发的观点,比如价值观,比如文化启蒙,复兴传统文化,生态文化,营造共同愿景,建设社区大学,发展平民教育,这都是在重建精神家园。有人倡导新乡贤,其实不是,乡村不是要复活新乡贤,而是要建设精神家园。朱启臻教授提出乡村价值论[①],也有启发,但什么是乡村价值,就是在城市化和生态文明的视角重新发现价值,仍然是站在城里人的角

---

① 朱启臻:《留住美丽乡村:乡村存在的价值》,北京:北京大学出版社2014年版。

度,甚至是站在资本的角度,古村活化运动最为典型,包括乡村规划的兴起,这与生态农业的路径是一致的。笔者觉得有价值,但不是根本问题,乡村建设最根本的是建设精神家园,而不是一个城里游客的生态村落。

从乡村文化研究进入精神家园研究,为乡村文化研究找到了一个最好的突破口,不是生活方式,不是伦理危机,不是农民幸福,而是精神家园。还可以从农民的精神家园拓展到市民的精神家园,拓展到中华民族的精神家园,拓展到文化自信,这是文化自信研究的一个操作路径。这就为文化研究打开一个新的空间。

农民精神家园这个课题非常重大,存在于各种类型的村庄,不管是发达地区的农村,还是欠发达地区的农村,都面临着文化问题。发达地区也许没有了贫困问题,但文化问题却是存在的。农民的精神家园,农民的文化自信,这是乡村文化建设的重大课题,在城市化冲击下,乡村也许很富裕,但文化上很贫穷,经济富裕了,文化上并没有脱贫,甚至文化贫困问题更严重。精准扶贫主要是物质扶贫,但中国的农村却存在着严重文化贫困。文化贫困要通过文化建设来解决,而不是通过经济手段来解决,而文化贫困是根本性的,更难解决。

所以,文化贫困,文化不自信,这都是文化建设要解决的问题。贫困地区之所以陷入贫困,最深层次的原因是文化的贫困,这是一种贫困的基因,也就是扶贫要扶志。不管是发达地区,还是贫困地区,文化贫困是一个普遍现象。乡村文化建设最根本的是要建设精神家园,重建文化自信,农民的文化自信。中国梦就是精神家园,社会主义核心价值观建设就是精神家园建设。精神家园建设也能够对接宣传部门的职能,与公共文化服务建设不同的是,这更多是宣传部门的职能,而不是文化部门的职能。文化问题也只有通过宣传部门才能够得到根本解决,文化部门都是技术层面的问题,最典型的是公共文化服务体系建设。

有学者将幸福作为乡村建设的最大价值[①],这更多是经济学和公共政策的进路,不是社会学的进路。本研究遵循社会人类学的进路,将

---

① 申端锋:《幸福:乡村建设的终极价值》,《绿叶》2013年第6期。

精神家园作为乡村文化建设的价值追求。精神家园建设不只是文化空间的建设,更重要的是核心价值观的建设。乡村建设的方向就是重建农民的精神家园,乡村建设应该回到乡村文化建设和平民教育的轨道上来。

(五) 乡村德治:乡村文化建设的整体方案

义务之治就是德治,只有德治才能破解当前乡村治理的困境,德治才是乡村治理的可行出路。资本化不能拯救中国农村,集体化也不能拯救中国农村,只有德治才能拯救中国农村。

乡村文化建设的最终方案就是德治方案,这个德治方案包括三个层面,一是家庭层面,建设家庭义务为核心的家庭文化;二是共同体层面,建设以共同体义务为核心的共同体文化;三是集体层面,建设以集体义务为核心的集体文化。

德治,就是义务之治,小农社会的义务之治。德治不同于行政化治理,也不同于民主化治理,德治是乡村治理的第三条道路。乡村治理的出路,不是民主化治理,不是行政化治理,更不是法治,法治是行政化治理,法治型政府实际上就是行政化治理的进一步规范化而已。乡村治理的出路是德治,是义务之治,而不是简单的重新集体化。重新集体化并不能替代家庭,也不能替代共同体,集体化是集体义务的载体,是德治的一个条件。

过去官不下县,乡村社会主要是乡绅自治,士绅模式,双轨政治[①]。学界往往就到此为止了,没有做进一步的分析,后来有学者提出所谓正式权力的非正式运用,简约治理,实际上,这种分析都是相当表面的,并没有涉及乡村治理的机制,也没有揭示乡村社会秩序的机制。乡村治理到底是怎样运转的,要弄懂这个事情,必须要把乡村社会搞清楚,差序格局、伦理社会是两个最为经典的概念,揭示了中国乡村社会的基本特征,差序也是一种伦理上的差序。

因而,乡村社会被视为一个伦理社会,乡村治理必然是一种基于伦

[①] 费孝通:《中国绅士》,北京:中国社会科学出版社 2006 年版,第 45—56 页。

理的治理,这才是乡村治理的根本,不能直接讲政策,讲法律,要讲人情,讲道德,这都使得治理充满了伦理色彩。这种充满了伦理色彩的治理,正是所谓的德治,用德治来概括乡村治理,同时,也将德治操作化了。

学界一般倾向于将传统社会的治理视为更多依靠伦理纲常进行的伦理性的治理,而非依靠正式组织进行的行政性的治理。实际上,当前的乡村治理依然不能完全依靠正式组织进行行政性的治理,还要依靠情感、人情和伦理进行伦理性的治理,所谓村庄舆论的作用,实际上是德治手段。当选择理性行动、正式组织以及法治等概念来研究乡村治理的时候,就遮蔽了德治的视角,虽然会关注到人情、关系等现象,但对家族、情感、庙宇、乡约等德治要素无法理解。

在乡村治理中,所谓通过人情开展工作,家族势力,熟人社会,简约治理,村规民约,家族祠堂,村庙,文明户评选,乡村文化建设,实际上都是乡村德治。实践证明,德治是有效的,法治是低效的。乡村文化建设是高效,因为它调动的是情感行动,老年人协会也是有效的,甚至庙宇都是有效的,因为它们调动的都是情感行动,这些都是德治手段。我们会分析乡村的组织化,但组织化并不是根本原因。乡村治理的有效性与德治手段的使用很有关系,组织化也要是德治的组织化,而非法治的组织化,非韦伯的组织化,离开了德治的视角,组织的视角、法治的视角,是没有办法解释乡村社会和乡村治理的。所谓婚姻家庭的变化及其治理,实际上也是伦理社会的变化,也是德治的内容。所谓无公德的个人,逼近了德治,但作者完全没有德治的视角,解释起来比较费力。

乡村德治,而非乡村法治,法治是一种话语,德治是基本事实,科层制治理也是法治,中国的乡村治理不是完全的科层制治理,也不是法治,也不是传统社会的乡绅模式,而是乡村德治。当然,今天的乡村德治不同于过去的德治,今天的德治也在变化。

过去所一直探索的正当性、伦理、政治、价值、原则,等等,就是德治。德治是最合适的概念和框架,不是意识形态,不是政党政治,而是德治,德治是解释社会治理的一个视角,尤其是解释基层治理的一个富有解释力的概念。

学界过去对乡村治理的理解基本上都没有在德治的框架下,乡村治理的主导线索主要是自治与法治,含科层制治理。其他的议题如农民负担、土地、新农村建设、低保等都是政策,而不是乡村治理,我们做的是乡村治理,思考指向乡村治理,而非农村政策。

不管是村民自治,还是送法下乡①,都没有伦理社会的视角,近年来笔者越来越发现,乡村治理的基础是德治,而非法治,这种德治不同于文化治理,不同于意识形态,而是一种基于情感的治理模式,而不是基于关系。把情感代入治理分析,就能找到这种德治。

在乡村治理中,德治的特征更加明显,乡村治理根本不是理性化,还是德治,这一点并没有改变,农村政策变化很大,乡村体制变化很大,但德治的特征并没有发生变化。乡村治理依然是德治模式。一直在寻找乡村治理的模式,是什么治理？就是德治,乡村治理模式就是德治模式。德治表现出了超稳定性。

乡村干部对人情手段的使用,学界过去关注过,但只是将之视为非正式的手段,所谓正式权力的非正式运用②。并没有正面德治,没有正面人情手段广泛应用的现实,一直没有伦理视角。乡村治理实际上是德治,而不是非正式治理。学界用非正式治理、半行政化治理③,来表达这种现象,都忽略了道德在乡村治理中的作用。

乡村治理也不是无原则的治理,乡村治理实际上是有原则的,这个原则就是德治,过去认为是无原则,乃是从抽象政治的角度来讲的,从意识形态的角度来讲的,没有从德治的角度来思考。实际上,德治的分析更直接紧凑,德治分析的核心代码是情感、伦理和义务。

学界对乡村治理进行了诸多探讨,包括双轨政治、半行政化治理、简约治理等概念,这些概念基本上是从制度的视角,而没有从乡村社会自身,基本上都是法治的视角,而没有德治的视角。所以,学界对乡村治理的认识越来越模糊,而不是越来越清晰。应该引入德治,找回德治,重新发现德治,接续梁漱溟、费孝通诸先生的探索。乡村社会的最

---

① 苏力:《送法下乡》,北京:中国政法大学出版社2000年版。
② 孙立平等:《"软硬兼施":正式权力非正式运作的过程分析》,《清华社会学评论》(特辑),厦门:鹭江出版社,2000年版,第21—46页。
③ 黄宗智:《集权的简约治理:中国以准官员和纠纷解决为主的半正式基层行政》,《开放时代》2008年第2期。

大特征就是德治,有了德治的框架,就可以重新理解乡村文化建设,同时,也将德治作为乡村文化建设的综合方案。

同乡村治理一样,乡村文化建设具有整体性,不宜专业化,必须嵌入到作为整体的乡村生活中去,这是乡村文化建设的特点。乡村文化建设与经济发展、社会治理密切相关,乡村文化建设要想有成效,就必须要与经济、社会因素联系起来,专业化的文化建设方案并不适合乡村文化建设。从乡村文化建设的整体性出发,提出了乡村文化建设的德治方案。

党的十九大报告指出:"加强农村基层基础工作,健全自治、法治、德治相结合的乡村治理体系。"这表明,改革开放以来,乡村治理正在由单要素向多要素相结合的高级形式转变,自治为本体,自治需要法治的保障,德治是软法,为自治和法治的实施创造了良好的条件。①"三治融合"突破了自治和法治话语的支配性地位,在技术化、专业化治理之外,为乡村德治的发展打开了一个新空间。乡村治理体系是一个非均衡的体系,德治长期以来在乡村治理体系中制度化不足,导致了德治资源的碎片化。可以在"三治融合"中重新激活德治资源,尊重村民的道德自觉,发挥德治的基础性作用,从而构建一个更为均衡的乡村治理体系,提升乡村治理能力,促进乡村治理现代化。

---

① 徐勇:《自治为体,法德两用,创造优质的乡村治理》,《治理研究》2018年第6期。

参考文献

费孝通. 乡土中国[M]. 上海：上海人民出版社，2006.
费孝通. 云南三村[G]. 北京：社会科学文献出版社，2006.
费孝通. 中国绅士[M]. 北京：中国社会科学出版社，2006.
费孝通. 社会调查自白[M]. 上海：上海人民出版社，2009.
费孝通. 文化与文化自觉[M]. 北京：群言出版社，2016.
梁漱溟. 中国文化要义[M]. 上海：上海人民出版社，2005.
梁漱溟. 乡村建设理论[M]. 上海：上海世纪出版集团，2006.
王沪宁. 当代中国村落家族文化[M]. 上海：上海人民出版社，1991.
阎云翔. 私人生活的变革[M]. 上海：上海书店出版社，2006.
阎云翔. 中国社会的个体化[M]. 上海：上海译文出版社，2012.
王铭铭. 村落视野中的文化与权力：闽台三村五论[M]. 北京：生活·读书·新知三联书店，1997.
王铭铭. 乡土社会的秩序、公正与权威[G]. 北京：中国政法大学出版社，1997.
郭于华. 仪式与社会变迁[G]. 北京：社会科学文献出版社，2000.
乌丙安. 中国民间信仰[M]. 上海：上海人民出版社，1996.
甘满堂. 村庙与社区公共生活[M]. 北京：社会科学文献出版社，2007.
陈吉元. 当代中国的村庄经济与村落文化[M]. 太原：山西经济出版社，1996.
聂华林等. 中国西部农村文化建设概论[M]. 北京：中国社会科学出版社，2007.
刘建荣. 新时期农村道德建设研究[M]. 北京：中国社会科学出版

社,2004.

李书磊. 村落中的"国家":文化变迁中的乡村学校[M]. 杭州:浙江人民出版社,1999.

贺雪峰. 乡村的前途[M]. 济南:山东人民出版社,2007.

李小云、赵旭东、叶敬忠. 乡村文化与新农村建设[G]. 北京:社会科学文献出版社,2008.

陈立旭、潘捷军. 乡风文明:新农村文化建设[M]. 北京:科学出版社,2008.

[美]克利福德·格尔茨. 文化的解释[M]. 韩莉译,南京:译林出版社,1999.

俞思念. 社会主义现代化与文化创新[M]. 北京:人民出版社,2006.

吴理财. 文化治理视域中的公共文化服务体系建设[M]. 北京:高等教育出版社,2016.

王露璐. 乡村伦理[M]. 北京:人民出版社,2008.

孙秋云. 电视传播与乡村日常生活方式的变革[M]. 北京:人民出版社,2014.

符晓波等. 西北农村道德观察书[M]. 北京:人民出版社,2012.

[法]迪尔凯姆. 社会学方法的准则[M]. 狄玉明译,北京:商务印书馆,1995.

[法]埃米尔·涂尔干. 社会分工论[M]. 渠敬东译,北京:生活·读书·新知三联书店,2000.

刘光明. 经济活动伦理研究[M]. 北京:中国人民大学出版社,1999.

宣兆凯. 道德社会学理论、方法和应用研究[M]. 北京:北京师范大学出版社,1994.

廖小平. 伦理的代际之维[M]. 北京:人民出版社,2004.

[美]朱利安·斯图尔德. 文化变迁论[M]. 谭卫华等译,贵阳:贵州人民出版社,2013.

[美]加里·斯坦利·贝克尔. 家庭论[M]. 王献生等译,北京:商务印书馆,2010.

刘少杰. 社会学理性选择理论研究[M]. 北京:中国人民大学出版社,2012.

成伯清. 情感、叙事与修辞[M]. 北京:中国社会科学出版社,2012.

王宁.消费的欲望[M].广州：南方日报出版社,2005.

王宁.家庭消费行为的制度嵌入性[M].北京：社会科学文献出版社,2014.

庄孔韶.人类学通论[M].北京：中国人民大学出版社,2016.

[美]哈里·F.沃尔科特.田野工作的艺术[M].马近远译,重庆：重庆大学出版社,2011.

[英]凯西·卡麦兹.建构扎根理论：质性研究实践指南[M].边国英译,重庆：重庆大学出版社,2009.

[美]罗伯特·K.殷.案例研究：设计与方法[M].周海涛等译,重庆：重庆大学出版社,2010.

陈向明.质的研究方法与社会科学研究[M].北京：教育科学出版社,2000.

[美]罗伯特·S.林德、[美]海伦·梅里尔·林德.米德尔顿：美国当代文化研究[M].盛学文等译,北京：商务印书馆,1999.

张乐天.告别理想：人民公社制度研究[M].上海：上海人民出版社,2005.

汪建华.生活的政治：世界工厂劳资关系转型的新视角[M].北京：社会科学文献出版社,2015.

戴慧思、卢汉龙.中国城市的消费革命[M].上海：上海社会科学院出版社,2003.

[美]瓦莱丽·M.赫德森.光棍危机：亚洲男性人口过剩的安全启示[M].邱彰译,北京：中央编译出版社,2016.

靳凤林.追求阶层正义：权力、资本、劳动的制度伦理考量[M].北京：人民出版社,2016.

[英]威利斯.学做工：工人阶级子弟为何继承父业[M].秘舒等译,南京：译林出版社,2013.

[美]许烺光.祖荫下：中国乡村的亲属、人格与社会流动[M].王芃等译,台北：南天书局有限公司,2001.

[美]黄宗智.长江三角洲小农家庭与乡村发展[M].北京：中华书局,2000.

[英]齐格蒙特·鲍曼.工作、消费、新穷人[M].仇子明等译,长春：吉林出版集团有限责任公司,2010.

李培林.村落的终结[M].北京：商务印书馆,2010.

苏力.送法下乡[M].北京：中国政法大学出版社,2000.

马戎.中国乡镇组织变迁研究[G].北京：华夏出版社,2000.

温铁军.中国农村基本经济制度研究[M].北京：中国经济出版社,2000.

[美]丹尼尔·F.史普博.管制与市场[M].余晖等译,上海：格致出版社,2008.

王俊豪.管制经济学原理[G].北京：高等教育出版社,2007.

[德]马克斯·韦伯.新教伦理与资本主义精神[M].于晓等译,西安：陕西师范大学出版社,2006.

[德]西美尔.金钱、性别、现代生活风格[G].刘小枫编,顾仁明译,上海：学林出版社,2000.

[美]詹姆斯·C.斯科特.农民的道义经济学[M].程立显等译,南京：译林出版社,2001.

[俄]A.恰亚诺夫.农民经济组织[M].萧正洪译,北京：中央编译出版社,1996.

[美]西奥多·W.舒尔茨.改造传统农业[M].梁小民译,北京：商务印书馆,2010.

[美]杜赞奇.文化、权力与国家[M].王福明译,南京：江苏人民出版社,2004.

麻国庆.永远的家：传统惯性与社会结合[M].北京：北京大学出版社,2009.

梁启超.新民说[M].沈阳：辽宁人民出版社,1994.

朱启臻.留住美丽乡村：乡村存在的价值[M].北京：北京大学出版社,2014.

蔡昉.刘易斯转折点：中国经济发展新阶段[M].北京：社会科学文献出版社,2008.

徐学庆.社会主义新农村文化建设研究[M].郑州：河南人民出版社,2011.

何慧丽.新农村建设试验在兰考[J].开放时代,2005(6).

刘老石.新农村建设中的文化重建[J].开放时代,2005(6).

胡惠林.国家文化治理：发展文化产业的新维度[J].学术月刊,2012

(5).

吴理财,夏国锋. 农民的文化生活：兴衰与重建[J]. 中国农村观察, 2007(2).

吴理财. 非均等化的农村服务及其改进对策[J]. 华中师范大学学报(人文社会科学版),2008(3).

吴理财. 公共文化服务的逻辑与后果[J]. 江淮论坛,2011(4).

陈野. 文化治理功能的浙江样本浅析[J]. 观察与思考,2017(4).

申端锋等. 城市化振兴乡村的逻辑缺陷[J]. 探索与争鸣,2018(12).

[美]裴宜理. 重访中国革命：以情感的模式[J]. 中国学术,2001(4)

沈原. 社会转型与工人阶级的再形成[J]. 社会学研究,2006(2).

郭于华. 代际关系中的公平逻辑及其变迁：对河北农村养老事件的分析[J]. 中国学术,2001(4).

李克强. 论我国经济的三元结构[J]. 中国社会科学,1991(3).

陈吉元等. 中国的三元经济结构与农村剩余劳动力转移[J]. 经济研究,1994(4).

杨团. 综合农协：中国三农改革的突破口[J]. 西北师大学报(社会科学版),2017(3).

温铁军. 综合性合作经济组织是一种发展趋势[J]. 中国合作经济,2011(1).

温铁军等. 村社理性：破解"三农"与"三治"困境的一个新视角[J]. 中共中央党校学报,2010(4).

周飞舟. 从汲取型政权到"悬浮型"政权[J]. 社会学研究,2006(3).

渠敬东等. 从总体支配到技术治理[J]. 中国社会科学,2009(6).

渠敬东. 项目制：一种新的国家治理体制[J]. 中国社会科学,2012(5).

赵旭东. 乡村成为问题与成为问题的中国乡村研究[J]. 中国社会科学,2008(3).

卢晖临. 如何走出个案：从个案研究到扩展个案研究[J]. 中国社会科学,2007(1).

徐勇. 农民理性的扩张："中国奇迹"创造主体的分析[J]. 中国社会科学,2010(1).

朱启臻. 把根留住：基于乡村价值的乡村振兴[M]. 北京：中国农业大学出版社,2019.

图书在版编目(CIP)数据

道德自觉：乡村文化的变迁与重构/申端锋著.—上海：上海三联书店,2021.12
ISBN 978-7-5426-6658-1

Ⅰ.①道… Ⅱ.①申… Ⅲ.①农村文化-研究-中国 Ⅳ.①G12

中国版本图书馆 CIP 数据核字(2021)第 272169 号

道德自觉：乡村文化的变迁与重构

著　者/申端锋

责任编辑/郑秀艳
装帧设计/一本好书
监　制/姚　军
责任校对/张大伟　王凌霄

出版发行/上海三联书店

(200030)中国上海市漕溪北路 331 号 A 座 6 楼
邮　箱/sdxsanlian@sina.com
邮购电话/021-22895540
印　刷/上海惠敦印务科技有限公司

版　次/2021 年 12 月第 1 版
印　次/2021 年 12 月第 1 次印刷
开　本/640mm×960mm　1/16
字　数/370 千字
印　张/28
书　号/ISBN 978-7-5426-6658-1/G·1628
定　价/98.00 元

敬启读者,如发现本书有印装质量问题,请与印刷厂联系 021-63779028